KB034052

쟁기, 칼, 책

인류 역사의 구조

Plough, Sword, and Book: The Structure of Human History
by Ernest Gellner
Copyright © Susan Gellner c/o John Davey Literary Agency. All rights reserved.
Originally published 1988 by The University of Chicago Press.
Korean translation Copyright © 2013 by Samcheolli Publishing Co., Seoul.
Korean translation rights arranged with John Davey Literary Agency, through EYA

쟁기, 칼, 책
인류 역사의 구조

지은이 어니스트 겔너
옮긴이 이수영
편 집 손소전
디자인 이수정
펴낸이 송병섭
펴낸곳 삼천리
등 록 제312-2008-121호
주 소 121-820 서울시 마포구 망원동 376-12
전 화 02) 711-1197
팩 스 02) 6008-0436
이메일 bssong45@hanmail.net

1판 1쇄 2013년 10월 18일

값 22,000원
ISBN 978-89-94898-22-3 93900
한국어판 © 이수영 2013

쟁기, 칼, 책

인류 역사의 구조

어니스트 겔너 지음 | **이수영** 옮김

삼천리

| 차례 |

"종속은 쟁기와 함께 집으로 들어온다."

—예언자 무함마드

1장

:

역사를 보는 눈

역사철학

인류와 사회는 그 삶의 조건인 제도나 전제들을 절대적이고 자명하고 본디부터 주어진 것으로 여기곤 한다. 아무런 의심 없이 그렇게 생각하기도 하고 어떤 증거에 의해서 그 믿음을 굳히기도 한다.

사실 인류의 관념과 사회 유형은 고정된 것도 아니고 미리 주어진 것도 아니다. 우리 시대에 대부분의 사람들에게 이런 통념은 너무나 분명한 사실이고 이것이 분명해진 지도 꽤 오래되었다. 그러나 집단적이거나 개인적인 우리의 역경을 이해하려는 모든 노력은 반드시 인류 역사에 대한 하나의 관점을 배경막으로 삼게 된다. 우리가 선택한 일들이 자명한 것도 영원한 것도 아니라면, 우리 선택권의 범위가 어디까지인지, 다른 이들은 어떤 걸 선택했는지 또는 선택할 수밖에 없었는지 알아야 한다. 나아가 선택권의 범위를 결정하는 원칙이나 요인도 알아야 한다. 이 원칙과 요인들을 알아내는 작업이 우리 능력을 벗어나는 일은 아니지만 특정한 예측은 늘 어긋나곤 한다.

우리는 불가피하게 인류 역사의 패턴을 가정할 수밖에 없다. 그 패턴을 사용하느냐 마느냐에 관해서 우리에겐 선택권이 없다. 그렇게 되기를 원하든 원하지 않든, '의지와 상관없이' 우리 모두는 역사철학자이다. 선택할 수 있는 것이라고는, 우리의 관점을 되도록 사실들과 일치시켜 명백하며 일관된 것으로 만드느냐, 아니면 관점을 거의 무의식적이고 일관성 없이 사용하느냐일 뿐이다. 만약 후자라면, 우리는 일종의 '상식'처럼 은연중에 제공되는 관념들을 아무런 검증이나 비판 없이 사용하는 위험을 감수하고 있는 셈이다. 경제학에 관해서 케인스가 한 말처럼, 상식은 죽은 이론일 뿐이다.

> …… 경제학자들과 정치철학자들의 관념은 …… 일반적으로 이해하고 있는 것보다 훨씬 영향력이 크다. 더 분명하게 말하자면, 세상을 지배하는 것은 그것들이다. 스스로 어떠한 지적인 영향력에도 좌우되지 않는다고 믿는 실무자들은 대개 죽은 경제학자의 노예이다. 허공에서 목소리를 듣는 미친 권력자들의 광기는 몇 년 전의 엉터리 학자에게서 증류되고 있는 것이다.[1]

이런 견해는 경제사상 분야를 멀리 벗어나서도 진실이다. 역사철학을 무시하는 이들은 사실상 죽은 사상가이고 검증되지 않은 이론의 노예일 따름이다.

우리 시대는 전에 없던 속도와 깊이로 사회적·지적 변화를 겪고 있다. 하지만 사유는 대체로 비역사적이거나 반역사적인 것이 되었다는 점이 우리 시대의 큰 역설이다. '역사주의'(Historism)라는 말은 스스로 예언자입네 하는 이들을 겨냥한 욕이 되었다. 다시 말해, 역사의 비책과 미래로 나아가는 열쇠를 갖고 있다면서 자기 자신의 가치와 미래에 대한 전망을 받아들이도록 사람들을 윽박지르고 그것이 상서롭고도 엄연한 역사적 필연일 거라고 내세우는 이들을 일컫는 말이 된 것이다.

이는 역사관을 향한 비판 중에 가장 웅변적인 것이기는 하지만 유일한 것은 아니다. '발생론적 오류'라는 비난 또한 역사관을 겨냥한다. 간단히 말해서 특정 관념의 '기원'과 '타당성'이 서로 무관하다는 것이다. 따라서 우리의 미래 선택권의 장단점을 판단할 때, 우리 기원과 과거에는 관심을 가질 필요가 없다는 그릇된 주장이 가능하다. 우리 관념들의 뿌리를 발견한다고 해서 그 관념들이 건전한지 아닌지는 알 수가 없다. 그러니 왜 구태여 뿌리를 찾아야 한다는 말인가? 하지만 이 책에서 우리가 관념의 뿌리를 살펴보려는 의도는 우리 선택권을 이해하기 위해서이지 우리 선택권을 예단하기 위해서가 아니다.

오늘날 우리는 어떤 역사관을 배경막으로 삼아야 할 불가피한 상황에 있으면서도, 세계사의 패턴에 대한 정교한 시각은 존중하지 않는다. 이보다 역설적인 상황은 없다. 헤겔, 마르크스, 콩트 또는 스펜서 같은 19세기 역사철학자들의 사상이 별로 존중받지 못하면서도 어디에서나 거론되고 있는 것이다.

이 책의 목적은 단순하다. 가장 뚜렷하고 어쩌면 조금은 과장된 윤곽선으로 인류 역사에 대한 관점을 제시하는 것이다. 어쨌거나 그 관점은 최신의 모양새를 띠고 있지만 아직 제대로 하나의 체계를 이룬

것은 아니다. 그런 관점을 표면에 내세우려는 건 내가 이 역사관이 진리임을 '안다'고 착각하기 때문이 아니다. 결코 그렇지 않다. 결정적이고도 최종적인 진리라는 판단은 일반적으로 이론에 내려지지 않는다. 특히 어떤 학자 한 사람이 다룰 수 있는 범위를 훨씬 넘어서 무한하게 펼쳐지는 매우 복잡한 사실들을 다루는 이론에 그런 표현을 쓰기는 어렵다. 내가 역사관을 공식화하는 건 명확하고 설득력 있는 진술이 비판적인 검증을 가능하게 하리라는 희망 때문이다.

그렇다면 이 작업에서 어떤 방법을 사용할 것인가? 나의 방법은 기본적으로 연역적이다. 명확히 진술되는 '전제들'로부터 결론이 도출되고, 유용한 사실들에 비추어 다양한 결론들이 검토될 것이다. 사실들과 함의가 일치하지 않는다면 전제를 다시 검토하게 될 것이다.

역사적 배경막을 채색하는 일은 단순히 묘사의 문제가 아니다. 현실은 무척이나 풍부하고 다채로워서 그림을 완성하는 건 둘째 치고 어떤 임의적인 묘사로 시작될 수가 없다. 판단력을 발휘해서 인류 역사에 작용하는 중요하고 기본적인 요소들을 선택하고 공통적으로 담고 있는 의미를 이해해야 한다. 그렇게 그린 그림이 기존의 기록에 부합하고 관련된 문제를 조명해 낸다면 잘된 것이다. 그렇지 않다면 전제들을 더 다듬어야 한다. 이 방법은 원리상 매우 단순하지만 실제로 그렇게 하기란 간단하지 않다.

이것이 이 책의 방법이라면, 그것은 다른 분야의 이론이나 모델들과 어떻게 다를까? 이 대목에 역사적인 무언가가 있다. 새롭고 중요한 요소들이 모델에 보태지는 차례나 순서는 기록되거나 추정되는 사실의 문제이지 그저 논리적 편리함의 문제가 아니다. 식량 생산, 정치의 중앙집권화, 분업, 문자 생활, 과학, 지적인 해방은 일정한 역사적 순서로 나타난다. 인류 역사에서 나중에 발전한 어떤 것들은 적어도 그보다 앞선 발전을 전제로 하며 그것들보다 앞서 나타날 수 없었을 것이다. 인류 역사라는 연극은 시간이 흐를수록 등장인물이 더 많아지는 경향이 있고, 등장인물들이 나타나는 '순서'에 제약이 가해지는 것 같다. 인간 사회를 연구하는 이론가는 그 등장인물들을 어떤 과거의 질서와 편제에 내키는 대로 집어넣을 수 없다. 적어도 몇 가지 변화는 순서를 바꾸기 힘들다. 물론 농업, 중앙집권화, 문자, 과학은 그것들이 발생한 지역에서 사라질 수도 있고 가끔은 후퇴가 일어나기도 한다. 하지만 전반적으로는 차례대로 누적되는 것 같다.

특정한 변화들은 그보다 앞선 변화들을 전제로 해야만 일어날 수 있고, 앞선 변화들이 그 전제 조건이라는 주장은 진화생물학에도 등장한다. 하지만 역사적 변화는 문화에 의해 전파되고, 유전적 전달과는 달리 획득형질을 '영속화하는' 전파 형태를 띤다. 사실 문화는 여러 획득형질의 집합들로 이루어진다. 문화란 한 사회를 특징짓는 특유한 방식의 활동으로, 구성원들의 유전적 구조에 지배되지 않는다. 인류가 속한 사회들은 저마다 놀랄 만큼 다양한 행동 양식을 드러내지만, 모든 사회가 분명히 인류 공동의 유전적 유산을 바탕에 두고 있다. 즉, 어떤 사회도 유전적 구조의 지배를 받지 않는다는 점에서 인류는 특별하다. 인류처럼 어느 정도 다양함을 드러내는 동물 종도 있을 수 있지만, 인류와는 비교가 되지 않는다. 인종차별주의자들은 인종 간의 서로 다른 유전적 구성이 중요한 사회적 결과를 낳았다고 믿는다. 사실 모든 아이가 어떠한 언어든 습득하는 것과 마찬가지로, 지상의 모든 문화는 특정 '인종' 집단의 어린아이가 받아들이고 내면화할 수 있는 것이다. 문화는 유전적 특성을 상징이나 표식으로 이용할 수 있고 이용되기도 하지만, 유전적으로 전파되는 것은 아니다.

문화를 좀 더 느슨하게 정의한다면, 사고와 행동을 이끌어 가는 개념 또는 관념 체계라 할 수 있다. 이 책의 논지에서 상당 부분은 다양한 사회 환경에서 존재할 수 있는 개념들에 관한 것이다. 문화는 사회적으로 전파되지만, 문화가 사회를 영원히 지속시킨다는 반대의 주장 또한 가볍게 여겨져서는 안 된다. 그것은 실제로 논쟁거리이고 중요한 문제이다. 물론 어떤 문화를 구성하는 개념들은 그 문화의 생명력에 상당히 중요한 공헌을 한다. 그러나 개념들이 한 사회를 영속화하는 데 정확히 어느 정도까지 도움이 되느냐, 그리고 다른 한편으로 그 영속화가 물리적 억압이나 굶주림의 위협 같은 더욱 현실적인 요소에 따라 얼마나 달라지느냐 하는 물음은 대답하기 여간 어려운 문제가 아니다. 이 문제를 둘러싸고 역사적 관념론자와 유물론자가 갈라진다. 이 질문의 대답이 왜 언제 어디서나 똑같다고 생각하는가? 개념들은 사회적 제약으로 기능하지만 모든 사회적 제약이 개념적인 건 아니다.

역사가 단계로 이루어져 있고 앞선 단계가 나중 단계의 전제 조건이라고 말한다고 해서, 앞선 단계 다음에 반드시 뒤의 단계가 온다는 뜻은 아니다. 또한 발전이 예정되어 있거나 예측할 수 있다는 뜻도 아니다. 모든 가능성이 실현된다거나 실제로 나타난 발전이 특히 필연적이었다고 생각할 이유는 없다.

개별 영역들의 바깥에서는 사회적 예측을 할 수가 없다. 특정한 상황을 구성하는 요소들을 올바르게 파악했다고 해도, 그 요소들의 비율이 (예측할 수 없거나 더 나아가 탐지할 수 없을 만큼) 조금만 바뀌어도 결과는 엄청나게 달라질 수 있다. 더구나 그 누구도 그 밖에 새로운 요소들이 실재한다거나 실재하지 않는다고 자신 있게 예측할 수는 없다. 하지만 예측할 수 없거나 어렵다고 해서 '이해'의 가능성이 사라지는 건 아니다.

사회질서란 그것을 낳는 기본 요소들로부터 생겨난 하나의 가능한 결과물이다. 하지만 바로 그 요소들의 집합이 다른 결과물을 낳을 수도 있었음을 인식해야 우리는 사회질서를 이해할 수 있다. 이를테면 똑같은 카드들을 쥐고서도 다른 방식으로 패를 쓸 수 있지 않은가. 우리는 과거에 어떤 선택이 왜 이루어진 것인지를 알 수도 있고 알지 못할 수도 있다. 좋든 나쁘든, 우리는 미래에 나타날 결과를 예언하기 힘들다. 따라서 예언은 확실한 믿음을 주거나 위협이 될 수 없다. 그런데 오늘날 유행처럼 예언을 반대하는 이들은 예언이라는 목욕물과 함께 이해라는 아기까지 쏟아 버리는 우를 범하고 있다. 이해를 하려면 쓸모없는 예측도 필요한 법이다. 어떤 일이 실현될 것인지 늘 미리 파악할 수는 없지만 또는 아마도 늘 미리 파악할 수는 없기 때문에, 우리가 마주하고 있는 선택권을 이해할 필요가 있다.

역사의 구조

인류는 크게 ① 수렵채취 사회, ② 농경 사회, ③ 산업사회의 세 단계를 거쳐 왔다. 모든 사회가 이 세 단계를 다 거쳐야 한다고 정해 놓은 법은 없다. 반드시 거쳐야 하는 발전 패턴이라는 것도 없다. 사회는 어떤 특정 단계에 고정되어 있을 수 있고 실제로도 그렇다. 하지만 사실상 ①에서 곧장 ③으로 이행한다는 건 상상할 수 없고, ③에서 ②로 또는 ②에서 ①로 후퇴하는 것은 상상할 수는 있을지언정 가능하지 않고 또 그렇게 되기도 힘들다. 19세기에 특징적인 철학이나 사회학과는 반대로, 사회가 ①에서 ②로 또는 ②에서 ③으로 이행하도록 '강제하는' 피할 수 없는 운명이나 내적인 필연성은 없다. 오히려 자연발생적이고 내생적인 이행이야말로 본디 불가능한 것이 당연하다. 알 수 없는 상황들이 이어지기 때문이다. 두 차례의 거대한 이행에서 두 번째 경우가 특히 그랬다.

이 세 가지 사회는 뿌리부터 서로 다르기 때문에 근본적으로 다른 종류가 된다. 하지만 각각의 범주 안에서도 무척 크고도 의미 있는 다양성이 존재한다. 이 또한 각각의 사회에 저마다 간명한 특성을 부여한다.

수렵채취인들은 부를 생산하고 축적하고 저장할 수단을 거의 또는 전혀 가지고 있지 않았다. 그들은 자연에서 손수 찾아내거나 잡은 것을 먹고 산다. 그들이 살던 사회는 낮은 수준에서 분업이 이루어지는 소규모 사회라는 특징이 있다.

농경 사회는 식량을 생산하고 저장하며, 다른 형태의 저장할 수 있는 부를 획득한다. 그런 부 가운데 저장된 식량 말고 가장 중요한 형태는 식량이나 다른 재화를 꾸준히 생산하는 수단인 도구, 억압 수단인 무기, '상징적 가치'를 담고 있는 재화, 그리고 삶의 질을 뒷받침하거나 문화적으로 삶을 향상시키는 물품들이다. 또 이들 사회는 더 큰 규모로 성장할 수도 있다. 노동력과 방위 인력이 필요하다 보니 출산이 중요해지고, 그 결과 인구가 위험한 수준까지 늘어나는 경향을 보이기도 한다. 인구가 크게 늘어서 가용 자원의 한계에 부닥치고 자원이 바닥나면 굶주림을 겪기 쉽다.

농경 사회는 복잡하게 분화되고 분업이 정교해지는 경향이 있다.

특히 지배계급과 지식계급의 두 전문 집단이 가장 중요해진다. 전문 지식계급은 지식, 합법화(legitimation, 어떤 행위나 절차나 이데올로기가 해당 사회의 규범과 가치에 부합함으로써 합법적인 것이 되는 과정—옮긴이), 구원, 제의 전문가들을 가리킨다. 분화된 지식인과 지배계급은 농경 사회에서 보편적으로 나타나지는 않지만 전형적이라고 생각될 만큼 공통적이다.

농경 사회(Agraria)에서도 혁신은 일어나지만 그것이 꾸준하게 축적 되는 일반적인 과정은 아니다. 농경 사회는 안정을 중시하며, 대개 세 계와 사회질서를 기본적으로 안정된 것으로 인식한다. 농경 사회 가 운데에는 파괴적일 수도 있는 혁신의 위험을 피하기 위해 계획적으로 조직된 것처럼 보이는 유형도 있다. 조상들이나 지난날의 제도가 이 상적인 모습으로 그려지면서, 도덕적 기준이자 규범적 이상으로 제시 된다.

엄밀한 의미에서 산업사회는 식량 생산이 밀려나고, 일반적으로 '나날이' 발전하는 뛰어난 기술이 생산의 토대가 되는 사회이다. 기술 발전은 필요하다면 인구 증가를 완전히 뛰어넘을 수 있고 또 그런 현 실이 실현되곤 한다. 여기서 산업사회(Industria)라는 개념은 19세기 영국의 공업도시 랭커셔와 음울하고 사악한 제분소(dark satanic mills, 윌리엄 블레이크가 쓴 시구로 산업혁명을 상징한다—옮긴이)를 넘어서는 광 범위한 의미로 사용된다. 산업사회는 어떤 모습을 띠든 때로 '후기 산 업사회'라고 일컫는 것까지 포괄하기도 한다. 나는 '완전히 발전된 산 업사회'라는 용어를 더 좋아한다. 마르크스와 디킨스가 얘기한 '산업 사회'를 가장 잘 표현하는 말은 곧 초기 산업사회를 가리킨다.

농경 사회는 '하나'의 발견, 다시 말해 식량 생산 능력에 토대를 두었다. 그 밖의 발견이나 혁신들은 우발적이었고, 설사 혁신이 일어났다고 하더라도 지속적이고 꾸준한 흐름을 타지 않았다. 말하자면, 혁신은 기껏해야 단독 첩보원이었을 뿐 큰 무리를 지은 적이 없었다. 이에 반해 산업사회는 어떤 하나의 발견보다는, 자연을 체계적으로 잘 탐구할 수 있고 생산량 증가를 위해 그 발견을 적용할 수 있으며, 자연에 대한 탐구와 발견의 적용이 일단 시작되기만 하면 그다지 어렵지 않다는, 2차 발견 또는 포괄적인 발견을 토대로 한다. 그 테크놀로지의 본성으로 인해 무척 규모가 큰 생산조직의 실재가 산업사회의 특징이 된다. 그렇다고 대규모 생산조직만이 존재하는 건 아니다. 혁신의 필요성은, 산업사회가 복합적인 분업뿐 아니라 늘 변화하는 직업 구조를 갖추어야 한다는 걸 의미한다.

어느 정도의 억압과 합법화는 본디 인간 사회에 내재되어 있다. 그 것은 결국 인간 사회의 구조가 인간의 유전적 잠재력에 의해 지배되지 않는다는 사실을 말해 준다. 유전적 구성이 똑같거나 비슷한 사람들이 표출하는 가능성의 범위가 몹시 넓기 때문이다. 따라서 역사의 구조는 더 이상 자연에 지배받지 않고 뭔가 다른 메커니즘의 영향을 받는 것이 분명하다. 그런 메커니즘의 요소 가운데 하나가 억압이고, 합법성과 유죄 판결은 또 다른 요소가 된다.

합법화 과정은 완벽하게 평범한 경우가 너무 많다. 우리는 인격에 부여된 마력이나 교리, 또는 그 둘 다를 이용해서 자신의 관점이나 규범을 다른 이들에게 강요하는 위대한 예지자나 예언자 또는 조직가만을 생각해서는 안 된다. 영화표를 가진 사람을 지정된 좌석으로 안내하는 안내인의 평범한 일도 똑같이 합법화의 표본이다. 좌석 안내인이 없다면 관객들은 혼란에 빠지거나 불편을 겪을 것이다. 반발을 일으키지 않고 자리를 지정하는 능력이 바로 합법화의 전형이다. 억압자와 합법화 전문가(legitimator)는 보완적이다. 합법화 전문가를 보증하는 건 특정한 권력 상황이다. 하지만 그만큼이나 권력 상황은 각 사회에서 사람들을 지정 좌석으로 안내하는 좌석 안내인의 특별한 것 없는 일상적 활동이 만들어 내는 집단들의 본성과 규모, 지위에 의해 형성되는 것이다. 그 규모와 복합성 때문에, 농경 사회는 필연적으로 농경 이전 사회가 지닌 것보다 훨씬 정교한 억압 제도와 합법화 제도를 유지하게 된다. 그 체제는 농경 이전 사회의 선조들이 만든 것보다 훨씬 정교하다. 한편, 산업사회를 특징짓고 정의하는 것은 매우 특징적인 유형의 억압과 분업이다. 어떤 면에서 그 양상은 농경 세계보다 더 단순하지만 또 어떤 면에서는 훨씬 복잡하다.

3단계론

인류 역사에 관한 3단계론들은 일반적이다. 어떤 것은 상당히 흥미롭고 장점이 있기에 이 책에서 살펴보고 넘어갈 만하다. 3단계론의 기원은 성부의 시대, 성자의 시대, 성령의 시대를 가정한 중세 사상가 피오레의 요아킴한테서 나왔다고 할 수 있다. 헤겔은 이러한 세 가지 구분 방식이 기독교의 뛰어난 장점이고 인간의 운명을 이해하는 데 실마리를 제공한다고 여겼다. 오귀스트 콩트는 인간 정신과 인간 사회의 신학적, 형이상학적, 실증적 단계를 구분했다. 제임스 프레이저 경은 적어도 공인된 그의 주요 이론으로 볼 때 콩트와 같은 주지주의자라고 할 수 있다. 그는 주술의 시대, 종교의 시대, 과학의 시대로 구분했으나, 각각의 시대는 독자적인 현존에 의해 정의되는 게 아니라 사유 양식을 구성하는 세 가지 요소 가운데 하나가 우세하기만 하면 되는 것이라고 강조했다. 마르크스주의에서 말하는 단계는 세 단계가 넘지만 기본적으로 세 가지로 시대를 구분했다고 재해석할 수 있다. 인류가 잉여도 착취도 몰랐던 시대, 잉여와 착취가 뚜렷하게 존재하던 시대, 그리고 잉여는 있으나 착취가 사라진 시대가 그것이다.[2] 마르크스와 마찬가지로 사유 양식보다는 생산에서 결정적으로 중요한 특징을 찾고 있던 칼 폴라니는 호혜주의 사회, 재분배 사회, 시장사회의 세 단계를 주장했다.[3]

모든 분류가 그렇듯, 역사를 시기로 구분하는 것은 참이냐 거짓이냐의 문제라기보다 일차적으로 상당히 유용한 방법론으로 생각될 수 있다. 근대 지식에 비추어 볼 때, 내가 이 책에서 제시하는 수렵채취, 농업 생산, 산업 생산의 3단계 구성이 다른 3단계론보다 훨씬 유용하고 그런 의미에서 유효하다고 생각된다.

내가 사용하는 3단계 구성이 생산적 토대의 관점에서 정의하는 것이라고 해서, 일종의 경제결정론이라고 할 수 있을까? 그렇지 않다. 경제나 생산의 토대는 당연히 우리의 문제들을 결정하지만, 그것이 해법을 결정하지는 않기 때문이다. 수렵채취 사회와 농경 사회 모두 그 형태가 당황스러울 만큼 무척 다양하다는 점을 입증하는 증거는 많다. 새로운 종인 산업사회도 마찬가지로 보인다.

따라서 나의 입장은 '유물론적'이다. 다만 수렵채취, 농업, 과학적·산업적 생산이라는 세 가지 중요한 생산적 토대가 저마다 그것을 이용하는 사회에 근본적으로 다른 문제들을 부여하고 제약하는데, 이에 따라 서로 다른 세 종류의 사회가 근본적으로 다른 세 종으로 다루어질 수 있다고 가정하고 그렇게 주장한다는 의미에서만 그러하다.

하지만 내 주장은 사회의 유지와 영속 또는 새로운 형태의 사회를 낳는 과정에서 생산, 억압, 인식이라는 인간 활동 가운데 어떤 분야가 중요한지에 대해서는 결코 잠정적인 가정을 하지 않는다.

어쩌면 유일하게 분명한 것은 신석기혁명과 산업혁명이라는 두 차례의 거대한 이행이 인류의 의도적인 설계와 계획에 따라 일어났다고 볼 수 없다는 점이다. 두 경우 모두 새로운 사회질서가 역사에 의해 안내되었기 때문에, 그것을 잉태한 앞선 시대와는 근본적으로 단절되어 있고 너무도 달라서 그 모습을 올바르게 예상하거나 계획하거나 뜻대로 만들 수가 없었다. 씨를 뿌린 이들은 무엇을 거두게 될지 알지 못했다. 쟁기와 칼을 버리고 상업과 생산과 혁신을 선택한 이들도 마찬가지였다. 물론 이런 특징은 새로운 사회질서가 한 지역에 자리를 잡고 뿌리를 내린 뒤로 꾸준히 '확산'되는 과정에서는 결코 적용되지 않는다. 가시적으로 훨씬 유력한 새 질서가 나타난 뒤로 그것은 오히려 의식적이고 의도적으로 모방되는 일이 흔했다. 또한 모방하는 이들은 의도하고 기대했던 것 이상의 결과를 얻었다. 하지만 그건 지금의 논지를 벗어나는 이야기이다.

생산, 억압, 인식

이 책의 두 가지 접근법 가운데 하나가 인류 역사를 크게 3단계로 나누는 것이다. 다른 하나는 인간의 활동을 기본적으로 생산, 억압, 인식의 세 가지로 구분하는 것이다. 이렇게 해서 세 줄 세 칸으로 구성된 도표를 만들 수 있는데, 이 그림이 전체 논지의 기본 구조를 이룬다.

	생산	억압	인식	
수렵채취 사회				
				> 신석기혁명
농경 사회				
				> 산업혁명
산업사회				

우리는 이제 생산, 억압, 인식의 전환과 상호 관계를 살펴볼 것이다. 역사의 3단계를 거치는 과정에서 나타나는 내적인 다양성을 살펴보고 두 차례의 거대한 도약을 탐구할 것이다.

농업 이전 사회는 규모가 작아서 분업과 정치적 또는 종교적 전문화의 전반적인 등장을 가로막거나 어쨌든 제약한다. 이들 전문가 계층은 사회 일반과 그리고 서로 간에 크게 구분되지 않는다. 이에 반해 농경 사회는 전문적 억압 계급과 인식ㆍ합법화 계급의 등장을 자극하고, 때로는 필연적인 것으로 만들기도 한다. 이 두 계급은 때때로 서로 융합된 모습으로 때로는 독자적인 모습으로 나타난다. 농경 사회는 방위나 질서유지에 참여하는 특권 또는 부담을 나머지 사회 구성원들한테서는 대체로 박탈함으로써, 여태까지 사회 이론이 가장 강조해 온 영역인 경제 영역에서 분업의 발전을 자극한다. 이렇게 해서 전문 생산자, 장인, 전문 상인들이 등장하게 된다. 하지만 대부분의 경우 농경 사회를 지배하는 이들은 무인이나 지식계급이고 이 두 집단이 공동으로 지배한다.

인식과 억압이 별개의 활동 영역으로 분리되는 것은 적어도 생산 영역 안에서 전문화가 일어나는 일만큼 중요하다. 억압, 인식, 생산 영역 간의 '포괄적' 분업에 담겨 있는 의미는 생산 활동 영역 안에서 일어나는 경제적 결과나 특정한 분업의 결과와 본질적으로 다르다. 분업이 인류 역사의 실마리가 될 때, 포괄적인 분업과 경제적인 분업, 이 두 종류의 차이는 무척 중요하다.

그렇게 많은 것은 아니지만, 무인·성직자가 농경 사회를 지배한다는 원리에 예외적인 사례들이 있다. 그런 예외 가운데 두 가지가 눈길을 끈다. 첫째, 목축민이거나 산악 지역 농민 생산자들의 작은 사회가 있다. 이들은 주변 환경 덕분에 외부 세력에 저항할 수 있고, 외부 세력이 굳이 침략할 가치가 없는 곳이기 때문에 지배를 단념한다. 그래서 그들은 권력균형 원리에 따라서 내부 질서를 유지할 수 있다. 정치 참여가 보편적으로 이루어지고 내부에서 절대적으로 우세한 세력은 등장하지 않는다. 자치적이고 참여적인 이들 사회는 종종 강력한 결속력과 군사적 용맹함을 드러내며, 유리한 상황에서는 더욱 전형적이고 중앙집권화되고 계층화된 농경 사회의 정복자들로 바뀌기 쉽다. 예를 들어 이슬람 사회의 여러 왕조와 통치 집단이 바로 이들이었다. 두 번째 예외는 도시국가이다. 도시국가 안에서는 비교적 절대적으로 우세한 세력이 존재하지 않는다. 상업은 주도권을 필요로 하고 주도권은 대개 종속적인 지위와 양립할 수 없다는 사실이 어느 정도 그런 상황을 강화한다. 우세한 지배 세력이 없는 이 두 종류의 사회는 결합될 수도 있다. 지위가 동등한 편인 지주 집단이 도시를 대표하고, 동시에 도시는 부의 상당 부분을 상업에 기대고 있을 때가 그런 경우이다. 말하자면 고전기 그리스처럼, 도시의 부는 상인들한테서 창출되지만 그들은 완전한 정치 참여가 박탈되어 있기 때문에 도시국가의 정부는 주로 지주 단체의 손에 달려 있는 것이다.

이 중요한 특징과 상관없이 농업 시대는 기본적으로 침체와 억압, 미신의 사회였다. 예외는 있지만 우리는 고전기 그리스의 경우처럼 그런 예외를 '기적'이라고 부르곤 한다. 이는 분명 가치 편향적이고 비난이 담긴 표현들이다. 이보다 가치중립적이고 더 '과학적'이며, 아마도 좀 더 그럴듯하고 완곡한 표현을 찾기란 어렵지 않다. 하지만 그런 표현을 찾아가는 과정은 설사 얻을 것이 있다손 치더라도 득보다는 실이 많다. 우리의 목표는 되도록이면 단순하고 명쾌하게 정리하는 것이다. 오늘날 성장 지향 자유주의 사회의 지배적인 가치들의 관점에서 볼 때, 대부분의 농경 사회가 숨 막히는 사회로 보인다는 걸 부정함으로써 얻을 수 있는 건 거의 없다. 사실 우리 대부분이 갖고 있고, 우리로 하여금 질문하도록 이끄는 가치와 태도들을 갖지 않은 체하는 건 부질없는 짓이다. 그렇게 해서 우리가 사실을 왜곡하게끔 만들려고 하는 것이 아니라면 말이다. 물론 낭만주의자들은 틀림없이 여기에 반박할 것이다. 하지만 이 책은 명백히 편향적인 표현을 감수하더라도 단순함을 목표로 한다. 그것은 논점을 흐리는 것이 아니다.

농경 사회 안에서 두 가지가 더욱 발전했다. 정치적 중앙집권화, 다시 말해 국가 형성과 문해(文解)가 그것이다. 뒤이어 성문화되고 신성한 신앙 체계이자 합법화 체계가 등장한다. 이들이 반드시 농업에 뒤이어 일어나는 건 아니며, 국가가 없고 문맹인 농경 사회들도 존재한다. 하지만 이런 변화는 농경 사회라면 대개 일어나는 일이고, 또 뒤이은 근본적 변화의 선결 조건으로 보이기도 한다.

석기시대는 어느 쪽에 결정적 한 표를 던질 것인가?

원시 인류는 두 번을 살아 왔다. 한 번은 자신의 삶을 살았고 다른 한 번은 오늘날 우리가 재구성한 그림 속에서 우리를 위한 삶을 사는 것이다. 결정적이지 못한 증거 탓에 원시 인류는 영원히 그렇게 두 번의 삶을 살아야 할지도 모른다. 우리 사회질서의 원리들은 끊임없는 논쟁거리가 된 뒤, 최초의 인류를 불러내어 논쟁을 매듭지으려는 경향이 꾸준히 이어져 왔다. 그렇다면 '차기 총선거'에서 원시 인류의 한 표가 절실히 요구된다. 우리 선택권 문제에서 초창기 인류가 왜 그토록 권위를 지니는지는 분명치 않다. 고고학자들이 초창기의 유적지를 발굴하여 깔끔하게 보존된 최초의 사회계약을 발견한다면, 우리는 그 조항들에 구속력을 느낄 것인가? 더 나아가 원시의 사회계약과 양립할 수 없는 오늘날의 모든 성문법들이 무효라고 선언할 것인가? 그것은 유엔헌장을 대체할 것인가?

석기시대 제헌의회의 법령에 구속력을 느끼지 않더라도, 그 의회 또는 그에 상응하는 비공식적인 체제가 암묵적으로 성문화하려던 내용들을 알아내고자 하는 우리의 욕구는 늘 불타오른다. 그 논쟁은 두 가지 극단적인 형태를 띤다. 한편에서 어떤 논객들은 결코 이름 난 고고학자나 인류학자 흉내를 내지 않고 오히려 솔직하게 '가정'(假定)의 모델을 제시함으로써 도덕적 기준을 내놓는다. 그들에게 창립 계약은 비록 역사적 사실은 아닐지라도 값진 허구임에는 틀림없다.

그들의 견해에 따르면, 인류의 제헌의회는 인류 사회가 존재한 뒤로 지금껏 그 끝나지 않는 회기를 이어 오고 있다. 존 롤스가 말한 '무지의 베일' 같은 회의 방식 아래 주장들이 표명된다. 다시 말해, 논자는 현재의 사회질서와 그 안에서 자신이 어떠한 위치를 차지하고 있는지에 관해 모든 구체적인 정보로부터 차단되고 떨어져 있으면서도, 마치 최초로 사회질서를 창립하려는 것처럼 주장한다.[4] 역사적 영속성을 굳게 믿는 어느 보수적 철학자가 조롱했듯이, 합리주의 사상가들은 마치 하루하루가 최초의 날인 것처럼 행동하려고, 더 정확히 말하자면 '생각하려고' 애쓴다.[5] 그들은 논쟁이 올바르게 이루어지는 경우 논자의 도덕적 직관, 더 정확하게 말해서 정제되고 유효한 직관을, 이 원시의 또는 영원한 의회가 도달하는 결론과 똑같은 것으로 받아들인다. 사회를 새로 다시 건설한다는 가정 속에서 논자는 기본적이고 유효한 인간적인 반응을 하게 되고, 그것은 지적인 시뮬레이션이나 실험을 통해 합법화된다는 얘기이다.

이런 방식으로 추론하는 이들은 다음과 같은 질문을 피해 갈 수 없다. 통용되는 정보에서 차단된다는 가정이 정말로 가능하다고 생각하는가? 구성원들이 속해 있는 전통이 다양한 만큼이나, 회기가 끝나지 않는 이 의회의 결론이 다양하게 분산되지 않겠는가? 자신의 지위에 관한 특정 정보를 염두에 두지 않는다고 해서, 뿌리 깊고도 만연하며 문화적으로 지역적이지만 논란거리인 전제들까지 반드시 생각에서 떨쳐 낼 수 있는 건 아니다.

이 이상한 방식에 따라 구성된 의회는 현실 사회에 대해서 '독립적으로' 판단을 내릴 위치에 있기는커녕 그 구성원들을 배출시킨 구체적 사회의 가치들을 반영하고 강화할 수 있을 뿐이다. 더 정확하게는 이 의회가 실제로 열리는 게 아니므로, 그 가상 회기의 결론은 상상 속에서 그것을 재구성하는 사상가의 가치를 반영할 뿐이다.

문화적인 겉껍질이 벗겨진 사람들이 자신들의 사회질서를 '선택'할 수 있으며, 초월적인 권위가 그들에게 사회질서를 강제한 것이 아니라는 모든 가정은 많은 사회에서도 이해되지 않는 것이다. 가상으로 개념적 절단 수술을 하라는 건, 결과적으로 사람들에게 '자신을 망각'하고, 자신의 존재를 부인하며, 자신의 가장 심층적인 도덕적 반응을 무시하라고 요구하는 것이나 마찬가지이다. 지역적 편견과 기득권을 극복하고자 하는 '무지의 베일' 방법론은 특별한 민족 중심적 눈가리개의 극단적 사례이자 표출이고, 우리의 꽤 특별하고 유동적인 평등주의 사회가 자신의 가치를 스스로에게 피드백하는 방식의 극단적 사례이자 표출이다.

지위나 직업과 상관없는 도덕적 정체성을 가정한다는 것은 우리 같은 사회에서 더 없이 합리적이다. 우리 사회에서는 지위나 직업 등이 각 세대에서 재분배되리라 여겨지며 어느 정도는 실제로 재분배된다. 더 나아가 일부 농민 사회가 주기적으로 논밭을 재분배함으로써 공동체 의식을 더 높인 것처럼, 우리는 '역할'을 재분배함으로써 우리의 공동체 의식을 고양시킨다. 우리는 세습적인 역할보다는 반발 없이 역할이 재분배될 수 있는 문화적 영역인 '민족'(nation)에서 정체성을 찾는다. 하지만 그런 실력주의 원리가 우세하지 않은 사회에서, 또 실력주의 원리가 중시되지 않고 실력주의가 규범이 아닌 사회에서 어떻게 역할로부터 분리되는 걸 상상할 수 있겠는가? 사람들은 자신의 특정한 역할을 통해서 정체성을 발견하게 마련인데, 역할로부터 분리됨으로써 정체성을 발견할 수 없는 사회에서 역할을 탈피한다는 것을 어떻게 상상하겠는가?

반면에 논쟁에 참여하는 또 다른 논객들은 자신의 일차적인 또는 공식적인 관심을 실제 그대로의 원시인에게 쏟는다. 이런 논객들은 직업적 인류학자이거나 고고학자들이고, 그들이 말하거나 쓰는 내용은 과학적 타당성이라는 통상적 기준에 따라 직접 판단한다. 그들이 갖고 있는 관념의 도덕적·이데올로기적 함의나 암시는 사실 상당히 우발적인 것이다. 그럼에도 불구하고 이 실제적인 재구성 가운데 가장 흥미로운 것들은 현대 정치의 함의로 가득 차 있다. 이런 요소가 논자에게 적어도 어느 정도는 영감을 주었다고 짐작하지 않을 수 없다. 물론 이런 견해들이 정치적 의미를 담고 있다고 해서 무효가 되는 것은 아니다. 그런 견해가 받아들여질지 여부는 결국 증거에 의해 결정될 뿐이다. 그리고 그 견해들이 정확한 것이라고 판명되더라도 이것이 '우리의' 정치적 선택에 영향을 미치는 것인지는 여전히 의심스러울 수 있다. 그렇지만 초창기 인류가 정치적인 매력을 하나도 잃지 않았다는 건 흥미로운 사실이다.

솔직한 허구적 재구성론자와 공인된 직업 인류학자들의 두 극단 사이에 또 다른 이들이 있다. 이들은 초창기 인류에 관한 직업적 전문가는 아니지만, 초창기 인류에 관한 자신들의 단언이 단순한 허구가 아니라 사실적인 것이 되도록 노력하고 동시에 우리 자신의 사회적 행위에 필요한 교훈을 주고자 한다.

예를 들어 근대 경제와 여러 분야에서 가장 해박하고 영향력 있는 자유주의의 선구자 가운데 한 사람인 프리드리히 하이에크가 있다. 근대사회의 선택권과 위기에 관한 하이에크의 분석은 사실 원시의 사회질서와 정신에 관한 명쾌한 통찰이기도 하다. 그의 견해에 따르면, 초창기 인류의 뚜렷한 사회적 도덕성과 그것이 현대사회에 잔존하는 것은 우리에게 실제적인 위험이다.

오늘날의 사회에 관한 한, '선한 본성'은 …… 없다. 인류는 타고난 본능으로는 오늘날 그 많은 인류의 삶에 밑바탕을 이루는 문명을 건설할 수 없었을 것이기 때문이다. 문명을 건설하기 위해서 인류는, 작은 무리에게는 이로운 많은 감정을 떨쳐 내야 했고 자유라는 규율이 요구하지만 꺼려지는 희생을 감수해야 했다. 추상적인 사회는 학습된 규칙을 기초로 하지, 바람직하다고 인식된 공통의 목표를 추구하는 것을 기초로 하지는 않는다. 아는 사람들에게 선을 베풀고자 하는 것은 공동체를 위해 최대한의 것을 달성하는 게 아니라 추상적이고 무의미해 보이는 규칙들을 준수하는 일일 뿐이다.[6]

이것이 실제로 무엇을 의미하는지 와 닿지 않는 이들을 위해 그대로 옮겨 보면 이렇다.

…… 오래 가라앉아 있던 그 타고난 본능이 다시 위로 솟구쳤다. 모두가 받아 마땅한 것을 모두에게 나눠 주기 위해 조직된 권력이 이용되어야 한다는, 공정한 분배에 대한 [그] 요구는 따라서 엄밀히 말하면 '격세유전'(隔世遺傳)으로서 원시적 감정에 기초하고 있다. 그리고 새로운 형태의 사회를 목적의식적으로 창출하려는 계획을 지닌 예언자, 도덕철학자, 구성주의자들은 매우 지배적인 바로 이런 감정에 호소한다.[7]

이렇게 그려지는 그림은 무척 인상적이고 암시하는 바가 많다. 인류는 '소규모' 집단으로 무리를 이루어 살았을 것이다. 그 무리는 너무 작아서 무척 오랫동안, 그러니까 인류의 기원이 언제였든 인류가 처음 나타난 뒤로 셀 수도 없이 많은 세대가 이어지는 동안, 추상적이고 일반적인 규칙을 강요할 수 없었을 것이다. 따라서 이 견해에 따르면, 역사 대부분을 통해서 우리 상황은 인류 문명에서 혁신적이고 독창적이고 진보적인 모든 것과 정반대의 윤리를 우리에게 불어넣었다. 따라서 문명의 토대는 가장 저열한 본능을 극복하는 것이 아니라, 오히려 일반적으로 도덕적이라고 여겨져 온 모든 것들, 이를테면 인류의 사회적 감정들, 다른 이들과 협력하여 공동의 목표를 추구하는 성향을 극복하는 것이다.

하이에크의 견해에 따르면, 의식적인 이성의 산물도 동물적인 본능의 산물도 아닌, 무계획적이고 의도되지 않은 문화가 문득 발생했이다. 그러자 필요에 반응하는 자동적 메커니즘이 가능해져서 혁신적인 진보가 계속되었고, 그것은 '시장'에 의해 표현되고 촉진되었다. 그렇기 때문에 시장은 따뜻한 협력보다는 무의식적으로 발생한 추상적인 문명과 질서 존중에 의존하면서도 그 무의식적인 자연선택을 새로운 형태로 영속화할 수 있다. 자연 속에서 낮은 형태에서 더 높은 형태를 만들어 낸 자연선택은 이제 다시 더 수준 높은 사회를 만들어 낼 수 있게 된다. 흥미로운 하이에크 버전에서는, 자연적 투쟁의 영속화도 평화를 유지하는 국가가 그것을 경감시킨 것도 그 자체로 진보를 촉발하지 않는다. 하지만 자연선택과 시장이라는 유익한 두 메커니즘을 시간 속에서 분리하는 것은, 과도하게 사회적인 도덕성이, 말하자면 '과잉 사회화된'(over-socialized) 인류를 지배했던 암흑시대이다. 오랫동안, 너무도 오랫동안 우리는 암흑시대의 영향력 아래에 있었다. 추상적이고 비개인적이고 규칙에 구속되는 사회라고 묘사할 수 있는 것이 등장한 건 불과 5천 년이고, 그 이후로도 인류 대부분은 그 사회에서 살지 않았다. 우리가 과잉 사회화에서 벗어난 것이 아주 최근의 일이고 그것도 무척 불완전한 상태라는 걸 생각하면, 하이에 크가 염려하는 것 이상으로 우리가 격세유전적인 사회성에 더욱 철저 하게 속박되어 있지 않다는 것이 놀랍다. 우리를 가장 크게 위협하는 것은 사회적 윤리와 사회적 결속력이지 그 결핍이 아니다.

우리의 보편적인 조건을 제시하는 하이에크의 방식은 '자유방임적' 자유주의라는 가장 간단하고 고전적인 표현으로 불릴 수 있는 것과는 다르다. 그는 열린 사회 또는 시장 사회라는 '문화적' 전제 조건을 의 식적으로 강조한다. 자유방임적 자유주의라는 표현은 유일하게 중요 한 조건이 '정치적'인 것임을 내비친다. 공정하고 효율적이고 착취하 지 않는 국가가 존재해야 하고, 정치권력은 평화를 유지하고 질서를 안정시키는 데 권력을 써야지 시민사회를 훼손하는 데 권력을 사용하 지 않아야 한다. 새로운 정신의 출현은 종과 개인을 멸종시키는 자연 도태를 밀어낸다. 새로 그 자리를 차지하는 것은 비효율적인 생산물 과 나쁜 관념들을 멸종시키지만, 언젠가 다시 생산하고 혁신할 수 있 도록 그 원형의 생존을 허용하는 시장이라는 해법이다. 하이에크는 새로운 방식으로 문제를 정의함으로써, 정치 질서만으로는 충분하지 않고, 추상적인 규칙의 인식과 존중, 그리고 공동의 협력적인 목표로 부터 탈피하는 일종의 추상적 문화 또한 필요하다고 주장한다. '보이 지 않는 손'은 적절한 문화적 환경 속에서만 작동된다. 다시 말해 지 나치게 사회적이지 않고 사회적 목표보다는 규칙을 존중하는 사람들 사이에서 작동할 수 있다.

이와 비슷하게, 파괴적인 동물적 본능이 아니라 오히려 억압적으로 사회적인 도덕성과 그것을 뒷받침하는 뿌리 깊은 정서와 맞서야 한다 는 인식이 칼 포퍼의 사회사상에서도 발견된다.[8] 하이에크와 포퍼의 시각을 빈 학설(Viennese Theory)이라 일컬을 수 있다. 19세기 합스부르크 제국의 수도 빈의 개인주의적이고 교양 있는 부르주아들은 제국의 동쪽 변방에서 물밀 듯이 밀려온 친족 중심의 집산주의적이고 규칙을 무시하는 발칸반도나 갈리시아 출신 이주민들과 대립해야 했다. 이 사실이 하이에크와 포퍼의 관점을 자극했을지도 모른다. 정치 영역에서, 코즈모폴리턴 자유주의자들은 새로이 등장한 종인 '민족적' 사회주의자들과 겨루어야 했다. 이 '빈 학설'의 관점은 사회인 '게젤샤프트'를 공동체인 '게마인샤프트'보다 우위에 놓기 때문에 낭만주의에 대한 거부이자 낭만주의와 정반대이다. 그리고 초창기 인류의 이른바 사회적인 기질의 극복이 아니라 회복을 기대했던 마르크스주의에 대한 거부이자 마르크스주의와 정반대이다.

오늘날의 가치를 대표하여 원시 인류를 내세우는 또 다른 시도는 소스타인 베블런의 고전 《유한계급론》에서 발견된다. 이런 시도는 여러 면에서 이미 낡은 것이면서도 여전히 시사하는 바가 매우 크다. 하이에크와 달리 베블런은 마르크스와 비슷하게 자신이 원시인의 기질이라고 본 온화한 사회성을 비난하지 않고 칭찬한다. 베블런의 관점에서 그 사회성은 중심적이고 필수적이며 결정적인 인간적 특성, 즉 '노동'에서 성취의 추구를 실증하는 것이다. 노동 윤리가 보편적이라고 추론되는 이유는 목적의식성이 인간 행위에 내재되어 있다고 보기 때문이다. 이 주장에 따르면 우리 모두는 목적을 추구하기 때문에 누구나 효율성을 좋아하고, 그래서 정직하고 건전한 노동을 소중히 여긴다. 이렇듯 베블런은 행위가 목적의식적이라는 진부한 관념을 전제로 삼고서 모든 인류에게는 장인 정신이 있다는 일반화를 도출해 낸다. 이런 결론은 논쟁을 불러일으킨다. 모든 인류가 당연히 어느 정도는 자신들의 목적을 달성하고자 한다 해도, 노동을 명예롭게 여기고 노동에서 성취를 이루려는 사람들이 있는 반면에 그렇지 않은 이들이 있는 것도 사실이다.

> …… 인간은 행위자로서 …… 모든 행위에서 구체적이고 객관적인 일반적 목표를 달성하고자 한다. 행위자이기 때문에 인간은 효율적인 노동을 추구하고 쓸모없는 노력을 멀리한다. 유용성과 효율성의 진가, 무익함과 낭비 또는 무능력의 폐해를 인식한다. 이런 기질 또는 성향을 제작 본능(instinct of workmanship)이라고 할 수 있다.[10]

이로 미루어 보건대, 원시인은 효율성을 좋아하고 낭비를 싫어하는 미국인(Yankee)이었음이 분명하다. 목적의 일반성이란 하이에크가 중시하는 추상적 규칙에 대한 존중과 꽤 닮았다. 하지만 하이에크는 이를 성취되어야 하는 것으로 본 반면에, 베블런에게 행위의 '목적의식적' 속성은 처음부터 존재하는 일종의 타고난 권리였다. 초창기 인류는 어떤 사회에 살았을까? "이 사회는 …… 특정한 유한계급이 없고 …… 작은 집단이며 …… 일반적으로 평화로운 정주 사회이다. 사람들은 가난하고, 개인의 소유권은 경제체제의 지배적인 특징이 아니다."[11]

이 행복한 조건에 뒤이은 성장과 복합성은 기생적이고 폭력을 지향하는 유한계급을 낳는다. 유한계급이 제작 본능을 버리자 노동은 복종의 낙인이자 상징이 된다. 중요한 것은, 베블런이 지배 '계급'에 너무 몰두한 나머지 국가에는 그다지 관심을 보이지 않았다는 점이다. 놀라울 정도로 베블런의 책에서는 국가가 도무지 언급되지 않는다.

아마도 그가 살고 있는 미국에서는 시민사회가 무척이나 견고했고, 그 무대에서 국가는 사실 위임된 대리인에 지나지 않았기 때문이었을 것이다.

마르크스주의의 공식적이고 중심적인 주장 가운데 하나는, 국가란 그 자신이 발생시키지 않은 사회질서의 반영일 뿐이라는 것이다. 하지만 《유한계급론》에서 베블런은, 국가는 당연히 그런 것이고 국가의 위협을 걱정할 필요가 없다는 강한 인상을 주는데, 사실 마르크스주의는 그런 인상을 주지는 않는다. 베블런에게 지배계급과 지배계급의 문제는 중요하지만 국가는 그렇지 않다.

하이에크는 개인주의적인 부르주아의 창조성과 친족이 군집하는 발칸 지역 '자드루가'(zadruga) 이주자들의 문화적 불모성에 나타나는 차이에 사로잡힌 듯하다. 하이에크가 보기에, 자드루가의 친족적 유대감과 집산주의 정서는 자유와 진보를 위협하는 것이었다. 반면에 베블런은 둘의 대비를 통해 유럽 귀족계급과, 그 귀족계급의 가치들이 미국 부유층 사이에서 존속되고 모방되는 것에 대한 미국적 반감을 드러내고 있는 듯하다. 월스트리트에서 탐욕스럽게 축적된 부가 5번가에서 과시적으로 낭비되는 현실은 베블런에게 몹시 혐오스러운 것이었다. 하이에크와 베블런의 가치들이 서로 매우 다른 것은 아니지만, 역사적인 발현과 사회적 뿌리에 관한 두 사람의 인식은 무척 다르다.

아마도 베블런이 저지른 큰 오류라면, 과시적 여가와 폭력에 대한 기호의 등장을 수렵과 연관 지은 것이리라. 사냥꾼들이 사냥감에 폭력을 저지른다는 사실이, 같은 인간들에게도 꼭 공격적임을 의미하지는 않는다. 이탈리아 사람들은 가을날 숲을 돌아다니다가 움직이는 건 뭐든 쏘아 맞추고 그날 저녁에는 다 함께 모여 화기애애하게 먹고 마시며 시간을 보낸다. 그렇다면 이탈리아인들의 저녁 만찬은 사냥을 기념하는 것일까, 아니면 사냥이 만찬을 위한 구실에 불과한 것일까. 마찬가지로 초창기 수렵인들에게는 서로 싸워야 할 동기나 더 나아가 서로 싸우는 경향이 거의 없었으리라 짐작할 만한 근거가 있다. 저장되는 잉여가 없는 수렵이나 채취 경제는 침략이나 억압의 합리적 동기를 부여하지 않는다. 어떤 경우든 저장된 잉여의 생산과 분배라는 긴박한 문제가 없으므로 그 방향으로 강제될 이유가 없다. 베블런은 이렇게 정리했다.

약탈이 어떤 집단이나 계급의 일상적이고 관습적인 방편이 된 건 산업 도구가 발전하여 효율성이 높은 수준에 이르렀을 때이다. 높은 효율성 덕분에 생계를 꾸려 가는 사람들의 기본 생활수준을 넘어서는 이익이 남게 되면서 그 이익을 둘러싼 투쟁이 벌어진다. 따라서 평화에서 약탈로의 이행을 뒷받침한 건 전문 지식의 향상과 도구의 사용이다.[12]

따라서 베블런 또는 그가 말하는 원시 인류는 우리 정치 스펙트럼에서 우익인 하이에크와 좌익 급진주의자들 사이에서 가운데쯤 위치한다. 베블런은 하이에크가 깎아내리는 초창기 인류의 사회성을 높이 평가한다. 초창기 인류의 합리적인 노동 윤리 또한 높이 평가한다. 하이에크도 노동 윤리는 높이 평가하지만 그것을 초창기 인류의 특성으로 보지는 않는다. 정치 스펙트럼에서 왼쪽 끝에 있는 이들은 원시인의 사회성과 이로운 게으름을 모두 칭찬하곤 한다. 원시인의 게으름은 노동 윤리 또는 극좌파들이 흔히 표현하는 대로 말하자면 탐욕에 의해 아직 더럽혀지지 않은 것이다. 이런 특성들은 후기 산업사회의 대항문화가 귀족적 과시와 부르주아적 근면함을 모두 거부하게 되는 시대에 역력히 나타난다. 자유주의자들은 강제를 싫어하고 사회주의자들은 탐욕을 혐오하며, 우리 반역자들 가운데 일부는 둘 다 증오하면서 초창기 인류를 그 어떤 것에도 더럽혀지지 않은 존재로 본다.

스펙트럼의 이 한쪽 끝, 다시 말해 원시인을 극좌파로 바라보는 이들을 조금 더 자세히 살펴볼 필요가 있다. 마셜 살린스의 《석기시대의 경제학》[13]은 아마도 이런 유형 가운데 가장 영향력 크고 중요한 최근의 저작일 것이다. 초창기 인류가 지닌 군집성의 사회적 도덕성을 하이에크가 깎아내리는 지점에서, 살린스는 초창기 인류의 탐욕으로부터의 자유를, 그리고 아마도 더 크게는 노동 윤리로부터의 자유를 높이 평가한다. 19세기 포퓰리스트들이 농민을 이상화하는 지점에서, 살린스의 신석기시대적 포퓰리즘은 시대를 더욱 거슬러 올라가서 수렵인이자 채취자를 이상화한다. 부패가 시작된 건 부르주아가 아니라 최초의 농부가 등장하면서였다. 당연하게도 농부는 일종의 원시 부르주아로 보인다. 우리는 농업이 도입되기 이전에 훨씬 더 잘 살았고 더 많은 여가를 누리고 더 큰 인간성을 지녔다. 살린스 사상의 특징을 이해하기 위해 그의 책에서 몇 단락을 인용해 보자.

누구나 수렵인은 '비경제적인 인간'이라고 말하고 싶어진다. 적어도 생계와 거리가 먼 재화에 관해서, 수렵인은 《경제학의 일반적 원리》라는 제목의 모든 책 첫 페이지에 실리는 표준적인 캐리커처의 정반대이다. 수렵인은 욕망하는 것은 거의 없지만 비교적 풍요롭다. 따라서 수렵인은 '물질적 압박으로부터 비교적 자유'로우며, '소유 의식'이 없고, '재산에 대한 미발달된 의식'을 보이며, '모든 물질적 압박에 완전히 무관심'하고, 자신의 전문 장비를 개발하는 데 '관심이 없음'을 드러낸다.

경제적 인간이라는 표현은 부르주아적 설명이다. …… 수렵채취인들이 자신들의 물질적 '욕망'을 스스로 억제한 것이 아니다. 그들은 물질적 욕망으로부터 제도를 만든 적이 없을 뿐이다. …… 수렵인과 채취자들은 아무것도 가진 것이 없기 때문에 우리는 그들이 '가난'했다고 쉽게 생각한다. 그 이유 때문이라면 차라리 '자유'롭다고 생각하는 게 낫다.

가장 분명하고 직접적인 결론은 수렵채취인들이 고되게 일하지 않는다는 점이다. 한 사람이 날마다 음식을 마련하고 준비하는 데 들이는 시간은 평균 네 시간에서 다섯 시간이었다. 게다가 그들은 지속적으로 일하지 않는다. 기본 양식을 마련해 오는 일은 간헐적으로 이어졌다.

욕망이 없으면 결핍도 없다.[14]

살린스는 욕망의 부재에 뿌리를 둔 이 초기 형태의 부, 욕망과 만족의 그 거룩한 조화를 위해 치러진 대가가 있음을 부인하지 않는다. 수렵채취인들은 이동하며 살아야 했기에 인구수에 제약을 받을 수밖에 없었다. 당연하게도 이동의 필요성은 농경 이전의 인류가 소유 의식으로부터 자유롭다는 주장을 뒷받침한다. 그 시대에 획득한 모든 소유물은 말 그대로 '짐'이자 부담이 된다. 짐꾼이 없는 세상에서, 영원한 여행자는 부피가 큰 짐을 좋아할 리가 없을 것이다.

살린스의 주장은 쉽게 무시하기 힘들다. 그런데 그가 옳다면 농경의 시작은 빛나는 성취가 아니라 도덕적으로나 물질적으로 재앙이었다. 수렵채취인들이 진보하지 못한 게 아니라 이 선택권을 슬기롭게 거부했을 거라는 매력적인 가능성이 살린스에게 틀림없이 만족을 주었을 것이다.

인류학이 아니라 삶에서 배우는 하드자 사람들이 여유를 누리기 위해 신석기혁명을 거부한 점이 흥미롭다.[15]

제임스 우드번은 동아프리카의 하드자(Hadza) 사람들을 훌륭하게 연구하고 해석함으로써 최근에 농업 경제와 농업 이전 경제의 상대적 장점을 재평가하는 데 큰 영향을 주었다. 하드자 사람들은 여러 면에서 농민 부르주아를 의식적·의도적으로 거부한 것으로 보인다. 그들은 부와 노동만이 아니라 다른 많은 '고급' 문화들이 자랑스러워하는 여러 가치들, 이를테면 진지한 인간관계나 온갖 유형의 장기적인 약속에도 완전히 등을 돌린다. 이 신석기 게으름뱅이들은 그들 사이에 빚이라는 게 없다고 말한다. 어떤 행위도 장기적인 의무나 관계를 낳지 않는다. 따라서 그들 사이에서 자선행위가 벌어진다면 그것은 참으로 사심 없는 것이지 미래를 위한 투자를 위장하는 게 아니다. 과거와 미래 사이에는 거래나 거룩한 협정이 없다. 어떤 시점에서 보아도 분업이나 역할 분배 같은 사회 '구조'가 없을 뿐 아니라, 무엇보다 '장기적인' 구조에 부합한다고 할 것이 없다.

이런 풍경은 인류학자 우드번의 연구를 자극했다. 그는 하나의 가설을 공식화했다. 농경의 시작이 장기간의 의무들을 연결하고 시행할 수 있는 최소한의 사회조직과 관련이 있다고 보는 것이다.[16] 농업에서 노동은 보상의 지연이 뒤따른다. 의무가 장기간 지속되는 데 둔감한, 몹시 느슨하고 산만한 사회조직은 뒤늦게 맺는 결실을 구성원들에게 책임지고 전달할 수 없다. 인류학자들은 원시시대의 성적 난교라는 관념을 오래전에 폐기했지만, 일종의 경제적이고도 도덕적인 등가물인 생산관계의 일시성은 여전히 건재했다. 따라서 농업은, 어떤 이유로 장기적인 의무와 영속적인 관계에 대한 인식을 '이미' 지니고 있는 사회에 의해서만 시작될 수 있다. 이 가설에 따르면, '일부' 수렵채취인들이 그런 유형의 사회제도를 갖추고 있었고, 농업의 필요성이나 기회가 발생했을 때 그들만이 농업을 시작할 수 있었다.

이 매력적인 부르주아 이론은 근검, 금욕, 만족의 참을성 있는 연기라는 빅토리아 시대풍의 미덕을 산업혁명뿐 아니라 신석기혁명의 원동력으로 바꾸어 놓는다. 우리를 진보라는 위태로운 길로 나아가게 한 건 바로 신석기시대의 탐욕스러운 원시 부르주아였다는 것이다. 헤겔은 '한'사람이 자유로운 상태에서 '여럿'이 자유로운 조건으로 진보하고, 마침내 '모두'가 자유로운 경지에 도달하게 되는 것이 세계사라고 정리했다. 더 냉정하게 말한다면, 처음에는 모두가 여가를 누렸고 그 뒤에는 일부만이 여가를 누렸으며, 마지막으로는 노동 윤리의 지배 아래 아무도 여가를 누리지 않게 되었다는 서술로 이를 대신할 수 있으리라. 애초부터 만족의 지연이라는 건 존재하지 않았고, 그 뒤에는 보상의 지연이 나타났으며, 마지막으로 노동 자체가 노동의 보상이 된 시대에 보상은 영원히 지연된다.

네오마르크스주의자인 살린스가 우드번의 질료와 관념을 이용하면서도 그 안에 내재할지도 모르는 부르주아적 가치들을 단호히 거부한 사실은 흥미롭다. 살린스는 분명 신석기 부르주아혁명을 탐욕과 물욕, 공격성, 인간의 예속 같은 것들의 기원으로 혐오스런 눈으로 바라본다. 사실적인 수준에서, 그는 초창기 인류의 사회성과 목표의 즉시성을 탐탁찮게 여기면서, 추상적이고 비개인적이며 따라서 영구적이고 장기적인 규칙에 대한 인식이 그것을 대체하는 걸 즐겁게 바라보는 신자유주의자 하이에크와도 크게 다르지 않다.

카를 마르크스는 이를테면 부르주아 전체를 종식시키려는 부르주아였다. 당연하게도 그는 우리의 신석기적 일중독의 필연적인 귀결로서 가장 비난 받는 것, 다시 말해 사회계급의 분화와 억압을 인류가 끝장내리라 기대했다. 하지만 그는 노동을 어떤 보상과도 분리하고 그 자체를 목적이자 궁극적인 성취로 삼음으로써 노동 윤리를 절대화하고 일반화하고자 했다.

> …… 공산주의 사회에서는 누구나 독점적인 하나의 영역에서만 활동하는 게 아니라 모든 사람이 자신이 바라는 어떤 분야에서든 성취를 이룰 수 있고 사회가 생산을 전반적으로 관리하므로, 나는 …… 아침에 사냥하고 오후에 낚시하며 저녁에 소를 치고 저녁을 먹은 뒤에는 비평을 할 수 있지만 …… 그러기 위해 굳이 수렵인이나 어부나 목동이나 비평가가 될 필요는 없다.[17]

분업은 사라질 것이지만, 아니 엄격하게 말한다면 사회적 강제와 역할의 귀속성은 사라질 것이지만, '성취로서의 노동'은 존속하며 우리의 성취를 구성한다는 것이다.

노동 자체가 노동의 보상이라는 관념은 물론 부르주아 정신의 핵심이다. 우리는 노동이 좋아서 노동을 하며, 생계수단으로서만 노동하는 이들, 아니면 자신에게 아무런 의미가 없는 노동을 억지로 하는 이들, 또는 아무런 노동도 하지 않는 이들을 경멸한다. 기본적으로 마르크스주의는 부르주아적 소원 성취 판타지이다. 노동은 그 자체로 보상이어야 하고, 삶은 사실 노동에 '관한' 것으로 그 의미를 노동에서 찾는다. 겉으로야 어떻게 보이든 역사는 억압의 양식이 아니라 생산 양식에 의해서 결정된다는 것이 역사의 비밀이다.

노동은 실제로 행위가 존재하는 곳이다. 사람들 사이에 적대적인 관계를 낳고, 그 필연적 귀결인 억압과 사회적으로 제도화된 망상을 낳는 건 노동의 그릇된 조직화 탓이다. 노동 지향적인 중간계급 생산자들은 항상 이 모든 게 사실이기를 바라지만, 이 모든 것이 사실이라고 감히 말한 사람은 마르크스뿐이었다. 생산은 언제나 근본적이었다. 생산자 자신들이 그렇지 않다고 알고 있었더라도. 생산자들이 자유로이 선택한 창조적인 활동만 하게 되고, 억압에 의한 것이든 미신에 의한 것이든 모든 제약이 사라지는 시대가 올 터였다. 인간은 노동으로 삶을 일구어 가며 동료들과 사이좋게 살아갈 것이다. 프롤레타리아트의 운명은 평화롭고 자체 보상되고 제약 없는 생산성이라는 부르주아적 이상을 실현하는 것이었다.

의심스런 증인

정치적 증인으로 호출되었다가 돌아온 원시인 자신은 실제로 어디에 존재하는가? 사건의 진상은 과연 무엇인가?

이 경우처럼 질문은 중요한데 사실 자체가 모호한 경우가 많다. 후손인 농경 사회나 산업사회 인류처럼, 농경 이전의 인류가 모두 똑같은 사람이 아니다. 우리가 그 범주에 속하는 어떤 하위 범주를 전형적이라 일컫고 다른 범주를 변형이라고 선언한다면, 그것은 문제를 속단하는 것일 따름이다. 아무런 문헌 기록이 전해지지 않는 농경 이전 사회의 경우에 우리가 하나 더 해결해야 하는 문제는, 잔존하는 소수의 수렵채취인 사회가 어떤 식으로든 집단 전체를 대표하는 것인지, 아니면 농경시대에 살아남았거나 어쩌면 농경시대에 등장한 그들이 오히려 비전형적인 것인지를 판단하는 일이다.

이 문제는 물론 수렵채취인 사회를 연구할 때 빠뜨려서는 안 되는 중요한 주제 가운데 하나이다. 우리는 앞서 마셜 살린스가 당당하게 하드자 사람들을 증인으로 삼아서 신석기혁명을 거부했음을 살펴보았다. 하지만 그들의 증언은 의심스럽다. 가령, 세계가 완전히 산업화된 22세기에 야스야나 폴랴나(톨스토이의 사유지였던 곳—옮긴이)와 영국의 시골 마을들에서, 톨스토이나 윌리엄 모리스를 추종하며 살아가는 몇 안 되는 사람들의 공동체를 상상해 보자. 이들은 주변 세계의 가치와 관습을 단호히 거부하면서 제정러시아 시대의 농민이나 영국 중세 장인들의 삶을, 또는 그들이 그렇다고 생각하는 삶을 이어 가고 있다고 하자. 22세기의 인류학자는 그런 공동체의 연구에, 그리고 그 연구를 바탕으로 지난날 실제 농경시대의 일반적인 모델을 재구성하는 것에 어떻게 정당성을 부여할 것인가?

오늘날 수렵채취인들로 이루어진 사회에서 적어도 일부는, 모든 사람이 수렵인이거나 채취자였던 세계의 후손이 아니라 실제로 농경 세계에 포함되는 특정 하위 집단, 그러니까 도덕적 반역자이거나 탈락자 아니면 둘 다라는 의심에서 벗어날 수 없다. 복합사회라면 내부에 소수집단이 나타나게 마련이다. 그들의 역할은 다수가 혐오하는 과제를 실행하는 것일 뿐 아니라 지배적인 다수가 '배척하는' 가치와 생활 양식을 입증하는 것일 수도 있다. 그런 일탈자들에 대한 폄하는 지배자들의 미덕을 돋보이게 한다. 그들을 향하고 그들 자신이 내면화하는 멸시는 지배적인 가치들의 권위를 강화한다.

　사회가 자신의 탁월함을 주장하는 방법은 자신들의 가치를 칭송하는 것뿐 아니라, 공공연히 무시당하면서 그 무시를 인정하고 내면화할 만큼 미약한 하위 집단이 그런 가치들에 거스르는 모습을 보는 것이다. 당당하게 정주하고 소유를 숭배하는 농경 사회는 그 안에서 떠돌아다니며 노략질하는 집시들을 보며 비난하는 일이 은근히 즐거울 수도 있다. 중세사회는 겉으로는 상업과 금융을 무시했음에도 통치자들은 지위를 유지하기 위해 상업과 금융의 열매가 절실히 필요했다. 그 사회는 유대인을 이용하면서도 경멸함으로써 자신의 신앙과 장점을 은근히 공식화했을 것이다. 수렵채취인들은 이웃 농경민들과 다양한 차원에서 공생했다. 그리고 그들의 특수성과 더 나아가 그들의 가치와 이데올로기는, 수렵인들이 수렵 세계에서 살던 과거에 의해서 형성되지 않는다. 그것들은 의도적인 대비에 의해서, 그리고 수렵인이 아닌 그 이웃들이 창조한 이미지에 의해서 형성되는 것이다. 그들은 사실 자신들이 불가피하게 속해 있는 지배적인 사회, 그리고 그들이 이바지하는 한편 무시당함으로써 경제적이고도 상징적으로 도움을 주는 지배적인 사회에 의해 배제되거나 배제되어야 한다.

　오늘날 수렵 사회 가운데 적어도 일부의 상황에서 논리적으로 도출되는 결론은 모든 수렵 사회에 똑같이 적용될 수 없다. 아마도 어떤 사회에는 전혀 적용될 수 없을 것이다. 그런가 하면 일부 수렵인들은 조직의 복합성과 경제적 보상의 지연이 관계가 있다는 가설을 반박할 것이다. 그들은 매우 복잡한 제의와 친족 집단, 그리고 낮은 수준의 장기적 경제계획과 저장 능력을 갖추고 있을 것이다. 생산 부문은 아니더라도 그들이 신부의 교환(세계 여러 곳의 풍습으로, 남편은 신부 값을 지불할 때까지 아내에 대한 성적 · 경제적 지배나 출산을 강요할 수 있는 권리를 완전히 확보하지 못하며, 신부 값은 가축이나 창, 옷감, 술, 음식, 화폐, 그리고 여성의 교환 등 매우 다양한 방식으로 치러진다―옮긴이) 문제에서 보상의 지연을 경험한다고 말하는 건, 장기간의 의무와 그것이 암시하는 모든 것이 결국 어떤 생태적인 자극도 없이 생성될 수 있음을 시인하는 것이다.

요컨대, 신석기적 부르주아화 또는 오늘날 일탈적인 신(新)신석기적 보헤미아니즘의 뿌리와 보편성 모두 여전히 논쟁을 불러일으키는 문제이다. 그래서 석기시대 인간은 다가오는 총선거에서도 변함없이 부동층 유권자인 셈이다. 그가 우리 대신 우리 운명과 의무를 기꺼이 결정하거나 정할 수 있을 것으로 보이지 않는다. 우리의 가장 뿌리 깊고도 오래된 본성을 바탕으로 우리 미래를 예견하고자 하는 연구자에게, 초창기 인류는 언제까지나 '오리무중'으로 남는다.

농경 이전에 인간이 선택할 수 있었고 인식하고 있었던 선택권의 범위는 여전히 의문으로 남아 있다. 고고학적 · 민족지학적 증거는 불완전하고 모호하다. 영원히 그럴 것이다. 원시 인류가 평화 쪽으로 분류될 것인지 아니면 침략 쪽으로 분류될 것인지, 여성의 평등 쪽인지 아니면 남성 우월주의 쪽인지, 노동 윤리 쪽인지 아니면 생태적으로 이롭고 인간적으로 합당한 적절한 욕구 쪽인지, 사회적인 정서 쪽인지 아니면 철저한 개인주의 쪽인지, 이 모든 것은 더 깊이 탐구되어야 한다. 하지만 규모로 보나 복합성으로 보나 농업혁명 이전에는 분업과 사회분화의 성장 가능성이 없었다는 점만은 여전히 명백하다. 분업이나 사회분화의 규모와 복합성은 농경시대와 산업시대 인류, 다시 말해 '우리'의 상황과 문제를 매우 다양한 형태로 설정한다.

2장
:
공동체에서 사회로

인식의 진화와 언어

인류 역사를 관통하는 맥락을 찾아내려는 꾸준한 시도 가운데 하나는 이성이라는 개념에 초점을 맞추고 있다. 이 관점에서 보자면 인류 역사는 합리성의 전개 과정이다. 인간의 사유, 제도, 사회조직은 나날이 더 합리적으로 발전한다. 이성이 인류 발전의 목표이자 종착점이라는 생각은, 인류가 제 길을 가게 하는 주요 동인이 이성이기도 하다는 관점으로 녹아들 수 있다. 인류의 삶에서 일어나는 변화가 우리의 사상이나 사고방식의 발전에서 비롯된다고 생각하는 건 당연하다. 행위가 관념의 실행이 아니라면 무엇이겠는가? 우리가 발전한다면 그건 우리 관념이 발전해 왔기 때문이 아닌가? 사유와 이성의 역할은 19세기 유럽 사람들의 강한 자만심에서 비롯된 자기만족의 결실이라고 의심을 받았지만, 그럼에도 여전히 탐구할 가치가 있다.

이성 중심의 역사관이 맞닥뜨린 문제와 곤란함은 상당하다. 이 역사관은 18세기 후반부터 20세기 초반까지 합리주의적 낙관주의가 이러저러한 모습으로 전성기를 누리던 지난날보다 오늘날 훨씬 인기가 없음이 분명하다. 하지만 수렵 시대부터 컴퓨터 시대에 이르기까지 인류의 인식적 변화를 차분하게 그려 보는 일은 여전히 필요하고, 그것이 꼭 낙관주의적이어야 할 필요는 없다. 우리 인식 활동의 본성은 늘 똑같은 게 아니다. 상황이 변할 뿐 아니라 그 변화는 깊고도 근본적이다. 똑같은 변화가 단순히 한 번 더 되풀이되는 게 아니라 '유형'의 변화가 일어나는 것이다.

이 문제를 논의하기 위한 편리한 기준선 또는 출발점이 되는 건 원시인의 신앙 가운데 적어도 일부에 드러나는 명백한 불합리성이다. 신앙의 문제에서 무엇을 받아들일 수 있는가 하는 기준은 꾸준히 높아졌고, 역사에서 이성의 진보가 이 기준의 상승으로 표현된다고 생각하는 사람들이 많다. 우리는 나날이 신중해져서 우리에게 불합리한 것으로 받아들여지는 먼 선조의 신앙으로부터 멀어졌다. 중요한 문제를 두고 속단하지 않는 태도를 견지한다면, 오늘날 몹시 불합리해 보이는 건, 흔히 제시되는 일부 원시인의 신앙에 대한 해석이라고 해야 할지 모른다. 불합리성이 원시의 신앙 자체가 아니라 원시 상태의 맥락을 이해하지 못했기 때문에 벌어지는 해석 문제일지 모른다고 주장하는 이들이 물론 있다. 이 관점에서 보면 불합리성에 책임이 있는 건 원시인이 아니라 근대의 해석자이다.

분명히 지속되고 있는 원시인 신앙의 구조적인 불합리성은 우리가 살펴보는 중심 문제의 배경을 설정하는 데 도움을 준다. 그들은 틀렸고 우리는 옳은 것일까? 아니면 서로 별개의 기준으로 평가해야 옳은, 근본적으로 다른 게임을 하고 있는 것인가? 그리고 그들의 문제와 해답이 우리와 다르다면, 그들은 같은 발전 선상에서 우리와 연결되어 있는 것인가? 그렇지 않다면, 우리와 그들을 가르는 간극의 본성은 무엇일까? 그것은 과연 간극이라 할 만한 것인가?

나일 강 상류 지역에 사는 누에르족은 특정한 제의적(ritual, 제사, 의식儀式, 전례典禮를 뜻하는 낱말. 이 책에서는 '제의'라고 통일하여 표현했으나 문맥에 따라서 의식, 전례라는 의미로 이해해야 한다—옮긴이) 맥락에서 오이를 소와 동일시한다.[1] 이를 원시사회 일반에 나타나는 불합리한 신앙의 대표적 모델로 사용해 보자. 이른바 이런 유형의 불합리성이 발견되는 빈도, 또는 그것이 원시인이나 이질적인 민족의 특성으로 여겨지는 빈도는 인류학에서 꽤 매력적인 부분이다. 이 불합리성은 우리의 지적 관음증을 자극하고 촉발한다. 나아가 '원시인의 정신세계'에 관한 다양한 이론을 발전시킴으로써 인간 사고의 본성과 전반적인 발전에 관한 이론에 영향을 끼쳤다.

이 주제를 둘러싸고 두 가지 극단적인 입장이 있다. 하나는 불합리한 신앙이 널리 퍼진 것은 합리성 이전의 특별한 정신세계로, 오늘날 우리의 정신세계와는 근본적으로 단절된 것이라는 주장이다.[2] 또 다른 입장은 이미 설명한 것인데, 원시인의 이성은 우리의 이성만큼 뛰어나고 결코 질적으로 다르지 않다고 생각한다. 원시인의 사고에 명백하게 드러나는 불합리성, 사실과 논리에 대한 무시는 몰지각하고 순진하며 때로는 악의적이기까지 한 관찰자들의 희망사항이었다는 얘기이다.

그러면 먼저 호의적이고 관대한 입장을 살펴보자. 이런 입장은 원시인을 합리적이라고 본다. 이를 뒷받침하는 근거는 주변의 물리적 환경을 관찰하고 거기에 대응할 때 원시인이 적어도 근대인만큼 뛰어나다는, 확실하고도 뚜렷한 사실 때문이다. 이를 실제로 증명하는 것은 어렵지 않다. '소＝오이'라는 등식을 예로 들자. 우리는 누에르족의 합리성을 실증적으로 입증할 수 있다. 누에르족 열 명을 임의로 고르고, 영국 왕립인류학회 회원도 임의로 열 명을 고르자. 땅거미가 질 무렵, 나일 강 유역의 떨기나무 숲속에 아주 작은 소 한 마리와 매우 큰 오이 하나, 또는 문제를 조금 더 어렵게 하려면 커다란 호박을 하나 놓는다. 거기서부터 150미터쯤 떨어진 곳에서 그 지점을 조망할 수 있다고 하자. 이제 누에르 사람 열 명과 왕립학회 회원 열 명에게 한 사람씩 차례대로 무엇이 작은 소이고 무엇이 큰 오이인지 구별하게 한다. 경험 많고 시력이 좋으며, 평생 책을 읽느라 시력을 망친 이가 거의 없는 누에르 사람들이 왕립학회 회원들보다 더 잘 구별할 거라는 생각을 굳이 의심할 까닭이 있을까? 그렇다면 원시인의 정신세계는 과연 어떤 것일까?

원시인의 사고에 대한 이 관대한 관점을 받아들인다면 지지자들은 다음 문제를 마주해야 한다. 어째서 원시인은 '소＝오이'와 같은 불합리한 관점을 갖고 있다고 그렇게 널리 인식된 것인가? 이들은 다양한 설명을 내놓지만 가장 보편적인 설명은, 불합리해 보이고 사실상 오역된 이 주장들이 물리적 환경에 관한 진술이 결코 아니라는 점이다. 그런 진술은 일반적으로 제의적 맥락에서 발생하며, '사실상' 원주민이 구성원으로 속해 있는 사회질서에 관한 것이다. 그 명백한 경험적 내용물은 사회질서의 재확인에 다름 아니다.[3] 또 다른 맥락에서, 사람들은 이런 경험적 연관을 지니고 있는, '오이'나 '소'에 상응하는 지역적 술어를 사용하곤 한다. 그러나 의미론적 복합성, 맥락과 목적에 따른 의미의 가변성 탓에 관찰자는 그릇된 판단을 하게 된다. 관찰자는 어떤 경우든 이국적인 기이함을 발견하는 데 혈안이 되어 있고 심한 자만심에서 비롯되는 지적 우월의식에 빠져 있기 때문이다.

이런 주장은 비판을 피할 길이 없다. 이국적인 문화의 구성원이 진실로 말하려던 것이 단순히 자신이 속한 공동체의 사회질서에 대한 충성심의 표현이었다면, 도대체 왜 그가 말한 대로 해석되지 않는 것인가? 똑같은 술어가 경험적 맥락이나 제의적 맥락에서 다 사용되는 건 그저 우연일까? 한 사회에 불합리한 신앙이 널리 퍼지는 일은 결코 없는가? 허위의식(false consciousness)이나 제도화된 오류가 사회질서의 기초에 영향을 준다는 생각은 진실로 아무 쓸모가 없는 것일까? 환경을 조작하기 위해서 주술적인 접속을 이용하고, 그 접속을 통상적인 인과관계인 것처럼 취급하는 사례가 허다하지 않은가?

무엇보다 인간의 정신세계 전반에 걸쳐 장기적인 변화는 진실로 일어난 적이 없는가? 원시인은 자신의 사회질서를 지지하는 문화적으로 특수한 재확인과, 매우 합리적이고 경험적인 관찰을 실제로 구분할 줄 알았던 것일까? 원시인의 기본적인 내부적 지식경제는 우리의 지식경제와 똑같은가? 인류의 지성사에 관한 이론 중에는 터무니없는 이야기가 하나도 없는가?

양극단의 입장 가운데 원시인이 영원한 만취 상태에 빠진 듯 논리적이지 않다고 보는 관점은, 물리적 환경을 다루는 원시인의 뛰어나고도 명백한 능력을 설명하지 못한다. 다른 한 극단의 입장은, 원시인이 우리처럼 논리적으로 세심하다는 걸 입증하기 위해 원시인의 술어를 재정의하고 원시인이 불합리한 믿음을 갖고 있다는 혐의를 벗겨 낸다. 이런 입장은 원시인의 정신과 근대의 정신 사이에 존재하는 근본적인 단절을 설명하지 못한다. 이 입장은 너그러운 상대주의라는 이름으로 모든 인식 체계가 평등한 척하는 부조리를 드러낸다. 다양성을 인정하라고 요구하면서 근본적이고도 뚜렷한 차이를 모호하게 만든다. 합리주의와 신앙, 또는 정교하고 성문화된 신앙과 분방한 미신 사이에 나타나는 역사적 투쟁을 마주하면, 그 입장은 할 말이 전혀 없다. 하지만 이 갈등들은 역사적으로 매우 중요했다. 너그러운 관점은 우리 역사의 핵심 테마인 극심한 긴장을 설명하지 못한 채 단순한 오해로 바라볼 뿐이다. 하지만 그 긴장들은 오해의 수준을 훨씬 넘어서는 것이었다. 두 관점을 모두 수용하여, 원시인의 뛰어난 경험적 감수성을 인정하면서도 원시인의 인식 유형과 근대인의 인식 유형의 단절성을 인정하는 방법론은 정말 존재하기 힘든 것일까?

이 대조되는 두 입장 모두는 사회학에서 이미 일반적인 것을 이해하지 못하는 오류를 바탕에 깔고 있다. 흥미롭게도 이 문제는 여태까지 지식에 관한 논의에 충분히 도입되지 않았다. 중요한 건, 한쪽의 단일한 맥락이나 단일한 목적을 지닌 행위들과 다른 한쪽의 복합적 맥락의 행위들 사이에 나타나는 차이점이다. 복합적인 기준이나 목표에 이바지하는 복합적인 맥락의 행위, 다시 말해 이 경우에 발화는 마치 단일한 맥락의 행위인 것처럼 다루어진다. 원시 인류나 인류 일반은 소는 오이라거나 소는 오이가 아니라는 식으로 자연 세계에 관해 의견을 말하거나, 그것이 아니라면 주어진 사회질서에 대한 자신의 충성심을 제의적 공식을 통해 드러내는 것으로 가정된다. 적어도 암묵적으로 이런 구분이 받아들여지고 가정되는 것이다. 이 두 행위가 그리고 그 밖에 다른 행위들이 완벽한 방식으로, 모호한 방식으로, 가변적인 방식으로 융합되고 얽힐 수 있다는 가능성은 배제된다. 다시 말해, 원시 인류가 우리와 마찬가지로 복합적이고 체계적이며 의식적이고 질서정연한, 그리고 그 안에서 다양한 기능과 목표가 분명하고도 뚜렷하게 구별되는 분업의 상속자이자 수익자이기라도 한 것인 양 그들의 주장이 다루어지는 것이다. 오늘날 우리 사회에서는 그런 구분이 체계적으로 주입되고 높이 평가되는 반면, 목표의 혼동은 비난받기 일쑤이다. 하지만 원시인은 그런 구분이 필요가 없다. 원시사회는 그런 구별이 없음을 토대로 작동할 수 있기 때문이다.

경험적인 의견을 말하고 있는 것인지 아니면 현대사회의 계급 질서와 구조에 충성을 맹세하고 있는 것인지를 현대인에게 묻는 건 합리적이다. 적절한 교육 배경을 갖춘 사람이라면 질문을 이해할 수 있다. 정확하게 답변할 가능성도 있다. 하지만 술어와 해석을 둘러싼 문제를 생각해 볼 때, 기능의 이런 정확한 분리가 사물의 본성에 내재한 것이기 때문에 원시인도 그것을 이해할 수 있었으리라고 생각할 이유가 있을까? 기능의 명확한 분리는 모든 사람의 생득권인가, 아니면 오히려 어떤 특이한 전통의 성취이자 매우 특별한 환경에서 맺은 열매인가? 분업과 기능의 분리는 자연과 사유의 구조 자체에 새겨지는 것인가, 아니면 오히려 자연이, 그리고 사실상 사회가, 하나의 도구를 다양한 목적에 사용하는 걸 좋아하고, 하나의 목적은 많은 도구들의 도움을 받는 걸 좋아하는 건 아닌가? 목표와 기능의 차이를 인식하는 세심한 감수성을 획득하도록 훈련받아 온 우리는 세심한 감수성을 다른 모든 것에 투사하지 않도록 조심해야 한다. 그것은 비정상이고 어쩌면 심지어 병적인 습성일 수도 있다.

다양한 언어 기능이 본질적으로 명확하게 분리되어 있다는 가정은 너무도 이상해서 논리적으로 반박을 받는다면 바로 폐기되고 말 것이다. 몹시 이상하고 특이한 역사적 발전 과정에서 꾸준히 획득된 우리 자신의 감수성을 초창기 인류는 물론 인류 일반에 투사해야 할 까닭이 없다. 분업과 그 한 측면일 뿐인 문제들의 분리는 최근에 이룬 성취이지 모든 인류가 타고난 본성은 아니다.

우리가 이렇게 오도된 가정에 빠지지 않으려면, 원시인의 정신세계에 관해 어떻게 생각하는 것이 올바른 것일까? 인식이 아닌 행위에서 복합적 맥락(multi-strandedness)이란 익숙하고도 보편적인 개념이다. 복합적이고 크고 원자화되고 전문화된 사회에서 단발성 행위들은 '합리적'일 것이다. 말하자면 그 행위들이 단일한 목표나 기준의 지배를 받고, 그 목표와 기준에 부합하는지 정확하고도 객관적으로 평가된다는 걸 의미한다. 이 도구적 효율성 곧 '합리성'은 확증될 수 있다. 구매를 하는 사람은 가장 좋은 상품을 가장 낮은 가격으로 사는 데 관심이 있다. 한편 다층적 맥락의 사회에서는 그렇지 않다. 부족사회에서 마을 이웃에게 무언가를 사는 사람은 판매자, 친척, 협력자, 동료나 경쟁자, 자기 아들에게 신부를 구해 줄지도 모르는 사람, 동료 배심원, 제의 참석자, 마을 수비대 동료, 동료 위원과 거래하고 있는 것이다.

이 모든 다층적인 관계들이 경제활동의 일부가 되고, 당사자는 저마다 그 활동에서 생겨나는 득실만을 따지지 않는다. 그런 다층적인 맥락에서는 최대한의 이익 추구에 의해 지배되는 '합리적'인 경제 행위라는 건 있을 수 없다. 그런 행위는 거래에 뒤따르고 거래를 제약하는 다른 온갖 고려 사항이나 관계를 깡그리 무시하는 것이다. 고려 사항들은 무수히 많고 범위가 무한하며 서로 얽혀 있고 때로는 불균형하여, 비용 대비 이득의 '타산'을 허용하지 않는다.

그런 상황에서 사람은 '규범'에 따라 살아갈 수 있지만 사실상 하나의 뚜렷한 목표에만 복무할 수는 없다. 규범은 복합적이지만, 목표는 단순하고 분명해야 한다. 도구적이고 대체로 양적으로 측정되는 합리성은 단일한 가치 기준을 전제로 하며, 그 가치 기준의 관점에서 여러 전략들이 평가될 수 있다. 불균형한 가치들이 많고 일부는 평가가 불가능하기까지 하다면 사람은 느낄 수 있을 뿐이고, 그 느낌은 문화의 전반적인 기대나 예상에 영향을 받는다. 계산은 할 수 없다. 이에 반해 선택권에 대한 냉철한 판단과 일편단심은 꽤 특별한 사회적 배경을 필요로 하는데, 그 배경은 일반적으로 더 단순한 사회에서 볼 수 없는 것이다. 사회 구성원이 적을수록 의제는 더 융합되고 다양한 목적을 띠게 마련이다. 큰 사회는 명확하게 분리된 행위들이라는 사치를 누릴 수 있지만, 큰 사회들조차 반드시 또는 보편적으로 그 사치만을 누리는 건 아니다.

하지만 동일한 유형의 다층적 맥락은 분명 단순하고 더 작은 사회에서 언어의 사용을 지배하기 쉽다. 사회적으로 인정되고 용인되는 소리 패턴을 이용하는, 다시 말해 '무언가를 말하는' 사람은 '한 가지만' 하고 있다고 여겨질 수 없다. 그는 동시에 많은 일을 하고 있다고 판단하는 게 타당할 것이다. 문제에 접근하는 이 책의 전략은 기본 전제를 뒤엎는 것이다. 우리는 사람들이 한 번에 한 가지 일을 한다고 생각하고 다양한 행위를 명확하게 구분한다고 가정하는 경향이 있었다. 그것이 실제로 우리의 정신과 교육에서 중심적인 부분이기 때문이다. 그러므로 사람들이 한 번에 많은 일을 한다면 우리는 그 이유를 설명해 주어야 한다고 느낀다. 하지만 그 반대가 참이다. 설명이 필요하고, 예외적인 것은 단일한 맥락, 명확하고도 논리적인 분업, 기능들의 분리이다. 이성은 이런 외형을 띠고 역사에 진입했다. 기능의 융합과 혼동, 목표와 기준의 융합과 혼동은 인류 본래의 정상적인 조건이다. 이 요점을 완전하게 이해하는 게 중요하다. 누군가가 다기능적으로 표현한다는 건, 그가 급해서 수많은 의미를 결합하여 말한다는 뜻이 아니다. 또 그의 언어 자체가 그에게 패키지 상품을 제공했기 때문이 아니다. 오히려 융합된 의미들은 그에게 단일하고 분리할 수 없는 의미론적 내용물을 구성한다.

언어를 복합적 맥락으로 사용한다는 것은 두세 가지 또는 그보다 많은 목적과 기준에 복무하는 것이다. 어떤 하나의 목적이 우세하거나 특권을 지니고 있다고 생각할 까닭이 없다. 또 언어의 모든 영역이 같은 수만큼 목적을 갖고 있다고 생각할 아무런 이유가 없다. 이 책은 '이중의' 목적 모델을 살펴볼 것인데, 그 이유는 다층적 맥락에서 발생하는 모든 수준의 유효한 복합성이 이미 이중의 목표 모델에서 발견되기 때문이다. 이중성이 어떤 식으로든 우세하거나 전형적이기 때문이 아니다. 최근 일부 인류학 이론에서 이항대립의 구조를 논하고 있지만, 그것은 이 책의 논지와 상관이 없다. 이원 모델의 상대적 단순함은 설명에 도움을 준다. 이중성에 특권을 부여하는 게 아니다. 그것은 다중성의 문제에 접근하는 가장 단순한 길일 따름이다.

특정 언어 표현이 두 가지 목적에 복무한다는 걸 인정하면, 특정 사회에서 언어의 사용은 적어도 두 차원을 드러내는 도표로 설명해 볼 수 있을 것이다. 하지만 먼저 한 차원의 도표부터 시작해 보자.

한 차원에서 살펴볼 때, "비가 온다"라고 간단히 해석할 수 있는 문장은 '지시적'(referential, 어떤 낱말이나 표현의 의미는 그것이 지시하는 대상에 있다고 보는 언어학의 용어−옮긴이)일 것이다. 그것은 독립적인 실재, 다시 말해 비와 결부되고 '조작화되며'(operationalized, 가설 설정 후 검증으로 이어지는 과정에서 추상적인 개념을 구체적으로 정의하는 과정을 조작화라 한다−옮긴이) 연관된다. 말 그대로 비가 온다면 이 문장은 '참'으로 해석되어 높은 평가를 받고, 그렇지 않다면 거짓으로서 낮은 평가를, 날씨 자체가 의심스러울 경우 중간 또는 애매모호한 평가를 받는다.

하지만 동시에 이 소박한 문장이 제의의 일부로서, 자연보다는 사회적 상황과 연관된 것일 수도 있다. 이 경우 제사장이나 마을의 주술사가 똑같은 말을 한다면 높은 평가를, 제사장이나 주술사가 부인한다면 낮은 평가를 받으며, 침묵을 지킨다면 평가가 유보된다. 사회의 구성원이 그 평가를 수용한다는 건 그가 순종하고 사회의 권력구조와 동일시함을 드러낸다. 이런 맥락에서 그 구성원은 자연에 관해서 이론을 세우고 있는 것이 아니다. 그는 사회질서를 승인하고 물론 경우에 따라서는 부인하고 있는 것이다.

제사장이 말한다 "비가 온다."	✓
제사장이 침묵한다	?
제사장이 말한다 "비가 오지 않는다."	✕

　지금 내가 비판하고 있는 건, 말하는 사람 자신이 두 행위, 그러니까 자연에 대한 언급과 사회질서에 대한 순응을 분명히 구별하고 있다는 근거 없는 가정이다. 그것은 두 행위의 구분이 사물의 본성 자체 또는 발화나 생각의 본성 자체에 존재한다는 가정이다. 하지만 그렇지 않다. 오히려 지시적 객관성으로 보이는 것은 제사장에 대한 지지를 보증하는 것일 수 있다. 초월적인 보증으로 보이는 것은 다시금 자연 상태에 관한 그의 인식에 영향을 미칠 것이다. 왜 두 행위를 구분해야 하는가? 어째서 두 행위가 서로를 보완하지 못한다는 것인가?

　목적의 융합이 둘의 명확한 구분보다 훨씬 보편적이고 어떤 면에서는 더 자연스럽다. 특정한 사회 배경에서, 융합되고 다목적적인 역할을 하는 것은 발화의 '의미'이다. 말하는 사람은 자신이 기상학과 정치학에 관여하고 있기 때문에 날씨에 관해서 말하는 동시에 자신의 지지를 강조하고 있는 거라고 생각하지 않는다. 두 가지는 융합되어 있다. 그것은 그의 정치학에는 자연의 근거를, 그의 기상학에는 사회적인 지지를 부여한다. 이것이 언어 공동체 안에서 언어 표현이 이끌어 가는 삶이다. 다른 건 없다. 언어 표현의 진실로 복합적인 사용 모형(母型, matrix)을 살펴보자.

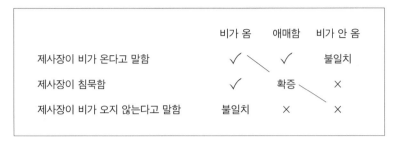

	비가 옴	애매함	비가 안 옴
제사장이 비가 온다고 말함	✓	✓	불일치
제사장이 침묵함	✓	확증	×
제사장이 비가 오지 않는다고 말함	불일치	×	×

  우리가 지시론자(referentialist)라고 일컬을 수 있는 사람은, 어쨌든 언어의 지시적 사용을 근본적이고 기본적인 것으로서 분업 이전의 인류에게 강요한다. 그들은 별개로 보이는 두 번째 줄(제사장이 침묵할 때)을, 우리에게 주장의 '진정한 의미'를 주는 것으로 바라보았다. 나머지는 일종의 사회적 첨가가 보태진다. 첫째 줄과 셋째 줄의 '불일치' 칸이 나타내는, 사실과 모순되는 언어 사용에 관해서, 그들은 원시인이 자연보다 제사장을 따른다면 논리를 무시하는 거라고 비난하거나 아니면 이런 경우 음성학적으로는 동일한 구문이지만 다른 의미로 사용되고 있다고 설명해야 한다. 그러면 불합리성 또는 사실 부정의 책임은 동음이의어를 하나의 의미로 다룬 해석자에게 돌아간다.

  이에 반해 사회적 의미론이라 일컬을 수 있는 이론을 지지하는 이들은, 우리의 분석 행위에 의해 이 단순화된 상황의 사회적 측면이 추출되는 두 번째 열에 집중한다. 이 열에서 외부적인 사실은 아무런 역할을 하지 않는다. 그 이유는 날씨가 의심스럽기 때문이다. 경험적 현실은 명확한 평결을 내리지 않았다. 여기에 기록된 모든 것은 말하는 이가 자신이 사는 사회의 위계질서에 바치는 존중이다.

  왼쪽에서 오른쪽으로 하향하는 대각선 방향은 확증의 대각선이라 말할 수 있다. 제사장의 관점이나 우리 교리의 신성한 영감은 이 대각선을 따라 관찰할 수 있는 뚜렷한 수렴에 의해 확증된다.

비가 내린다고 그가 말하노니, 보라 비가 내리지 않는가. 비가 내리지 않는다고 그가 말하노니, 비가 내리지 않도다. 그가 침묵을 지키니, 보라 날씨가 어떻다고 표현할 수 있으랴.

또 다른 중요한 대각선은 왼쪽에서 오른쪽으로 상향하는 대각선이다. 이는 불일치의 대각선이라고 할 수 있다. 제의적 상황들은 보통 과장된 언어뿐 아니라 사실과 논리의 무시라는 특징도 있다.[4]

상황 감각의 고조는 매우 공식적인 또는 비공식적인 행위와 의복뿐 아니라 논리와 사실로부터 일탈함으로써 일어날 수 있다. 원시인 또는 발전한 사회의 신도가 논리나 의미의 정상적인 관습을 무시하는 표현을 전혀 하지 않는다면, 그런 특별한 고조가 어떻게 일어날 수 있겠는가? 그 특별한 효과가 어떻게 달성될 수 있겠는가? 삶은 동일한 의미론적 기조에서 영구히 이어질 것이고, 감수성을 자극하는 일마저 없다면 삶은 지루할 수밖에 없을 것이다.

불합리성이 없다면 논리의 불꽃놀이도 없다. "이 오이는 소다"라는 단언이 궤변이 아니라면, 그것이 단지 오역일 뿐이라면, 우리가 사회 질서에 대한 지지를 재확인하기 위해 제의적 방식으로 이 오이를 베면서 다른 평범한 경우에 소에게 쓰게 되는 술어로 오이를 표현하는 것일 뿐이라면, 어느 누가 흥분을 느낄 것인가? 비슷한 맥락에서 성체가 예수의 몸이라는 진술을 다시 해석해 보자. 화체설(化體說, 미사에서 사제가 봉헌하면 빵과 포도주가 실제로 예수의 몸과 피로 변한다는 주장—옮긴이)이 음성의 경제학에 의해서 두 낱말 대신 하나의 낱말을 쓰는 것에 지나지 않는다면, 그것이 과연 깊은 울림을 지니겠는가? 그리스도의 실재(Real Presence, 그리스도의 살과 피가 미사에 실재한다는 관점—옮긴이)라는 교리는 지나치게 관대한 인류학적 해석을 애초에 불허하려는 시도이다. 미얀마 고산지대에 사는 부족들을 다룬 책에서 드러낸 에드먼드 리치의 관점은 자신이 〈시간과 가짜 코〉(Time and False Noses)[5]라는 논문에서 주장한 요점과 모순된다. 명백한 경험적 불합리가 흔히 사회적이고 상식적인 어떤 것의 오역일 뿐이라면, 논리의 무시가 상황 감각을 어떻게 낳을 수 있었던 것인가? 그런 무시가 실제로 일어난 적이 없다면?

이 책의 모델은 두 차원의 감수성, 이를테면 자연에 존재하는 제약과 사회에 존재하는 두 가지 제약에 반응하는 표현 체계를 보여 준다. 실제 사회생활과 언어생활에서는 두 가지가 아니라 더 많은 것들이 동시에 제약과 규제로 작용할 수 있다. 이 책에서는 논지에 중요한 두 가지를 선택했다. 경험론자들은 갖가지 개념이 자연적 과정과 결부됨으로써만 '조작화되는' 것처럼 말한다. 인류학자들은 현저한 '사회적' 조작화와 '기능'을 지닌 표현들에만 관심을 쏟는다. 사실, 여러 표현들은 사회적 과정과 연관되지 않는 경우가 훨씬 더 많다. 일반적으로 특정한 낱말의 사용을 지배하는 규칙은 두 방향 모두에서 그것을 '조작화' 한다. 하지만 그 복합적인 삶은 단일한 삶처럼 경험된다.

복합적인 감수성

특정 사회의 언어는 이런 유형의 다차원적 하위 체제를 보유하며, '하위 체제가 상당히 많다'고 추정된다. 하나의 언어를 구성하고, 특정 사회의 개념적 감수성을 구성하는 복합적 맥락의 다양한 하위 체제는 저마다 '서로 다른' 요소나 차원들로 이루어질 것이다. 그런 체제는 저마다 복합적일 뿐 아니라 이 복합성을 이루는 요소들 또한 체제에 따라 무척 다양하다.

이 사실은 매우 중요하다. 어느 한 하위 체제에 속하는 '차원들'은 다른 하위 체제를 구성하는 차원들과 똑같지 않다. 그것들은 부분적으로 겹칠 수도 있고 겹치지 않을 수도 있다.

예를 들어 일련의 행위들에는 구애, 집단 간의 경계에 대한 인식, 그리고 시간의 구분이 혼연일체를 이룰 수 있다. 때마다 열리는 축제는 특정 연령 집단을 새로운 지위에 편입시킴으로써 시간의 경과와 세대교체를 알린다. 그와 동시에 허용되는 혼인 관계를 알려주는 역할들이 제의 참가자들에게 맡겨질 수 있다. 지위의 확인과 사냥의 조직화가 융합되는 제의도 있다. 사냥할 시기와 장소는 다양한 공직자들이 정하는데, 사냥의 객관적 성공 여부뿐 아니라 온갖 선택권의 정치적, 사회 내적 결과들 모두 그들의 결정에 영향을 끼친다. 또 다른 하위 체제는 통상적인 의미에서 '게임'이기도 하고 대항관계의 또 다른 위계질서로서, 제의적 질서나 공식 질서에 대한 평형추가 될 수 있다. 이 사회적 행사에서는 마약이 소비되기도 하고 갖가지 방식으로 흥분이 자극된다. 하지만 이때 자리 배치나 정렬 방식이 따라야 할 규칙은 평소에 지켜야 하는 규칙들보다 훨씬 유연하기 때문에, 욕망의 또 다른 배출구, 또 다른 사회적 항소법원이 창출되는 것이다.[6] 이런 가능성의 범위는 무궁무진하다.

원시인의 그리고 아마도 대부분의 다른 인류의 개념적 질서에 관한 이 가설이 옳다면, 결론은 무엇인가? 가장 중요한 귀결은 이렇다.

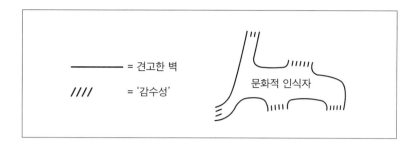

원시 인류가 인식하고 경험하는 '세계'의 실제 모델을 얻고자 한다면, 우리는 위 그림처럼 잠망경이 여러 개 달린 잠수함 같은 것을 상상해야 한다는 것이다.

잠수함의 벽은 견고하다. 이는 신앙 체계의 벽에 해당한다. 일반적으로 꽤 방대하며, 사회에서 정상적인 삶이 펼쳐지는 동안 외부 세계에 완전히 무감각하다. 사람과 짐승, 사물과 행위를 분류하여 저마다 지위와 역할을 부여하는 일, 배경을 이루는 신화와 전설, 이 모든 것은 거의 모든 사회의 일상생활 속에 확립되고 스며든다. 사람들이 하는 말의 대부분, 그리고 사람들이 하는 말의 내용은 자연과 직접적인 관계가 없다. 이런 생각은 모든 담화 행위를 경험의 기록인 것처럼 보는 순진한 언어학자들의 관점과 대립한다. 모든 담화 행위는 사회적 상호작용의 일부일 뿐이다. 단지 언어의 기초가 제의인 것이 아니라 언어 자체가 하나의 제의이다. 문법은 제의 절차의 규칙 체계이고, 언어는 가장 보편적인 제의 행위이다.

대개 언어 사용은 정보가 담긴 우편물보다는 모자를 올려 인사를 하는 일에 더 가깝다. 매우 다양한 인사법은 서술적인 내용물을 담고 있거나 암시한다. 하지만 신앙 체계를 구성하는 설화들은 대체로 고정되어 있다. 가변적이라고 하더라도 '근거'와는 전혀 다른 그 어떤 것의 영향 아래에서 가변적이다. 생생한 서술이 제시될 수도 있으나 그것은 결코 그 어떤 데이터의 영향 아래 있지 않다.

하지만 개별 유기체와 그런 유기체들의 언어 공동체가 외부 현실의 부분들을 '인식'하고 더 나아가 거기에 반응할 수 있게 해 주는, 말하자면 잠망경의 렌즈 크기와 감도 또한 다양하다. 사회와 별개로 존재하는 자연을 회피할 수는 없다. 하지만 자연을 사회와 별도로 단일하고 통합적인 체제로 체계화할 필요는 없다. 사실, 사회는 일반적으로 그런 일을 하지 않는다. 그런 일이 일어난다면 그것은 역사적으로 드물고 달성하기 힘든 업적이다. 그것은 인간의 조건에서 어떤 종류의 기준선이거나 인류가 타고난 생득권이 결코 아니다.

무엇보다 중요한 건, 사회 외부의 실재와 마주하는 이들 가운데 '순수한' 사람은 거의, 아마도 전혀 없을 거라는 점이다. 오히려 그들은 일반적으로 다층적인 맥락을 지니고 있고, 외부 세계에 대한 그들의 반응은 다른 사회 내적 감수성이나 제약들과 맞물려 있다. 그들의 감수성은 대개 체제에 내재한 다른 영향력들과 융합되어, 외부 자연의 특징들에 대해 '조작적으로' 연결되고, 말하자면 유기체의 특별 요원으로서 그것을 관찰한다. 이처럼 외부에 대한 보고는 '순수'하지 않으며, 순수하게 '경험적인' 요소들은 대체로 다른 통제력이나 차원에 의해 압도될 수 있다. 사냥 지도자가 제의적으로 불순하다면, 사냥의 조건은 상서로울 수 없다. '진짜' 자연 조건을 무시할 수도 있다. 게다가 다양한 잠망경 또는 감수성은 각양각색으로 만들어진다. 따라서 그 요소들은 서로 '일관성'이 없고 '일관성'을 이룰 수 없다. 이를테면 날씨를 알아차리고 제사장에 대한 존경을 융합하는 감수성 A는, 사냥감의 실재와 사냥꾼의 제의적 순수성의 상태를 인식하는 감수성 B와 직접적으로는 결코 융합될 수 없다. 저마다 자기만의 삶을 살고, 그 삶은 자기만의 뚜렷한 기준이나 통제력의 지배를 받는다.

그러므로 언어의 전통적 사용을 일차적으로 지시적이라고 보는 건 잘못이며, 비지시적인 요소들을 부적절한 불순물로 보는 것 또한 잘못이다. 그러나 언어의 전통적 사용을 자연과 완전히 무관하다고 보는 것도 똑같이 잘못된 것이다. 중요한 점은 언어의 사용과 자연과의 연관이 다른 요소들과 맞물린다는 것이고, 다양하고 각양각색의 그 연관은 독립적이고 사회 외적인 체제에 대한 단일하고 순수하며 지시적인 서술로 융합되지 않고 융합될 수 없다는 것이다. 따라서 개별 감수성이나 자연과의 연관은 성장 또는 개선의 상당한 가능성 또는 어떤 가능성도 지니지 않는다. 특정한 자연물이 그 언어적 상관물과 더 효과적으로 연관될 때까지 술어를 고쳐 간다는 개념은 설 자리가 없다. 이 개선 가능성은 단지 설 자리가 없는 정도가 아니라 거슬리는 일이며 일반적으로 그 출현은 억제된다.

이런 체제들 가운데 하나를 깊이 내면화하고 그 안에서 살며 다른 것을 상상하지 못하는 사람은 자신의 언어 사용이 다목적적이고 서로 다른 두 행위의 융합이라고 생각하지 않는다. 이 사실은 아무리 반복해도 아무리 강조해도 지나치지 않다. 그런 사람에게, 내일 날이 좋을 것 같다는 말이 날씨에 관한 개연성의 확신을 드러내는 것이냐 아니면 사제의 권위에 대한 복종을 표현하는 것이냐고 묻는 건 부질없는 일이다. 사냥감이 풍부하다는 말은 경험적 근거에서 비롯된 것인가, 아니면 당신의 제의적 조건이 그렇기 때문에 스스로 사냥을 허락했다는 것인가를 물을 필요도 없다. 이 모든 말을 그의 언어로 묻는다 해도, 그는 분명 멍한 표정을 짓고 있을 테니까. 다각적으로 제약을 받는 개념은 그에게는 오로지 '하나의' 개념일 뿐이다.

생각은 자유롭지 않다

인간이 방출하고 만들어 낸 음성이나 신호가 언어의 일부, 곧 하나의 음성을 넘어서는 것이 될 수 있는 이유 가운데 하나는 적합성의 규칙에 종속되기 때문이다. 하지만 그 적합성이 모든 상황에서 동일한건 아니다. 허용되는 음성이나 신호 패턴을 판별하는 잣대나 기준은 복합적이다. 정교한 언어에서 적합한 형태를 이루고 사회적으로 용인되는 문장은 흔히 거친 이분법적 잣대, 다시 말해 '참'이냐 '거짓'이냐로 평가된다.

참과 거짓으로 판별되는 형식 논리와는 달리, 보통의 발화는 이렇게 매우 엄격한 이분법으로 평가되지 않는다. 주장을 참과 거짓으로 구분하는 것과는 별개로 우리는 뉘앙스에 꽤 민감하다. 우리는 대체로 오십보백보라는 식으로 생각하지 않는다. 오히려 우리가 적절하다고 생각하는 표현은, 그 오류가 매우 미미하거나 전문적인 경우에 해당할 때, 또는 표현이 거의 참에 가깝고 오류를 매우 쉽게 바로잡을수 있을 때이다. 우리는 기만과 터무니없는 기만, 또는 거짓말과 허풍을 구별한다.

그럼에도 엄격하게 참과 거짓으로 판별되는 논리라는 신화 또는이상은 사유에 관한 오늘날 우리의 관습적 사고방식에 스며든다. 이는 그다지 중요하지는 않지만, 다양한 '맥락' 자체를 지배하는 규칙이나 평가 방식이 다양한 형태와 규모로 이루어져 있음을 강조하는 건중요하다. 예리하고 이분법적인 평가는 독점권을 갖지 않는다. 다양한 가치 평가 방식이나 연속 스펙트럼 같은 평가 등급이 언제든 이용된다.

행위와 발화 모두에서 사람들이 추구하는 목표와 기준은 광범위한 다양성을 지닌다. 그러나 상황의 본질이라고 할 수 있는 평가 기준의 다양성에도 불구하고, 다양하고도 무수한 이 목표들은 크고 전체적이고 일반적인 두 가지, 그러니까 지시적 사용과 공통된 개념의 승인으로 유용하게 분류될 수 있다. 사회적으로 인정되는 소리 패턴이 승인되는 이유는 그것들이 '참(1),' 다시 말해 지시적으로 유효하고 자연과 정확히 연관되거나, 그것들이 '참(2),' 다시 말해 참이고 충성스러우며, 규범적이고 개념적인 기대에 부합하기 때문이다. 이 두 가지는 '참'의 중요한 종들이다. 영어에서는 '참'이라는 낱말을 모호하고도 암시적으로 두 의미 모두 사용한다. 그런데 독일어는 '충성스러운'(treu)과 '사실과 일치하는'(wahr)을 구별한다.

지시적 정확성을 뜻하는 참(1)은 아마도 참(2), 다시 말해 충성스러움의 하위 종일 것이다. 그것은 균일하고 통일된 자연에 대한 절대적인 충성이고, 따라서 사회에 무관심하다. 그러므로 우리는 두 주인을 효과적으로 섬기기 어렵다. 하지만 세월을 거치며 인류는 대부분 사실상 두 주인을 섬겨 왔다. 그래서 이제 이 책에서는 두 큰 종을 구별하고 대조하는 일이 중요하다. 이 두 큰 종 '내부에는' 저마다 무한한 다양성이 존재하지만 바로 이 전반적인 특징은 이 책의 논지에 중요하다.

대부분의 인류가 만들지도 않고 알아채지도 못한 이 구분을 과거에 투사한다면, 우리는 원시인의 사유를 이해할 수 있는 장치를 조립하는 셈이다. 이 책은 불합리하고 사전에 해결할 수 없는 딜레마를 회피하려 한다. 그래서 단순화된 두 차원의 도표로 돌아간다. 두 '맥락'

만이 존재한다고 가정하는 수준으로 단순화하는 것이다. 이렇게 하는 까닭은 이 책이 우선 두 가지 큰 종, 다시 말해 지시성과 규범 승인에 관심을 두기 때문이다. 더 나아가 논의를 위해서 두 종이 저마다 '그렇다/아니다'라는 매우 단절적이고 단순한 평가 원리로 운영된다고 가정한다. 하지만 이렇게 단순화한다고 해서 이 책의 논지 가운데 어떤 것도 달라지지 않는다.

언어를 사용하는 이들의 관점에서 볼 때, 각 하위 체제는 저마다 이음매 없이 일체화된 감수성을 구성한다. 돌이켜 보면 그것을 두 맥락, 결국은 근본적으로 다른 종류의 두 가닥으로 분리한 건 바로 '우리'이다. 두 가닥 가운데 하나가 지시적인 것이다. 주장은 객관적인 상황에 들어맞거나 일치한다. 그것은 적절하게 '조작화'되고 '자연'의 일부와 연관되어 있기 때문에 '참'이냐 '거짓'이냐를 판별할 수 있다. 다른 하나는, 수행할 수 있는 기능이 무궁무진하지만 궁극적으로는 공통된 개념에 대한 언어 사용자들의 충성을 확인하는 역할을 한다. 동시에 언어 사용자들은 동일한 사회의 구성원들이다. 개념에 대한 충성은 사회에 대한 충성을 가능하게 한다.

물론 하나의 개념은 '단순한' 개념 그 이상이다. 그것은 사회적이고 자연적인 기대와 의무의 공통된 범위를 분류하고 평가하는 공통된 방식을 보호하고 퍼뜨리고 거기에 권위를 부여한다. 개념은 협력과 소통을 가능하게 한다. 그것은 그렇지 않다면 무한한 다양성을 지닐 수도 있는 행동과 감성을 정해진 범위 안으로 제한하고, 그로써 '문화'를 이룩하고 소통을 가능하게 한다.

문화를 바라보는 방법 가운데 하나는, 문화를 개념들의 집합으로, 그리고 어떤 의미에서는 개념들의 '체계'로 보는 것이다. 각각의 개념은 사물들이나 사건들 또는 개념이 '포괄'하고 있는 모든 것을 집단으로 분류한다. 개념은 그것이 주입된 사람에게 기대하는 바가 있다. 이런저런 문화를 살펴보면, 한 '사람'은 특정한 방식으로 행동해야 하고, 개념에 의해 분류되는 자연의 모든 것에도 또한 기대가 뒤따르게 마련이다.

도덕적이고 현실적인 기대를 정확하고 체계적인 방식으로 분리하는 건 소용이 없다. 그 구분은 때로 효과가 있지만 체계적으로 강제되는 건 아니다. '정상적인' 것과 '규범적인' 것은 늘 똑같은 건 아니지만 서로 관련이 있다. 하나의 개념에 내재한 기대로부터 이탈하는 경우는 이론의 반증이기보다 도덕의 위반일 때가 더 많다. '현실'의 사람들이 자신들의 문화 속에서 '하지 않는' 일을 하는 사람은 이론을 반증하고 있는 게 아니라 도덕 질서를 어지럽히고 있는 것이다.

'개념들'은 그런 기대들의 총합이고, 일반적으로 하나의 낱말과 결부된다. 개념들은 사물의 본성에 내재한 게 아니라, 문화 속에 존재하고 문화를 구성하며 문화에 의해 주입된다. 그 확산은 결코 유전적인 게 아니다. 어떤 개념은 보편적이어서 모든 문화에서 공유되는 경우도 있고 그렇지 않은 경우도 있다. 개념들이 보편적이고 공유될 수 있는 까닭은, 자연은 보편적으로 특정 패턴을 드러내고 문화는 이를 늘 반영하기 때문이다. 또는 모든 문화, 모든 관념 체계의 구조적 전제가, 다른 것들을 체계화하도록 돕는 관념, 말하자면 동일한 서비스 개념을 언제나 낳기 때문이다. 보편적으로 나타나는 관념들이 존재한다면, 그것은 근본적이고 벗어날 수 없는 외부 현실의 특징을 반영하거나, 아니면 인류에게 공통된 유전적 경향에서 비롯된 것일 수 있다. 우리는 이 흥미로운 의문의 답을 알지 못한다. 다행히도 그 대답 없이도 이 책의 논지는 전개될 수 있지만, 질문은 던져 볼 필요가 있겠다.

개념들이 '구속력을 지니며,' 바로 이것이 성문화(成文化)되지 않은 원시의 사회계약, 인류의 사회성의 뚜렷한 특징을 구성한다고 보는 게 에밀 뒤르켐의 중요한 통찰이었다.[7] 뒤르켐은 또 개념들의 이 구속력은 자체 설명적이지 않아서 해석이 필요하다고 보았다. 이런 해석도 매우 유용하지만, 그의 중요한 업적이라면 어쩌면 문제의 정확한 인식이었다. 그는 개념이 지닌 힘에 대한 경험론자들의 해설이 적절치 못하다고 강조했다. 그의 주장이 옳다.

경험주의 철학자들은 수많은 현상에 영향을 미치는 관념들, 추상적인 개념들이 경험의 '추상화'를 통해서 얻어진다고 본다. 우리는 이 사람 저 사람, 또 다른 사람을 보게 되지만, 그 사람들에게 공통적인 특징이 있다는 걸 이해하고 이로부터 '인간'이라는 추상적인 개념을 획득한다는 것이다. 이런 이론에는 오류가 많다. 무엇보다 뒤르켐에게 중요한 건, 이 이론이 개념들의 '강제성'을 설명하지 못한다는 점이다. 사람들은 자신이 원하는 대로 무언가를 할 수는 있지만, 자신들이 원하는 대로 생각할 수는 없다. 개념은 인식에 선행하지 인식에 뒤따르지 않는다. '추상화' 모델은 아마도 탐구 분야를 깊이 관찰하고, 문제와 관련되어 있다고 짐작되는 공통된 특징에 따라 실험적으로 사물들을 분류하는 매우 체계적인 근대의 연구자에게 어울릴 것이다. 하지만 그것은 삶이 이루어지는 일반적인 방식이 아니다. 개념은 사람들을 틀어쥐고 행위와 그들에게 기대되는 바를 이끌어 가고 규제한다.

사람은 자신이 원하는 대로 생각할 만큼 자유롭지 않다. 사람은 관념에 얽매여 있고 그 관념은 사회적으로 공유된다. 칸트와 마찬가지로 뒤르켐도 도덕적 강제와 논리적 강제는 같은 뿌리에서 나온다고 생각했지만, 그 똑같은 뿌리가 무엇인가를 두고는 칸트와 달리 생각했다. 뒤르켐에 따르면, 제의의 일차적인 기능은 개념을 각인시키는 것이었고, 그로써 개념 안에 담겨 있는 강제와 의무를 우리 의식과 감정에 새겨 넣는 것이었다. 우리는 집단적인 흥분을 통해 영향을 받기 쉬운 상태가 되어 '개념화'에 적합해진다. 이 과정은 세뇌와는 다르다. 세뇌는 더 나중에 나타난다. 공유되는 개념과 공유되는 강제가 우리를 사회적 인간으로 만들어 놓았다. 우리를 사회적이고 인간적으로 만든 것은 사실상 이 두 가지이다.

'연상'(association)이 개념 형성의 진정한 본성이라면, 개념은 대책 없이 휘발되고 말 것이다. 어떤 것이든 어떤 것으로도 연상될 수 있음을 생각한다면 그렇다. 개념은 어떤 방향으로든 사라질 것이고, 화자와 청자 사이에 개념이 일치할 것이라고 기대할 까닭이 없으니 소통은 불가능해진다. '자유로운 연상'이란 사실 사족을 단 표현이다. '연상'은 본디 자유롭고 제약이 없다. 이렇게 형성된 개념은 일종의 의미론적 암세포가 된다. 그것은 시야에 들어오는, 더 정확하게는 연상에 들어오는 모든 것을 단숨에 차지하고 파멸시키게 된다. 개념에 관해 흥미롭고도 중요한 것은, 개념들이 우리를 제약할 뿐 아니라 개념들 자체가 제약을 받는다는 점이다. 연상은 자유롭게 생겨나지만 어디에서든 사슬에 묶여 있다. 인류는 도덕적으로보다 개념적이나 언어적으로 더 행실이 바르다. 왜냐하면 위반하려고 하는 유혹이 약하거나 제약이 더 강하기 때문이고, 또는 둘 다이기 때문이다. 뒤르켐이 내놓은 제의를 통한 개념 형성 이론은, 우리 개념들이 놀라울 만큼 제약을 받는다는 문제와 그것들이 '우리'를 제약하는 방식의 문제를 조명하고 그 과정에서 해법을 제시한다.

사회적 · 논리적 일관성

요약하자면, 언어의 하위 체제 각각의 비지시적인 측면이 승인하는 공통된 개념은 각 하위 체제 안에서 동일한 목표와 기준에 의해 지배되지 않는다. 오히려 개념들의 사용법은 무척 다채롭다. 하지만 공통적인 특성은 개념들이 규범적으로 요구되는 여러 기대치를 구성한다는 점이다. 이 기대치들은 특정한 개념을 공유하는 사회의 구성원들에게 매우 엄밀하게 공유된다. 언어는 하나의 공유되는 억제 시스템이다.

각 체제는 외부 세계에 대한 자신만의 독특한 감수성을 만들어 낸다. 그러나 그런 각각의 개념적 감수성 안에 들어 있는 비지시적인 요소나 원리는 다른 유사한 하위 체제 속에 있는 비지시적인 요소와 똑같지 '않다.' 예를 들어 어떤 제의는 제사장에 대한 경의를 심어 주고 특정 사회의 카스트 질서와 씨족을 승인한다. 또 어떤 제의는 제의 참가자들에게 의무가 측정되는 일정 기간의 단위인 사회적 시간의 리듬을 가르쳐 준다. 또 다른 제의는 공간적인 범위를 규정하거나 특정한 생산 활동의 시작과 종료를 정할 수 있다. 각 체제는 '대외적'인 감수성, 그러니까 각 체제가 외부의 사실들에 발산하는 일련의 행위들 또한 함유할 것이다. 하지만 이 사실들은 별개의 이해관계들과 맞물리고, 그 관용구(idiom)들은 그것들을 '다른' 하위 체제의 사실적 요소들과 연관시키지 않는다. 그것들은 모두 서로를 뒷받침하면서 도덕 체계를 형성할 수 있는데, 이것이 일반적으로 사회가 작동하는 방식이 된다. 하지만 다양한 하위 체제들은 서로 똑같지 않고, 이를테면 단일한 '지시적' 화폐를 사용하지 않는다. 각 하위 체제는 저마다 고

유한 화폐를 주조한다.

말하자면 잠수함에 달린 많은 잠망경의 다양한 렌즈는 매우 다양한 방식으로 다양한 원리에 따라서 만들어지는 것이다. 그러므로 잠망경이 발견한 것들, 잠망경이 잠수함 동체에 피드백하는 데이터는 비교할 수 있는 것이 아니다. 제각각 사용 가능한 것이지만 의미 있게 결합되거나 같은 맥락에서 다루어질 수는 없다. 다양한 제의에 수반되는 언어 표현들은 동일한 체제의 일부가 아니다.

이는 이렇게 다양하고 많은 개념적 기관들을 배치하는 원시인의 세계가 일관성이 없고 파편화된 조각보 같은 것임을 의미하는 것일까? 표면적으로는 이것이 논리적 귀결인 것 같지만 사실은 그 반대가 참이다.

개념적 감수성이 단일한 목적과 단일한 맥락을 지니고 있고 그 기준이 객관적 지시성이라면, '그때' 그리고 오로지 그때만 탐사 결과는 전혀 예측 불가능한 것이 되고, 어떠한 사회적 목적에도 확실하게 또는 전혀 복무할 수 없다. 외부 세계는 본디 우리가 통제할 수 없는 것이다. 외부 세계는 우리한테 생겨나는 일일 뿐이다. 그것은 우리 의지와는 무관하다. 우리 의지는 운명에, 아니 더 정확하게는 자연에 볼모로 잡혀 있다. 데이터는 '발견되는' 것이다. 데이터에는 어떠한 제약도 가해질 수 없다. 데이터는 사회적 목표에 이바지하지 않으며, 이바지한다면 그것은 우연일 뿐이다. 데이터는 어떠한 목적에도 이바지하지 않기 때문에 사회적 목적에도 이바지하지 않는다.

그런데 잠망경이 피드백하여 '처리된' 실제 탐사 결과가 부분적으로만 데이터에 의존한다면 상황은 달라진다. 이 책이 말하고자 하는 것처럼, 자연에 대한 언급이 복합적인 '통제'나 '조작적 연관' 속에 있는 '고작' 하나의 요소일 뿐이라면 말이다. 그렇게 되면 특정 유형의 데이터는 결코 발견될 수 없고, 다른 비지시적인 차원 또는 차원들의 기술자들에 의해 선택되거나 걸러지는 시스템이 자리 잡게 된다. 전체 시스템이 독특하고 기능적인 유일체를 유지할 수 있는 건 '사실 탐사' 덕분이 아니다. 따라서 특정 문화의 신념이나 보편적인 주제들은 더 이상 자연의 처분에 따라 좌우되지 않는다. 자연은 말하자면 하위 체제들이 파견한 대표단을 통해서만 발언하며, 각 대표단 안에서 그 메시지는 소수파를 구성할 뿐이다. 앞에서 살펴본바 날씨에 관해 말한 부족의 언어에서, '존중'의 요소가 늘 제사장의 권위와 특권을 보호한다면, 또 제사장의 단언이 실제로 비가 오는 사실보다 우위에 있다면 우리 기준에서 '객관적'인 강우 여부는 부족의 종교적 위계질서를 결코 손상시키지 않는다. 복합적 맥락은 반드시 그런 것은 아니지만 일반적으로 지시적인 것을 사회적 필요에 종속시키고, 어떠한 사실도 사회적으로 선호되는 관점을 결코 보란 듯이 뒤엎지 못하게 할 수 있다.

물론 이렇게 사회적으로 검열되는 다수의 잠망경은 일관성 있고 조화로운 하나의 체제를 이룰 '필요'가 없다. 불일치가 어느 정도, 아니 많이 있을 수 있고, 때로 불일치가 나타나는 건 당연하다. 하지만 순전히 외부적인 그래서 통제할 수 없는 데이터를, 필요하다면 중립화함으로써 일관성 있고 살기에 적합한 체제를 형성할 수 있다.

사실 대부분의 과학 이전의 사회는 그 시대 사유 체계의 이런 특성(다시 말해 순수하고도 사회적으로 구속되지 않는 지시성의 부재, 외부 세계의 통제 불가한 개입의 부재)을 이용하고, 세계의 배경 설화나 사회조직, 자연의 사실들이 모두 조화를 이루는 꽤 일관성 있는 세계상을 구성하는 것 같다. 시간에 질서를 입히는 하위 체제는 인간의 위계적 하위 체제와 긴밀히 연관되어 있다. 계절적 리듬을 나타내는 주기적 대규모 축제는 성직 계급을 승인하는 것이기도 하다. 축제의 규모가 클수록 더 지위가 높은 제사장이 발언한다. …… 각 하위 체제의 '사회적' 요소들은 언어의 다른 하위 체제들의 사회적 요소들과 함께 매우 일관성 있는 전체를 형성한다. 하지만 다양한 하위 체제들의 경험적 구성 요소들은 서로 연관성이 없다. 사회적인 것과 맞물려 정제되지 않은 경험적 구성 요소들은 다른 순수한 '사실적' 요소들과 상호 연관될 수 없다. 그 요소들이 상호 연관되도록 해주는 공통된 관용구는 없다. 대신 그것들은 대개 보편적인 사회적 관점을 뒷받침한다.

　다양한 목적을 지니는 하위 체제들은 어떤 하나의 기준이 우세해지는 것을 허락하지 않기에 자연은 결정적 거부권을 행사하지 못한다. 이러한 하위 체제들은 사회와 자연에 대한 일관된 시각을 형성하는 데 도움을 준다. 그것들은 자연적인 것과 사회적인 것이 뚜렷하게 또는 체계적으로 구별되지 않는 '우주'(cosmos)를 생성한다. 상당히 일관된 세계관 속에서 그런 '우주'에서 거주하는 사회들, 특히 작고 단순한 사회에 나타나는 경향은 부러운 시선으로 주목받아 왔다. 복합적이고 불안정한 사회에서 그런 일관된 관점이 사라지고 그 대신 비개인적이고 법칙적이며 공평한 자연이 그것을 대신하자, 낭만주의는 유감을 통렬하게 표출했다. 우리가 잃어버린 세계의 일관성은 엄밀한 논리보다 주제나 문체에 관한 것이었다. 매우 일관된 세계상을 뒷받침한 건 논리를 피하거나 무시하는 장치들이었다.

　이어서 이야기해 볼 주제는 복합적이고 인식적으로 '진보적인' 사회이다. 이 사회는 '논리적' 일관성이 높고, 내부적인 지식경제 안에서 인식은 나머지 다른 활동이나 기준과 뚜렷하게 분리된다. 모든 '사실들'은 상호 연관되어 있고 하나의 논리적 공간에 꼭 들어맞을 수 있다. 그런 사회는 공통된 개념적 화폐를 사용한다. 일반적으로 인정되는 설명이라면 거리가 멀거나 알려지지 않은 것이라 하더라도 모든 사실들을 결합하거나 포함할 수 있다.

하지만 동시에 이런 사회는 일반적으로 '사회적' 일관성이 부족하다. 그 도덕 질서와 인식 질서는 통일체를 구성하지 않는다. 이 때문에 그 사회의 철학자들은 깊이 고뇌하게 되고 어떤 철학자는 이 문제를 해결하려 애쓰는 것이다.

이에 비해 더 단순한 사회는 사회적 일관성의 수준이 높다. 그 속에서 어떤 사람이 행위하며 살아가는 세상은 바로 그 사람이 생각하며 살아가는 그 세상이고, 도덕 질서와 인식 질서는 서로를 뒷받침하고 강화한다. 동시에 이들 사회의 논리적 일관성은 수준이 낮다. 그 다양한 개념적 감수성, 말하자면 그 개념적 '감각'의 데이터는 하나의 논리적 공간을 구성할 수 없고 구성하지도 않는다. 이런 '감수성'에 의해 주장을 검증받게 되는 일반적 이론을 가정한다는 건 합리적이지 않다.

지금까지 논의한 이 모든 것으로부터, 개략적이지만 매우 중요한 인류 지성사의 법칙을 공식화할 수 있다. 말하자면 '논리적 일관성과 사회적 일관성은 역관계'라는 것이다. 한쪽을 더 많이 가진다면 나머지 하나를 덜 가져야 한다. 우리가 살아가는 세상에서 하나의 영역, 이를테면 원자생물학 분야에서 하나의 문제를 연구하는 과학자는, 거리가 먼 입자물리학에서 빌려 온 연구 결과를 차용하는 데 완전히 자유롭다. 물론 그 생물학자는 연관성을 찾아낼 수 있을 만큼 독창적이어야 한다. 모든 사람은 그 생물학자와 물리학자가 동일한 세계를 연구하고 있다는 걸 분명히 잘 알고 있다. 과학 이전 시대 사유에 대한 잘못된 이론들이 일반적으로 오류를 저지르는 지점은, 도덕이 중심에 놓인 '유일한' 세계의 존재를 당연히 여기고 그것을 더 단순한 문화에서 나오는 것으로 보는 것이다. 사실 그런 세계는 인류에게 그렇게 주어지지 않는다. 그것은 상당히 특이한 문화에 의해 발견되거나 발명되어야 했다.

다양한 분야의 탐사 결과를 조합하여 하나의 통합된 그림을 완성해내지 못하는 건, 우리 사회에서 한 분야나 다른 분야 또는 두 분야 모두에서 충분하지 않은 진보를 상징할 뿐 다양한 현상들의 태생적 단절을 상징하는 건 아니다. 한편, 이런저런 과학자가 사용하는 개념들은 그 과학자가 배우자나 정당을 선택하는 경우 아무런 권위가 없거나 별다른 영향을 미치지 않는다. 과학자의 도덕적 삶과 과학적 삶은 기본적으로 별개이다. 연관이 성립된다면, 다시 말해 치열한 경쟁이 시장경제를 뒷받침한다고 주장하거나 고조되는 갈등이 사회적 절차의 '변증법적' 본성을 드러내는 것이라고 변명할 때, 그 관계는 의심스럽고 대개는 가짜이다. 이에 반해, 원시인이 생산 활동에서 상서로운 때를 선택하는 데 도움을 주는 제의 체계는 원시인이 사회적 지지를 선택하는 방식과 연관되지만, 그로 하여금 다양한 자연 현상들을 서로 연관 짓게끔 하지는 않을 것이다.

종착지

이제 원시인의 사고방식으로 제시된 모델에서 다음 단계로 곧바로 넘어가는 게 논리적이라고 생각될지 모르겠다. 하지만 다음 논의할 단계는 '우리 자신의' 인식 세계, 지금껏 인류가 걸어온 지적 순례의 머나먼 종착지를 개괄하는 것이다. 출발점에서 종착지까지 사이의 여정은 조금 더 나중에 탐사할 것이다.

이 책의 서술 방식이 단순화되고 사변적인 것일 수밖에 없기 때문에 그렇다. 하지만 변하지 않는 중요한 요점들이 있다. 우선 우리가 지니고 있는 지적 세계가 어떠한 모습인지 개괄적으로 알게 된다는 점이다. 나는 그 기준선과 출발점이 앞에서 개괄한 유형의 것임이 틀림없다고 믿는다. 합당하지 않은 가정들을 차례로 소거해 가면서, 설득력이 있지만 결정적이지는 않은 주장을 통해서 이 결론에 이르렀다. 물리적 환경에 대한 명백하고 섬세한 경험적 감수성과, 불합리하고 특이하지만 사회 통합적인 신앙을 추구하는 경향의 보편성이 원시사회에 '동시에' 존재한다고 설명할 수 있는 다른 모델은 전혀 없다. 이 책이 제시하는 모델은 원시인이 자연의 정확한 관찰자인 동시에 불합리하고 사회적으로 뒷받침되는 신앙의 지지자라는 명백한 데이터와 들어맞는다. 또한 분업 그리고 기능과 목표들의 분리가 인류의 생득권이나 기준선이 아니라 기적에 가까운 보기 드문 업적이라는, 대단히 설득력 있는 가정과도 들어맞는다. 우리는 그런 분업과 그 인식적 부산물이 인간의 조건을 구성하는 영구적인 요소라고 생각할 까닭이 전혀 없다. 우리는 그 보기 드문 등장을 설명하고, 지난날 행위와 기준들의 융합을 '자연스럽고' 보편적인 것으로서 우리의 기본적인 출발점으로 삼아야 한다. 인식적으로 통합되고, 동시에 사회적으로 단절된 세계를 가능하게 한 것은 바로 이 분업의 강제, 정확하고 명확한 목표들과 기준들의 분리이다.

기준선과 종착지는 비교적 명확하게 잘 설정되어 있다. 특히 종착지는 아마도 우리가 오늘날 인식하고 있는 세계일 것이므로. 하지만 그렇지 못하다 할지라도, 기준선과 종착지는 우리가 문제를 설정하는 데 도움을 준다. 그렇지 않다면 우리가 우리 자신을 발견하는 지점에 어떻게 이를 수 있겠는가?

우리 세계의 기본적인 특징들은 18세기 인식론에 의해 체계적으로 정리되었고, 20세기에 다시 집대성되었다. 전체적으로 보아 인식론은 무척 단순하다. 단순함이 그 본질이다. 모든 사실들은 개별적이고 동등하며, 모든 것은 상호 연관된 유일한 논리적 공간의 일부를 형성한다고 인식론은 가르친다. 어떤 사실은 또 다른 어떠한 사실과도 결합할 수 있고, 그 결합은 합리적이다. 잠망경이 여럿 달린 잠수함과 대조된다. 다양한 잠망경이 보내온 발견들을 잠수함 안에서 결합하는 것은 전혀 합리적이지 않다. 이론과 일반화는 이 유일한 세계와 이 단일한 감수성 안에서 도출된 모든 범주의 사실들을 포괄할 수 있다. 사실, 이론이란 될 수 있는 대로 넓은 범위를 다루기 위한 것이다. 설득력만 있다면, 다루는 범위가 넓을수록 이론의 장점은 커진다.

유일한 논리적 공간의 일부를 구성한다고 해도 모든 사실들은 서로 별개이다. 어떤 하나의 사실은 다른 어떤 사실에 영향을 주지 않고도 유효하거나 유효하지 않다. 사실들은 분리할 수 없는 패키지 상품의 일부로 우리에게 제시되는 법이 없다. 패키지로 제시되는 건 오랜 관행이었지만 이제 더 이상은 그렇지 않다. 사실들의 공화국은 자코뱅파이자 중앙집권주의와도 같아 그 안에서 영구한 또는 제도화된 분파를 허용하지 않는다. 원칙적으로 이 원자화는, 갖가지 사실이 옆자리에 있는 사실들과 단절적이라는 의미에서 말하자면 횡적일 뿐 아니라, 그와 똑같은 정도로 질적이다. 하나의 사실 속에 결합되어 있는 각 특징이 사고 속에서는 서로 단절될 수 있고, 그들의 결합을 결정하는 것은 사실적 확증뿐이다. 다른 어떤 것과 '필연적으로' 연관되는 건 아무것도 없다. 우리는 사고 속에서 분리할 수 있는 것은 모두 분리하고, 그 분리된 요소들이 경우에 따라 서로 결합될 수 있는 것인지 아닌지를 사실에 비추어 보아야 한다. 그것이 자연을 합리적으로 탐구하는 근본적인 원칙 가운데 하나이다.

이런 그림은 최근 들어 비판받아 왔다. 분파의 금지, 상호 보호를 위한 군집의 자코뱅식 금지는 과학에서조차 완벽하게 실행될 수 없다. 관념과 사실 속에서 패키지 상품이나 친족적 결합은 어느 정도 존재할 것이다. 하지만 이는 드러나지 않게 위장된 형태로만 존재하는 은밀하고 비밀스런 관습이다. 오늘날 우리 지식 세계의 규칙과 현실을 과학 이전 인류의 그것과 대조할 때, 개별 책임이라는 원자론적 이상이 실행되는 정도는 놀랍기만 하다. 하나의 사실적 주장이 거짓이고 거짓임이 입증된다면, 관념들의 친족 네트워크에서 그 주장이 차지한 유리한 지위는 집행유예는 확보해 줄지언정 끝내 그것을 구해주지 못한다. 관념들이 분파를 이뤄 현실의 법정을 마주한다는 건 사실이 아니다.[8] 오히려 지난날 관념들은 분파를 이뤄 현실을 회피했다. 오늘날에는 더 이상 그럴 수 없고, 어쨌든 아주 오랫동안 그럴 수는 없다. 간혹 잠깐 동안은 그렇게 할 수 있다. 전통 세계에서 관념들의 분파적 군생은 안정적 구조를 이루면서 신성화될 수 있었고 인식의 성장을 억제했다. 오늘날 비공식적인 일시적 분파가 여전히 허용된다고 해도, 그것은 더 이상 명백하고 신성하고 고정된 것이 아니며 사회의 역할 구조와 맞물리지 않고 인식적 팽창을 억누르지 못한다.

이 세계는 단일한 세계이고, 그것을 설명하는 언어 또한 단일한 목적, 다시 말해 정확한 묘사와 해석, 예측에만 이바지한다. 이 세계는 또한 냉정하고 도덕적으로 무관심한 세계로 악명이 높다. 냉정하리만큼 가치에 무관심하고, 위로와 격려를 알지 못하며, 규범과 가치를 승인하지 않거나 규범과 가치의 궁극적인 성공을 보증하지 않는다. 이런 특성은 그 내부에서 일어난 발견의 결과가 결코 아니다. 개탄스럽게도 사실들이 사회적으로 비협조적인 탓이 아니다. 우리가 그 안에서 우연하게 발견한 것들의 결과가 아니라, 우리 사고의 근본적 구조의 산물이다.

이 세계에는 또 다른 중요한 특징이 있다. 그것은 통합되고 질서 있는 세계로, 원칙적으로 종합적인 설명이 가능하다(아직까지 그런 설명이 발견되지는 않았지만). 다시 말해 데이터는 단일한 개념적 화폐 속에 기록될 뿐만 아니라, 똑같은 법칙이 모든 데이터에 유효하고 그 법칙들은 하나의 정점을 향해 가는 유일한 체제를 구성한다고 기대할 수 있다. 안타깝게도 이 기대가 정당하다는 걸 입증할 수는 없다. 하지만 그 기대는 지배적이고, 하나의 기준, 다시 말해 이 이상(理想)의 진보에 기여하는 정도에 따라 예비 관념들을 판단할 수 있게 해준다.

이 모든 것에서 도출되는 매우 중요한 결과는, 이 세계가 말하자면 교체 '온톨로지'(ontology, 제일 원리 또는 사물의 본질에 관한 연구를 추구하는 형이상학의 한 분야이자, 특정 분야의 지식과 관련된 개념 및 개념 사이의 관계를 정의하는 일종의 사전이다—옮긴이)를 지닌다는 것이다. 우리가 경험의 연속체를 '사물들'로 분류하는 조건인 '객관'은 최종적인 게 아니다. 경험의 연속체를 다루고 설명하며 조작하려 할 때, 부단한 변화를 '객관'으로 묶어 내는 다양한 방식과 개념화를 실험하는 건 타당하고도 적절하다. 이는 우리 세계의 본질적인 특성이다. 그것이 없다면, 인식적 팽창은 불가능하고 이해될 수도 없다. 인식의 '앙시앵레짐' 아래에서 상황은 무척 달랐다. 세계를 바라보는 다목적적이고 단절적인 렌즈들은 저마다의 조건, 저마다의 온톨로지와 결합했고, 각 온톨로지는 영구한 것으로서 다른 것으로 교체될 수 없었다. 세계의 부속물들은 비록 어수선한 모습이었을망정 안정적이었다.

새로운 세계는 다양한 방식으로 도덕적·사회적 둔감함이나 침묵을 드러낸다. 사실들의 횡적이고도 질적인 원자화는 그런 둔감함과 침묵을 횡적이고도 질적으로 수반한다. 이는 데이비드 흄이 사실과 가치의 분리를 정립한 주요한 방식이다. 사실들의 원자화는 모든 것을 다른 모든 것으로부터 분리하는 것에서 비롯된다. 가치 요소는 그것과 연관되는 특성들과 분리되고, 우리는 가치 평가가 다른 것에도 매우 쉽게 연관될 수 있을 거라고 생각한다. 사물들의 본성 자체에 있는 어떤 것도 그것을 그 지위에 고착시키지 않는다. 모든 군집의 우발성은 그것이 다른 모든 것에 적용되는 만큼이나 평가에도 적용된다. 모든 사실이 서로 별개인 것처럼 가치는 사실과 별개이다.

이를테면 이 세계가 단일한 목적으로 건설되었다고 주장함으로써 바깥에서부터 결론에 접근할 수도 있다. 현실에 대한 언급, 다시 말해 사실들의 대조와 배열, 예측이 그 유일하고도 지배적인 원리라면, 최고의 권위를 갖는 건 증거이다. 우리는 이 진실로 독립적이고 예측할 수 없는 최종 항소심의 법정이 어떤 평결을 내릴지 예단하거나 단언할 수 없다. 따라서 우리의 가치들이 확고하게 사실과 연관된다면, 그것들은 용인되지 못할 만큼 불확실한 것이 된다. 그리고 참을 수 없이 변덕스러운 운명의 인질이 되고 만다. 따라서 그 둘은 분리되어야 한다.

새로운 세계 안에서는 주술이나 신성함이 끼어들 틈이 없고 있을 수도 없다. 주술은 조작자(operator)나 조작자 길드, 그들의 내적인 인품, 제의적 조건, 또는 특별한 자격이나 내밀한 인격적 본질과 구체적으로 연관되는 조작의 실재, 연관의 실재를 전제로 한다. 하지만 우리 세계에서는 모든 사실이 동등할 뿐 아니라 모든 관찰자와 조작자 또한 동등하다. 연관의 유효성은 공적인 검증의 문제여야 하며, 그 평결은 본질적으로 제안자의 지위나 종교적 조건에 무관심하다. 사실들의 평등은 신성한 특권을 지니며 규범적인 사실들이 존재할 가능성 또는 계시의 근원이 존재할 가능성을 배제한다. 이 세계는 비평가들이 주장하는 것처럼 조작적인 세계이다. 하지만 조작과 증언은 본질적으로 서로 연관되어 있다. 조작적이지 않은 지식은 더 고상하고 공평무사해 보이지만 사실 자기 면죄부일 뿐이다. 그것은 그 제안자의 기질이나 사회의 이익에 복무할 뿐, 어떤 외부의 검증에도 종속되지 않고 결코 인식의 성장을 낳지 않는다.

거칠게 개괄해 보자면, 이것이 우리가 거주하는 세계이고 우리의 철학들 또는 그 일부가 성문화한 모습이다. 우리 세계에서 진지하고 권위 있는 인식은 그 규칙에 구속되며, 그 탐사 결과는 그 구성 원리를 반영한다. 물론 이는 정제된 이념형(ideal type, 현상의 본질적이고 특징적인 측면을 추출하고 순수화하고 통일화하여 모순이 없는 논리적인 이상상理想像으로서 구성한 것─옮긴이)일 뿐이고, 일상의 관습 속에서 그 엄밀함은 완화되거나 모면되곤 한다. 일부 철학자는 열심히 이 엄숙한 세계를 편안하게 꾸미고 개조한다. 내부를 꾸밈으로써 엄숙함을 숨기고 완화하고 감소시키는 것이다. 개인들도 사회들도 일관성이 없다. 일상생활에서는 소소한 절충과 기피가 나타나고 그 가운데 일부는 지식인의 이론적 지지를 받지만, 이것이 오늘날 우리의 인식과 세계 구조의 지배적인 양식이다.

· · ·

바로 지금이 이 책의 문제와 구성을 개괄하고 논의의 방향을 제시할 적절한 시점이라고 생각된다.

엄밀한 의미의 인류로 넘어온 이행은 인류의 유전적 장치가 폭넓은 사회적 행위를 허용하게 되는 시점에서 일어났다고 짐작된다. 이 폭넓은 행위는 역사와 민족지학에서 실제로 관찰할 수 있다. 우리가 관찰할 수 있는 범위는 유전적으로 허용 가능한 범위의 일부일 뿐이다.

이 대목에서 적절하고 타당하게도 문화와 언어는 빠뜨릴 수 없는 것이 된다. 인류의 사회적 다양성은 무척 넓고 크지만, 한 공동체나 사회 내부의 다양성은 매우 제한적이다. 구성원들의 행위가 극단적으로 제멋대로인 공동체는 거의 살아남을 수 없다. 따라서 한계를 알려주는 표식들, 다시 말해 언어가 필수적인 것이 되었다. 표식과 사회 관습과의 그 관계가 문화를 구성하게 된다. 안정성의 대리인으로서 문화적 전파는 유전적 전파를 보완했고, 꽤 상당한 정도로 대체했다. 하지만 그 때문에 유전적 변화가 뒤따르지 않는 지속적인 문화적 변화가 가능해졌다.

이후에 인류가 유전적으로 안정되고 동질적이 되었는지는 알 수 없지만, 이 문제와 상관없이 그리고 거기에 대해 아무런 편견 없이 논의는 이어진다. 여태까지 일어난 수많은 일들은 유전적 요인과 상관없는 관점에서 설명될 것이 분명하다.

이런 의미에서 인류가 등장한 이후 두 가지 완전한 혁명이 인간의 조건을 매우 철저히 변화시켜 왔다. 그 때문에 인간 종은 아니더라도 적어도 사회에서 근본적으로 이질적인 종에 관해 말하는 건 무척 흥미로운 일이다. 식량을 생산하고 저장하는 제도는 상당한 규모와 고도의 시스템에 도달함으로써, 통치자와 억압 전문가 그리고 상징적 표식이나 인간적 표식의 수호자, 다시 말해 지식계급의 분화를 허용하고 자극했다. 특히 기록을 통한 개념의 저장이 시작된 뒤로 생산과 억압, 인식 활동이 분리되어 왔다.

일반적으로 농경 세계는 안정적이거나 안정을 추구했다. 내적 논리가 그러하기에 두 번째 근본적인 변화, 다시 말해 과학적 산업 세계의 등장 가능성에 불리하게 작용했다. 이 과학적 산업 세계의 기본적인 특징은 무엇인가?

가장 중요한 특징이라면, 오늘날 인류가 살고 있는 환경은 단일하고 연속적인 자연으로 통합되고, 자연은 법칙에 구속되고 동질적이며, '신성한' 특권적 요소들이 없고, 지속적이며 끝없는 탐구의 대상이고, 더욱 종합적이고 개념적으로 집중적인 설명을 낳는 데 도움이 된다는 것이다.

일부 직업 인류학자를 포함하여 근대의 인류는 통합된 세계를 너무도 당연하게 여겨서 이전의 인류가 그런 세계 속에 살지 않았음을 인식하는 데 상당한 어려움을 겪었다. 외부 세계에 대한 이전 인류의 감수성은 단일한 체제로 통합되지 않았다. 이전의 '세계들'이 상당한 통일성을 확보할 수 있었던 건 외부 데이터가 아니라 사회적 욕구와 결합했기 때문이다.

통합적이지만 사회적으로는 분리된 세계 안에 산다는 건 매우 중요한 함의를 띤다. 첫째, 개방적이고 꾸준히 팽창하며 교정 가능한 그런 세계는 사실 사회조직을 뒷받침하는 데 꼭 유용하다고 볼 수 없다. 이제 사회적 가치들과, 사회적 역할과 의무의 할당은 다른 토대를 찾아야 한다. 둘째, 그런 세계와 연관된 테크놀로지는 희소성의 시대를 종식시키고 동시에 억압을 더 느슨하고 덜 강제적으로 만들었다.

오늘날의 근대 인류를 그런 세계의 거주자로 정의하는 것은 타당하다. 이 책이 제기하는 기본적인 문제는 단순하다. 이런 의미의 인류는 어떻게 가능한 것인가? 인류는 어떻게 등장할 수 있었는가?

이 책이 이 문제에 접근하는 방식은 다음과 같다. 3장은 문자를 갖춘 농경 사회에서 이데올로기와 개념의 역할, 문화적 표식의 역할을 개괄한다. 4장은 이후 공동체 중심의 분화된 문화 · 이데올로기 체제와 훨씬 중앙집권화된 체제 사이의 긴장을 논의한다. 그 전제는 이 긴장이 다음의 큰 변화를 일으키는 중심 요소 가운데 하나가 된다는 사실이다. 또 정치적 중앙집권화와 이데올로기적 중앙집권화 사이의 상호관계와 그 특징의 의미를 살펴본다. 5장은 근대적 관점이 등장할 무렵 자의식 강한 성문화(成文化)의 본성을 논의한다. 6장과 7장은 인류 활동에서 나타난 세 영역의 상호관계, 억압의 속박으로부터 경제의 분화, 그리고 새로운 질서의 세계 내부로부터의 합법화가 맞닥뜨린 문제들을 논한다. 8장과 9장은 새로이 등장한 세계의 두드러진 특징을 더 자세하게 살펴본다. 마지막 장은 미래의 가능성을 생각해 보고 전반적인 논지를 요약하며 마무리할 것이다.

3장

⋮

타자의 등장

인식적 전환의 경로

우리는 매우 장기적이고 근본적인 이 변화 속에 난 길을 추측해야 한다. 이를 위해 많은 역사 지식과 민족지학 지식의 도움이나 검증을 받을 수 있다. 안락한 사회적 보호막과 같은 초기 인류의 세계로부터, 쉼 없이 팽창하고 인식적으로 유효하며 사회적으로 단절되어 있는 근대 인류의 세계로 이어지는 길은 어떤 모습을 띨 것인가?

많은 잠망경이 달린 잠수함 안에서, 다층적 맥락을 지니는 하위 체제의 다양성에 수반되는 것은 낮은 수준의 분업이다. 개념은 동시에 많은 일을 하지만 사람들은 다른 사람들과 거의 똑같은 일을 한다. 이 전문화의 결여를 강제하는 것은 얼마 되지 않는 희소한 자원이다. 역관계는 또 있다. 인류는 비슷하지만 저마다 하는 일은 다각적이다. 사람들은 저마다 많은 활동에 참여하고 각 활동은 복합적이다.

원시시대를 벗어난 첫 단계는 식량 생산과 자원의 저장이 인구 폭발을 일으킨 시기이다. 대규모의 인구와 함께 잉여는 지배계급과 제의 전문 계급의 분화를 가능하게 했고, 결국 지식계급의 분화를 일구어 냈다. 농경 사회가 별개의 독립적인 단위들로 분열된 상태인 경우에, 제의 전문가들은 그 다수가 저마다 자신의 지역에 결합되어 서로 아무 관계없이 지역의 다양한 목적에 이바지한다. 한편 크고 인구밀도가 높은 사회가 합리적으로 중앙집권화되면, 집중화는 결국 지식계급에도 영향을 미친다.

집중화되고 명확하게 정의된 지식계급은 일반적으로 경쟁 관계인 자유 계약자들, 특히 지역에서 제의 기능과 치료 기능을 담당하는 이들과 경쟁한다. 지식계급은 종종 자신의 독점권을 주장하고 지키려 한다. 한편 저항적인 민간 종교와 주술에 대해서는 경멸적인 무관심을 보이곤 한다. 이런 저항 형태는 사라질 것 같지 않다. 고대 중앙집권화된 국가는 전제적 정치의 오만함이 확연히 드러남에도 불구하고 자신이 다스리는 백성들의 일상생활을 효과적으로 통치할 만큼 권력을 지닌 적이 거의 없었다. 독특하게도, 그것은 원자화된 개인들의 집단이 아니라 적어도 부분적으로나마 자치적인 지역공동체들의 집단을 통치한다. 그리고 이 지역공동체들은 일반적으로 자신들만의 제의 전문가를 만들어 내는데, 이들은 중앙의 성직 조직과 연결되어 거기에 복종할 수도 있고 그렇지 않을 수도 있다.

이렇게 해서 고급문화와 민속문화의 이원성이 영구히 자리 잡는 배경이 마련된다. 이 긴장은 농경 사회 고유의 것이 되는데, 그 형태와 첨예함은 저마다 다르다. 그러나 인류의 인식적 발전에서 진실로 중요한 단계는 문해(literacy)의 시작'과 그것이 종교에 발현된 '성서본위주의'이다. 처음에 기록이 사용된 건 행정과 세금 징수 같은 분야였을 것이다. 하지만 기록하고 전파하고 승인과 명령을 부동의 것으로 확정하는 기록의 놀라운 권위는 머지않아 경외감을 불러일으키는 특권을 지니게 되고, 제의 전문가의 권위와 융합하게 된다. 성직자는 회계사한테서 기록을 이어받는다. 문해는 관료적이고 행정적인 중앙집권화를 촉진하고, 또한 교리의 성문화와 논리적 중앙집권화를 가능하게 한다.

육신을 벗어난 말씀

기록과 관련해서 무엇보다 중요한 점은 기록이 화자로부터 승인(affirmation)을 분리해 낸다는 것이다. 기록이 없다면 모든 발화는 맥락에 구속된다. 기록이 없는 조건에서 승인에 엄숙함을 부여할 수 있는 유일한 방법은 제의적 강조, 평소와 다르고 의도적으로 엄숙해지는 맥락, 규정된 양식의 견고함이다.[2] 하지만 일단 기록이 자리를 잡으면 승인은 맥락에서 분리된다. 그리고 그렇게 분리된다는 사실은 근본적으로 새로운 유형의 매우 특별한 맥락을 구성한다.

어떤 의미에서 초월자는 그 지점에서 태어난다. 의미는 이제 화자나 청자 없이 생존하기 때문이다. 그것은 또한 강조 없는 엄숙함을, 그리고 맥락보다는 내용에 대한 존중을 가능하게 한다. 따라서 그것은 성상 파괴를 촉진시킨다. 다시 말해 '모든' 승인을 진지하게 받아들이고, 모든 승인을 그 자체로 똑같이 진지하게 존중하며, 덜 엄숙한 상황을 암묵적으로 평가 절하하는 그런 특별한 엄숙함의 회피를 고

집한다. 오늘날 특별한 엄숙함의 신성한 표식은 얼마든지 회피될 수 있다. 기록문은 나팔 소리 같은 게 필요 없다. 기록문 자체를 경외함으로써 모든 나팔 소리는 경멸의 대상이 될 수 있다. 인식적이고 도덕적인 평등주의가 실현 가능해지는 것이다. 이것이야말로 인류 역사의 새로운 단계에서 가장 중요하다. 의미론적 내용물은 그 자체로 생명을 얻는다. 그것은 제의적 엄숙함을 통한 인위적 활성화를 필요로 하지 않는다.

복합적 맥락을 지닌 원시적 사유의 하위 체제에서, 때때로 원시인들이 주술로 불러내거나 의지해 온 반면 우리에게는 기묘한 실체나 존재에 불과한 것을 과연 '초월적'인 것으로 생각해야 하는지는 말하기가 어렵다. 먼저, 그 존재들은 포근하고 친숙하며 결코 '멀게' 느껴지지 않는 경우가 많다. 그것들은 가깝고 허물없다. 우리가 말할 수 있는 것이라곤, 경험적인 것을 그렇지 않은 것과 분리하는 법을 배운 '우리'에게, 그것들은 또 다른 영역에 속하는 것처럼 보인다는 것이다. 그렇게 보이는 이유는 대개 매우 단순한데, 우리가 그 존재들을 명백히 허구적이고 불필요하게 발명된 것으로 여기기 때문이다. 믿는다고 해도 '우리'는 그것들이 인식의 범위를 넘어서는 것으로 생각할 것이다. 그런 믿음을 고수하는 우리는, 말하자면 초월적 지위를 부여함으로써 그것들을 정당화하고 논리적으로 정립한다.

원시인에 대해서 우리가 말할 수 있는 것은, 원시인이 그 존재들을 표현하는 언어를 우리는 자연스레 지시적인 것으로 해석한다는 것이다. 우리에게 그런 표현이 지시적일 수 있다면, 그것은 초월적으로 그럴 수 있을 뿐이다. 왜냐하면 그것은 실제로 관찰할 수 있는 대상을 가리키지 않기 때문이다. 하지만 이런 실체나 존재는, 실재하고 유효하며 우리에게는 분명 경험적 현실인 다른 존재들과 상호작용하는 것으로 묘사된다. 그것들이 없었다면 자연적인 존재로 가득 차 있을지도 모를 세계에 영향을 미친다. 그러나 그와 동시에 이 존재들을 표현하는 언어는 우리 기준에 따르면 완전히 경험적 현실의 지배 아래 놓인 것 같지는 않다. 오히려 그것은 해당 사회의 사회질서와 연관되어 있는 것 같다.

우리는 그것들의 사회적 또는 심리적 유용성을 근거로 사실적 반증들의 무력함을 설명하곤 한다. 어쨌거나 이는 오늘날 인류학자들이 믿고 싶어 하는 바이다. 원시인들을 낮게 평가하는 걸 직업적으로 싫어하며 원시인이 하는 모든 것에서 '기능'을 찾는 데 관심을 기울이는 인류학자들은, 주술적 신앙을 자연보다는 사회질서와 연관 짓는다. 그래서 인류학자들은 그것들을 합리적으로 보이도록 만든다. 그런 관념들을 '초월적'이라고 일컫는 건, 대부분 또는 모든 경우에 이 세계와 다른 세계의 분명하고도 정확한 구분이라는 관념을 초기 인류에게 강제하는 것으로 보인다. 이는 지역 특유의 관념들에는 존재하지 않는, 또는 존재하더라도 매우 다르게 이끌어 낸 명확한 구분을 투사하는 것이다. 힌두교와 불교에서는 '차안'(此岸)에 수많은 정령들이 있다고 한다. 속세와 범신계가 '모두' 진정한 '피안'(彼岸)과 구별되는 것이다.

이 상황이 변화한 건 적어도 문해의 등장 뒤, 특정한 경우에서였다. 그제야 피안은 참된 독립을 획득할 수 있었다.

기록은 주장의 성문화와 체계화를, 그리고 '교리'의 탄생을 가능하게 한다. 제의, 합법화, 위로, 치유를 제공하는 전문가 집단 지식계급은 사회의 모든 하위 분야와 마찬가지로 결국 그 경계를 설정하여 진입을 제한하고 독점을 유지하려는 경향이 있다. 애덤 스미스가 기업인들을 가리켜 한 유명한 표현은 주술사들에게도 똑같이 적용될 수 있다. 다시 말해 주술사들이 결합하면, 자동적으로 클로즈드숍(closed shop)을 강요하고 독점을 형성하려고 한다. 제의의 엄숙함이 사실 유일한 방법이었고, 기록 이전의 시대에 주술사들은 그 방식을 이용할 수 있었다. 하지만 사람들이 드문드문 흩어져 사는 지역에서 제의의 동질성과 범위를 누가 강요할 수 있겠는가? 기록과 함께 상황은 변화한다. 표준화와 개념의 품질 관리가 가능해진다. 기록된 메시지는 진실로 보편적인 것이다. 그것은 아주 많은 지역에서 동일하게 제시될 수 있다. 교리는 정의되고 정확히 서술되며, 이때 이단 또한 가능해진다.

특권의 범위를 정하려는 충동에서 지식계급은 자신들이 승인하는 내용을 교리로 기록한다. 중앙집권화와 체계화 경향 덕분에 지식계급은 교리를 논리 정연한 체계로 성문화한다. 그 결과, 상당히는 아니더라도 어느 정도는 단일 목적적인 '인식' 체계에 가까운 것, 개념과 명제가 얽혀 있는 체계가 최초로 등장한다. 복합적 맥락은 완전히 사라지지는 않더라도 점점 줄어든다. 독점을 추구함으로써 통일체에 가까워지고, 일종의 질서 또는 그와 유사한 상태에 이르게 된다.

하지만 분명히 해두어야 할 것은, 이 시점에서 달성된 것은 단일한 맥락과 단일한 목적의 '지시적' 체계가 아니라는 점이다. 다시 말해 오늘날 우리가 근대 인식론을 통해 익숙하게 알고 있으며 우리가 우리 자신의 것이라고 생각하는 체계를 닮은 것은 아니라는 것이다. 그리고 이것이 여태까지의 논의에서 가장 중요한 변환점이다. 사실은 이와 정반대이다. 새로이 등장한 단일 목적은 모든 사회적 관심사와 가치 포화를 떨쳐 낼 수 있는 순전히 경험적인 지시성의 추구가 아니다. 단일 맥락의 체제를 닮은 어떤 것이 처음으로 발생한 토대는 개념 승인을 종식시키고 지시성으로 대체한 것이 아니다. 오히려 그 토대는 개념 승인이 비록 완전히 독점적이지는 않더라도 우세해지고 통합된 데 있다.

개념들이 통합된 체계는 명백한 표현을 가능하게 하는 명제를 요구한다. 그런 체계는 사회의, 좀 더 적절한 표현으로는 사회의 고급문화의 관점과 정신을 규범적으로 규정한다. 무게중심은, 규범이 덧입혀지고 제의적으로 주입되는 개념을 떠나, 상호 지지하는 하나의 구조로 융합된 명백한 승인과 명령들로 이동한다. 그것들은 경험적인 내용물을 가질 수 있으나, 장인들처럼 물리적인 현실과 직접 접촉하는 사회 구성원들이 소유하고 있는, 비언어적이고 기록되지 않는 실질적인 기술에 견주면 무시될 수 있는 것이다. 이런 사회 유형의 뚜렷하고도 매우 전형적인 특징은, 공식적인 인식 전문가가 아닌 구성원들의 단편적이고 비공식적인 실질적 기술들 속에 내재하는 경험적 지식이, 공식적인 교리로 공식적으로 성문화되는 경험적 지식보다 훨씬 크다는 것이다. '이론'은 기껏해야 희미하고도 열등하게 기술을 반영하거나 변형한 것으로서 존재한다.

그렇게 통합된 성서 체계는 일반적으로 '플라톤적'이라고 일컬을 수 있다. 역사적 인물인 플라톤이 실제로 생각한 많은 부분은 그런 지적 구조 가운데 전부는 아닐지라도 대부분의 측면을 드러내는 훌륭한 표본이 된다. 이런 유형의 체제가 하는 일은 공통된 개념의 승인을 매우 진지하게 받아들이는 것이다. 사실 그런 체체는 경쟁 관계의 목표들을 모체에서 제거하려고 한다. 지식은 도덕적으로 구속력 있는 규범을 경외하는 마음과 동일시된다. 경험적 지시성은 순수 플라톤 철학에서 무시된다. 이데아는 사실에 대한 도덕적 판단에 개입한다. 사실들은 우리와 마찬가지로, 이데아에 관한 인식적 판단에 개입하지 않는다.

공통된 개념의 권위를 체계화하고 인정함으로써, 그리고 구성원 전부에게 유효하고 맥락에서 자유로운 것으로 '보편화'함으로써, 과거의 이차원적 또는 다차원적 모체는 결국 단일 차원의 모체에 가깝게 변화한다. 그 체계는 일차적으로 '단일한' 목적에, 그러니까 사회질서와 그 관점에 대한 통합적인 인가의 제공에 이바지하기 위해 고안된다. 이러한 목적은 그 체계가 부수적으로 수행할 수 있는 어떤 부차적인 역할보다 중요하다. 지난날 개념들은 제의 속에서 일렁이고 공동체와 결부되어 있었다. 인류를 정의하는 것은 생각하는 능력일 테지만, 모든 인류가 동일한 조건에서 사고하지는 않았다. 인류는 모두 생각하고 또 그 생각이 강제되기도 했지만, 그 강제가 모두에게 동일한 건 아니었다. 이제 개념은 교리에 명시되어, 누구나 읽을 수 있고 누구에게나 구속력을 지니게 되었다. 교리는 공동체와는 별개로 모든 인류에게 권위를 갖게 되었다. 그것은 명확히 정의되고 보호해 주는 공동체의 상실을 겪고 있는 사람들을 실제로 위로해 주었다. 보편적이고 교리에 입각한 구원 신앙이 확산된 동기를 여기에서 짐작할 수 있다.

플라톤 철학이라고 통칭할 때, 나는 기록의 종교적 이용과 함께 등장하고 조직화된 지식계급에 의해 유지되는 이데올로기 유형을 말하고자 하는 것이다. 플라톤 철학은 그보다 앞선, 공동체 중심의 전통 신앙과 분명하게 대비된다. 전통 신앙은 문헌이 아니라 제의를 이용했고, 공동체 조직과 공동체 생활의 리듬을 승인하고 강화하는 것이 우선적인 목적이었으며, 보편적인 권위를 내세우는 일은 거의 없었다. 플라톤 철학은 초월자를 명확하게 서술하고 초월자의 권위를 도덕적으로나 이론적으로 제약 없는 권위를 지니는, 다시 말해 보편적인 것으로 만든다. 도덕적이고 이론적인 권위를 명확히 정의하고 그것을 공동체의 제약으로부터 분리함으로써, 플라톤 철학은 초월성과 인간 사이에 긴장을 형성한다. 이 긴장은 당연히 이후 인류의 인식과 정신이 발전하는 데 결정적인 작용을 한다.

플라톤 철학

플라톤 철학의 중심적인 통찰은 개념의 독립적인 실재, 다시 말해 '이데아'이다. 동시에 이 독립물은 현실에 대한 논리적이고 도덕적인 모델을 구성한다. 초월적인 것은 공식적인 승인을 받는다. 현실은 이데아를 검열하지 않는다. 오히려 현실을 판단하고 이끄는 규범이 '이데아'이다.

다시 말해, 인류가 행해 왔을 뿐인 일들을 '말로 전하는' 명백한 이론이 이제 존재하게 된 것이다. 인류는 보편적이고 완고하며 권위 있는 도덕적 하중이 있는 공통의 개념을 제의를 통해 주입함으로써 공동체를 형성했다. 이 개념들은 인간의 행위를 상당한 정도로 지배했다. 그리고 이에 따라 사회적 공존과 의사소통을 모두 가능하게 했다.

명백히 등장한 플라톤 철학은 이제 이 모든 것에 새롭고도 중요한 변환을 일으킨다. 이를테면 이 모든 것을 명백한 교리로 전환시키는 것이다. 최초로, 인류는 말하자면 산문을 말할 뿐 아니라 자신이 산문을 말하고 있다는 걸 '안다.' (이 책 267쪽 참조—옮긴이) 그는 자신이 개념을 바탕으로 생각하고 있다는 걸 안다. 그다음으로 규범, 즉 개념들의 권위가 보편화된다. 이론이나 자의식에 의해 더럽혀진 관습에 지나지 않았을 때, 개념들의 권위는 사회적으로 경계가 지어졌다. 개념을 주입하는 제의가 행해지는 지역의 범위를 초월할 수 없었기 때문이다. 하지만 이제 권위 있는 개념은 보편적으로 강제되고, 초인종적이며, 초사회적이고, 초공동체적이 된다. 그리하여 그것은 이성이 된다.

문화는 언제나 문화 자체의 암시와 기대, 책무를 포함하는 개념 체계로 구성되었다. 사회는 제의로써 개념 체계를 구성원들에게 주입하거나, 결속을 강화하고 의사소통을 가능하게 했다. 개념은 늘 개념을 담은 '설화'에 의해 확증되었다. 그리고 이제 개념은 잘 정리된 교리에 의해 확증되고, 그 도덕적 암시는 공식적인 기록으로 성문화되며, 그 기본 전제는 이미 '입증되어' 논리적으로 구속력을 지닌다. 그리스 역사 속의 플라톤 철학은 그 신성한 지위의 교리와 개념의 도덕적 권위를 통해서 전통 문화의 메커니즘을 무심코 드러낸다. 초월자는 공식화되고 형이상학적 인가를 받으며, 문화와 그 책무를 보증하게 된다. 하지만 이 모든 걸 교리로 만듦으로써, 그것은 완전히 새로운 상황을 창출한다.

인류의 인식 경로의 전반적인 문제는 아마 아래 그림이 가장 잘 보여 줄 것이다.

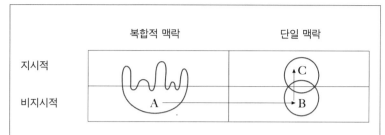

	복합적 맥락	단일 맥락
지시적		C
비지시적	A	B

A. 원시인의 개념 체계 사회적으로 통합되어 있는 그들의 지시적 촉수는 서로 단절적이지만, 공통의 사회적 맥락에 의해 간접적으로 서로 연결된다. 그 단편적인 지시적 술어는 안정적이다. 다시 말해 고정된 온톨로지를 지닌다.

B. 일부 농경 사회 지식계급의 통합된 교리 체계 통합이 달성되고, 지시적 내용물은 적다. 온톨로지는 안정적이며, 사회적 영향력이 보편적이고 막강하다.

C. 참된 지식의 이상적인 버전 통합되고 지시적이며 사회적으로 공평한 지식으로, 일시적이고 소모적이고 실험적인 교체 온톨로지를 지닌다. 사회적 암시가 있더라도 적다.

위의 도표는 지시적인 것과 비지시적인 지적 구조를 대립시키고, 단일 맥락을 복합적 맥락과 대비시킨다.

'우리'가 거주하고 있으며 진지하게 다루는 세상은 단일 맥락적이고 지시적인 C이다. 원시인이 살았던 세상은 다층적 맥락을 지니며, 비록 완전히는 아니더라도 대체로 비지시적인 A이다. 그 개념들은 행위와 기대를 조직했지만, 자연에 대한 연속적이고 꾸준한 탐구에 이용되지는 않았고 이용될 수도 없었다. 이 관점은 지시적 세계에 다양한 촉수를 뻗쳤는데, 그 가운데 순수한 정보를 구하는 데만 이용된 것은 없었다. 이 촉수들은 모두 원시인이 살았던 '세계'와 연결되었다. 하지만 그것들은 서로 논리적으로 연결되지는 않았다. 잠망경들은 논리적으로 서로 독립해 있다. 하지만 동시에 그것들은 모두 인식적으로는 아니지만 사회적으로 통합된 전체 그림에 반영된다.

원시적 관점에서 근대적 관점으로 직접 이어지는 사회적 메커니즘을 상상하기란 거의 불가능하다. 비지시적인 몸통에서 다양한 촉수를 스스로 잘라 내게끔 유도하거나 그것을 가능하게 한 것은 도대체 어떤 것이었을까? 비지시적이고 사회적으로 종속된 '통제력'을 절단함으로써 스스로 정화하고, 하나의 통합된 감수성으로 융합하게 만든 것은 무엇일까? 인식론은, 유일하고 통합적이며 사회와 분리된 자연에 대한 근대 인류의 단일 맥락적 연관을 순진하게도 인류의 과거에 투사함으로써, 결과적으로 이런 유형이 실제로 발생한 것이라고 가정한다. 하지만 이를 가능하게 만든 메커니즘을 상상하기란 매우 어렵다.

제임스 프레이저 경이나 칼 포퍼, 윌러드 콰인 같은 우리 시대 철학자들은, 이행을 자극하고 이끌어 갈 수 있었던 건 자연에 대한 그 지시적 영향력을 영구히 향상시키려는 순전히 인식적 충동이었을 것이라고 믿으며, 더 정확하게 말하자면 무비판적으로 가정한다. 가장 잘못된 가정은, 분업을 그리고 인식이 다른 영역들로부터 분화한 일을, 그런 일이 존재하지 않았거나 아마도 존재할 수도 없었던 역사적 상황에 투사한 것이다.

한편 우회로나 '간접적인' 경로를 상상하는 것은 충분히 가능한 일이고, 나아가 역사적으로 그려 보는 일 또한 어느 정도는 가능하다. 이는 다원적이고 복합 맥락적인 세계가 동질적이고 개념적으로 집중화된, 그리고 소수의 주요 원리에 의해 이상적으로 통치되는 동질의 자연으로 변형될 수 있었던 길이다. 더욱 통합되고, 그러나 아이러니하게도 '덜' 지시적인 세계를 경유하여 이 길로 이어지게 된다. 이 세계는 기록 능력을 지닌 지식계급의 활동에 의해 통합되고 성문화된다. 그리고 중요하지만 알 수 없는 어떤 이유 때문에 통합과 질서, 동질성을 향한 지속적인 동력의 자극을 받는다. 세계는 유일한 주인, 하나의 중요한 목적, 유효화와 합법화의 유일한 기준 같은 것을 가진 존재가 된다. 하지만 독점에 가까운 이 유일한 원리는 애초부터 자연에 대한 언급이 아니었고 그럴 수도 없다. 오히려 그것은 극단적인 형태의 규범 승인이다. 그것은 권위 있는 개념의 세계, '플라톤 철학'의 세계, 통합되고 중앙집권적이며 최고의 권위가 부여된 관념 체계의 세계를 낳는다.

일단 이런 유형의 체계가 나타나고 널리 내면화되고 확산되어 친숙해지면, 그때 그리고 오로지 그때에만 또 다른 가능성이 생겨난다. 어느 날, 정확히 말하자면 어느 시대에 그 체계는 전복되고, 유일한 주인은 또 다른 주인으로 대체될 수 있다. 하나의 주인 아래 이루어진 최초의 통합이야말로 어쩌면 가장 어려운 진전이었을 것이다. 자연주의적인 주인, 다시 말해 자연이 비지시적인 주인을 대체하는 일은 어렵기는 해도 아마 덜 힘들었을 테지만, 단 한 번밖에 일어나지 않았다. 통합된 개념 승인에서부터 통합된 지시성으로의 이행은 명백하거나 쉽거나 필연적이지 않다. 하지만 그것은 다목적적인 세계로부터 동질의 '플라톤적' 세계로 옮겨 간, 첫 번째 이행에는 훨씬 못 미치는 도약이다. 이 두 번째 이행은 쉽게 상상할 수 있다. 더 나아가 그것은 역사적으로 관찰할 수 있는 것으로 보인다. 그 일이 일어난 건 과학혁명이 진행되고 있을 때였다.

최초의 통합

지식계급으로 하여금 처음으로 세계상의 통합을 향해 나아가도록 하고, 따라서 다른 목표들과 사회적 개입으로부터 멀어지도록 한 것은 무엇인가? 무엇이 A단계에서 B단계로 이행하도록 이끈 것인가?

그 배경의 일부는, 특정한 역사적 전통에서 초월적 인식이라 불릴 만한 것의 성공일 것이다. 인류의 인식적 활동의 초기 성공 사례는 어느 정도 천문학과 기하학에서 발생한 듯하다. 천체 운동의 도식화와 추상적인 공간 객체의 속성에 관한 지식, 그 결과로 나타난 논증적 지식의 축적이 그 예이다. 에드윈 버트의 《근대 과학의 형이상학적 기초》(Metaphysical Foundation of Modern Science)가 보여 주듯이, 자연에 대한 피타고라스학파의 수식화는 기하학을 중심에 둔 수학의 관점에서 보아야 한다. 우주의 추상적인 실체들은, 평범한 지상의 사물들과 구별되고 대비되어 보인다는 특징을 공유한다. 천체의 운동은 정돈되어 있고 안정적이고 질서 있고 영속적이거나 인식될 수 있다. 그것들은 단순하고 고상하며 규범적인 추상적 개념들과, 복잡하고 난잡하며 일반적으로 불완전하고 결함이 있는 지상의 것들 사이의 대립과 동일한 것을 드러내는 것으로 생각될 수 있다. 따라서 과거를 잘못 바라보면 그 대비는 순수하게 자연과학을 자극한 것으로 보일 수 있지만, 사실 당시 맥락에서는 규범적이고 권위적이며 '플라톤적'인 탐구를 촉진하는 것으로 읽혔다. 참된 지식은 이상을 다루는 것이지 사물을 다루는 것이 아니었다.

사회적으로 실체가 없는 체계를 제공하려는, 지식계급 또는 그 구성원 일부의 또 다른 충동은 부분적으로는 공급 측면보다 수요 측면에서부터 비롯된다. 최초의 대규모 통치 조직은 규모가 커진 공동체이거나 공동체들의 집합이었다. 그들의 제의와 종교 생활은 공동체 종교의 특성들을 예증해 온 것으로 여겨진다. 그것은 시대와 지역의 사회조직이나 생활양식과 들어맞는다. 그러나 발전 과정의 어느 지점에 나타나는 도시화, 복합성, 사회적 격변은 새로운 종교 고객층을 낳고, 개인적이고 보편적이지만 공동체적이지는 않은 구원을 추구한다. 이제 개인에게 배경과 지지를 제공하는 공동체는 사라졌다. 구원을 추구하는 건 개인들이었다. 개인은 집단을 이루지 않고 홀로 와서 포괄적인 구원을, 이를테면 특정한 불행이나 불운의 교정이 아닌 견디기 힘든 전반적인 상황으로부터 탈출하기를 원한다. 자비로운 강우를 기원하는 무리로서가 아니라 병이 낫기를 기도하는 개인으로서 순례자들이 도착하는 시대가 온다.

'축의 시대'(Axial Age, 동서양을 막론하고 모든 인류가 정신의 기원으로 인정할 수 있는 시대, 인류 공통의 기축이 되는 시대, 인류 정신의 위대한 철학적·종교적 전통이 태어난, 기원전 900년부터 기원전 200년 무렵까지를 말한다—옮긴이)는 통합적이고 요구가 많은 초월자가 인류 역사에 나타나서 공동체 지향의 종교를 부분적으로 대체한 시기를 일컫기 위해 카를 야스퍼스가 사용한 용어이다. 새로운 욕구를 만족시키려고 애쓰는 철인(哲人)들이 나타나기 시작한다. 철학자나 예언자들은 사회적으로 규정된 지위를 제의적으로 제공하는 사람이 아니라, 총체적인 회복을 향해 나아가도록 누구에게나 총괄적인 지침을 제공하는 사람들이다. 그들은 변덕스러운 운명에 더 이상 좌우되지 않는 구원 또는 자체 보증하는 선한 삶의 명세서를 약속한다.

구원이라는 관념은 여러 가지 중요한 특징을 갖고 있다. 그것은 일종의 지복(至福)일 뿐 아니라 총체적인 성취이지, 어떤 특정한 불행의 극복이 아니다. 구원은 개인이 소매로 구입할 수 있는 것이지 공동체 전체에 도매로 공급되지 않는다. 선한 삶의 내용은 완전하지만, 각 개인들에게 특혜적으로 공급되기도 한다. 그런 구원을 제공하는 이들은 소비층과 직접 거래하길 좋아하며, 전통적인 정치 지도자와 명령 조직의 도매 경로는 우회한다.

전통 사회에서, 제의는 늘 참가자들에게 맞춤형으로 제공되고, 그들의 사회적 지위에 맞게 보정된다. 관객들의 사회적 지위 체제에 따라서 1인석, 단체 관람석, 특별석이 마련된다. 공동체 구성원이 아닌 이에게는 아무런 자리도 마련되지 않으며, 그들은 환영받지 못하고 공식적으로 배제된다. 비구성원의 배제는 퓌스텔 드 쿨랑주가 주장했듯이 고대 도시에서 사회적 통제의 주요 메커니즘이었다. 하지만 새로 출현하여 나날이 증가하는 뿌리 뽑힌 대중들, 적절한 자리가 배정되지 않았거나 끌리지 않는 또는 받아들이기 힘든 자리밖에 주어지지 않는 이들을 어떻게 다루어야 할 것인가? 그들이 치유를 원하는 역경들도 불특정하고 다양한 형태를 띠고 있을 것이다. 아랍의 어느 이야기에서, 한 남자는 자신의 온갖 불행을 치료해 달라고 신에게 기도한다. 그러자 그 옆에서 기도하고 있던 사람이 꼬집어 말한다. "신이 당신 같은 사람을 고치느니 새 사람을 창조하는 게 훨씬 쉽겠소!" 포괄적인 구원, 새로운 조건, 새 질서에 이끌리는 이들은 너무도 많은 불행에 찌들어 있는 사람들이다. 보편 구제설이나 포괄적인 구원 또는 지혜가 담긴 교리는 아마도 다양하고 뿌리가 없는, 그리고 대체로 도시에 사는 고객층에게 다가가려는 필요에 의해 생겨났을 것이다.

앞에서 살펴보았듯이 어떤 경우에, 명백히 사회와 인종을 초월하는 진리, 예컨대 천문학과 기하학의 진리의 유용성은 그런 총괄적인 지혜가 어떤 모습을 띨 것인지에 대한 본보기로 작용했는지도 모른다. 하지만 이 방향으로 이끌고 간 다른 요소들이 있었다. 유일신론이 그 하나였다. 로마처럼 중앙집권화되고 체계적인 법적 체제는 다른 것이 될 수 있었다. 유일한 이성, 유일신, 유일한 법 같은……

주술과 우상을 싫어하는, 배타적이고 질투하는 우상파괴자인 유일신은 인류의 교육에서 가장 영향력 있는 힘 가운데 하나였을 것이다. 한편 이런 유일신을 가리켜, 강고하게 중앙집권화된 고대 서아시아 국가 통치자들을 모방하여 출현했다고 보는 낡은 이론이 있다. 이 이론이 마음에 안 들었던 게 분명한 고 에드워드 에번스 프리처드는 이를 가리켜 나쁜 사회학이라고 비판했다. 무슬림들은 술탄이야말로 지상에 드리운 신의 그림자라고 말하곤 한다. 칼리프가 애초에 신의 대리인이었는지 아니면 단지 마호메트의 대리인이었는지는 불분명하다.[3] 이와 정반대의 가정, 이른바 배타적인 신이 위대한 왕의 그림자라는 가정은 신도들을 기쁘게 할 것 같지는 않다. 데이비드 흄은 권력을 강고하게 집중화하는 것과 똑같은 메커니즘에 의해 이런 관념이 생겨났다고 여겼다. 그 메커니즘은 높으신 신이 유일한 권력을 지니고 있다고 믿고, 높으신 신의 경쟁자들을 모조리 비방하면서 신의 은혜를 얻기 위해 서로 경쟁하는 숭배자들 사이의 경쟁적인 아부이다.

그러나 이 개념이 아무리 흥미로운들, 우리의 관심을 끄는 건 그 기원보다는 의미와 결과이다. 질투하는 유일신은 지식계급이 수립하고 전파하는 지적 구조의 중심적이고 지배적인 개념이 되고, 단일 맥락 체제의 확립을 향해 과도하게 강한 추진력을 그러모은다. 배중률(排

中律, 논리 법칙의 하나로, 어떤 명제와 그 명제의 부정 가운데 하나는 반드시 참이라는 원리—옮긴이)에 대한 존중을 인류에게 가르친 건 질투심 많은 야훼였다. 단일한 논리 체계로 수렴되지 않더라도 문제가 되지 않는, 말하기와 생각하기의 복합적이고 다양한 방법들이 유일한 정신세계 안에서 편안히 공존하는 걸 회피한 존재가 야훼였다. 어떤 경쟁자도 용인하지 않는 유일신은 그 추종자들에게 종교적으로 기회주의적이어서는 안 된다고 가르친다. 궁극적으로 이는 논리적으로 편의주의적이어서는 안 된다는 것도 가르칠 수 있다.

체계적으로 기록된, 질투하는 하느님의 출현은 다소 역설적이다. 질투하는 하느님은, 서아시아의 커다란 왕국들을 두려워하고 그에 맞서지만 너무나 작고 약해서 나라를 세우는 것조차 힘든 사회에서 출현한다. 질투하는 하느님이 출현한 시기에, 이 약한 사람들은 여전히 공동체의 형태를 띠고 있었고, 귀속적으로 선택된 제의 엘리트가 제물을 바치는 행위는 그 종교의 중심을 이루었다. 일반적으로 이런 특징으로부터 유일하고 보편적인 신으로 나아갔으리라고 예상하기는 어렵다. 처음에는 신앙 서약에 따라 속박된 이들에게만 특별한 관심을 요구했지만, 신은 보편성을 잠재시킨 채 공동체와 지역과 무척 특별하게 이어져 있었다. 그 공동체가 목축을 바탕으로 하고 농민들과 끊임없이 갈등을 겪으며, 농민들의 제의 생활이 목축민들의 그것보다 대체로 더 화려하다는 사실에서 답을 얻을 수 있을 것이다. 배타적인 유일신은 경계표지였던 셈이다.

경계가 정해진 민족적 기반과 자기 확인의 제의로부터 마침내 분리되고, 그 과정에서 중앙집권화된 성직 계급에 의해 형상화된 질투하는 하느님이야말로 인류 정신을 개조하는 강력한 동인임이 입증되었다. 지배층이 종교와 도덕의 성문화에 착수하고, 플라톤 전통의 논리적 세심함과 로마의 체계적인 법의식을 그 과제에 끌어들였을 때 이는 더욱 명백해졌다.

그 뒤 지식 엘리트들은 그 논리력을 과시할 수 있었고, 통합된 교리 체계 내부의 문제와 맞닥뜨릴 때는 무척 교훈적인 내적 고통을 겪곤 했다. 이 문제들은 교리 내용 자체에서 비롯되거나, 독점적 지위를 손에 넣으려는 지식계급의 통상적 욕구에서 비롯되었다. 예를 들어, '보상'으로서 구원을 보장하는 논리는 자유의지를 필요로 했다. 하지만 외부의 도움 없이 개인의 선행이나 노력에 의해 스스로 구원받는다는 가능성은 구원 원천의 독점성을 침식한다. 신도들은 열심히 노력하도록 격려되어야 했지만, 영적 독점체로부터 도움을 받지 않고 혼자 힘으로 구원받을 수 있다고 생각하게끔 자극해서는 안 되었다. 이 모순적인 요구를 결합하기 위해 아우구스티누스와 그 계승자들이 겪은 고통스러운 시도는 서구 정신을 응축시키는 데 크게 이바지했다. 이는 지적으로나 사회적으로나 의미 있는 일종의 열망으로 이어졌다.

한편으로는 '이성'에, 다시 말해 어떤 특정한 문화와 별개인 논리적 강제에 호소하면서, 다른 한편으로는 도덕과 교리의 합법성을 독점적으로 통제하겠다는 모순되는 주장의 문제 또한 가시화되었다. 긴장은 초월자에 뿌리를 둔 교리와 사회적 실재 사이에서뿐 아니라 교리 자체에서도 일어났다. 바로 교리가 독점성을 설교했기 때문이다. 신앙의 범위에 관해서 교리가 요구하는 엄격함이 내적 긴장을 일으킨 것이다.

개념의 권위

축의 시대에, 인류의 종교는 공동체의 제의 의식과 그 내적 구조로부터 분리되어 타자에 귀속되었다.[4] 자의식 강한 초월자의 정제된 형태가 등장했다. 정제된 초월자는 타자성(他者性)을 뽐내며 그로부터 권위를 얻었다. 타자성은 주술사 길드가 아니라 진정한 지식계급에 가까운 것과 짝을 이루고, 현세와 더 크고 더 팽팽한 긴장을 이루었다. 초월자의 주요 도구는 기록이었고, 기록은 육신을 벗어난 말씀이 문맥과 상관없이 경외감을 받도록 했다. 종교의 확산은 정치적 중앙집권화와도 연관되었다. 교양 있는 지식계급은 신흥 왕정 관료들의 마르지 않는 공급처였다.

따라서 새로운 유형의 보편적 초월자로 이르는, 널리 알려진 중요한 하나의 길은 배타적이고 질투하는 하느님으로부터 비롯된다. 마찬가지로 유럽 전통의 계승자들이 잘 알고 있는 또 다른 길은 그리스의 사유와 특히 플라톤 철학을 거쳐 온다. 진정한 플라톤 철학의 심오한 역설은, 그것이 폐쇄된 공동체 사회로의 회귀 또는 강화를 설교했다는 점이다. 하지만 플라톤 철학이 그렇게 한 방법 자체는, 전통적 제의 중심주의와 공동체 중심주의로부터의 해방을 예증하고 강조하며 그 해방에서 비롯된 것이었다. 플라톤은 자유주의적 방법으로 실행하는 교조주의와 합리적 얼굴을 한 권위주의를 표상했다.

결국 주장하는 방식의 합리주의나 개방성 또는 자유주의는 의도된 결론의 반자유주의만큼 중요했을 것이다. 대화는 사회적 강제와 정반대인 논리적 강제에 매혹되게 한다. 지중해 세계에서 플라톤 대화를 계승한 이들과는 달리, 그 참가자들은 화자의 신분과 상관없이 논리에 따르는 것이 자신들의 지위와 위엄을 손상시킨다고 느끼지 않는다. 그들은 화자의 지위보다 주장의 내용을 존중할 줄 안다. '주장의 생명력'인 논리는 결코 지위에 좌우되지 않는다. 남성적 기백을 자랑하는 지중해 세계가 이후에 그런 위신의 실추를 감수하게 된다는 걸 상상하기는 매우 어렵다.

플라톤을 비판한 가장 영향력 있는 근대 자유주의 비평가는 칼 포퍼이다.[5] 그의 플라톤 분석은 사실 심층심리학이다. 그의 분석에 따르면, 플라톤은 페리클레스 시대 아테네에 출현했던 열린사회를 두려워하고 싫어했으며, 의심과 지위의 불확실성으로부터 자유로운 폐쇄된 부족사회로 돌아가기를 열망했다. 사실상 포퍼의 프로이트적인 분석은 자궁으로 회귀하려는 열망의 사회적 등가물을 플라톤으로부터 발견한다. 사회와 계급을 안정시키려는 플라톤의 노력을 이런 열망의 표현으로 본 것이다.

지나간 '게마인샤프트,' 그리스 역사에서 가설에 불과할 단계에 대해 플라톤이 추억과 열망을 지니고 있다고 보는 건 불필요한 추측이다. 플라톤이 사실 《국가론》에서 한 일은, 그의 입장에서 볼 때 훨씬 과거의 사회질서로 돌아가려는 어떤 열망과도 무관하게 분석될 수 있다. 플라톤은 농경-문해 사회를 운영하는 사실상 가장 보편적이고 일반적인 구조를 성문화하고 절대화하려 한 것이었다. 그것은 농업과 공예가 성행하고, 지켜야 할 잉여가 있으며, 기록이 자리 잡고, 무척 안정적이거나 어떤 경우에는 알게 모르게 확대되어 가는 기술적 기반을 지닌 사회의 청사진이다.

이런 유형의 사회는 정치적이고 이데올로기적인 질서를 필요로 하고, 그 구성원 대다수는 순종하며 생산에 전업으로 종사하기 마련이다. 비교적 적은 잉여는 극소수의 통치자와 군인, 성직자들만 부양할 수 있다. 농업사회의 세 계층인 생산자, 군인, 성직자는 역사적으로 널리 확산되어 예외적인 상황을 빼고는 거의 모든 경우에 나타난다. 그것은 상황 논리에 내재한 것으로 보인다. 일부의 주장처럼, 그것은 어떤 특별한 전통이나 일부 인종의 특성이 아니다.

플라톤은 이 구조를 도식화하고 합법화하고 절대화했다. 그는 또한 이 모든 것이 신의 뜻에 의해 사물의 본성에 새겨져 있고, 신의 뜻은 성직자들의 지혜에 담겨 있다고 주장함으로써 성직자들을 지지했다. 지혜는 장기적인 특별 교육을 통해서만 획득될 수 있었는데, 그 교육은 성직자들 자신의 독점적인 감독 아래 놓인 것이었다. 정의(正義)와 탁월함은 체제 유지의 관점에서 정의(定義)되었다.

물론 플라톤의 반경험론적 성향은 그의 계승자인 아리스토텔레스에 와서 완화되었다. 하지만 관찰 가능한 세계에 대해 존중하는 태도를 조금 보탠 것이 대단히 중요한 건 아니었다. 아리스토텔레스의 세계는 여전히 사회적으로 기능하는 우주였지, 비개인적이고 사회와 분리된 자연은 아니었다. 중요한 것은 수학적이고 기하학적인 질서를 예증하고, 보편적인 인류의 능력인 '이성'을 균형적이고 보편적으로 이용할 수 있는, 통합적이고 체계적인 세계라는 이상이었다. 이런 전통이 유일하고 배타적이며 질투하는 불가사의한 신과 합류한 건 궁극적으로 근대적 개념의 자연이 등장하는 데 당연히 결정적이었을 것이다.[6]

플라톤의 오류

인류는 뒤르켐의 시대라 일컬을 수 있는 시대에 산 적이 있었다. 그 시대는 제의를 통해서 개념의 권위를 무의식적으로 자신에게 강제했다. 그 시대에 전설에 의해서만 강화되는 제의는 합법화에 이르는 유리한 또는 유일한 길이었다. 인류가 플라톤의 시대로 접어든 때는 개념의 권위가 '이론'이 되고, 그런 것으로서 초월자가 출현하며, 개념의 전형적인 육화(肉化)가 제의뿐 아니라 기록에서 발견되는 때였다. 지난날 제의는 말씀을 보증했지만, 이제는 말씀 자체가 제의가 되었다.

변증법이라는 특별한 방법으로 플라톤이 도출한 구체적인 사회의 청사진은 어떤 면에서 놀랍도록 뛰어난 통찰이었고 또 어떤 면에서는 이상하리만치 불완전했다. 여러 면에서 그것은 단순히 규범에 그치지 않고, 농경-문해 사회에 지배적인 사회적 조건을 매우 정확하게 서술한 것이었다. 플라톤은 수호자들이 친족과 개인 재산으로부터 벗어나야 한다면서 농업 세계의 가장 효율적인 관료 조직을 예견했다. 특히 교회와 수도원, 맘루크(Mamluke, 중세 때 여러 이슬람 국가들의 통제권을 장악했던 노예 군인—옮긴이)가 거기에 들어맞는다. 하지만 다른 면에서 플라톤은 다소 부정확하며, 산업화 이전에 기록을 이용한 거대 농업 문명의 사회적이고 이데올로기적인 조직에 대해 부정확하고 완전히 잘못된 방향으로 인도한다.

플라톤이 알렉산드로스 대왕과 독립적인 그리스 도시의 소멸을 예측하지 못했고, 도시국가를 당연한 사회 단위로 여긴 것은 명백한 사실이다. 물론 도시국가는 점차 줄어들었고, 정치적이든 종교적이든 제국이 인류의 사회생활에 좀 더 보편적이고 전형적인 구조로 바뀌어 갔다. 하지만 위기를 맞은 건 단순한 규모의 문제가 아니다.

플라톤의 시대는 교조적이고 지식계급이 지배하며 군인이 수호하는 성서본위주의 체제이다. 플라톤의 시대라고 불릴 수 있는 신학적인 거대 문명 가운데 어떤 것도 사실 플라톤의 합리주의와 개념 숭배를 공식적인 이데올로기로 삼지 않았다. 오히려 그 문명들은 개념을 낳은 권위의 화신이 되었다. 하지만 그들의 성서본위주의와 선험론은 플라톤의 계획을 실행했다. 이에 대한 주요 해석은 단순하다. 개념 숭배는 아무리 시적으로 표현되더라도 인류 일반에게는 별다른 영향력을 끼치지 않는다. 플라톤은 고대 그리스 제의 관습의 영속화를 결코 반대하지 않았지만 그것을 자신의 철학이나 이데아와 결합시키려는 시도를 하지 않았다. 하지만 추상적인 '개념'이 시키는 일이기 때문에 신분의 의무에 복종하고 준수해야 한다는 관념만으로는 일반 대중의 마음속 공포를 억누르고 복종을 강요하기 어렵다. 조금 더 경외감을 불러일으키는 무언가가 필요하다. 그리고 조금 더 억압적인 무언가는 실제로 발견되었다. 바로 말씀이 육신이 되어야 했다.

또 플라톤은 어떤 면에서 '모든' 개념을 신격화했는데, 그중에 어떤 개념은 다른 개념보다 더 신성했다. 어떤 의미에서 이는 사회학적으로 옳다. 사실상 모든 개념은 데이터의 단순한 총합이라기보다는 규범이지만, 어떤 개념은 다른 개념보다 더 규범적이기 때문이다. 또 다른 면에서, 그렇게 되면 범위가 지나치게 넓어지고 평가 절하되는 인플레이션이 생긴다. 모든 개념을 존중한다면 우리는 어떤 개념도 충분히 존중하지 못하게 된다. 우리는 어떤 걸 강조할 때 분명히 조금 더 선택적이어야 한다. 앞선 뒤르켐의 시대는 개념이 어떤 이론이나 형이상학을 통해서가 아니라 제의를 통해 권위를 획득하는 시대였다. 이때 제의는 사실 특별하고도 엄숙한 강조를 위해서 상당히 선택적으로 개념을 채택했다. 큰 제의에는 큰 개념이 개입한다. 경외와 두려움을 불러일으키기 위해서는 특정한 개념, 특정한 규범, 특정한 모델이 매우 특별하게 존중되어야 한다.

한편 개념의 테두리는 흐릿하거나 논란의 여지가 있다. 영웅, 성자, 향신(鄉紳) 같은 개념을 신성화한다고 해도, 그것들은 브라이스 갤리의 유명한 표현처럼 "본질적으로 이론의 여지가 있다."[7] 사람들이 그 안에서 서로 다른 것들을 읽을 수 있고 취사선택할 수 있다면 사회 질서는 어떻게 될까? '계율' 또는 규칙에 대한 강조는 개념의 단순한 신격화보다, 기록에 담긴 사회적 이데올로기의 훨씬 훌륭한 본보기이다. 성서의 윤리가 유일신적 초자아를 빚어낸 건, 말 그대로 플라톤적 '형상'이라기보다는 신성한 '규칙' 숭배를 통해서이다.

물론 명제와 명령들은 다의성과 이론의 여지가 있는 해석에서 자유로울 수 없다. 하지만 그 탄력성과 유연성은 개념과 비교하면 상당히 작다. 하급 군인이나 하급 관리가 규칙은 규칙이라고 고함치는 일은 있어도, 개념은 개념이라고 고함치는 경우는 없다. 아마도 아테네 지식인들에게 선(善)이었을지 모르겠지만 현실적인 표식에 의해 제약되어야 하는 평민들에게는 그만큼 선한 게 아니었을 것이다. 물론 그들에게도 규칙이 필요하지만, 지극히 개인적인 본보기에 의해 자극을 받고 각자 처벌을 받는 편이 나을 것이다. 추상적인 본보기는 효과가 없다. 플라톤이 실제로 특별한 형상을 입힌 플라톤 철학은 결코 충분하지 않다. 문화적 규범의 주입과 강화의 무게중심이 제의에서 기록으로 옮겨 갈 때, 개념에서 규칙과 '지침'으로의 이동도 함께 일어났다.

개념의 신격화 자체는 아주 다른 면에서도 무기력하다. 플라톤은 개념의 권위를 개념 자체에 내재한 것으로 만들거나, 기껏해야 선이라는 고귀하고, 궁극의 개념으로부터 비롯된 것으로 만든다. 인간은 높으신 하느님을 두려워할 수 있지만, 높으신 개념 앞에서 덜덜 떨지는 않을 것이다. 개념은 충분히 앙갚음하지 못한다. 실제로 그렇다는 것이 결국 밝혀졌다. 중요한 농경-문해 문명들은 개념을 신격화함으로써가 아니라 명제와 지침과 계율을 존중하고, 그것들을 신 또는 신의 말씀으로 형상화함으로써, 사실상 그리고 보편적으로 플라톤의 계획을 실행하고 예증했다. 신성한 말씀이 아니라 하느님의 말씀이 권위를 갖게 되었다. 인류를 질서 속에 살도록 만들기 위해 인적(人的) 권위가 요구되었다. 추상적인 것은 경외심을 불러일으키지 못하기 때문이다. 그러나 추상성, 초월성, 외재성은 사실 중요한 것이었다. 유일하고 불가사의한 신은 두려움을 불러일으키면서도, 통합과 타자성을 제공함으로써 인류의 지적 생활을 변화시키게 된다.

플라톤은 지식계급이 통치계급에서 분리되는 것이 자신에게든 오늘날의 자유주의자들에게든 미칠 수 있는 장점과 함의를 감안하지 않았다. 《국가론》에서, 철인은 카스트나 신분에 의해서가 아니라 나이와 특별한 능력의 검증에 의해서 군인·행정가와 구분될 뿐이다. 이 특별한 융합이 현실에서는 거의 이루어지지 않았지만, 군사적이고 종교적인 기사단이나 맘루크 형태의 훈련된 노예 군단에서 일부 찾아볼 수 있다.

따라서 일반적으로 성서 문명은, 자체 인증하는 추상성으로부터가 아니라 '인격화된' 초월자로부터 성문화된 규칙의 권위가 비롯되도록 했다. 초월적 규칙은 존중되었지만 창조주와 연관되었다. 그래서 농경시대 인류에게 질서와 규율과 안정성을 부여하려던 플라톤의 열망은, 그 운영 단위의 규모를 잘못 판단한 것 말고도, 인류가 이성에 복종할 가능성을 지나치게 과대평가했던 것이다. 더 나아가 신화를 보유하고 고대 그리스의 관습과 제의를 영속화함으로써 이성이 강화되리라 잘못 판단했다. 어떤 면에서 인도는 플라톤의 계획을 서구 이상으로 증명해 보였다. 강력한 윤리를 지니고 있었지만 신학에 갇히지 않았던 중국은 하나의 변형 사례였으며, 유교에서는 비개인적인 도덕을 존중하기에 이르렀다. 추상적으로 공식화되고 체계화된, 유일신의 정점으로 완성되는 우주라는 이상은 결국 열매를 맺게 되지만, 그것은 플라톤이 기대했던 열매는 아니었을 것이다.

4장
⋮
긴장

신성한 질서

악의 문제는 지식계급을 중앙집권화된 교리에 숙련되도록 만든다. 막스 베버는 때로 악의 문제에 대한 답인 변신론(辯神論, 악의 존재가 신의 의지에 반하는 것이 아니라고 신을 변호하는 이론—옮긴이)이 모든 종교에서 핵심적이라는 인상을 준다. 따라서 인간은 세상이 공정하고 만족스러운 것이라고 스스로를 설득할 필요가 있다. 반면 공동체 중심의 전통 종교에서는 그렇지 않았다. 구체적인 불행에 관해 특별히 관심을 기울인 걸 보면, 전통 종교는 오히려 세계 전체가 의미로 가득차 있음을 당연하게 여긴 것이다. 하지만 물론 그런 세계를 유지하기위해 무척 많은 노력을 기울여야 했다. 전통 종교는 세계의 총체적인선을 보증해야 한다는 의무감을 느끼지 않았다. 의미는 성문화된 계시 없이 무심히 세계에 덧입혀졌다. 한편 중앙집권화된 종교는 포괄적이고 총체적인 구원을 제공한다고 하기 때문에 이를 둘러싼 의문에 설명을 해야 하는 입장인 듯하다. 만일 구원을 보증하는 어떤 힘이 세계를 통치한다면, 우리는 왜 이리 고통을 받는 것인가? 세계는 왜 이리 제멋대로이고 또 왜 이리도 불공평한 것인가?

공동체의 종교에서 구원의 종교로 이행한 것은 인류 역사에서 커다란 하나의 분수령이었다. 그 이행이 일어난 때는 농경시대이다. 퓌스텔 드 쿨랑주의 《고대 도시》[1]는 고대 그리스·로마의 지중해 세계에서 그 이행을 추적한다. 동방에서는 이 이행이 완전하게 달성되지 않았다. 중국에서는 상층의 윤리적 관점이 하층의 공동체 제의와 공존했고, 인도에서는 보편적이고 공동체적인 체제가 포괄적인 구원이라는 주제를 지니긴 했어도 추상적인 구원 신앙보다 우세했다.

이처럼 구원 중심의 신앙, 말하자면 사회라는 육신을 벗어난 신앙이 일단 확립되면, 훨씬 노골적으로 육화되어 있고 더욱 분명하게 사회적인 종교 관습과 긴장을 이루기 쉽다. 고등 종교가 나타난 건 종교가 다가가고자 하는 사람들의 상당 부분이 사회적으로 기득권이 박탈되고 뿌리 뽑혔기 때문이다. 하지만 사람들 전체가 뿌리 뽑힌 건 아니라는 사실, 또는 영구히 뿌리 뽑힌 건 아니라는 사실은 거꾸로 고등 종교를 제약한다. 도시화는 언제나 일부 사람들의, 그리고 일정 기간 동안에는 모든 사람들의 삶의 뿌리를 뽑지만, 언제나 모든 사람들의 삶의 뿌리를 뽑는 건 아니다. 따라서 공동체 지향의 종교에 대한 요구와 그 사회적 기반은 상당한 정도로 영향력을 유지한다. 따라서 사회 조직을 보증하고 강화하는 제의 형태 또한 그것을 대체하고 그 소멸을 위로하는 유형보다 꾸준하게 수요가 있다.

하지만 더 중요한 것이 있다. 보편적 구원 신앙의 성공 자체가 적어도 어느 만큼은 소멸을 통해 구원 신앙의 발생을 촉진했던 바로 그 조건을 복구해 낸다는 것이다. 보편적이고 비개인적이며 초사회적인 구원의 전령사들은, 상징적으로 성문화된 새로운 사회구조의 유지 인력과 정비 인력으로 바뀌어 간다. 따라서 잔존하는 옛 주술사들과 새로 등장한 성직자들은 공동으로 또는 경쟁적으로 종교의 '순수' 버전의 엄격한 수호자들과 겨루게 된다. 이 대립은 인류에게 중대한 영향을 끼쳤다.

초사회적이고 초민족적인 것으로서, 외부적인 합법화가 부여된 것으로서 교리를 제시하는 중요한 장치는, 그것을 기록으로 정착시키고 거기에 메타이론, 즉 신학을 부여하여 권위의 원천을 제한하고 정의하고 한정하는 것이다. 그런 덧칠이 없다면 순수한 성서본위주의는 거의 효력을 발휘하지 못한다. 결국 기록된 성스러운 경전에 조금 또는 많이 덧칠하는 건 언제나 가능했을 것이다. 경전은 범위가 설정되어야 하고, 메타 원리가 수립되어 한계를 규정해야 한다. 이는 필연적으로 후퇴를 조장한다. 매우 근본적이고 유명한 정치적 후퇴는 '수호자는 누가 수호하는가?'의 문제이다. 그 이데올로기적 등가물은 바로 다음과 같은 질문이다. "해석자의 권위는 누가 검증하는가? 해석자를 해석하는 건 누구인가?"

과연 누구인가? 사실 이 퇴보를 중단시킬, 아니 더 정확히 말하자면 중단시키겠다고 주장하는 다양한 방법이 존재한다. 계시의 원천과 기원을 한정해 가면 유일한 진입점으로 귀결된다. 진입점은 차안(此岸)에서 자기 영속적인 제도와 결부될 수 있고, 그 제도와 신성한 진입점과의 지속적인 연계는 기록된 교리의 특별한 해석을 합법화한다.

그리고 다시 교리는 제도를 합법화한다.

또 계보상으로 진입점과 연결되는 신성한 존재들이 이용될 수 있다. 이 존재들의 청렴결백은 흠잡을 데가 없어 그들의 해석은 기록된 교리에 관한 모든 의혹을 해명한다. 그 밖에도 교리가 기록문만을 신성화함으로써 기록에 접근할 특권이 있는 기록자들에게 사실상 큰 권력을 부여할 수 있다.

논리적으로 퇴보는 한계가 없다. 해석의 권위에 관해서 언제나 의문이 제기될 수 있다. 그러나 농경시대의 성문화된 신학과 우주론은 사회적으로 그리고 정서적으로 퇴보를 중단시키는 데 성공했다. 궁극적이고 핵심적인 계시 또는 그 원천은 경의와 존중으로 둘러싸여 있기 때문에 의문을 품은 사람도 대개 입을 다물게 마련이다. 교리가 그렇게 하지 못하는 경우에는 정치적인 처벌이 그를 침묵시킬 수 있다. 그렇지만 어쨌거나 증거를 제공함으로써, 그 논리적인 구조의 어느 지점에서 이 체제들은 진리를 수호하거나 진리가 양질의 검증을 받도록 보장하는 특별한 능력인 이성이라는 포괄적인 개념을 은연중에 주입한다. 스콜라 신학은 이성에 대한 종교의 찬사로만 그치지 않는다. 그것은 보편적 이성이라는 개념을 주입하는 중요한 도구이기도 하다.

교회와 국가

진리가 정치 질서로부터 독립하는 데는 다양하고도 구체적인 상황들이 영향을 미칠 수 있다. 계시의 제도적 뒷받침, 지식계급의 권력구조는 훨씬 직접적으로 정치적인 질서와 구별되고 무관해질 수 있다. 작은 단위로 보자면, 이는 문자 이전의 작은 공동체 사회에서도 가능했다. 제사장이나 예언자가 족장과 대립하는 경우이다. 하지만 성문화되고 추상적인 교리 때문에 갈등이 빚어지게 되면 새로운 상황이 벌어진다.

원론적으로, 교회와 국가의 대립은 단일한 정체(政體) 안에서도 일어날 수 있다. 그러나 그런 경우에 어느 한쪽이 우세하여 다른 하나를 흡수할 가능성이 있다. 성직자가 왕이 되거나 왕이 성직자가 되는 것이다. 하지만 세속 권력의 지리적 영역과 지식계급의 지리적 영역이 다르다면, 지식계급이 넓은 영역에 영향을 미쳐서 모든 통치자로부터 독립해 있다면, 또는 세속적 통치자가 다스리는 영토 바깥에 지식계급이 근거지나 제의 중심지를 두고 있다면, 상황은 달라진다. 기독교 교회는 로마제국에서 살아남았고, 무슬림 지식계급은 칼리프 치하에서 살아남았다. 인도는 아마도 가장 드문 예일 것이다. 공동체적 종교 형태는 인도 아대륙의 거의 전역에 걸쳐 보편화되고 성문화되었으며, 구원 중심의 요소를 갖추고 있었다. 물론 종교를 전파한 건 공동체와 혈연집단이었고, 이들은 어떤 정체와도 관계가 없었으며 인도 아대륙 특유의 허약한 정치 단위들을 두루 거치며 살아남았다.

수많은 체제 안에서 칼을 쥔 사람과 책을 가진 사람이 분화되었고, 후자의 경우 물리적인 힘에 대항할 힘은 부족했으나 유효한 권력을 공유했다고 충분히 짐작할 수 있다. 조금만 충돌이 빚어져도 힘의 평형이 어디로 기울지는 의문의 여지가 없었다. 칼을 쥐고, 칼을 쓸 줄 아는 자는 펜을 든 자의 어떤 도발도 허용하지 않을 것이고, 물론 펜을 든 이들의 어떤 저항도 참지 않을 가능성이 크다. 그럼에도 불구하고 펜을 잡은 자가 칼을 쥔 자에게 효과적으로 맞서 이기는 방식을 이해하기 위해, 우리는 칼을 쥔 자가 믿는 미신, 이를테면 합법화와 진리의 옹호자들을 무릎 꿇게 만든 미신의 신비한 힘에 굳이 관심을 기울이거나 그것을 과대평가할 필요는 없다. 우리는 오로지 무인과 문인이 복합적인 사회질서 전반에 얽혀 있을 때 어떤 일이 일어나는지를 살필 뿐이다.

억압의 도구를 어느 정도 독점하고 있는 극소수의 전문적 군인 계층이, 땅을 경작하는 농민 계층을 통치하는 사회를 생각해 보자. 군인 계층의 각 구성원은 자신만의 본거지와 무장한 추종자 무리를 다스린다. 저마다 작은 세력 범위 안에서, 군인 또는 우두머리는 방위 전문가일 뿐 아니라 재판관이자 행정가이다. 실제로 또는 이론적으로도 질서유지는 지역의 그런 실권자들에게 위임되었고, 이들은 자신의 지위를 아들에게 물려준다. 한편 지역의 이러한 영주들은 일종의 피라미드 형태 또는 피라미드의 연쇄 형태로 느슨하게 조직된다. 피라미드에서 더 높은 자리에 있는 영주들은, 지위가 더 낮은 소영주들이 홀로 맞서 싸우기에는 너무도 벅찬 세력이 위협해 올 때, 소영주들을 동원하여 지역의 '영토'를 공동으로 방위할 자격을 지니며 그렇게 할 수 있다.

따라서 질서'와' 정의의 유지는 곧 느슨하게 조직된 이들 영주 계급의 권한이다. 하지만 일반적인 교리, 제의, 합법화, 그리고 기록의 보관은 지역의 범위를 벗어난 단절적인 조직의 책임이다. 이 조직은 좀 더 효율적으로 중앙집권화되지만, 대개 물리력을 직접 이용하지는 않는다. 좀 더 효율적인 중앙집권화가 이루어지는 이유는 부분적으로 구성원 선발과 영속화의 특이한 원리에서 비롯된다. 그 원리는 바로 구성원들의 금욕 서약이다. 이에 따라 그들은 혹시 생길지도 모르는 자식을 자식이라고 시인할 수 없고, 조직 구조 안에서 자신들이 얼마나 높은 권한을 지니게 되든 그것을 자식들에게 쉽게 물려줄 수 없다. 따라서 그들은 세습이 아니라 중앙으로부터 임명되는, 관료 조직의 원리를 기초로 지위를 부여받는다.

이에 반해, 소영주들은 지위와 지역을 할당받고 그 보답으로 중앙의 대영주에게 충성하며 원칙적으로 봉토에 대한 감독권을 보유하는데, 실제로는 지역에서 권력 기반을 축적하여 지위를 아들들에게 물려준다. 그래서 정치 조직은 종교 조직보다 쉽게 분열해 간다.

다양한 지위를 지닌 영주들의 느슨하고 유동적인 집단에 관한 요점은 말 그대로 영주들의 집단이 느슨하고 불안정하다는 것이다. 여기에는 다양한 이유가 있다. 첫째, 그들은 그 지배적인 기풍 탓에 갈등과 충돌을 빚기 쉽다. 무력은 그들의 명예이자 고유한 능력이다. 사실상 그들은 무력을 행사하고 무력에 저항하는 능력을 보이도록 거의 쉼 없이 요구받는다.

다른 이유들도 있다. 무인들이나 무인 동맹 사이에서 평화를 유지시키는 권력의 균형이 불안정하고 예측 불가능하기 때문이다. 피라미드의 가장 높은 곳에 자리 잡고 있는 군주, 요컨대 왕의 권력은 계급이 낮은 무인들을 얼마나 많이 동원할 수 있느냐에 달려 있다. 낮은 계급 무인들의 참여 가능성, '충성심'은 사실 그가 왕의 권력을 어떻게 평가하느냐, 그리고 간접적으로는 다른 낮은 계급 무인들의 충성심을 더 낮은 계급 무인들이 어떻게 평가하느냐에 달려 있다. 그들은 모두 말없이 서로를 관찰하고 있는 것이다.

하지만 공적이고 공공연한 수준에서, 세속적인 지배계급의 모든 지위는 혈통, 즉 '합법적'인 혈통으로 정해진다. 바로 여기에 문제가 있다. 혈통의 적통성이 결국 조직 영역으로 확대된다는 점이다. 적통성의 귀속 또는 다른 문제들이 '왕권'이나 '귀족' 갈등에서 하위 무인들의 결정적인 지원 서약에 영향을 끼치기 때문이다. 그렇다고 해서 개별 무인들이 배타적인 도덕적 권위에 대한 조직의 서약과, 타인의 혈통에 정통성을 부여하는 조직의 권한에 무작정 복종한다는 뜻은 아니다. 다만 모든 무인들은 존중의 의사표시를 공개적으로 밝히면서, 그에 따라 다른 무인들이 교리를 존중한다는 걸 저마다 인식하고, 그에 따라 더 큰 대군에 참여할 뿐이다. 그러므로 충성심의 결정(結晶)과 정치적 합법성의 결정은 조직 대표자들의 평결과 일치하는 때가 많다.

케인스는 투자자들의 투자가 기업의 실적에 따라서가 아니라 '다른' 투자자들이 그 실적을 어떻게 판단할지에 대한 예상을 기초로 이루어진다고 말했다. 이와 비슷하게, 사회 갈등에서 저마다 정통성을 주장하는 경쟁자들의 잠재적 지지자들에게 영향을 끼치는 것은, 주장의 실질적인 가치에 대해 지지자들 자신이 내리는 평가라기보다는 다른 지지자들의 충성도에 대한 겉으로 드러나지 않는 자기만의 은밀한 판단이다. 조직이 적통성을 인정할 권한을 지니고 있으며 그 평결을 확산시키고 홍보할 시스템이 마련되어 있다면, 이는 조직에 크고 간접적인 권력을 부여한다. 조직은 합의를 구체화하고, 그 합의는 더 큰 단위들을 결합시킨다.

매우 특징적인 또 다른 사회체제를 생각해 보자. 지식계급이 전혀 중앙집권화되지 않고, 영구적인 중앙의 행정가와 지도자, 더 나아가 어떤 관료 체제나 명령 체계도 없다고 가정해 보자. 대신 지식계급은 성서본위주의를 기반으로 엄격하게 범위가 정해진 종교 기록을 숭상하며, 그 기록을 이용할 수 있는 학식을 갖춘 이는 누구든 그 구성원으로 받아들인다고 하자. 이 학자 군단은 대체로 상업도시에 밀집해 있고, 상업도시들은 수많은 중앙정부들에 의해 불안정한 보호를 받는다. 이 중앙정부들은 외곽 지역을 효과적으로 지배하지 못한다. 그 드넓은 변방은 '부족'이라고 일컬어지는, 자조적이고 자체 운영하는 단위의 영역이다. 이들 집단 안에서는, 다른 체제에 매우 전형적인 농민·생산자와 군인 사이의 구별이 없다. 모든 남자 성인은 생산자이자 군인이다. 영속적이고 집단적인 자기 방위는 이 부족들에게 상당한 결속력을 제공하고, 그들을 그 영토에서 가장 위협적인 전투 단위로 변모시킨다. 이들이 도시를 약탈하지 못하도록 막는 것은 무엇일까? 대개는, 이 집단들과 그 하위 집단들은 습관적으로 갈등과 '불화'를 겪으며, 어느 한 집단이 정부와, 따라서 도시의 방위와 착취에 연관되어 있다는 사실 때문이다. 그런 이익에 보답하기 위해, 어느 한 집단은 잠재적 약탈자들로부터 도시를 방위하는 데 도움을 준다. 부족들은 더 큰 단위로 융합되어야만 진실로 위협적이지만, 그런 일은 거의 일어나지 않는다. 전반적인 기풍과 서로에 대한 시기심 탓에 그들은 대체로 더 큰 몸통으로 뭉치기 어렵다. 동시에, 소소한 무력 충돌을 쉼 없이 일으키는 그들은 전투에 최적화된 조직을 구성하게 된다.

이런 집단들, 상업적이고 지적인 도시들, 그리고 그 통치자들은 모두 공통된 종교에 귀의하지만, 종교를 숭상하는 방식은 환경에 따라 다양해진다. 여기서도 역시, 합법화된 진리의 담지자인 이들은 가끔 대단한 영향력과 권력을 얻곤 한다. 종교는 매우 도덕적이고 검열적이다. 그것은 사회생활의 모든 측면을 규제한다. 이 경우에 학자들이 결정하는 건, 혈통의 적통성이라기보다는 합법적 과세의 범위를 비롯하여 도덕적·정치적 행위의 합법성이다. 중앙 권력을 비판하고, 경쟁 관계에 있는 권력자와 그가 주도하는 부족 동맹을 찬양함으로써, 그렇지 않았으면 갈등에서 벗어나지 못했을 그룹들의 일시적인 연합을 이루어 내는 데 도움을 줄 수 있다. 그것만이 정치체제에서 인적 쇄신을 일으킬 수 있다. 무력은 갖지 못했을지라도 문인들은, 아니 어쩌면 문인들만이 아직 특권을 지니지 못한 무인들 사이에서 통일을 이루어 낼 수 있다. 이 방법만이 문인들을 위협적인 존재로 만들며, 중앙의 성채를 지키는 기존의 무인들에 필적할 수 있게 만들 것이다.

또 다른 모델을 생각할 수 있다. 중요한 종교가 존재하는데, 그것은 '공동체적' 종교와 '구원' 종교 모두의 특질을 결합한 혼합 형태이다. 한편으로 그것은 공동체적 종교들이 그렇듯이 제의적으로 강화되는 역할 귀속, 사회조직의 종교적 편성을 맡는다. 다른 한편으로, 그것은 기록을 사용하고 고급 신학과 궁극적이고 포괄적인 구원의 교리를 지닌다. 그런 사회질서에서 지식계급은 세습되는데, 그것은 사실 모든 사회적 지위가 그러하기 때문이다. 지식계급의 권력은 지식계급의 필요성에서 비롯된다. 지식계급은 모든 제의에 요구되고, 제의만이 다른 모든 것들을 합법화하기 때문이다. 이전 사회에 규칙이 스며 있었다면, 이 사회는 제의로 충만하다. 이 사회는 부분적으로 문자와 이성을 사용하지만, 검증에 기대어 살아간다기보다는 여전히 제의에 기대어 살아간다. 모든 사회가 그러하지만, 이 사회는 특히 더 그러하다. 교리의 준수가 아니라 제의가 그 구성원들의 내적인 두려움을 덜어 준다.

성직자가 아닌 구성원들의 통치 가능성은, 계층화되고 전문적으로 분화된 사회 단위에 그들이 포함되느냐에 달려 있다. 이전 모델에서 동등한 단위들의 소소한 갈등이 부족 단위들의 에너지를 소모시켰듯이, 이 제의 계급 구조에서는 자신들의 지위를 선점하는 일이 에너지를 소모시킨다. 무슬림의 정치조직에서 인민의 아편은, 명예를 표방하며 행해지는 동등한 조직들 사이의 집합적 폭력 행위이다. 힌두의 정치조직에서는, 순수를 표방하며 불평등 그룹들 사이에서 집단적인 멸시 행위가 벌어진다. 하지만 제의적으로 중개되고 강화되는 집단은 최고의 제의 독점자들에 의해서만 확립되고 유지되며 보완되기 때문에 이들은 물리력이 없어도 사회를 확고히 지배할 수 있다. 이들은 억압 전문가들을 상대할 때도 그다지 무기력하지 않다. 사원(寺院)과 연관된 부는 중앙의 약탈로부터 잉여의 일부를 지킬 수도 있다.

여태까지 개괄한 질서 유형들이 물론 전부는 아니다. 수많은 다양한 변형들이 있음은 의문의 여지가 없다. 그러나 일반적으로 이런 유형들이 농경 사회라고 말할 수 있다. 저장하여 이용할 수 있는 잉여와 토지에 대한 의존, 갈등 고조 원리와 선제공격의 합리성 원리, 이 모두는 억압 수단을 독점하는 그룹 또는 계층에 의해 권위주의적으로 농경 사회가 통치되도록 한다. 그럼에도 불구하고, 억압 계층은 지역적으로 또는 여러 면에서 빈번히 분열할 수밖에 없었고, 과학 이전의 시대 조건에서는 대규모 조직화가 어려웠으므로, 중앙의 통제는 느슨하고, 고질적이지는 않더라도 갈등이 늘 잔존해 있었다.

충성의 모호함과 결과의 예측 불가능성을 고려해 볼 때, 이 갈등 속에서 제휴는 상당 부분 경쟁자들의 '적통성'에 의존하는 경향이 있다. 이들의 적통성은 부동(浮動)하는 유권자들, 아니 정확히 말하면 부동하는 전사들이 지지할 대상을 결정하도록 도움을 준다. 지지를 요구하는 사람의 선명한 적통성은 '다른' 부동층 전사들의 지지 또한 이끌어 낸다. 그리하여 승자의 편에 서고자 하는 이들, 다시 말해 대부분의 사람들에게 호감을 불러일으킨다. 이는 또한 지식과 제의적 권한의 혼합을 통해서 정통성 인정을 둘러싼 거의 독점적인 권한을 소유한 이들에게 상당한 간접적 권력을 부여한다. 그들은 계시와 연관된 독특한 조직의 관료이거나 열린 학자 계급의 구성원일 것이다. 성문화된 거룩한 규칙과 비교하여 사회적·정치적 태도의 엄정함을 판단할 수 있는 건 학자들뿐이다. 아니면 그들은 제의적 의례로써 모든 사회적 행위와 지위에 합법성을 부여하는 카스트의 세습적 구성원일 수도 있다. 펜은 칼보다 강하지 않다. 하지만 제의가 뒷받침하는 펜은 칼에 상당한 제약을 가한다. 이에 따라 칼은 쥔 이들은 최대한 이롭게 한데 뭉칠 방법을 모색하게 된다.

일반적으로 말하자면, 군사적인 요소가 아닌 사회적인 요소들은 대등한 관계를 둘러싼 문제에 대하여 이와 같은 방식으로 무력과 상호작용한다. 그러나 전체적으로 볼 때 이 비폭력적인 대항력이 한 사회를 농경시대의 침체기로부터 벗어나게 할 수는 없다. 그 일은 오직 한 번만 일어났다. 이 특별한 경우를 이해하기 위해, 우리는 모든 농경·문해 사회에 공통된 상황보다는 특수한 상황을 살펴보아야 한다.

프로테스탄티즘

산업-과학적 세계를 탄생시키는 데 프로테스탄티즘이 한 역할은 사회학과 역사학에서 가장 복잡하고 논쟁적인 주제 가운데 하나이다.[2] 근대 자본주의 그리고 그것과 관련된 제도적·문화적 형태들은 대체로 프로테스탄트인 북부와 북서부 유럽 지역에서 등장했다. 자본주의와 프로테스탄트의 결합에서 비롯되는 논쟁에 더하여, 아마도 더 큰 비중을 차지하는 것으로, 근대 또는 자본주의 정신과 프로테스탄트적인 세계관이 일종의 선택적 친화성을 갖는다는 주장이 있다. 그 친화성의 정확한 본성과 타당성은 줄기차게 이어진 논쟁의 주제이기도 하다. 그러나 근본적인 친화성 문제는 인과적 우선순위를 둘러싼 문제보다 더 중요해 보인다.

전체적인 그림을 개괄하면 이렇다. 유럽 사람들은 특별한 조직이 신성을 중개하고 구원을 책임지는 세상에 살았다. 그 조직이 접촉하고 있는 신성은 기도에 응답했다. 조직이 중개하고 승인한 기도라면 더욱 그랬다. 신은 자신이 처음 창조한 세계에 개입하는 걸 마다하지 않는다고 생각되었다. 따라서 신이 세상과 피조물을 위해 처방한 모든 법칙은, 자연 법칙이든 도덕률이든 유보될 수 있거니와 때로는 유보되기도 했다. 그 법칙들은 절대적이기보다는 잠정적이고 절충 가능했다. 키르케고르가 말했듯이, 신은 '윤리적인 것의 목적론적 유보'를, 그리고 사실상 인과적인 것의 유보를 스스로 허용했다.

신성한 조직은 기적을 크게 강조한다. 신앙의 옹호에서나 그 조직이 주관하는 제의적 사회생활 양식에서나 기적이 갖는 중요성은 신의 개입 가능성을 강렬하게 그리고 생생하게 사람들에게 일깨웠다. 그 만연한 가능성에 대한 인식은 당연히 깊이 내면화되었다. 종교 조직은 지상에서 독점적인 신의 대리인이자 후견 네트워크 노릇을 했다. 조직의 대표성과 대표자를 지지하는 이들은 보상을 기대할 수 있었다. 이로써 사람들은, 후견이라는 기회주의적 조건 속에서 도덕적 질서를 생각하게 되었다. 무엇보다도 후견인의 행위가 늘 규칙에 속박되는 것처럼 보이지는 않았기 때문에, 후견인을 달래는 것이 규칙에 관심을 갖고 이해하는 것보다 중요했다. 한마디로 규칙의 세심한 준수보다 충성심이 높이 평가되었다. 천상의 법정은 지상의 법정을 상당히 닮았고, 피안의 세계는 차안만큼 후견인의 지배를 받는 것처럼 보였다.

신은 중요한 진리를 인류에게 기꺼이 드러내며, 이 세계를 매우 특징적인 절차에 의해 이해될 수 있는 것으로 만들었다. 신은 어느 정도는 합리주의를 싫어하지 않았다. 어느 만큼은 보편적인 이성이, 비록 계시의 전부는 아닐지라도 의미 있는 만큼을, 적어도 이해하고 더 나아가 획득할 수 있도록 해주었다. 이 이해 가능성과 부분적으로 합리적인 접근 가능성 덕분에 계시를 좇는 이들은 근본적인 진리로 곧장 나아갈 수 있었다. 지름길을 추구하는 이성은 어떤 면에서 탐구보다 계시에 더 가까웠다.

이에 반해, 불가사의하고 불가해하며 달랠 수 없고 반이성적인, 그러나 규율 바른 신이 실제로 과학적 방법을 자극했을 수 있다. 그렇게 할 수 있는 방법은, 피조물이 드러내는 규칙적인 사실들을 신의 설계의 유일한 증거로 전환시키는 것이다. 엄격하고 엄숙한 신은 결코 인식적인 총애를 하지 않고, 자신의 비밀을 누군가에게 임의로 드러내지 않는다. 그 창조에서 드러나는 규칙에 대한 꾸준한 탐구가 계몽에 이르는 유일한 길일 것이다.

그 오래된 관점을 완전히 임의적인 것으로 바라보는 건 물론 잘못된 것이다. 조직은 이 개념적 세계에 상당히 많은 질서를 투입했고, 주술과 신성에 대한 독점을 선망했다. 그리고 예외적이고 신성한 것에 대한 자유 계약자의 표현을 단념시키거나 억눌렀다. 조직은 주술을 독점하고 관료화했고, 무엇이 참된 본보기인지 인증했으며, 신성에 대한 품질 관리를 했다. 주요하게 그것은 주술의 자연스런 발현을 포용하고 통합했으나 그에 따라 통제하고 억제하기도 했다. 상대를 쓰러뜨리지 못한다면 자기편으로 끌어들여야 한다. 유일하고 배타적인 신이라는 개념이 초기 서아시아 지역의 군주 모습을 닮았다면, 교회는 '상당히' 효율적으로 중앙집권화된 후견 네트워크의 모습을 닮았다. 그것은 단일한 정점을 지니고, 특히 경쟁자들이 통합되기를 거부하는 경우 경쟁 관계의 네트워크를 허용하지 않는다.

중세시대 상당 기간에 걸쳐서, 때로는 분열하고 역행했지만 종교적인 후견 네트워크는 중앙집권화를 위한 분투에서 그 정치적 대응물이자 경쟁자보다 훨씬 뚜렷한 성공을 거두었다. '국가'의 역할이 국가 아래에서 사는 이들에게 선한 삶과 합법성의 원천, 도덕적 정체성의 본보기를 제공하는 것이라면, 매우 중요한 의미에서 중세 교회는 중세 국가였다. 당시 지배적인 조건에서, 중세 교회는 그 교리 때문이든 아니면 어쩔 수 없어서든, 질서의 직접적인 확립이라는 임무를 폭력 전문가들로 이루어진 계급에 위임했다. 그러나 이 전문가 조직의 결합력은 교회의 결합력보다 훨씬 약했다. 무인들 사이에서, 분열과 분리주의 경향은 중앙집권화 경향보다 대체로 훨씬 강했다.

그런 세계에서, 경제적 또는 인식적 축적을 위한 동기는 필연적으로 제한될 수밖에 없다. 일반적으로 칼이 쟁기나 집무실보다 더 강하다는 사실은 생산자와 상인이 약탈당하기 쉽다는 뜻이다. 이런 상황의 결과 가운데 하나가 농업 세계에서 지배적으로 나타난다. 생산 또는 상업 부문의 전문가들이 조금이라도 성공하면 부분적으로든 전적으로든 자신들의 자원을 억압 부문으로 전환하려고 하거나 전환하는 것이었다. 노르만 사람들이 암흑시대에 상업을 할 수 있었던 건 자기 자신을 방어할 수 있었기 때문이다. 이는 알맞은 때에, 그들이 구태여 상업에 골머리 썩이지 않고 약탈이나 영구적인 정복에 나설 수 있다는 뜻이기도 하다. 카를 마르크스는 경제적으로 무방비 상태의 프롤레타리아트는 그 재생산에 필요한 최저 수준으로 급료가 낮아진다는 이론을 공식화했다. 농경시대 부르주아계급에게도 비슷한 법칙이 설득력 있게 적용될 수 있다. 통치자들은 부르주아계급이 재생산에 요구되는 만큼만 소유하도록 허용할 뿐, 절대 그 이상을 허락하지 않는다. 교회가 제공하는 도덕적 보호를 받지 못하는 사람들이 상인이 되는 걸 중세 통치자들이 선호했다는 사실에서 이 메커니즘이 드러난다.

하지만 억압 전문가들에게 약탈당하는 것에 대한 두려움은 또 다른 간접적인 방식으로도 작동한다. 무시무시한 약탈에서 벗어날 수 있는 최상의 방법은 부를 종교와 연결하여 신성의 보호를 받는 것이었다. 이러저러한 종교적 배경을 갖춤으로써 원소유자와 기부자는 이익을 얻거나, 적어도 나머지 재산을 유지할 수 있다. 그래서 부는 사원, 수도원, 모스크 학교의 운영에 흘러 들어갔다. 신앙을 가진 기부자가 천상의 은혜를 구매한 것인지, 아니면 단지 정치적·군사적 세력의 약탈을 피하려 한 것인지 의문을 제기하는 일은 아무런 의미가 없다. 그들의 목적은 두 가지 다였다. 피안과 차안 모두에서 약탈을 피하고 공덕을 쌓으려 했던 것이다. 그것을 그들이 어떤 식으로 생각했는지는 별로 중요하지 않다. 사람이 문화적 레퍼토리에 해당하는 행위를 할 때, 부여되는 동기는 패키지 상품의 일부이므로 특정한 개별 사례를 지나치게 심각하게 고려할 필요는 없다. 중요한 건 전체에 작용하는 상황적 제약이다.

이런 유형의 사회에서, 생산자가 축적한 잉여는 폭력의 독점자들에게 강제로 탈취되지는 않는다 하더라도, 무인 계층으로 진입하는 입장권을 구매하거나 사회의 제의적 장치를 강화하는 데로 자연스럽게 흘러 들어간다. 따라서 어쨌든지 성직자-군인 엘리트는 이득을 보게 마련이다. 그 계층에 새로 진입하는 사람이 많든 적든, 엘리트들의 순환이 이루어지든 이루어지지 않든 상관없이 말이다. 그러나 잉여는 사회의 생산 설비를 증대하거나 인식 능력을 고양하기 위해서는 결코 쓰이지 않는다. 사회조직 전체는, 그 억압 제도와 이데올로기 제도를 통해 그런 일이 일어나지 않도록 작동한다. 사회정신에서, 그리고 사회의 권력균형에서 거의 모든 것은, 생산 또는 인식의 폭발적인 성장 가능성에 일반적으로 불리하게 작용한다.

그렇다면 이번에는 프로테스탄트 사회 모델을 생각해 보자. 먼저 일반적인 정의를 내려 보자. 프로테스탄티즘은 신을 중개하는 특별한 자격을 갖춘 사람, 특별한 지위를 갖는 사제의 존재를 부인하는 교리이다. 그러므로 지상에서 신을 대리하는 특별한 독립체를 형성할 권리가 성직자들에게 주어지지 않는다. 신은 기부를 받아서 기부금과 기부자들을 정치적 탐욕으로부터 보호할 수 있는 지주회사를 지상에 두지 않는다. 잉여를 맡기는 그런 방식은 이제 중단된다. 차안에서는 기부자의 지위를, 피안에서는 기부자의 안녕을 보장하는 뚜렷한 종교적 과시는 더 이상 가능하지 않다. 마음에서든 목적에서든, 프로테스탄트 정신은 현세적인 것과 내세적인 것을 가리지 않고 과시를 싫어한다. 물론 이 자체만으로 무인들이 성직자들의 쇠퇴로부터 이득을 얻고 모든 걸 착복하는 일을 막지는 못한다. 헨리 8세와 그의 부하들 같은 최고 통치자들은 정확히 이런 방법으로 이익을 거두었다. 그러나 이와 동시에, 다른 요인들 때문에 폭력적인 약탈을 영구적인 생활 방편으로 삼기도 어려워진다면? 그렇다면 새로운 게임 규칙이 매우 중대한 영향력을 갖게 된다.

이렇게 가정된 포괄적인 프로테스탄트 정신에는 아주 타당해 보이는 다른 특징들이 있다. 프로테스탄트 정신은 모든 신도들을 평등하게 만들었을 뿐 아니라 우주 자체를 동등한 것으로 만든다. 불가사의하고 멀고 높으시기만 한 신은 더 이상 세상을 굽어보며 피조물의 삶을 구성하는 일상의 사건들에 개입하지 않는다. 기적은 이제 종교의 중심이 아니며 질서가 지상의 일을 통치한다. 신을 불러내는 의식을 거행하던 시대는 끝났다. 신성은 만물 위에 공평하게 퍼지며, 더 이상 일부 대상이나 장소나 사건을 특별히 선별하지 않는다. 규율 바르고 엄격한 신은 달랠 수 없는 존재가 된다. 더는 신의 은총을 구매할 수 없고 어떤 것도 거기에 영향을 미칠 수 없다. 신은 더 이상 후견 네트워크의 정점으로 행위하지 않는다. 신은 중매인, 영적 중개인들의 개입을 경멸한다. 그리고 압력이나 뇌물을 수용하지 않는다. 신은 교정될 수 없고, 교정하는 자로서 행위하지도 않는다. 프로테스탄트 교리의 가장 엄격한 버전에서, 신은 확고하고도 분명하게 구원과 파멸의 책임을 인간에게 돌렸다. 신의 대리인이 여전히 존재한다고 하더라도, 신의 대리인을 기쁘게 함으로써 원하는 결과물을 얻으려는 모든 시도는 신성모독은 아니더라도 이제 무의미하다.

프로테스탄티즘을 자본주의와 경제적 축적과 성장과 연관 지은 이론 가운데 가장 유명하고도 영향력 있는 이론은 다음과 같은 점을 매우 강조한다. 자신들의 사후 운명에 영향을 끼칠 수단을 전혀 갖고 있지 못한 채, 직업에서 거둔 성공을 하느님이 선택한 원인은 아닐지라도 그 표시라고 믿는 칼뱅교 신도들은 무의식적으로 부정을 저지르게 된다. 그들이 자신의 구원을 자기 자신과 남에게 입증하는 방법은 자기 직업에서 성공을 거두는 것이다. 이들은 바로 이 독특한 이유 때문에 번영을 갈구할 뿐, 결코 자신들이 거둔 이익을 쾌락이나 권력이나 구원을 얻으려는, 또는 억압 계급에 진입하는 수단으로 삼으려는 열망도 필요도 느끼지 않는다. 바로 이러한 생산자 범주가 지속적이고도 사심 없는 축적을 이룰 수 있는 이상적인, 그리고 아마도 '유일한' 계급을 형성한다. 이런 계급만이 인류가 경제 성장이라는 고통스런 상황을 자발적으로 헤쳐 나가고 완전히 새로운 경제 질서가 탄생하는 수준까지 이끌어 갈 수 있을 것이다. 부를 일구고, 더 나아가 권력을 쥘 수 있는 생산자의 엄청난 능력이 명백해지면, 당연히 그 뒤엔 더욱 세속적이고 평범한 동기를 지닌 이들이 그걸 모방한다.

막스 베버가 정립한, 꽤 복잡하지만 독창적인 이 정신적 메커니즘이 실제로 얼마만큼 작용하느냐는 여전히 논란거리이다. 그것이 프로테스탄트 정신과 경제 성장을 연결해 줄 수 있는 유일한 고리는 결코 아니라는 점을 유의해야 한다. 결론적으로 근대 세계의 칼뱅주의 기원을 둘러싸고 제기되어 온 역사적인 반박들이 유효하다고 해도, 보편적인 프로테스탄티즘과 근대 사이의 복합적인 연관은 여전히 중요하다.

신에게 접근할 수 있는 특권이 어느 계층에도 부여되지 않은 프로테스탄트 세계에서 평등한 신도들은 마찬가지로 평등하고 질서 있는 세계, 확고한 법칙에 종속된 세계를 마주한다. 세계의 어떤 부분도 특별하게 존중될 자격이 없고, 그렇게 인정되지 않으며, 신의 반영이거나 발현으로 다루어지지 않는다. 개념의 평등은 진정한 이론적 탐구를 가능하게 한다. 관점들은 더 이상 개념적으로 뿌리를 내리지 않고 제의를 통해 고정되지 않는다. 인간이 자연의 법칙과 신의 의지를 알아내고자 할 때, 신의 불가사의하고 숨겨진 본성은 인간이 자연을 공평하게 탐구하도록 이끈다. 능숙한 개념적 '조합'에 의해서, 또는 은총을 베푸는 이들에게 만물의 본성을 드러내는 신에 의해서, 지루한 관찰을 생략하고 진리에 직접 다가가고자 하는 바람은 신의 엄격함과 완고한 접근 불가능성에 의해 꺾여 버렸다.

제의 전문가들의 부재 또는 쇠퇴는 외적인 구속력의 타당성 또는 유용성을 소멸시키거나 어쨌든 도덕적 구속력을 전체 사회에 확산시킴으로써 내면의 도덕적 구속력에 특별한 책임을 지운다. 막스 베버가 옳다면, 예측할 수 없이 강제되는 파멸에 대한 두려움은 내면의 구속력을 크게 증가시킨다. 내심 걱정해야 할 것이 엄청나게 많아지는 것이다. 아우구스티누스부터 키르케고르까지, 자학적인 이론의 맥은 적어도 사람들이 외적인 위안에 쉽게 기대지 않도록 만들었다.

따라서 프로테스탄트 세계는 신성이 부재하거나 숨겨진 세계이고, 또는 골고루 확산된 세계라고 말할 수 있다. 이에 따라 경제활동과 관련된 한계나 규정은 훨씬 희박해진다. 기존의 관습과, 관습을 이루고 있는 요소들의 조합은 이제 신성하게 여겨지지 않는다. 이제 새로운 장치에 의해서, 요소들의 새로운 조합에 의해서, 혁신과 성장으로 나아가는 길은 공짜이다. 도구적 이성은 더 보편화되고 환영받는다. 일부의 특별한 권위에 대한 강조보다 각 신도 안에 내면화된 가르침에 대한 중시, 그리고 도덕적 권위의 확산은, 행동 규범에 대한 프로테스탄트의 존중이 공적인 강제보다 호혜에 대한 기대를 바탕에 두고 있음을 의미한다. 따라서 그것은 더욱 신실하게 기댈 수 있는 것이 되고, 그에 따라 경제활동의 번영에 더욱 이바지한다.

이로써 신뢰가 더욱 널리 퍼지고 외적인 구속력에 덜 기대게 된다. 내적 구속력의 영향을 받는 이들은 신뢰를 얻을 수 있는 방식으로 행동하며, 타인들도 자신들과 마찬가지라는 걸 확인하기까지 기다리고만 있지 않다. 이는 불신의 악순환을 깨뜨리고 일종의 도덕적 승수효과(乘數效果, 어느 경제 변수의 변화가 파급적인 효과를 낳아 다른 경제 변수에 처음의 몇 배나 되는 증가 또는 감소를 가져오는 경우를 이른다—옮긴이)를 낳는다. 한 사람의 경제활동 동기가 자신의 구원받은 상태를 드러내고 자신의 소명을 다하려는 욕망이라면, 이득을 보려는 열망으로 촉발되는 경우보다 부정을 저지를 가능성이 훨씬 적다. 그의 정직함은 타인의 정직함에 대한 기대와 상관이 없다. 따라서 프로테스탄티즘은 이중의, 그리고 어느 정도는 모순적인 역할을 한다. 프로테스탄티즘은 사람이 도구적 이성으로써 상황에 대처하도록 하면서, 서로를 대할 때는 도구적이지 않고 정직한 태도를 지니도록 하는 것이다.

지배적인 도덕률은 친족에게든 후견인에게든 그리고 정치적인 것에든 종교적인 것에든, 충성을 바치는 게 아니라 규칙을 준수하는 것이다. 프로테스탄티즘의 종교적 평등주의는 참여적 자기 관리로 나아간다. 이는 정치적 관례를 이루고, 참여적이고 책임 있는 정치에 교육을 제공한다. 성서본위주의에 대한 강조는 높은 수준의 문해에 이바지한다. 성서본위주의와 개인주의 신학 이론은 자연스럽게 개인주의 인식론으로 나아간다. 이는 개인 의식의 주권을 제안한다. 개인은 스스로 판단하고, 어떤 외부의 권위에 책임을 넘겨주지 않을 권리와 의무가 있는 것이다. 진리 주장은 개인의 평등한 판단의 심판을 받아야 한다. 어떤 주장도 어떤 판단도 특별하고도 불평등한 특권을 주장할 수 없다.

성서본위주의에 대한 강조, 그리고 그에 따라 문해에 대한 중시는 궁극적으로 인류 역사에서 처음으로 고급문화가 지배적인 주류 문화로 자리 잡은 사회를 낳는다. 고급문화는 규범적 경전을 기초로 하고 정규교육에 의해 확산되는 문화이다. 고급문화와 대비를 이루는 하위 또는 민속문화는 입으로 또는 행위에 의해 전파되고, 기록보다는 제의가 구체화하는 규범과 결부된다. 농경시대의 지배적인 조건 아래에서는, 고급문화가 존재했다 하더라도 기껏해야 특권적인 소수의 성취이다. 고급문화와 하위문화 사이의 긴장은 농경시대의 특징이다.

근대성

근대사회에서는 본디 고급문화가 전체 사회의 문화이다. 문자와 정규교육에 대한 의존, 말뿐 아니라 넓은 의미에서 절차와 단위의 표준화, 이 모든 것이 고급문화를 필요로 한다. 혁신적인 동시에, 무수한 익명의 행위자들에게 협력을 얻어야 하는 생산양식이 작동하려면 표준화된 단위와 규범이 공유되어야 한다. 프로테스탄티즘은 근대가 실제로 도태하기 훨씬 이전에 인류를 그런 사회질서 쪽으로 눈을 돌리게 한다.

근대 합리성의 등장에 프로테스탄티즘이 어떻게 기여했는지 분석한 베버의 서술에서는 '소명'(vocation)이라는 개념이 두드러진다. 전반적으로 주장은 모순적이다. 근대 세계는 특히 세대 간 직업 이동이 활발해지고 직업이 빠른 속도로 순환하는데, 근대를 일으킨 이들은 '직업'(vocation)을 최대한 경건하게 대하고 그것을 하느님이 주신 것으로 경외하는 사람들이기 때문이다. 일부 농경 사회에서는 마을의 토지를 정기적으로 순환시킴으로써 공동체의 결속력을 높인다. 근대사회는 직업을 순환시킴으로써 거의 같은 효과를 낳는다. 거기에는 모순이 있지만 논리도 있다. 직업을 대하는 태도의 엄격성은, 권력이 부를 이기고 부는 기회가 생기는 대로 권력과 지위로 변환된다고 선언한 농경시대의 논리를 깨뜨렸다. 경제를 향한 일편단심을 유인하는 비경제적인 동기는 전체적으로 다른 고려 사항의 개입 없이 부를 추구할 수 있는 세계를 낳았다. '소명'은 권위를 지닌 요구일 수 있지만, 선례나 혈통에 의해 강요되지 않는다. 그것은 적어도 세대 사이의 직업 이동을 예고한다.

여기에는 또 다른 근대적 개념인, 이른바 '낭만적 사랑'과 유사한 점이 있다. 예측할 수 없고 아우라가 서린 강렬한 애착이 중요해지고 영향을 미치는 것이다. 자신이 섬기는 '안주인'(본디 의미대로)(원문은 mistress로, '정부'情婦라는 뜻도 있다―옮긴이)의 주변에 머물면서 솟아난 욕정을 불사를 수 없는 견습 기사(騎士)의 상황에서 그 기원을 발견하는 학자도 있다.[3] 내가 볼 때 이 현상은, 참으로 개방적이고 개인주의적인 결혼 시장이라는 조건에 비추어 설명이 가능할 것으로 보인다. 이 조건에서 사람들은 정해진 결혼은 말할 것도 없고 '우선 결혼'(preferential marriage, 친척 가운데 배우자를 선택하는 문화로, 교차 사촌의 자식, 평행 사촌의 자식, 죽은 형제의 미망인 등을 우선적으로 배우자로 고르는 형태―옮긴이)의 규칙과는 아무런 상관없이 배우자를 고르게 된다. 그들은 더 이상 친족의 이익을 고려하지 않아도 된다.[4] 그런 상황에서, 어떤 사람이 사회적으로나 지리적인 접근성으로 보았을 때 누가 봐도 딱 맞는 신붓감을 선택하지 않으려 할 때는 구실이 필요하다. 자신의 통제력을 벗어나면서도 구속력이 있고, 말하자면 신성한, '첫눈에 반한 사랑'(coup de foudre)에 대한 숭배가 그런 구실이 된다.

이와 비슷하게 개인의 직업에 있어 '첫눈에 반한 사랑'은 직업에 엄숙함을 부여하는 것처럼 보일 수 있으나, 사실 사회적인 귀속의 제약을 받지 않는 자유로운 직업 선택을 합법화하고 촉진한다. 이는 또한 모든 생산적인 직업의 존엄성을 알리고 확증한다. 그것은 생산적 직업들을 농경시대에 찍혀 있던 낙인으로부터 해방시킨다. 농경시대에는 대체로 성직과 군사적·정치적 직업에만 참된 위엄이 부여되었기 때문이다.

이제 생산적 직업들도 소명으로 여겨지게 되었다. 그러자 유일하게 참된 인간적 성취라 여겨지던 성직자나 군인, 통치자와 견주어 생산직이 열등한 대안이고 '최후의 수단'이라는 전제가 소멸되었다. 우월했던 이 직업들은 이제 더 이상 사람들에게 본보기가 아니다. 생산활동은 마침내 완전한 '시민권'을 획득했다. 그래서 한 사람이 상황에 몰려 자신의 자산을 구원이나 지위, 또는 정치적·군사적 권한 같은 신앙심의 상징으로 더 이상 변환시키지 않아도 되는 동시에, 그렇게 하려는 의식적 충동도 쇠퇴하였다. 생산 윤리와 상업 윤리는 더 이상 이류로 낙인찍힌 규범이 아니다. 도덕은 외연화되기보다 내면화된다. 생산적인 도덕이나 상업적인 도덕의 주장, 노동 윤리의 주장 또한 안정화되고 영속화된다. 그것들은 기회가 있을 때마다 버려지곤 하던 일시적인 지위에서 벗어난다. 이들 정신을 흡수한 사람들은 이익을 재투자할 뿐 아니라, 성공을 거두더라도 여전히 그 직업을 유지한다. 성공은 그들의 소명을 추구하도록 확신을 줄 뿐, 정치적 불안정이나 도덕적 낙인에서 벗어나도록 재촉하지 않는다.

베버의 해석에서는, 우리가 여기서 이번만큼은 현세주의와 결합된 금욕주의를 발견한다는 사실을 강조한다. 훨씬 관습적인 '내세적' 금욕주의는 잉여를 종교적 상징에 사용하도록 이끄는 반면, 현세적 금욕주의는 경제적 축적과 성장으로 이끈다. 내가 볼 때 현세주의는 유효한 종교적 평등주의의 귀결로 보인다. 사회의 '모든 사람'이 금욕적이라면, 금욕주의는 분명 현세적인 것이다. 그렇지 않다면 모든 이가 굶어 죽을 것이다. 실제로 경제적으로 불모인 내세적 금욕주의를 실천할 수 있는 건 소수뿐이기 때문이다. 그것은 '전체' 사회가 할 수 있는 것이 아니다. 모든 사람이 탁발승이 된다면 모두가 고통 받을 것이다. 금욕적인 수도승들이 사회의 고위층을 형성하게 되면, 그들은 생산 활동에 의지할 수밖에 없고 일종의 은밀한 성직자 부르주아를 형성할 것이다. 티베트불교 사회의 봉건적 조건에서 신흥 부르주아를 발견하고자 했던 마르크스주의자들은 이 포착하기 힘든 시민계급을 티베트불교 사원에서 찾아야 했다.[5]

자제할 줄 알고 평온하며 쾌락을 회피하는 정신을 가장 잘 상징하는 건, 일부 프로테스탄트 교파에서 특징적으로 발견되는, 공식적 서약의 회피일 것이다. 모든 서약은 똑같이 구속력이 있다. 일부 행위를 특별히 경건한 것으로 삼으면서 제의의 볼거리나 분위기를 수반하지 않는 평범한 행위들을 알게 모르게 평가 절하하는 일은 사라진다. 프로테스탄트의 태도가 전반적으로 확산되고 우세해지는 현상은, 뒤르켐식 합리주의에서 베버식 합리주의로의 이행이라 일컬을 만하다.

뒤르켐은 신성과 세속성의 분리를 강조했다. 이는 특별한 상황을 부각시키고 그로써 '특별한' 관념을 불어넣으며, 그것에 경외심을 일으키는 권위를 부여하려는 목적으로 신성을 이용한다는 점을 강조한다. 그의 관점에서 보면, 우리를 인간이게 하고 사회를 가능하게 하는 것은 바로 개념에 종속되는 것이다. 이성은 제의에 발자취를 남긴다. 인류는 고분고분해지고, 사회적 응집력과 지적인 의사소통이 가능해진다. 본질적으로 불평등한 인류는 본질적으로 불평등한 개념들을 마주하고, 오로지 신성만이 진정으로 우리를 구속하고 지배한다. 하지만 그런 메커니즘이 보편적이라 해도, 그것은 다양한 방식으로 아우라를 드러낸다. 신성은 제의 체계마다 다양한 모습을 보인다. 각 제의 지역은 태환되지 않는 자기만의 도덕적인 통화를 지닌다.

이에 반해, 기록을 이용하게 되고 개념적으로 통합된 유일한 우주라는 개념을 배우고 점차 거기에 익숙해지며, 사람과 만물이 모두 평등하다는 평등주의 신학에 설득된 인류는, 완전히 다른 유형의 합리성을 준수할 수 있게 된다. 생산과 인식에서, 비슷한 모든 사례를 비슷하게 다룰 수 있는 것이다. 사람들은 모든 개념을 동등하게 존중할 수 있고, 극적인 강조로써 목소리를 높이지 않고도 기록으로 소통하는 이성에 귀 기울일 수 있다. 프로테스탄티즘은 사람들뿐 아니라 개념들까지 평등하게 만든다. 똑같이 질서 잡힌 규칙을 준수하고 자기 자신을 위해 예외를 주장하지 않는다는 의미에서, 사람뿐 아니라 개념들도 이성적이 된다. 이제 제의는 중요성을 잃는다. 제의가 쇠퇴하면서 지속적이고도 한결같은 합리성이 특별한 아우라와 권위를 획득한다. 시종일관 질서 있는 행위, 비슷한 사례들을 비슷하게 다루는 것, 그리고 규칙 속에 포함된 평등한 의무의 인식은, 제의적으로 고조되는 상황에서 갖게 되는 차별적인 경외감과 불공평한 충성의 윤리를 몰아낸다. 이제 구속력은 내부에 있고, 눈과 귀를 자극하며 굳이 시끄

럽고 끈질기게 강요하지 않아도 된다. 구속력을 발휘하는 윤리 또한 다른 종류의 것이다. 어떤 특별한 외적 표식으로 의무를 가리키지 않는다. 의무는 편재하고 평등하며 내부로부터 비롯된다.

이는 자신들의 직업적 전문성을 자랑스러워하고, 지속적인 보강이나 감시나 위협 없이도 그 규칙을 내면화하는 개인주의자들이 모인 익명의 사회를 가능하게 한다. 전문 분야의 목표를 추구하는 건 전통을 존중하는 것과 상관없을 수도 있다. 이제 효율성의 지배를 방해하는 것은 없다. 인류는 후견인에게 충성을 바치기보다 규칙을 존중하게 되고, 옛 과업들에서 사용되던 관습적 절차를 마지못해 준수하기보다 혁신을 통해 목표를 추구해 간다. 이런 세계와 인류는 우리가 사는 유형의 사회를 만들어 내는 데 매우 적합해 보이고, 그런 사회와 잘 어울린다.

합리성을 연구한 위대한 사회학자 두 사람은 사실 근본적으로 종류가 다른 합리성에 관심을 가졌던 것이다. 뒤르켐의 고민은 "왜 '모든' 사람이 합리적인가?"였다. 모든 사람은 개념들을 인식하고 존중하지만, 다른 개념보다도 일부 개념을 더 많이 인식하고 존중한다.

신성함은 계층으로 나뉘고 세계를 계층화한다. 한편 베버의 고민은 "왜 '일부' 사람들이 다른 사람들보다 더 합리적인가?"였다. 왜 '일부' 사람들은 '모든' 개념을 체계적인 방식으로 다루는가? 뒤르켐의 합리성이 의미하는 바는, 하나의 문화에 공통적인 개념들에 의해서 사람들은 생각과 행위에 구속을 받는다는 사실이다. 뒤르켐은 의문에 대한 답을 제의에서 발견했다. 베버의 문제는, 규칙이 있고 도구적 효율을 가능하게 하여 전통을 무시할 수 있는, 그러나 각각의 소명의 규칙에 복종하는 데 있어 개인의 이익은 무시되며, 생산 활동 자체를 목적으로 삼아 성취를 이루는 독특한 유형의 합리성의 등장이었다.

서양 세계 역사에서 종교개혁의 역할과 관련된 문제의식의 관습적인 표현은 이 책의 논의에서 조금 바뀌었다. 강조점이 달라진 것이다. 관습적인 의문은 "종교개혁의 역할은 무엇이었는가?"였다. 이에 반해, 이 책은 종교개혁을 포괄적인 개념으로 다룬다. 농경시대 후기, 축의 시대 이후로 줄곧 만인 구원을 지향하고 기록으로 전해지며 평등주의적이고 포괄적인 구원의 교리와, 제의 중심적이고 불평등주의이며 공동체를 강화하는 종교 전통 사이의 긴장은 끊이지 않는 경향이 있다. 안정되고 차별화된 사회질서를 승인하고 강화하는 종교와, 누구에게든 동일한 만능의 구원을 제공하는 보편적인 메시지 사이에는 엄청난 차이가 있다. 후자의 신성한 영감은 현자이자 구원자 같은 존재가 일으키는 것으로 보이지만, 그 메시지는 끝내 유행하지 못한다. 그 영구하고도 완전한 실행을 가로막는 사회적 요인들이 너무도 강력해서 그 유행을 허용하지 않는 것이다. 그것에 유리한 요인들이 그것을 낳을 수 있을지는 모르나, 그것이 우세해지고 '타락'하지 않도록 할 만큼 강하지는 않다. 하지만 특정 상황에서 그리고 한 지역에서 매우 특별한 환경 덕분에 그 메시지가 유행했다. 그리고 세계는 완전히 변화했다. 이제 새로운 문제가 등장한다. 수많은 종교개혁 가운데 어떻게 하나의 종교개혁만이 영속하는 데 성공한 것인가?

5장

⋮

성문화

종교개혁에서 계몽주의로

계몽주의는 세계가 통합적이고 자기 충족적인 자연으로서 체계적인 법칙의 지배를 받는다는 관점을 성문화했다. 인류는 그 자연의 일부이지 다른 어떤 것의 부분이 아니다. 그것은 전체적으로 보아, 우리가 오늘날 살고 있는 이 세계에 대한 성문화이기도 하다. 계몽주의가 종교개혁의 일종의 속편이자 완성체일 뿐이라는 가정은 순진하고도 지나친 주지주의라고 공격받곤 한다. 그러나 분명히 거기에는 논리적인 연관이 있다. 자칭 신성한 제도의 주장들을 성서의 독립적인 증언과 대조하며 자세히 검토하는 것이 정당하다는 관념은, 성서 자체를 포함하여 모든 것은 '이성' 또는 사실의 독립적인 증언에 비추어 면밀히 검토될 수 있다는 관념을 자연스레 낳는다.

이와 동시에, 종교개혁이 자연스레 계몽주의로 이어진 것이 아니라는 건 분명하다. 종교개혁 자체가 전반적으로 또는 부분적으로 성공을 거두었다 해도, 그것은 어쩌면 엄격하고도 반이성적인 신권정치를 낳았을지도 모른다. 적어도 이러한 사례가 하나의 다른 전통인 이슬람에서 실제로 일어났다. 농경 사회에 지배적인 조건에서는, 종교개혁 이후에 시계추가 되돌아가면서 '개혁되지 않은' 신성 중개인들에 의한 종교 활동, 중재, 위계질서 따위가 부활했을 가능성이 높다.

그러나 유례없이 성공한 종교개혁은 안정된 옛 사회질서 속에서 꾸준히 번성해 온 것이 아니었다. 그 독특한 성공은 다른 모든 성서본위 종교에서 발생했던 종교개혁과 비교할 때 두드러진다. 그것은 되돌릴 수 없는 급진적인 변화를 촉발하거나 강화하고 수반했다. 이제 사회질서는 영원히 변화했다. 과격파에 성공을 안겨 주었느냐는 의미에서 보자면, 종교개혁은 완전히 성공한 건 아니었다. 오히려 과격파가 패배하면서 신앙의 자유로 개종하게 되었다. 그들은 하느님의 왕국을 사회에 강제할 수 없다면 사회로부터 철수하는 데 만족했고 자신들의 세계 안에서 평화주의와 신앙의 자유를 설교했다. 그들의 패배는 불완전했고 위태로운 국제적 권력균형에 의해 촉진된 것이었다. 덕분에 그들은 꼭 필요한 신앙의 자유를 확보할 수 있었다.

데이비드 흄은 전통적일 뿐 아니라 열렬한 평등주의적 성서본위주의의 사회적이고 정치적인 함의를 최초로 연구한 학자에 속한다. 그는 전근대적인 조건에서는 전문화된 전통적 지식계급이 성서본위주의적 광신보다 시민적 자유에 훨씬 덜 해롭다고 결론지었는데, 이는 매우 옳다. 그는 이 확신을 《종교의 자연사》(4장)에서 밝혔다. "고대와 근대 모두에서 우상숭배자들의 신앙의 자유정신은 누가 봐도 명백하다.

…… 하느님의 유일성을 주장하는 대부분의 종교에서 신앙의 부자유는 매우 뚜렷하다." 하지만 〈미신과 광신에 대하여〉라는 글에서 그는 매우 다른 결론에 이르는데, 이는 좀 더 최근의 역사 경험을 향한 것이다. "……미신은 시민적 자유의 적이고, 광신은 시민적 자유의 벗이다."[1] 흄이 말하는 '광신'은 청교도 유니테리언의 성서복음주의, 이를테면 비국교도의 정신을, '미신'은 관용적인 다신론을 가리킨다.

이 모순을 어떻게 해석할 것인가? 먼저 흄은 유니테리언이 자유의 적이라 말하고, 그다음에는 그들의 광신이 그 벗이라고 말한다. 유니테리언 성서본위주의는 일반적으로 반자유적이지만, '어떤 경우에는' 자유의 벗이라는 것이 설득력 있는 주장이다. 흄은 이를 간파했지만 그것을 구체적으로 다루려는 의지는 부족했다. 열렬한 광신자들을 패배시킬 수는 있어도 괴멸시킬 수는 없다는 것이 중요하다는 말이 진정한 해답이 될 것 같다. 패배는 그들을 신앙의 자유로 개종시킨다. 어쨌거나 이는 진리가 내면의 빛에서 비롯되는 것일 뿐 외부의 강제에서는 비롯되지 않는다는 관점과 공명한다. 그들의 패배가 전면적이지 않다는 사실로 인해 그들은 신앙의 자유를 확보할 수 있다. 정치적인 권력균형뿐 아니라 종교적 권력균형은 중앙의 억압이 최대한으로 실행되지 못하는 상황을 유지해 준다. 이런 상황이 전개된 사회들은 이 타협에 뒤이어 결국 자신의 부와 권력으로 놀라운 경제적·군사적 우세를 과시했다. 그리고 모범적 본보기에 대한 예의 강박에서 벗어난 바로 그 사회들이 세계의 모델이자 전형이 되었다. 덜 중앙집권화된 영국 군주제는 훨씬 절대주의적인 프랑스 왕정을 거듭 패배시켰다. 그러나 영국 군주제는 두 세기에 걸쳐 시민사회에 의해 두 차례나 패했다. 한 번은 고국에서, 다른 한 번은 대서양 건너에서 나타났다. 비교적 약한, 또는 적어도 지배적이지 않은 중앙정부와 결합한 막강한 시민사회는 더 완벽하게 중앙집권화된 정치 형태보다 훨씬 강력한 단위를 구성했다. 계몽주의는 교훈을 심사숙고했다.

따라서 개신교의 타협안이 우세했던 사회들, 또는 그들 가운데 일부가 상당히 번영한 결과, 18세기 무렵에 그들은 어마어마한 경제적·군사적·제국적 활력을 과시했다. 그들은 다른 길, 더 관습적인 길을 걸어간 사회들이 볼 때 궁극적으로 질투와 선망과 모방의 모델이자 원천이 되었다. 계몽주의는 그저 종교개혁의 세속적 연장에 그치는 것이 아니라 더욱 완벽한 재현이었다. 결국 그것은 자신의 조건에서 종교개혁의 영향을 받지 않은 이들이 종교개혁의 영향을 받은 이들의 성공에 비추어 탐구하는 대상이 되었다. 한 예로, '필로조프'(philosophe, 인간 이성의 우위를 믿고 사회적·경제적·정치적 개혁을 지지한 18세기 프랑스의 문인·과학자·사상가들로 '백과전서'를 집대성했다—옮긴이)는 프랑스가 왜 개혁에서 뒤처졌는가를 연구한 이들이었다.

개혁된 이들 자신의 계몽주의는 이미 '일어난' 변화의 포착과 분석이었고, 개혁되지 않은 이들의 계몽주의는 변화가 '일어나야 한다'는, 때로는 성난 요구였다. 따라서 이 두 가지는 구분되어야 할 것이다. 사상가들은 스코틀랜드의 에든버러와 글래스고에서 이미 발생한 변화를 설명하려고 애썼다. 파리에서는 일어나야 할 변화를 요구하고 있었다. 여기에 세 번째 범주를 더할 수도 있을 것이다. 그것은 바로 라인 강 너머 베를린이나 쾨니히스베르크 같은 후발 종교개혁 지역, 당시의 제3세계이다. 이 지역에서는 종교전쟁이 남긴 황폐함의 여운에 정치적 권위주의가 더해져서, 스코틀랜드나 파리와는 다른 계몽주의가 나타났다.

두 양식의 차이는 오늘날까지 영향을 끼쳤다. '계몽된' 통찰을 성문화한 사람들은, 유연하고 탄력적이며 스스로 고쳐 나가고 다원적인 종교 전통의 배경에 맞서거나, 또는 조직적으로나 교리적으로 순혈인 교회에 대항했다. 이런 교회는 비록 종교개혁적인 태도와 사상의 많은 부분을 포용할 수 있다고 해도, 여전히 그 절대주의적이고 진리 독점적인 태도를 유지하거나 더 나아가 크게 강화했다. 이에 반해, 다원적이고 발전하는 사회의 지배적인 이데올로기 제도는, 흥미롭게도 신앙을 가지지 않는 것보다 광신을 훨씬 거세게 반대했다. 따라서 그 자체는 어떤 과도한 열망을 지닌 교리에 집착하지 않았다. 그것은 주요 경쟁자인 비국교도들을 모방하는 나쁜 사례가 될 수도 있기 때문이다. 그래서 인간의 얼굴을 한 일신론을 펼쳤다. 19세기 무렵에는 광신이 수그러들면서 종교적으로 더 광적인 구성원 가운데 일부가 더욱 비타협적이고 절대적인 성직 조직으로 회귀하기에 이르렀다.

이 전반적인 상황의 결과는 분명하고도 널리 알려져 있다. '영국식' 계몽주의는 경험론과 회의론을 강조한다. 그것은 공리주의라는 매우 현세적인 사회정책 규범과 경험주의 인식론을 성문화했지만, 완벽한 대항 교리, 세속적이거나 자연주의적인 새로운 신경(信經)을 공식화하려는 시도는 하지 않았다. 이에 반해, 백과전서파의 이론 형태든 콩트의 실증주의든, 아니면 훨씬 뒤에 마르크스주의에 탐닉한 것이든, '프랑스식' 또는 낭만주의 양식은 정확히 그런 대항 교리와 대항 교회에 이끌렸다. 이 양식은 세속적이고 자연주의적이거나 역사주의적인 요소들로 건설된 체제에 이끌렸지만, 그 체제는 전체적인 구조와 정신에서 이 양식이 등을 돌리고 대체하려는 것을 매우 충실하게 반영하는 것이었다.

지식의 주권

계몽주의는 수많은 주제를 담고 있다. 그 가운데 궁극적으로 가장 중요한 주제라고도 볼 수 있는 것은 지식의 자율성과 주권이다. 이 철학은 일원적인 자연, 체계적인 방식으로만 파악할 수 있는 자연에 대한 단일 목적적 관점을 승인할 수 있었다. 이는 아마도 분업, 그리고 그와 결부된 도구적 이성의 가장 중요한 귀결일 것이다. 지식은 그 자체의 목적에만 이바지해야 하고, 다른 어떤 조건에도 제약되어서는 안 된다. 세계 건설에서 인식론은 최고의 권위를 얻게 된다. 이들 인식론은 해석이 균형을 이루고 신성과 세속성 사이에 차별을 두지 않기를 요구한다. 세계를 구성하고 있는 요소들은 모두 동등하며 따라서 모두 탐구자이다.

자율적인 인식이라는 관념을 처음으로 가장 설득력 있게 표현한 이는 17세기 철학자 르네 데카르트였다. 데카르트는 문제를 공식화할 때만 이 지식 중심성을 드러냈고, 해답에 이르러서는 전혀 드러내지 않았다. 그의 해답은 절대적이고 권위주의적인 세계에 대한 통찰로 되돌아간다. 그 세계의 기본 구조는 확실하고 세계를 지배하는 궁극적인 권위와 결부되어 있다. 따라서 실재가 지식의 합당한 유형들을 결정하며 그 반대가 아니다. 문제'이자 해답으로서 거대한 역전이 일어난 건, 18세기에 계몽주의의 두 거대한 정점인 데이비드 흄과 이마누엘 칸트에 이르러서였다.

근대사회는 한결같이 지속되는 인식과 경제 성장에 의해, 성장을 통해, 성장을 위해 살아가는 유일한 사회이다. 우주와 역사에 대한 근대사회의 관념, 그 도덕과 정치와 경제 이론과 실제는 모두 이 영향을 깊게 받는다. 그런 사회가 철학의 한가운데에 지식을 두고, 지식에 주권을 부여함으로써 시작된다는 건 매우 적절하고도 당연하다. 데카르트 철학의 전통이라고 할 수 있는 것들은 정확히 그랬다.

처음에 강조된 것은 그러한 지식이었고, 성장은 조금 부차적인 것이었다. 건강한 지식 또한 영구히 성장할 것이라 생각되었다. 더 이상 일차적이거나 독점적이지 않은 인식적 성장이 중심 관념이 된 건 더 나중의 일이었다. 처음에 지배적인 건 인식론이었다. 진보의 철학은 나중에 왔다.

이 모든 것은 인류의 지성사에서 거대하고 심오한 혁명 가운데 하나를 이룬다. 일단 모든 철학자들을 크게 플라톤 학파와 데카르트 학파 두 종으로 분류할 수 있다. 그러다가 19세기가 되면 세 번째 종이 모습을 드러낸다. 플라톤과 데카르트 사이의 차이는 근본적이다. 플라톤 철학은 대규모의 안정적인 식량 공급이 이루어지고, 고급문화를 지닌 소수 엘리트를 부양할 수 있으며, 기록을 이용하고, 따라서 그 정신과 지적 자본을 성문화하고 공식화하여 보존할 수 있는 농경-문해 사회의 궁극적 표현이었다. 이런 사회는 안정적이고 안정을 열망한다. 그래서 급진적인 변화를 병리적 현상으로 받아들이기 쉽다. 또한 사회의 안정을 확보하는 과정에서 초월자와 억압의 공동 작용을 인정하고 승인한다. 사회는 현자와 억압자와 일하는 자로 구성된다. 플라톤 철학과 달리 데카르트 철학은 그런 사회질서가 근대로 이행하는 시기에 나타났다. 이제 현자는 더 이상 카스트를 구성하지 않는다. 그것이 앞으로도 계속 우리를 특징짓고 우리를 지배할 것인지는 또 다른 문제이다.

두 가지 철학적 사유 양식의 커다란 차이점, 아마도 가장 근본적인 차이점은 다음과 같다. 플라톤 철학은 지식을 세상에서 일어나는 사건으로 본다. 세계, 그 영구적이고 신성한 구조와 고유한 가치들은 지식을 유효화한다. 플라톤 철학은 인식아(認識我)의 근본적인 사회적 권위를 확립하려 하지만, 그의 특별한 인식적 능력의 권위는 세계의 궁극적 본성에서 비롯된다. 세계의 본성은 안정적이라고 여겨지고, 결국 인간에게 분명하게 파악되는 것이다. 이에 반해, 데카르트 철학은 세계를 지식 안에서 일어나는 사건으로 본다. 지식은 세계와 별개이고 세계를 유효화한다. 결국 지식의 성장을 기초로 건설되고 지식의 성장에 전적으로 의존하는 사회에서, 지식은 신성한 것으로 여겨지지 않고 어떤 사회적 권위도 부여하지 않는다. 이 차이는 너무도 깊고 거기에 담겨 있는 의미는 끝도 없다.

플라톤 철학은 명확하고 안정적이며 규범을 부여하는 실재가, 아마도 일부 또는 많은 이들에게는 포착되지 않겠지만 분명히 존재하며 세상을 다스리고 있다고 가정한다. 그래서 지식은 또한 도덕은 실재의 이 기본 구조 내부로부터 입증될 수 있다. 최종적인 합법화는 플라톤 철학의 특징이다. 기본적인 실재에 이르는 방식은 말하자면 철두철미하고 전면적이며 최종적이어야 하지 단편적이고 일시적인 돌격의 반복이 아니다. 그러나 그러한 접근은 사회의 지위 체계와 연관되는 특권이다. 지식은 절대적인 실재를 향해 우리를 이끌어 갈 때 건전한 것이며, 그렇지 않다면 거짓된 것이다. 인간은 자신들이 안다고 주장할 수 있는 것으로써 도덕적 가치를 부여한다. 따라서 결국 재판을 받는 것은 지식이지 실재가 아니다.

물론 이 모든 것 덕분에 플라톤 철학은 사실과 가치를 융합하여, 사회적·도덕적·인식적 지배계급의 공동의 토대가 될 수 있다. 이 능력은 더 단순한 공동체와 제의에 기초한 종교들과 공통된 것이지만, 플라톤 철학은 그 목적을 달성하는 데 더 정교하고 추상적인 장치들을 사용한다. 데카르트 학파에까지 영향을 미치는 것처럼 보이는 방법론에 따르면, 건강한 지식은 도덕적으로 건강한 사람에게 깃든다. 그리고 그것은 우리가 도덕적 건강의 기준으로 판독하는 궁극적 실재의 본성으로부터 비롯되는 것이며, 그로써 우리는 믿을 만한 증인을 가려낼 수 있게 된다. 그리고 그 증인들은 실재의 참된 본성과 관련된 메시지를 재확인한다. 세세한 차이는 있지만 이 순환은 완전하며, 농경-문해 사회 대부분의 또는 모든 성문화된 신앙 체계에 의해 되풀이된다.

데카르트 철학은 이 모든 것을 뒤집는다. 세계는 지식 안에 자리 잡게 된다. 건강한 지식의 기준은 세계 구조와 별개이고 그것에 '선행'한다. 동일한 기준이 '모든' 세계에 적용되며, 결코 차안의 신세를 지지 않는다. 훌륭한 배심원이라면 사건의 판결이 날 때까지 원고나 피고와 가까이하지 않으려 하는 것처럼, 그 기준을 공식화하는 동안 우리는 차안을 무시하고 계류한다. 지식이 먼저이고 삶은 나중이다. 우리는 우리가 탐구하는 세계의 신세를 져서는 안 된다. 부패는 금지된다. 따라서 분업은 지식의 엄격한 자율성에서 그 정점을 이룬다. 마침내 인식의 사법부가 독립을 획득한다.

이 인식 전략은 모든 것을 분업에 빚지고 있다. 분리할 수 있는 모든 문제를 분리하게 된 것이다. 이에 반해, 의심의 범위를 넘어서 있던 구세계가 그 안정성을 확보한 방법은 모든 면을 연결하여 상호 지지하도록 하는 것이었다. 증거의 원자화, 인류의 개인화, 문제의 분리, 인식의 재판관의 사회와 문화로의 외화(外化, 어떤 존재가 자기의 본질을 밖으로 표출하여 자기에게 낯설고 대립되는 것으로 정립함을 뜻하는 헤겔의 용어—옮긴이), 이 새로운 모든 것은 상호 연관되어 있다.

데카르트의 실제 방법은 흥미롭게도 플라톤적이다. 그것은 선택적인 개념 숭배의 모습으로 잔존하는 낯선 유형을 구성한다. 이제 개념은 '분명하고 명확한 것일 때' 믿을 만한 것이 된다. 특별히 존중받기 위해 선택된 개념들은 옛날 방식처럼 광희와 경외를 일으키는 것들이 아니라, 명백함과 확실함이라는 균형 있고 확고한 부르주아적 덕목들을 드러내는 것들이었다. 그것들은 한 번에 한 가지 목적에만 이바지할 수 있었다. 그 명백함과 확실함은 그 자체로 분업의, 그리고 단일 맥락의 궁극적 표현이자 실증이었다. 이는 명백히 지나치게 부르주아적인 플라톤 철학이었다. '질서가 있어야 한다'(Ordnung muss sein). 패키지 상품은 허용되지 않고, 지저분하고 난잡한 의제는 금지된다. 그토록 뚜렷하고 명백한 개념들 덕분에 인간은 인식적으로 호의적인 신성의 존재를 확립할 수 있었고, 이로써 신은 앞서 말한 개념들의 도움으로 수행되는 지적 작용을 보증했다. 이 과정에서 신 또한 그 자신의 존재를 재확인했다. 특권적인 개념들은 그 존재를 확립하도록 돕고, 그것이 다시금 개념들의 신뢰성을 보증했다. 질서와 배타적인 신은 공생적 파트너 관계를 맺었다. 신은 인식적 탐구에 대해 보험회사 노릇을 했지만, 그 탐구가 신중하고 체계적이며 냉철할 때만 그랬다. 데카르트 철학은 서구 문화의 실생활 안에서도 일어나고 있던 과정을 논리에 반영했다.

존재론에서, 데카르트는 이처럼 데카르트 이전 시대와 플라톤 시대의 신앙 체계에 특유한 일종의 순환 논리로 급속히 퇴보한다. 절대적인, 그리고 절대적으로 믿을 만한 실재는 지식의 방법을 옹호했다. 그래서 그는 처음 단계에서만큼은 순환적이고 실재에 호소하는 걸 삼갔다. 그는 실재라고 주장하는 모든 것들을 공정하고도 분명하게 지식의 법정에 세웠고, 그 법정에서 지식은 자신의 법률에 따라서 결정할 수 있었다. 그 법률들은 '결코' 심판을 받아야 할 실재의 심층에서 유래되지 않았다. 이 첫 수, 처음의 방법론이 정말로 중요했다.

플라톤과 데카르트의 관점 사이에는 실재 중심성과 지식 중심성이라는 대비를 뛰어넘는 커다란 차이가 또 있다. 데카르트 철학은 개인주의적이고 따라서 암묵적으로 평등주의적이다. 실재에 대해 판결을 내리는 지위에 있는 인식 원리는 집단이 아닌 개인에게 자리 잡는다. 암묵적으로든 공공연하게든, 플라톤 철학은 인식적으로나 그 어떤 측면으로나 인류를 혼자서는 살아갈 수 없는 사회적 동물로 만든다. 핵심 단위는 개인이 아니다. 개인은 본질적으로 불완전하기 때문이다. 개인이 아니라 사회가 유효한 인식 단위이다. 기본적인 세계 탐구 전략은 선한 자와 악한 자의 대비를 기초로 작동한다. 스스로 진실로 알려고 하는 것이 선한 자의 덕이고, 선한 자는 타인을 위한 지침으로서 요구된다. 인류의 상호 보완성과 상호 의존성은 플라톤 철학의 관점에서 특히 깊고도 뚜렷하다.

플라톤 자신의 저술에서, 사회적이고도 인식적인 계층화와 그 규범적인 권위는 물론 매우 확고하게 도출된다. 위대한 지적 문명 가운데 힌두 문명은 플라톤의 청사진에 가장 가까운 문명이다. 그리고 나는 늘 둘 사이에 역사적인 연관이 있다고 추정해 왔으나 근거는 부족하다. 이에 반해, 데카르트 철학은 인식 영역에서 로빈슨 크루소 같은 입장을 나타낸다. 힌두의 크루소는 자기모순일 것이다. 그는 영원히 타락할 운명에 놓인다. 그가 성직자라면, 고립과 자급자족할 수밖에 없는 상황 탓에 품위를 잃고 타락한 행위를 하게 된다. 성직자가 아니라면, 그는 의무적인 제의를 거행할 수 없기 때문에 타락하게 된다. 중요한 사실은, 각 개인이 외부의 도움 없이 자신의 내부에 전체 문화를 수용하고, 필요하다면 자신의 섬에서 혼자 힘으로 그것을 재생산할 수 있는 사회가 등장했다는 것이다. 이는 지식이 심판을 받는 입장이 아니라 심판을 하는 입장이 되고 자율성을 지니는 사회가 등장하는 것과 밀접히 연관된다.

불운한 로빈슨 채터지(Chatterjee, 인도 벵골 지역 브라만 계급 가문—옮긴이)의 역경은 농경–문해 사회 인류의 영구적인 인식 조건을 상징할 뿐이다. 이 사회질서에서 분업은, 모든 사람이 사회의 인식적 장치를 완전히 소유한 인식의 전문가는 될 수 없는 수준이다. 소수만이 이를 열망하고, 그 소수와 나머지 사회는 보완적이고 상호 의존적인 관계이다.[2] 이런 특징은 안정성(비꼬아서 말한다면 침체), 권위주의(절대적인 실재는 인식의 기준보다 우세하며, 인식은 자율성이 허락되지 않는다), 그리고 아늑함 같은 이 유형의 다른 특징들을 보완한다. 사실과 가치는 긴밀히 연관되고, 실재는 사회적 지배층과 도덕적 지배층을 승인하고 뒷받침하며, 삶은 '의미 있다.'

새로운 인식 유형은 자아의 독립과 자연의 독립, 두 가지 독립선언을 의미한다. 자율적인 자아는 질서 있고 독립적인 자연을 지지하며, 그 반대도 마찬가지이다. 인류의 자기충족과 기계적인 자연은 잘 어울린다.[3] 그 자체로 분업의 한 측면인 권력의 분리는 자연의 탐구와 도덕이 각자의 길을 가도록 만든다. 전문화, 원자화, 도구적 합리성, 사실과 가치의 분리, 지식의 성장과 임시성은 모두 서로 연관되어 있다.

개념의 폐위

데카르트는 사회질서로부터 인식의 해방을 제안하고 개척했다. 지식은 그 자체의 법칙에 의해 통치되고, 어떤 문화나 정치적 권위의 은혜도 입지 말아야 했다. 실제로 인식적 성장의 가능성, 자연에 대한 무한하고 속박되지 않으며 끝도 없는 탐구의 가능성은 그런 관점을 전제로 한다. 지난날처럼 사회질서와 결부되는 곳에서, 그것은 불가피하게 인식의 진보에 제동을 건다.

이 해방에는 역설적인 특징이 몇 가지 있다. 어떤 의미에서, 뚜렷한 지식계급이 존재하게 된 이후로 인식은 나머지 사회 부문으로부터 이미 분리되어 있었다. 하지만 그런 지식계급의 시대에 인식은 비록 사회보다 높은 자리에서 사회에 계율을 부여한다고 주장하지만, 사실은 은밀하게 사회적 목적에 이바지했다. 그것은 우리가 오늘날 지식의 적합한 목적이라고 생각하는 것에 이바지한 것보다도 훨씬 많이, 더 이상은 협소한 공동체적 질서가 아닌 사회적 질서의 유지와 영속화를 도왔다. 그러나 인식이 진실로 그 사회적 결속에서 해방되었을 때, 또한 그것은 특정한 사회적 범주와 더 이상 연관되지 않게 되었다.

지식계급은 공식적으로, 그리고 종종 성례를 통해서 다른 사람들과 분리되었다. 우리가 사는 시대가 그렇듯이, 경제 분야에서처럼 이 분야에서 분업이 진실로 절정에 이를 때, 그것은 더 이상 인류의 특별한 종을 정의하지 않는다. 완전히 별개인 활동은 모든 사람들에게 열려 있다. 인류를 갈랐던 것은 '불완전한' 분업이었다. 분업의 절정은 동질의 인류로 귀결된다.

따라서 분업의 촉진은 어떤 의미에서 그 약화를 의미한다. 지식이 사회적 고려 사항들의 노예일 때, 지식은 특별한 계급을 규정한다. 하지만 그 자체의 목적에만 이바지할 때, 지식은 더 이상 특별한 계급을 규정하지 않는다. 이 역설에는 물론 심오한 논리가 담겨 있다. 참된 지식은 진리의 특권적 원천, 검증자, 전령을 결코 허락하지 않는다는 점에서 평등을 지향한다. 그것은 결코 특권적이고 제한된 데이터를 허용하지 않는다. 지식의 자율성은 수평파(영국 청교도혁명과 공화국 시기에 완전한 정치적 평등을 요구한 세력—옮긴이)이다.

이 역설은 다른 영역에서도 나타난다. 인식적 성장과 경제적 성장을 기초로 하고, 따라서 뚜렷한 분업에 기초를 두고 있는 한 사회는 그보다 앞선 농경-문해 사회보다 더욱 평등주의적인 동시에, 분업의 사회적 반향에 영향을 덜 받는다. 분업은 더 이상 상당히 분화된 인간 유형의 형태로 인류에 그림자를 드리우지 않는다. 새로 등장하고 있는 세계에서, 인류는 서로 다른 일을 하지만, 그 일들은 모두 똑같은 유형의 사람에 의해 행해지고, 그들의 정신은 거의 똑같다. 더 정확하게 말하자면, 공통된 고급문화의 토대 위에서 실행되는 활동의 유동적이고 불안정한 분화는 사람들 사이의 차별화를 크게 감소시킨다.

데카르트는 이른바 명료하고 투명한 내적 '개념들'이라는 관점에서 의식에 대한 개인의 주권을 공식화했다. 그의 이론에서 이 부분은 곧이어 영국 경험론이라 알려진 철학 전통의 비판을 받았다. 경험론에 따르면 개인이 데이터를 얻는 곳은 감각이지, '관념'이라는 내부 저장소가 아니라고 주장한다. 경험론의 절정은 관념이 감각의 반향, 그 여운이라는 것이다. 이 관점은 상당한 영향을 끼쳤다. 경험으로부터 배운다는 말은 진부한 문구로 보일 수 있다. 배울 수 있는 '다른 방식은 단연코 없다'는 관념은 세상을 완전히 바꾸어 놓는다. 경험의 주권은 권위로 추정되는 다른 것들을 폐위시킨다. 폐위되는 권위들의 지도 없이 건설된 세계는 그 보호 아래 세워졌던 세계와는 근본적으로 다르다.

'개념'의 운명을 생각해 보자. 물론 인류는 지속적으로 개념의 안내를 받는다. 인류는 객체를 더 넓은 종과 속의 표본으로 인식함으로써, 그리고 개별 표본을 마주할 때 표본의 행위들이 그 표본이 속한 전체 유형에 부여되는 기대치에 의해 안내되도록 허용함으로써 살아갈 수 있다. 개인의 행위 또한 '자신이' 그 예증이라 생각하거나 예증하고자 하는 개념의 함의들로부터 안내를 받는다. 이 모든 기대치에서 개인들이 형성한 건 매우 작은 부분에 지나지 않는다. 기대치들은 주로 전체 문화와 언어가 전파한 관념의 저장소로부터 나온다.

인류는 그들의 삶을 지배하는 개념에 내재하고 받아들여진 함의에 따라서 도덕적으로 반응하며 직관 속에서 안내된다. 한 사람이 때로 몇 줄을 보탤 수는 있지만 시를 쓰는 건 전통이라고 어느 시인은 말했다. 그런 사람들처럼, 우리는 가끔 시 몇 줄에 변화를 줄 수 있고 아주 가끔 완전히 독창적으로 쓰기도 하지만, 대부분 우리가 생각하고 느끼고 행위하는 것은 문화적 재료를 끌어다 쓰는 것이다. 이 문제에 관한 한 인류의 삶이 아주 많이 변화하지는 않았다. 비록 우리가 개념에 대한, 더 정확히 말하자면, 역사적으로 더욱 설득력 있는 성서본위주의의 변종들에 대한 플라톤식의 공공연한 숭배를 그만둔 건 사실이지만.

하지만 구체적인 도덕 논쟁이 발생하는 논의 수준에서는 매우 커다란 변화가 일어났다. 지식의 주권을 정립한 데카르트 철학의 성숙한 형태인 경험론은 한 철학자의 이론에만 그치지 않는다. 그것은 심오한 사회혁명을 구성하고 성문화한다. 그것은 권리와 의무가 정당화될 수 있는 방식에 관한 규칙을 변화시킨다.

오늘날 관념론에 일어난 일을 생각해 보자. 이것이 시사하는 바는 상당히 크다. 흄과 칸트는 이 문제에 관해 거의 같은 시각을 지니고 있다. 하나의 개념에 들어 있는 것은 '우리'에 의해, 우리의 선택적 정의에 의해 정해진 것이다. 다시 말해 우리가 옷을 갈아입듯 얼마든지 달라질 수 있다는 것이다. 개념이 사람을 만들었다. 그리고 사물의 본성도 아니고 신도 아닌 인간이 개념을 정했다. 개념은 인간의 생산물도 보조물도 아니고, 지상을 넘어선 존재의 명령도 아니다. 그것들은 높은 곳으로부터 우리에게 내려오지 않는다. 우리는 마음대로, 그리고 효율성이라는 견지에서 개념을 교체할 수 있다. 개념은 우리의 도구이지 우리의 주인이 아니다. 그것들은 비용 대비 효율이라는 판단 기준에 부합해야 한다. 우리는 개념을 신성화하기는 고사하고, 더 이상 겸손하게 개념의 안내를 받지 않으며, 개념에 복종하거나 대단한 경외를 품지 않는다.

인류는 더 이상 특별한 아우라로써 일부 개념을 강조하거나 부여하는 제의에 의해 사회화되지 않는다. 인류를 교육하는 건 지속적이고 체계적인 교육이다. 개념이 건강하게 작동하는 한 교육은 모든 개념을 적절하게 존중하도록 가르친다. 인류는 체계적이거나 믿을 만한 방식으로 고용 조건을 충족하지 못하는 무질서한 개념을 불신하도록 배운다. 우리는 우리 편의에 적합하도록 개념을 재공식화할 수 있다. 우리는 기술을 검증하듯이 개념도 검증한다. 개념과 기술은 결코 우리의 카스트나 지위에 의해 결정되지 않는다. 우리의 카스트나 지위 또한 정해져 있는 것이 아니다. 명백히 실용적인 개념 체계는 명백히 실용적이고 변화무쌍한 역할 체계를 반영한다.

이 조건은 '분석적' 판단과 '종합적' 판단의 포괄적인 차이를 다룬 철학 이론에 반영된다. 이 술어는 칸트의 것이지만 그 인식은 흄에게도 존재한다. 무언가를 말할 때, 우리는 '우리'가 어쩌면 암묵적인 정의에 의해 문장의 주제에 이미 붙어넣은 내용을 추출하는 것일 수도 있다. 그런 경우에 우리가 하는 말은, 일련의 특징들을 묶어 특정 술어로 정의하는, 애초의 그리고 가변적인 관습의 분별력(이든 아니든)보다 더 큰 권위를 갖지 못한다. 그러나 문장의 주제에 관해서 우리가 말하는 것은 이미 문장 안에 들어 있는 것이 아니다. 그 속성은 '종합적'이다. 그 경우에 우리가 주장하는 내용을 정당화할 수 있는 것은 경험적이고 외적인 사실'뿐'이다. 진부한 예를 들어 "총각은 결혼하지 않은 사람"이라고 말할 때, 나는 영어 사용자들이 암묵적 합의에 의해 '총각'이라는 술어에 부여한 관습적 내용을 설명하고 있을 뿐이다. 그러나 내가 "총각들은 불행하다"고 말한다면, 미혼 남성들의 정서 상태에 관한 적합한 탐구에 의해 입증될 수 있는 어떤 것을 밝히고 있는 것이다.

이 모든 것은 조금은 엄밀하고 체계적인 스콜라철학처럼 보일지 모른다. 하지만 그 이상이다. 이 모든 것이 좌우하는 건 인류의 삶을 뒤흔들 만큼 중요한 어떤 것이다. 그것은 우리가 어떻게 살아야 하는가, 우리가 어떻게 생각해야 하는가, 사회를 어떻게 운영하고 조직해야 하는가에 관한 논쟁이 해결될 수 있는 방식을 결정한다.

종합해 보면 결론은 다음과 같다. 인식적 주장들은 두 가지 방식으로 해결될 수 있고 다른 해결 방식은 없다. 그것들을 해결할 수 있는 건 '우리'의 결정과 편의이다. 또 우리의 의지와 사회질서와 별개인 경험적 사실에 의해 해결될 수 있다. '다른 방법은 없다.' 세계의 세속화(secularization, 종교적 가치와 제도와 동일시하던 사회가 비종교적인 가치와 세속적 제도로 변화하는 과정—옮긴이)는 더 멀리 나아가기 힘들다. 이 모든 것은 무미건조하고 현학적인 스콜라철학의 판단론으로 보이는 것에 들어 있다. 따라서 지식에 관한 오로지 두 종류의 기본적인 합법화만이 가능하다. 그 가운데 하나는 '우리'에게 갖추어져 있고, 다른 하나는 '자연'에 갖추어져 있다. 우리의 편의, 그리고 공평한 자연만이 우리의 인식적 주장을 유효화할 수 있는 권위이다.

이 이론은 개념을 높은 곳으로부터 부여된 것으로 더 이상 받아들이지 않고, 개념을 선택하고 그것에 조건적인 권위만을 부여하는 문화를 반영한다. 제의적 주입도 플라톤식 메타이론도 더 이상 개념을 신성화하지 않는다. 어떤 초월적 명령이 아니라 우리의 편의가 우리의 주인이다. 명예와 유효성의 원천은 이제 우리 안에 있고 우리 안에만 있다. 사실, 개념은 사람과 마찬가지로 명예가 아니라 효율성으로 평가받게 마련이다. 외적인 자연과 사회질서는 이제 상호 의존적이고, 둘 가운데 어느 쪽도 다른 쪽에 자신을 강요할 수 없다. 자연적 사실의 독립성과 외연성은 모든 권위의 인간적 기초를 보완해 준다.

더 심화된 형태의 필연성 또는 개념적 강제를 칸트가 인식했고, 이 점에서 흄과 다르다는 건 사실이다. 칸트의 관점에서 보자면, 이런 것들이 우리의 수학이나 물리학의 일부와 우리의 모든 도덕을 보증했다. 하지만 이 필연성의 메커니즘 또는 보증은 마찬가지로 '사물'의 본성에서 비롯된 것이 아니었다. 그것은 '우리' 의식의 구조, 그리고 (또는) 우리 체계화의 전제 조건, 우리 인식이 완성한 '하나의' 일관성 있는 그림에서 비롯되었다. 칸트는 우리가 그렇게 자연을 통일해야 한다는 걸 당연하게 여겼다. 초기 인류가 그렇게 하지 못했다는 사실은 칸트의 다소 민족 중심적인 관심을 비켜갔다. 권위는 우리 안에 있었다. 또는 사실적이고 경험적인 것이었다. 이제 사물의 본성은 도덕적으로 침묵하게 되었다.

그러면, 흄의 가장 유명한 이론인 인과론을 고찰해 보자. 간단히 말하면, 흄은 사물에는 내적 필연성이 없으며 스스로를 인과적 규칙성으로 드러낸다고 주장했다. 어떤 것이든 어떤 것의 원인이 될 수 있고, 자연에서 실제로 어떤 연관이 발견될 수 있는가를 우리에게 말해 줄 수 있는 건 경험뿐이라고 했다. 이는 사실상 본질적인 자연 질서라는 교리를 부인하는 것이다. 그것은 자유로운 인식 활동뿐 아니라 자유로운 경제활동, 생산요소들의 자유로운 결합에 대한 승인이다. 흄과 거의 동시에 그런 생산양식의 규칙을 탐구하던 이가 바로 흄과 절친한 애덤 스미스였다. 사물들의 자연적이고 도덕적인 질서를 반영하는 연관들의 실재와 대립하는 것으로서, 어떤 것이든 어떤 것의 원인이 될 수 있다는 관념은, 생산에서 효율적이라면 오로지 효율적인 경우에만 요소들의 결합이 올바르고 적절하다는 생각과 조화를 이룬다. 이는 '고정된' 분업에 내재하는 신성한 전통적 절차가 생산 활동을 관리하도록 만드는 예전의 방식과는 뚜렷이 대비된다.

우리가 떠나온 세계와 지금 살고 있는 세계, 뒤르켐이 탐구한 세계와 베버가 분석한 세계의 가장 중요한 차이점은, 각 세계에서 개념이 차지하는 지위이다. 전자의 세계에서 개념들은 신성화되었고, 일부 개념은 다른 개념들보다 더 신성화되었다. 그것들은 사고와 행위의 기준이었고, 그 기준들은 제의에 의해 신성화되었다. 후자의 세계에서 개념은 사람과 마찬가지로 평등해졌다. 어떤 개념도 신성화되지 않고, 모든 개념이 도구적으로 다루어지며, 모든 개념의 소비와 교체가 가능해졌다. 그러나 이것이 새로운 세계가 구세계보다 질서정연하지 않다는 걸 의미하는 것은 아니다. 오히려 정반대이다. 새 세계에서 신성화되고 거룩해진 것은 사유의 형식적 질서였다. 이는 비슷한 모든 사례를 비슷하게 다루고, 모든 쟁점을 분리하며, 모든 지시적 주장들이 외적인 중재를 받고, 모든 설명은 되도록 질서 있는 전체에 합치되어야 한다는 요구였다. 구세계에서 사회적이고 지적인 질서를 유지한 것이 은밀히 매복한 개념 파수꾼이었다면, 새 세계에서 그 일을 하는 것은 평등한 2차 과정(1차 과정은 비합리적인 무의식 체계를, 2차 과정은 합리적인 전의식 체계를 가리키는 프로이트의 개념—옮긴이)에의 귀의이다. 뒤르켐은 1차 과정의 기본 구조를 밝혔고, 베버는 새로운 세계가 구세계와 달라지는 방식을 분석하고 기적적인 변화가 어떻게 발생했는지에 관한 가설을 제시했다. 뒤르켐은 왜 모든 사람이 이성적인가를 설명했고, 베버는 왜 일부 사람들이 다른 사람들보다 더 합리적인가를 설명했다.

도구적 합리성

처음에는 제의에 의해 신성화되고 나중에는 교리에 의해 강화된 규범에서부터 단순한 공적 편의로, 개념은 변화한다. 이 변화는 개념을 실행하는 문화에서 도구적이고 이성적인 문화로의 이행을 수반하고 표현하며 실증한다. 다양한 측면에서, 특정한 목적을 위해 냉정하고 계산적인 일편단심으로 수단을 선택하는 도구적 합리성은, 농경 사회질서에서는 실행 불가능하고 거의 상상하기 힘들다. 제도와 활동의 다층적 맥락, 복합 기능성과 상호 의존성은 단일하고 명확하게 설정된 목표들의 등장을 가로막는다. 그런 목표들이 없다면, 도구적 합리성은 아무런 의미가 없다. 효율적이려면 성공의 기준이 명확해야 한다. 보편적 합리성은 사실 도구적 효율성의 보편적인 적용으로 생각될 수 있다.[4]

그러나 이 설명 자체는 아직도 상황의 뿌리에 닿지 못한다. 다층적 맥락의 우위는 의도적인 게 아니라 우연적인 것이지만, 구세계의 상황에 본질적으로 내재해 있었다. 농경 사회는 시장과 과학을 일부 포함할 수 있지만, 이들은 그 문화 안에서 산재하는 게토이거나 섬일 수밖에 없다. 시장은 사회의 생산물을 흡수하고 지배할 수 없고, 과학은 사회의 사상을 흡수하고 지배할 수 없다. 합리성의 게토는 게토의 합리성을 닮았다. 그 세계에서 도덕적으로 권리가 박탈된 이들은 그들이 경제적으로 이바지하는 사람들과 복합적이고 '완전히 인간적인' 관계도 맺지 못하게 금지된다. 낙인을 유발하는 고립 상태인 단일 기능적 관계 속에서, 그들에게 기대되는 건 한 가지만 하는 것이다. 그들의 쓸모와 생존은 그것을 잘하는 데 달려 있다. 그들은 다른 어떤 것을 제공하도록 허용되지 않는다. 베르너 좀바르트가 주장한 것처럼, 게토는 이처럼 도구적 합리성의 원천이 될 수 있다.[5]

작은 잉여를 가진 사회는 아마도 보편화된 시장사회가 될 수 없을 것이다. 이에 반해, 어마어마한 잉여를 지닌 발전된 근대사회에서, 개인은 자신의 노동을 넘겨주고 자신의 임금으로 필요한 모든 걸 산다. 물리적인 의미에서, 일반적으로 어떤 '사물'을 넘겨주는 건 아니다. 개인은 단지 매우 복합적인 활동에 참여할 뿐이다. 개인은 자신이 받은 급료로 생존에 필요한 것을 필요할 때마다 시장에서 산다. 농경 사회가 이런 방식이었다면 불합리했을 것이고 재앙을 낳았을 것이다. 농업 생산자가 자신의 생산물 전체를 넘겨주고 필요한 것을 구매해야 한다면, 인근 지역의 공급 부족으로 발생하는 물가 파동을 맞자마자 굶어죽게 될 것이다. 따라서 생산물의 상당 부분은 안전하게 저장된다. 농경 사회는 실제로 방위되는 저장 단위들의 집합이다.

잉여가 적을 때 생산은 전부 아니면 전무인, 절대적이고 타협의 여지가 없는 특징을 지닌다. 이를 억압과 전면적인 갈등과 연관 지어 살펴보려 한다. 잉여가 적을 때는 작은 이익에 집착하거나, 만족이나 흥미의 엄밀하고 정교한 평형상태를 추구할 여유가 많지 않다. 충분히 가지지 않으면 죽는 것이다. 그런 맥락에서 자율적인 경제는 존재하지 않는다. 경제적인 동시에 정치적이고도 억압적인 제도가 한 묶음으로 존재할 뿐이다. 궁극적으로 풍요를 낳는 결정적인 분업, 활동 영역들의 단절이 등장하려면 유용한 부가 이미 어느 정도 존재해야 한다. 다른 모든 경우에 그렇듯이 여기서도 닭이 먼저냐 달걀이 먼저냐는 문제와 맞닥뜨린다.

저장이 효과적일 수 있으려면 저장된 것은 방위되어야 한다. 농경 사회의 저장 체계는 다양하다. 중요한 단위는 다른 농가들과 평등한 조건 속에 공존하는 개별 농가-요새, 또는 지방영주의 아성(牙城)일 것이다. 또 부족 단위의 집합적 저장소도 있는데, 이는 현존하는 기억 속에 아틀라스산맥 농민사회의 '이르겜'(irgherm)이나 '아가디르' (agadir)로 남아 있다. 견고한 석조 건축 덕분에 기원전 1000년 즈음부터 지금까지 우뚝 서 있는 사르데냐 섬의 '누라게'(nuraghi)도 틀림없이 같은 기능을 했을 것이다. 저장과 방위 체계의 기초는 개별 농가들의 집합일 수 있다. 이 농가들은 도시의 벽으로 둘러싸여 있고 성새

(城塞)의 보호를 받는 동시에 착취를 당한다. 성새 또한 중앙에서 관리하는 저장소를 갖추고 있을 수 있다.

그것이 어떤 특별한 모습을 띠고 있든 한 가지는 변함없는 사실이다. 바로 이 정치사회적 기반시설을 외부의 공격으로부터 또는 내부의 파괴로부터 지키는 일은 적어도 생산물의 증대만큼이나 중요하다는 점이다. 일반적으로는 그것이 '훨씬' 더 중요하다. 다시 말해, 생산 전략은 오로지 일차적으로 경제적인 기준에 의해 지배되는 것이 아니다. 단절적인 목표들에 기초한 합리성과 실험은 배제된다. 체제와 그 내부 질서의 보존이 우선적인 고려 사항이다. 이것이 요구하는 것은 고립적인 경제적 목표의 추구가 아니라, 복합적으로 얽혀 있는 사회적 요구 사항들의 만족이다. 이 전반적인 요구를 지배하는 것은 사회질서의 유지, 그리고 사회질서가 제공하는 방위와 안전을 둘러싼 사회정치적 고려 사항들이다. 따라서 순전히 경제적인 목적만을 분리해 내어 추구하는 것은 불가능하고, 다층적인 맥락이 체제 안에 갖춰진다. 그것은 필수적인 전제 조건이지, 우발적 불완전성이나 지체가 아니다. 복합적이고 불안정한 질서는 보존되어야 하고, 이 질서는 뚜렷하게 분리된 목적들을 사정없이 혁신적으로 추구하는 방식과 양립할 수 없다. 생산에 대한 러시아 농민들의 태도를 다룬 A. V. 차야노프의 유명한 연구가 좋은 예이다.[6]

시장은 사람들이 물건을 교환한다는 사실로 정의되는 것이 아니다. 교환은 시장과 매우 다른 제의적 상황에서도 이루어질 수 있다. 시장을 정의하는 것은 사람들이 경제적 이익을 극대화하기 위해서 교환한다는 사실이고, 다른 고려 사항을 거의 완전히 무시하고 교환한다는 사실이다. 물건이나 지분을 판매하는 사람은 일반적으로 구매자의 정체성을 모른다. 시장사회는 그런 관계가 실재한다는 사실이 아니라 그런 관계가 지배적이라는 사실로 정의된다. 그런 도구적 합리성이 등장하기 위한 유일한 전제 조건은 크고도 점점 증대하는 잉여의 이용 가능성이다. 그 잉여는 더 이상 생산물의 주요 부분을 저장하고 보호해야 할 필요성이 없는 상황을 창출한다. 물론 잉여의 증가는 지속적인 혁신에 달려 있다. 이것이 지속적이고 꾸준할 수 있으려면 어떤 하나의 발견이나 일련의 발견보다는, 자연에 대한 이해와 조작이 가능하다는 의식에 기대야 한다. 다시 말해, 그것은 세속적이고 통합적이며 단일한 개념적 화폐로서의 자연관을 요구한다.

따라서 경제에서 도구적 정신은 정치적으로 독립적인 생산자와 함께 시장을 설립하며, 자연에 대한 통합적이고 도구적인 태도와 평행을 이룬다. 데이터와 해석이 단일한 이상적 통화로 융합되고, 해석과 예측의 단일한 목적에 복무하는 것이 필수적이다. 두 가지는 평행하며, 서로가 나머지 한쪽의 조건을 이룬다. 한 도시 또는 도시들의 연결 체계, 또 어떤 경우에는 지리적으로 유리한 곳에 위치한 한 섬의 상업화는 '비교적' 낮은 수준의 인식의 팽창으로도 가능하다. 하지만 시장의 보편적 확대에는, 다시 말해 시장이 마침내 전체 사회와 국제적인 사회 체제를 지배하게 되는 데는 지속적이고 거대한 인식적·기술적 확대가 요구된다.[7]

적은 잉여만을 지닌 사회의 시장 지향성은 몹시 위험한 상황을 낳는다. 그런 사회는 대부분의 농경 사회가 실제로 그랬던 것보다 훨씬 더 위태롭게 기근의 언저리에 놓이게 된다. 시장의 사회 지배를 꾸준히 추구하도록 만드는 건 인식의 성장뿐이다. 이는 마르크스주의 이론에서 '생산력'의 성장이 근본적인 사회 변화를 낳는다는 부분적 진리의 요소를 구성한다. 사실 지식과 기술의 성장 없이 생산성의 증대는 일어나기 힘들다. 하지만 마르크스주의는 그것을 설명하면서 이상하게도 목적론적인 오류에 빠지고 만다. 더 나아가 새로운 '과제'가 인류에 부과될(누구 또는 무엇에 의해서?) 때 잠재적 효율성이 증대된 이 생산수단 덕분에 새로운 사회조직이 출현했다고 주장한다.

> 사회질서가 소멸할 때는 그 사회의 생산력이 완전히 발달하여 더 이상 사회가 그것을 수용할 수 없을 때이다. …… 따라서 인류는 언제나 자신이 해결할 수 있는 과제만을 스스로 설정한다. …… 과제 자체가 출현할 때는 그 해결을 위한 물적 조건이 이미 존재하거나 적어도 형성되고 있을 때뿐임을 언제나 …… 알 수 있기 때문이다.[8]

실제로는 기술적 잠재력 또한 성장한 때에, 사회의 비경제적 부문들에서 기적과도 같이 정치적 · 이데올로기적으로 권력균형이 이루어졌을 뿐이다. 또한 기적과도 같이, 매우 유리한 인식적 · 이데올로기적 · 정치적 환경들을 이용하려는 욕구가 생산자들 가운데 적어도 일부에게 있었을 뿐이다.

경제에서 도구적 정신과 성장 지향성이 인식 영역에서 도구적이고 자율적인 정신을 전제로 한다면, 그 역 또한 참이다. 억압적 요소와 종교적 요소들의 낡은 동맹이 여전히 우세한 사회에서 영속적이고 근본적인 인식의 변화가 일어난다는 건 상상하기 어렵다. 그 낡은 동맹은 인식의 변화를 억압하고 은폐할 것이다. 그 이유는, 자신의 이익에 대해서 완전한 의식은 아닐지라도 유효한 인식, 또는 자신들의 사회가 지지하는 정통 교리에 대한 신심 때문이다. 중세시대 가장 진보한 사회인 중국 황실이 어느 정도 이와 같았다.[9] 내부적 타협의 일부로서 신앙의 자유가 허용된 개인주의와 도구주의 사회만이, 필요한 환경을 제공할 수 있다. 그러면 그 사회는 유리한 생산 활동을 이어 갈 수 있다. 그리고 영속적인 인식적 성장이 확고해지고 제도화되는 기반을 건설할 수 있다.

역설적으로 들릴 수도 있겠지만, 통합되고 평등해진 자연을 향한 단일 목적적이고 도구적인 태도는 프로테스탄트적 자아의 자율성과 선택적 친화력이 있다. 표면적으로는 그 반대의 주장이 유혹적일지 모른다. 자연에 대한 근대적 태도와 자연의 탐구는 명확히 인식적이고 분명히 '외적인' 문제들에 주권을 인정한다는 주장, 사실과 데이터만이 문제를 해결한다는 주장은 유혹적일 수 있다. 자연적 사실에 관해 이렇듯 통제력을 상실함으로써 인류는 평가 절하되는 것처럼 보인다. 그러나 인식적 성장을 수반하고 성문화하는 인식론은 개인주의를 지향하는 듯하고, 따라서 기묘하게도 주관주의로 보이기도 한다. 궁극적으로 주권을 지니는 것은 개인의 '사적인' 데이터이기 때문이다. 그리하여 진리는 사적인 것으로 보일 것이다. 이 주장의 첨단은, 세습되고 관습에서 태어난 문화적 관점이 진리에 의해 왕년의 권위를 박탈 당한다는 것이다. 진리는 자연을, 아니 정확히 말하면 자연에 대한 탐구를 해방시킨다. 개인의 인식적 주권은 자연의 자율성을 동반한다. 전일적이고 사회적인 지식의 목적은 개인과 자연 모두를 해방한다.

이 근본적인 차이가 개념을 실행하는 사회와 도구적인 사회, 두 사회 사이에 존재한다. 개념을 실행하는 사회는, 이론의 여지가 있고 모호한 면을 지닐 수밖에 없는 개념들을 체계적으로 실행하며, 인간과 자연 '모두가' 정해진 지위를 갖는 체제, 그리고 제의와 교리로써 신성화되는 체제를 형성하는 사회이다. 도구적인 사회에서 개념은 적어도 암묵적으로 탈신성화되고, 개념의 적용은 어느 정도 단일하고 독립적인 기준에 기초하고 있으며, 개별적인 사람들은 질서 있고 '기계적인' 자연을 마주한다.

계몽주의의 빛과 그늘

새로운 관점을 성문화한 계몽주의를, 전체적으로 일관성 있으며 모순이 없고 완벽하게 구성된 단일한 교리라고 일컫는 건 과장일 것이다. 지성사에 그 정도의 체계는 없다. 하지만 계몽주의에는 상당한 일관성이 있다. 자유주의, 합리주의, 자연주의, 경험주의, 유물론 같은 주제들은 늘 일관성이 유지되는 건 아니라 해도 눈부신 발전이며 영향력이 어마어마하다.

아마도 저급한 계몽주의와 고급한 계몽주의를 구별해야 할 것이다. 저급한 계몽주의는 사회적으로나 문화적으로 결코 저급하지 않은 이들, 다시 말해 혁명 이전 파리의 우아한 살롱의 '필로조프'에 의해 형성되고 확산되었다. 그들의 글은 명석하고 재치가 있으며 때로는 깊이가 있었다. 널리 읽힌 그들의 저술은 도덕적이고 지적인 기후를 변화시켰고, 프랑스혁명 때 새로운 사회질서의 천명을 가능하게 했다고 평가된다. '프롱드의 난'에서 근본적인 변혁으로, 반란에서 혁명으로 변화한 것이다. 그들은 이성과 자연을 권좌에 앉혔다. 이 한 쌍의 신성은 매우 보완적이고 당연히 상호 의존적이었지만 때로 갈등도 빚었다. 어떤 이유에선지, 현실에서는 둘 가운데 하나만이 혁명적 제의에서 벌거벗은 여배우로 상징화되었다.

이성은 일종의 인식적 발견 또는 유효화의 포괄적 능력으로서 모든 사람들에게 적어도 잠재적으로 존재하는 것이다. 하지만 적어도 잠재력으로서, 그것은 우리 모두에게 동등하게 존재한다. 자연은 질서 있는 실재의 체제로서, 이성에 의해 우리에게 파악된다. 그리고 자연은, 그 체제 안에서 합법적인 인식의 독점권을 이성에 양도함으로써 보답해야 한다. 이성은 자연을 드러내고 자연은 이성을 권좌에 앉힌다.

이러한 관점을 가장 잘 체계화한 저술이 올바크의 《자연의 체계》 (System of Nature, 1770)였다. 이 책은 생각을 뒤엎는 내용 때문에 처음에 익명으로 출간되었고, 공개사형 집행인에 의해 불태워져야 한다는 판결을 받았다. 올바크는 부유하고 박식했으며, 오랫동안 목요일 만찬을 정기적으로 주최하여 프랑스 '백과전서파'를 불러 모았다. 문제의 책은 새로이 계몽된 지식에 대한 일종의 개론서였고, 내용상으로는 공동 저술이라 생각할 수 있다. 그 새로운 관점은 내용에 있어 낡은 것의 전도이자 문체에 있어 낡은 것의 영속화였다. 그 절정이라 할 수 있는 자연 예찬을 보면 이를 가늠할 수 있다.

오 자연이여, 만물의 통치자여! 그리고 자연의 어여쁜 딸들인 미덕과 이성과 진리여! 그대들은 언제나 우리의 유일한 신이어라. 인류의 예찬은 그대들의 것이고, 지상의 경의는 그대들을 향하노라. 그러니 오 자연이여, 우리에게 보여 주기를! 그대들이 욕망하게 만든 행복을 얻기 위해서 인간이 무엇을 해야 하는지를. 미덕이여! 그대의 선한 불길로 인간에게 생기를 불어넣으라. 이성이여! 그의 불확실한 발걸음을 인도하여 삶의 길을 헤쳐 나가게 하라. 진리여! 그대의 횃불로 지성을 밝혀 그가 가

는 길에서 어둠이 사라지게 하라.[10]

저급한 계몽주의란 이런 것이다. 고급한 계몽주의는 새로운 관점을 성문화하는 데 그치지 않고 좀 더 나아간 18세기 최고 사상가들에 의해 형성된다. 그들은 또한 그 뿌리 깊은 문제점과 내적 긴장을 폭로하고 직시했다. 이들 가운데 가장 위대한 인물이 흄과 칸트였다.

심각한 긴장은 많았지만, 가장 중요한 긴장들을 꼽는다면, 이성과 자연 사이의 '갈등,' 자멸을 초래하는 이성의 뚜렷한 경향, 그리고 보편주의와 상대주의 사이의 갈등으로 정리할 수 있겠다. 이 문제들은 서로 연관된다.

계몽주의의 쌍둥이 여신들은 조화를 이루지 못한다. 이와 다르게 생각한 이들은 더 대중적이고 덜 엄격한, 새로운 관점의 선전자들뿐이었다. 자연은 유일하고 질서 정연하며 모든 걸 포용하는 체계로서, 규칙성의 이용과 인식에 의해 인간이 사건들을 통제하는 걸 허용하고 사실상 고무한다. 한편 자연은 주술이나 마법을 통한 의도적인 조작을 허용하지 않고, '기적' 같은 예외들이나 '화목 제물'(和睦祭物, 죄로 인하여 깨진 하느님과 인간과의 관계를 회복하기 위하여 바치는 제물—옮긴이)도 허용하지 않는다. 이성은 자연을 탐구하는 총체적인 인간적 능력이다. 18세기에는 일반적으로 이성이 증명과 실험을 이용하여 관념들을 검증한다고 이해되었고, 그 결과 어떤 관념도 생득권에 의한 권위를 더 이상 주장할 수 없게 되었다. 어떤 관념도 그 기원을 앞세워 인정받으려 할 수 없다. 합리적인 탐구는 권위에 대한 호소나 인식적 특권에 대한 주장을 배제한다. 인간과 마찬가지로 관념들은 귀속에 의해서가 아니라 업적에 의해서 존경을 얻어야 한다. 이 이상들, 다시 말해 질서 잡힌 자연과 평등주의적이고 근거를 중시하는 탐구 형태는 저마다 존경받을 수 있다. 하지만 그것들은 서로 양립할 수 있을까? 다시 말해, 우리가 데이터를 그리고 데이터만을 주의한다면, 자연을 믿을 충분한 근거를 갖게 되는 것일까?

흄은 그렇지 않다고 분명히 밝혔다. 우리가 가진 데이터는 단편적이고 불완전하다. 무엇보다도 데이터는 미래까지 지속되지 않는다. 그것들은 미래가 과거의 규칙성을 반복할 것임을 보장하지 못한다. 따라서 데이터만이 우리의 확신을 정당화한다면, 우리에게는 '질서 있는, 자연의 영속화를 믿을 아무런 권리가 없다. 따라서 우리의 합리적 절차를 보증하는 건 아무것도 없다. 이성은 자연의 경쟁자이자 선임자들인, 일관성 있는 신학적 관점 또는 주술-제의적 관점을 말살할 수는 있다. 그러나 이성은 자기 자신을 입증할 수 없다. 자연의 실재성은 확립될 수 없다. 이성 자체의 기준에 의하면, 우리는 사회적 역할들과 자연적 개념들이 서로 얽혀 있는 체제인 '우주'(cosmos)를 정립할 수 없다. 마찬가지로, 우리는 자연을 안다고 주장할 수도 없다. 우리에게는 사건들이나 사물들이 인식적 탐구가 가능한 질서 있는 체제를 형성한다고 가정할 권리가 없다.

두 여신 사이에는 또 다른 갈등이 있다. 자연이 질서 있고 모든 걸 포용하는 것이라면, 그 질서 정연한 체제 안에 우리의 인식적이고 도덕적 행위들 또한 포용될 수 있다. 하지만 자연의 다른 것들과 마찬가지로, 우리의 행위들이 그 선행자들과 연관된다는 법칙에 구속받는다면, 이 행위들은 진실로 자율적이고 권한이 있는 것인가? 그것들은 과연 '우리의' 행위인가? 비개인적이고 인과적인 법칙에 지배를 받는 그것들이 인식적으로 유효하다고 인정될 수 있는가? 행위들은 그 인과적 선행자들에 의해 좌우되고, 이 선행자들은 합리적인 원리에 무감각하다. 우리의 인식 메커니즘은 자연의 일부로서 그 목적에 이바지하는 것이지, 고유하고 보편적인 진리의 목적에 이바지하는 것은 아니다.

분업은 인식에 자율성을 부여했다. 자율적인 인식은 어떤 행위도 자율적일 수 없는 본성을 만들어 냈다. 바로 그것이 문제이다. 그래서 우리의 인식적 행위는 기껏해야 우연히 진리를 발견할 수 있을 뿐이다. 구원을 얻을 가능성을 둘러싼 옛 서구의 열망은 진리를 얻을 가능성을 둘러싼 비슷한 열망으로 대체된 것처럼 보였다. 숙명론이 예정설을 대체한 것이다.

이성의 자기 파멸적 본성의 문제는 이런 문제가 일반화된 버전이다. 이성이 외부의 도움 없이 진리를 파악하는 총체적인 능력으로 정의된다면, 이성은 우리가 인식적이고 사회적인 생활을 할 수 있게 하는 원칙들, 다시 말해 인식적일 뿐 아니라 도덕적·정치적 그 모든 원칙들을 진실로 자신의 자원으로부터 불러낼 수 있을까? 흄의 중심적인 주장은 그렇지 않다는 것이었다. 칸트는 흄의 주장의 설득력과, 어느 정도는 결론까지 받아들였다.

저급한 계몽주의는, 새로운 외부 체제가 예의 위계적이고 계시적인 우주를 둘러싸고 있던, 명백하고 명쾌한 권위와 똑같은 권위를 소유하기를 희망하고 그렇게 가정했다. 그들은 새로운 관점이 확산되고, 구세계를 특징지었던 모든 권위를 가지기를 바랐다. 새로운 관점은 물론 내용이 다르고, 또 질서 있고 평등주의적일 터였다. 그럼에도 불구하고, 왕들과 성직자들에게 속박되어 있던 인류에게 낡은 관점이 했던 것과 똑같은 역할을 새로 해방된 인류에게 하게 될 것이다. 그것은 새롭고 독특한 계시인 이성에 의해 인식되고 탐구되고 비준될 것이다. 낡은 권위와 다른 점은 변덕스럽지 않다는 것이다. 그것은 특권을 주장하지도 낳지도 못할 것이다.

그러나 이 모든 일은 이루어지지 않았다. 새로운 계시는 '자체 기준으로 보아도,' 심각한 결함을 드러냈다. 그것은 기대에 부응할 수 없거나, 적어도 기대에 부응한다는 보장을 할 수 없었다. 새로운 자연은 그 안에 새로운 계시를 품을 여유가 없었다. 새로운 계시는 자연을 비준하고 보증할 수 없었다. 계몽주의의 가장 위대한 사상가들은 이 내적 위기를 폭로한 이들이었다.

보편주의와 상대주의와 관련된 문제들은 또 있다. 새로운 관점은 성서본위주의의 종교적 선조들과 사회적 조상들이 그랬던 것처럼 보편적 유효성을 주장했다. 그렇게 주장하지 않는다면, 그것은 자신의 왕성하고도 열렬한 개종 열망을 정당화할 수 없었다. 파리의 백과전서파 선전가들은 자신들에게 자명해 보이는 것이 서민과 대중들에게 설득력이 없고 더 나아가 이해되지도 않는다는 걸 분명히 알고 있었고, 거기에 대해 씁쓸함과 두려움을 느꼈다. 그들은 모든 사람을 개종시키고자 했다. 보잘것없고 교육받지 못한 사람들을 설득하려고 계획하면서 그 과제가 벅차고 어마어마하다는 걸 알았다. 하지만 그들은 서민들의 고지식함뿐 아니라 스스로를 침식하는, 동료들의 비판 정신을 두려워해야 할 이유가 있었다.

그러나 그들이 새로운 자연 개념이 보편적인 유효성을 가지고 있다고 본 바로 그때, 그 개념 자체는 모든 지식이 개념의 필수적인 부분인 만큼이나 기능적이라는 관점을 포함했다. 지식 자체는 각 생물학적 유기체 또는 사회적 유기체 기능의 본연적인 일부이다. 그러나 두 종류의 유기체는 서로 상당히 다르다. 저마다 알맞게 적용되는 인식적 관습과 기준을 갖는다고 생각될 수 있다. 따라서 자연 안에서, 인식적 다양성과 일반적인 상대주의를 기대하는 건 누가 봐도 논리적이다. 각 유기체 또는 문화는 자기 나름의 관점을 갖고 있고, 그 관점은 그 유기체나 문화를 위해 기능하고 구속력을 발휘한다. 그러나 이런 상대주의적 귀결을 필연적으로 내포하는 자연관 역시 스스로 '유일하게' 유효하다고 생각한다.

흄과 칸트는 이런 상대주의 문제를 정확히 바라보지 못했다. 그러나 두 사람은 자신들의 사유를 차지한 자연과 이성의 문제에 대한 해법을 가지고 있었다. 두 사람이 내놓은 해답은 상당히 비슷했지만, 철학사에서는 일반적으로 그 둘을 동맹군이라기보다 이론적 맞수로 생각한 게 사실이다. 그러나 그들의 차이점은 실제 내용보다도 강조점과 관용구에 있으며, 유사성이 훨씬 심층적이고 중요하다.

해답은 단순하다. 질서 있고 이해할 수 있는 체계로서 인간의 분석 대상인 자연은 결코 스스로를 보증하지 않는다고 인정하는 것이다. 자연 자체도, 다른 어떤 높은 권위도 그런 체계의 유용성을 보증하지 않고 보증할 수 없다. 그런 보증을 요구하거나 기대한다는 건 최종적이고도 명확하게 알 수 있는 기본적인 실재가 존재하고, 인식적 탐구에 의해 무엇이 발견될 수 있는지를 그 실재가 사건에 앞서 미리 정해 놓을 수 있다고 생각하는 것과 다를 바 없다. 이는 지식의 자율성을 부정하고, 예견할 수 있는, 사물의 본성의 기본적이고 확고한 구조에 종속시키는 것이다. 탐구는 자유롭지도 않고 어떤 신뢰할 만한 보증을 얻을 수도 없는 것이지만, 수많은 철학자들은 두 가지 모두 가능하길 바라는 것 같다.

지식의 주권이 통치하는 세계에서, 우리는 더 이상 그런 높은 권위를 기대하지 않는다. 우리가 그 실재와 합법적 권위를 어떻게 '알' 수 있겠는가? 그렇더라도 우리 자신, '우리 자신의 이성'은 이런 방식으로 작동함으로써 어쨌든 '우리'의 지식이 이런 유형임을 확인하게 한다고 흄과 칸트는 주장했다. 보증서는 우리 안에, 우리 이성의 구조 안에 존재한다.

'우리'의 이성이라고 말할 때, 흄과 칸트는 인류 일반을 가리켰다. 물론 두 사상가는 어조에서 상당한 차이를 보인다. 흄은 우리의 이성이 습관적으로 규칙성을 찾아내고 그것들이 지속되리라고 기대하는 것처럼 말한다. 우리가 모든 자연을 구성하고 있다고 보는 만큼이나 영향력을 지니는 것이 우리의 심리적 규칙성이다. 자연의 작은 한 부분, 다시 말해 우리 자신의 정신적 습관에서 일어나는 규칙성은 어떤 면에서는 엄청나게 증폭되어 자연 전체에 울려 퍼진다. 흄은 우리의 이성이 지속적으로 그런 방식으로 작동한다는 걸 결코 보증할 수 없다. 그는 그저 우리의 이성이 그렇다는 걸 다행히 그리고 운 좋게 발견했을 뿐이다. 이에 반해, 칸트는 문자 그대로 받아들여질 경우, 훨씬 더 확신을 불러일으키는 관용구를 사용한다. 우리의 이성이 특정한 구조를 지닐 뿐 아니라 지니게 되어 있다는 것이다. 그리고 이는, 우리가 알고 있는 것은 우리가 '자연'이라고 일컫는 질서 있는 형태를 갖는다는 걸 필연적으로 보증하게 된다.

둘의 차이점보다는 그들이 '우리의 이성'에 공통적으로 부여한 속성이 더욱 중요하다. 그 속성은 덜 예리한 다른 사상가들이 늘 사물의 외적인 본성에 귀속시키던 것이다. 물론 흄과 칸트는 똑같은 오류를 저질렀다. 모든 이성이 사실상 동등다고 가정한 것이다. 그들은 자신들이 설명한 이성이 독특한 역사적 발전의 정점임을 알지 못했다. 그들은 자신들의 이성을, 새롭게 등장한 지적인 양식을 예리하게 분석하고, 그것을 모든 인류의 속성으로 파악했다. 따라서 그들은 어쨌거나 연구의 중심 줄기에서, 그리고 직접적으로 상대주의 문제를 포착하지 못했다. 그들이 그렇게 할 수 없었던 이유는, 다른 맥락에서 그들이 상대주의를 포착했다 하더라도 그들의 중심 문제의 주요 해법이 그 사실을 부정했기 때문이다.

이 문제를 다루는 일은 19세기로 넘겨졌다. 흄과 칸트는 그들이 생각했던 것처럼 인간 이성의 전반적 과정을 성문화한 게 아니라 인간 이성의 한 유형을 성문화했던 것이다. 그 이성은 모든 데이터가 하나의 단일 통화로 표현된다고 보고, 모든 사실을 동등한 유형의 것이라고 생각한다. 그래서 모든 사실은 평등하게 해석될 자격이 있고, 그 해석은 유일한 정점을 갖는 단일한 체제를 구성하거나 적어도 그런 체제를 열망한다. 이 책은 여태까지 그 역사적 등장을 도식적으로 설명하려 했다. 그것은 사실들이 동등할 뿐 아니라 도덕적으로 무채색이라고 보는 이성관의 중요한 귀결이다. 가치들과 도덕적 규칙들은 그것들이 어디에서 비롯되었든, 유일하고도 질서 있는 객체들의 외적 체계에 의해 보증될 수 없다. 흄과 칸트가 자연을 입증하는 것과 비슷한 방식으로 이 문제를 해결한 건 자연스러웠다. 도덕성의 규칙 또한 인간 이성의 구조 자체에 그 기초를 두고 있기 때문이다.

그러나 사실 인간의 이성 일반은 계몽된 이성을 닮지 않았다. 계몽된 이성은 특징적이고 가장 특별한 역사적 산물이다. 우리가 앞서 제시한 원시인의 정신세계의 일반적 모델은 수많은 하위 체제를 제안한다. 하위 체제는 저마다 도덕적으로 충만하고, 그 자체의 규칙에 의해 사회적 맥락과 연결된다.

계몽된 이성을 보편적이라고 생각한 흄과 칸트의 오류가 인정되기까지는 오래 걸리지 않았지만, 그 오류를 인정한다면 의문이 생겨난다. 새로운 관점이 '보편적인' 관점이 아니라 '특정한' 관점이라고 생각한다면, 그것이 선호된 이유는 무엇일까? 그것은 정말로 선호되었는가? 그것에 구속력을 부여한 것이 있다면, 그것은 무엇인가?

진보의 철학

인간의 다양성은 문제뿐 아니라 '해답'에서도 등장할 수 있었다. 이 해답은 19세기의 가장 두드러진 철학이 되었는데, 그것은 바로 진보에 대한 신념이었다.

이제 등장한 사회는 역사에서 최초로 지속적이고도 영구한 인식적·경제적 성장을 기초로 했다. 과거를 돌아보며, 이 사회는 비슷하게 지속적이며 본질적으로 정점을 향해 가는 진보의 추세를 가시화할 수 있다고 생각했다. 지난날 몹시 미약하여 가끔은 눈에 띄지도 않았고 때로는 후퇴하기도 했던 추세는 이제 눈에 띄고 뚜렷해졌으며, 틀림없이 똑똑히 목격되었다. 미래를 내다보며, 일부 사상가들은 이 지속적인 진보가 계속 이어지리라고 예상하는 것이 정당하다고 느꼈다. 그들은 끝없는 진보가 인식과 생산 영역에만 국한되지 않는다고 보았다. 도덕과 정치, 그리고 삶의 모든 측면들이 이러한 상향의 흐름에 동참할 터였다. 이는 삶에 새 의미를 주었다. 그것은 새로운 변신론(變神論), 인간이 견뎌야 했던 모든 억압에 대한 합리화를 구성했다. 천상이 아니라 지상의 미래에 펼쳐질 지복(至福)은 삶의 불의와 억압에 대한 보상이었다. 새로운 변신론이 탄생했다.

진보에 대한 이 관점이, 더 단순한 형태의 계몽주의가 해결할 수 없었던 상대주의 문제를 해결했다. 진보의 관념은 서로 다른 문화와 시대가 근본적으로 다양한 외형과 정신을 지닌다는 사실에 이의를 제기하지 않는다. 오히려 그것은 그 안에서 다양성과 번영을 요구하고 그것을 출발점으로 삼는다. 그리고 실제로 다양성이 존재한다. 하지만 그것은 임의적이거나 무질서한 다양성이 아니다. 신앙, 가치, 조직 또는 그 무엇에 있어서든, 다양성은 방대한 시리즈로 구성된다. 시리즈의 최근작들은 앞선 작품들의 완성이자 개선이자 궁극이다. 또한 대체로 공적(功績)에 의한 시리즈의 구성은 역사 기록이 드러내는 시간적 구성과도 들어맞는다.

서구 사상은 이제 역사를 신성화할 준비가 되었다. 역사는 다양성의 임의적 연속이 아니라 내부에서 추동되는 연속적인 진보의 과정으로 여겨졌다. 역사나 심지어 우주 자체가 부르주아적 삶을 닮은 것으로 여겨졌다. 이는 결국 부르주아의 시대였다. 중간계급은 지속적인 교육과 자기 발전을 신봉하고, 역사는 18세기의 문구처럼 인류의 교육이라고 선언되었다(독일 극작가이자 철학자인 레싱의 유명한 저서 《인류의 교육》(1780)을 가리킨다. 이 책에서 레싱은 세계 종교 역사를 통해 도덕 의식이 발전해 왔고, 인류가 보편적인 형제애와 도덕적인 자유의 절정에 이를 수 있으리라고 말한다—옮긴이). 부르주아적 삶이란 다른 무엇보다도 '경력'이다. 그것은 일차적으로 또는 독점적으로 업적, 지위, 명성, 부의 향상에 의해 정당화된다. 이제 우주도 똑같다는 것이 밝혀졌다. 세계 자체가 상향 발전하는 것이었다.

이 새로운 유형의 철학은 플라톤 철학의 관점이나 데카르트 철학의 관점 모두와 달랐다. 이 철학은 플라톤 철학처럼 안정적인 농경-문해 사회의 조직 형태와 신앙 형태에 대해 초월적이고 불변하며 권위적인 승인을 부여하지 않았다. 또 데카르트 철학처럼 문화적으로 새겨지는 편견에 대한 개인적 기피나, 세계에 대해서 도구적으로 유효한 해석과 조작을 가능하게 하는 유배를 성문화하지 않았다. 두 철학 모두와 달리, 이 철학은 문화의 다양성을 인정하고 강조했으며, 플라톤의 사회와 데카르트의 사회의 차이를 흐릿하게나마 포착했다. 그것은 웅장한 도식 안에 각 유형을 배치하는 전체적인 관점을 공식화하고자 했다. 이 도식은 다양성을 해석하고 정당화하는 동시에 궁극적으로 그 전반적인 방향에 권위를 부여하게 된다. 그리고 이 진보의 정점을 옹호하게 된다. 서구 사람들은 자신들이 그 정점을 이미 예증하고 있거나, 곧 예증하게 될 것이라고 믿었다.

진보의 철학은 연속적이고도 별개인 두 가지 영향력, 다시 말해 역사와 생물학의 영향력 아래에서 공식화되었다. 두 영향력 또한 결합될 수 있었다. 역사가 전반적으로 상향의 흐름을 갖는 것처럼 보인다는 인식은 처음에 진보의 일반론에 영향을 미쳤다. 나중에 생물학에서 들려온 진화론 소식은, 이러한 상향의 흐름이 역사뿐 아니라 모든 삶에 통용되는 것이라는 의미를 전해 주면서 진보의 일반론을 정립하고 입증했다.

위로 향하는 움직임이 삶의 중심적 사실이라면, 그것은 지난날 위대한 포괄적 구원 신앙들이 많은 인류를 만족시켜 주었던 욕구를, 적정하게 세속적이고도 새로운 방식으로 충족시켜 주었다. 이것은 악의 문제의 해답에 대한 요구, 인류와 세계의 화해였다. 세계는 더 이상 '외부의' 구원자나 구세주, 보증인을 필요로 하지 않는 것처럼 보였다. 그것은 스스로 구원을 제공하고 보증했다. 세상을 구원하는 절차는 내부로부터 비롯되었고, 구원의 기준은 자신이 만들어 내고 스스로 비준하는 것이었다. 진보의 신앙은 사실상 악의 문제에 대한 최고의 해답을 제공한다. 악은 궁극적으로 '세계 안에서' 작동하는 기본 원리에 의해 극복된다. 그러나 단기적으로, 악은 일종의 필수적인 자극이나 장애물도 제공한다. 악이 없다면, 나중에 좋은 조건에 이르더라도 그 의미는 훨씬 줄어들 것이고 어쩌면 좋은 조건이 이루어지는 일은 없을 것이다. 따라서 그것은 결국 필요악이자 의미 있는 악이다.

이처럼 완전히 세계 내부로부터 비롯된 개념적 자원에 의해, 지난날의 사실과 가치의 통합은 비록 위태롭기는 하나 일시적으로 복구되었다. 철학과 정치 영역에서, 이런 유형의 이론 가운데 가장 중요한 버전은 헤겔-마르크스주의 이론이었다. 이 이론은 세계사에 의미와 방향과 목적이 있다고 가르쳤다. 변혁은 붕괴에 그치지 않았다. 헤겔에 따르면, 지난날의 가치와 사실의 융합은 지속되고 완성된다. 또는 마르크스에 따르면 그것이 과거에는 가짜였다고 해도 마침내는 참된 것으로 교체된다. 인류의 미래 조건은 둘을 더욱 긴밀히 융합하게 된다.

마르크스주의로서, 이 관점은 세계 주요 종교의 하나로 발전하게 된다. 거기에는 수많은 관념이 혼합되어 있다. 그 가운데 가장 중요한 관념은, 인류가 이미 알고 있고 알 수 있는 다양한 사회 유형들에 종착지가 있으며, 그것이 또한 도덕적으로 규범적이라는 것이다. 다양한 선행 단계들을 결정하는 건 무엇보다도 그들의 생산적 기초이다. 다양한 사회들은 그 생산적 기초의 발전에 부합하고, 그 발전은 역사를 통해 나날이 증대된다. 마지막 단계는 억압 제도와 사유재산이 없는 단계이다. 흥미롭게도, 유물론적 사회유형론과 사회적 역학 이론은 억압과 미몽 모두의 종말을 약속한 정치적 구세주 신앙을 형성하는 데 이용되었다.

물론 그것이 유일한 진보 이론은 아니었다. 프랑스를 비롯한 곳곳에서, 콩트 철학의 전통 또한 우세했다. 다윈주의는 완전히 새로운 이론들의 발생을 자극했는데, 아마도 그 가운데 가장 중요한 건 실용주의일 것이다. 실용주의는 자연의 치열한 경쟁에서 시작된 적응과 멸종의 과정이 나중에는 인류에 의해 인식적·윤리적 투쟁에서 본질적으로 영속화된다고 가르쳤다. 어떤 전반적인 통일체도 전제 조건이나 보증인이나 통합자로서 요구되지 않았다. 단편적인 적응들 자체가 스스로를 정당화했고, 또 그 성공에 의해 정당화되었기 때문이다. 실용주의는 단일체를 면직시키고 세세한 조정을 열렬히 지지하면서, 역설적이게도 스스로 위대하고 몹시 추상적인 단일체가 되었다. 그것은 아마 북아메리카의 가장 중요한 토착 철학일 것이다. 지속적이고 영속적인 진보에 대한 실용주의적 관점을 가능하게 한 건 원시인이 단선적인 인식 활동을 했다고 불합리하게 생각한 탓이었다. 그것은 근대적 분업을 은연중에 과거로 투사한 것이다. 실용주의는 분업이 없었던 '앙시앵레짐'에 대한 참된 기억이 거의 없는 문화에 잘 들어맞았다.

여기서 우리의 관심을 끄는 건 진보 철학들의 총체적이고 전반적인 운명과 단점이다. 그 가운데 하나가 지구 상당 부분에서 국가 종교가 되었다. 사상의 자유가 남아 있는 지역에서, 진보적 관점들은 결국 크게 흥행하지는 못했다. 농경시대에, 신앙 체계는 자신들의 주장에 의해서 스스로 위태로워지는 것처럼 '보였을' 수도 있지만, 실제로 비판받은 적이 거의 없었다. 신앙 체계를 안정적으로 유지한 사회적이고 논리적인 방어 기제에 힘이 되어 준 건, 사회의 인식적 자본이 의미 있게 증대되지 못한 현실이었다. 그 사회의 전반적인 정신은 인식적 성장을 지향하거나 기대하려 하지 않았다. 따라서 중심적이고도 신성한 교리가 반박되는 일은 자주 일어나지 않았다.

이제 그 모든 것이 바뀌었다. 19세기의 사회적 · 역사적 · 생물학적 신형이상학은 공식적인 신앙 체계가 되고도 여전히 사회적 또는 직접적인 억압적 방어 기제의 도움을 받을 수 있다. 신앙 체계가 늘 그래 왔듯이 여전히 모든 논쟁을 회피할 수 있다. 그것은 그렇게 할 수 있는 장치를 잘 갖추고 있다. 그러나 지식의 어마어마한 성장과 비판정신의 성행은 그것을 무자비한 침식에 노출시킨다. 안정적인 신앙은 역사의 형태에서도 생물학의 유형에서도 추출될 수 없다. 역사나 생물학의 유형은 몹시 불안정해서 도덕적 권위라는 하중을 지탱할 수 없다.

차안을 체계적으로 보증하는 형이상학 최후의 이 위대한 세대는 혈통상 잡종이었다. 여전히 이들 체계는 높으신 어떤 존재에 의해 우리 질서를 보증했다. 그러나 이번에 높으신 존재가 보증한 것은 다소 모호하게도 '차안'의 더 심층적이고 영속적인 흐름일 뿐이었다. 이 흐름이란 것은 충분히 차안의 것이어서 옛날 종교적 방식처럼 이원적이지 않았다. 이와 동시에 그것은 충분히 심층적이고 영속적이며 단조롭고 일상적인 쟁점들과 거리가 멀어서, 권위를 갖고 우리에게 영향력을 미치게 되었다. 물론 이들 체계는 완전히 사라지지 않았다. 그 가운데 적어도 하나는 오랫동안 주요한 역사적 존재로 남을 것 같다. 그러나 그들의 시대가 사라지고 그들의 전성기는 지나갔다. 오늘날 우리의 이데올로기적 혼란은 신의 죽음이 아니라 이 19세기 신의 대리인들의 죽음에서 비롯된다.

6장
⋮
억압 질서와 권력

권력의 유형

우리는 인류 활동의 첫 번째 큰 영역인 인식이 분업의 중요한 단계, 다시 말해 수렵채취 사회부터 농경시대, 그리고 농경시대부터 산업 자본주의 시대를 거치며 어떻게 변화해 왔는지 살펴보았다. 그렇다면 억압은 어떻게 변화했는가? 권력 유형들은 인식 세계의 발전과 어떠한 연관이 있었는가? 억압 또는 약탈이 삶의 중심 주제이자 가치였던 농경시대가, 생산이 중심 주제가 되어 사회 전체 조직과 정신을 변화시킨 산업시대를 어떻게 낳았는가?

축적된 부가 없는 산업 이전 사회에서는, 매우 명확한 의식이 권력과 통치의 속성이 될 수 없다. 미래를 대비하지 않고, 미래를 대비할 아무런 방편을 갖지 못한 사람은 다른 사람을 매수할 동기가 극히 제한된다. 즉각적이고 지체 없는 목적을 위한, 그리고 지위의 획득을 위한 권력이 발생할 수 있고 틀림없이 발생한다. 하지만 그것은 영속적이고 비개인적인 권력 계급 구조를 어느 정도까지 발생시킬 수 있을까? 작은 규모의 사회는 저장할 수 있는 영구한 자원의 결핍이 세운 장벽을 강화한다.

농경문화의 등장과 함께 상황은 완전히 바뀐다. 저장할 수 있는 재화는 잉여를 낳는다. 저장되는 가치의 실재와 함께, 진정한 권력은 가능해질 뿐 아니라 요구된다. 플라톤은 방위와 질서 강화를 불가피하게 만드는 것이 잉여의 실재임을 파악했다. 본디 인간은 물리적으로든 사회적으로든 지킬 수 있는 것을 소유하게 되는 것이다. 부와 권력은 상호 연관된 개념이다. 직접적인 물리력으로, 또는 물리력이 신성화하는 사회적 규칙에 호소함으로써 부를 지킬 수 있다. 부가 없는 사회라고 해서 권력을 상상할 수 없는 것은 아니다. 하지만 권력의 지속성이나 정교함, 규모에서는 분명히 제약이 따르게 마련이다. 그러나 일단 물질적 부가 등장하면 그런 제약은 사라진다.

농업혁명은 어마어마한 축적과 부를 낳았고 이에 따라 권력을 사회생활의 불가피한 측면으로 변화시켰다. 잉여의 분배를 위한 어떤 규칙도 자명하거나 자체 실행되지 않는다. 자원을 보호하기 위해서, 그리고 그 열매를 '공평하게' 또는 인정되는 방식으로 분배하기 위해서 메커니즘이 존재해야 한다. 그래야 권력이 탄생하고 사회질서의 필수적인 부속물이 된다.

대체로 권력은 일차적인 것과 이차적인 것으로 나뉠 수 있다. 일차적인 권력의 예는 물리적 위협으로 타인을 직접 억압하는 것이다. 이차적인 권력은 타인의 의지를 꺾기 위해 사회적으로 부과된 규칙을 사용하는 경우, 다시 말해 죄목을 공개함으로써 일종의 처벌을 받도록 하겠다고 위협하는 경우가 그 예이다. 이 두 번째 경우에서, 위협의 유효성은 사회적 규칙 실행의 신뢰성에 따라 달라진다. 사회적 규칙은 지렛대로 사용된다. 지렛대 자체가 실제 물리력의 위협에 의존하고 있더라도 그 의존은 간접적일 뿐이다. 규칙의 위반 자체를 제재하는 것이 물리력이고, 규칙의 위반은 다시금 사회적 관습에 따라 달라질 수 있다. 서로가 서로를 강화하는 이런 순환은 체계적인 검증에 의해 시험대에 오른 적이 없을 것이다.

일차적인 억압은 매우 드물다. 직접적인 힘의 균형 외에 아무것도 개입할 수 없는, 순수하게 일차적인 억압은 중요하지만 무척 드물다. 사회적 규칙과 그 규칙에 대한 의존은 모든 인간 사회에 현존하며 중요하다고 생각될 수 있다. 그러나 일부 인류학자들이 주장하듯이, 원시 인류가 규칙을 철저하게 준수하고 그 규칙이 초차연적으로 인정받은 것이라 생각했다고 본다면, 초기 인류의 삶에서 규칙의 준수가 특히 중요했다는 결론에 이르게 된다. 그러나 그런 이론을 의심할 만한 근거가 있다. 더 단순한 사회에서조차, 규칙은 신앙뿐 아니라 사회적 메커니즘에 의해 뒷받침되어야 하고, 신성한 규칙들이 남용되는 경우도 없지 않다. 규범의 내면화와 물질적 구속력이 '모두' 존재한다. 물리력의 이용과 자동적으로 존중되는 규칙에의 호소가 상호작용하고 서로를 완성시키는 방식은 다양한 사회 유형에 따라 상당히 다르게 나타난다.

구체적인 권력 문제가 발생하면, 권력 집중 또는 권력균형이라는 극단적인 두 가지 해법이 등장한다. 이들 해법은 저마다 뚜렷한 논리를 지닌다.

권력 집중에 이르는 길은 단순하다. 예컨대 둘 이상의 사람이 잠재적으로 갈등 관계에 있다고 하자. 그 가운데 한 사람 이상이 자원을 소유하고 있고 다른 사람이 그것을 강탈하여 사용하고자 한다면, 선제공격을 하는 쪽이 이로울 것이다. 선제공격을 하는 이는 자신이 일시적으로 갖고 있는 우위를 활용해야 한다. 먼저 그렇게 하지 않는다면 결국 자신이 공격받게 될 것이다. 모든 사람이 이렇게 판단하면서 갈등이 증폭된다. 패배의 위험에 놓인 적수가 무장을 강화할 거라고 예상하는 사람은 당연히 애초에 적수보다 먼저 단단히 무장을 갖출 것이다. 그래야 패배하지 않고 승리할 수 있다. 이 메커니즘이 아마도 대부분의 농경 사회가 권위주의적이라는 사실을 설명해 줄 것이다.

상황 논리는 서로에게 일종의 무자비한 섬멸 투쟁을 강요한다. 이런 모습은 사회에서 종종 재현된다. 혁명이 일어나 지난날 인정되던 합법성의 중추와 상호 지지하는 낡은 지배층을 파괴하고자 하는 경우가 이에 해당한다. 새로운 권력을 자칭하며 겨루는 세력들이 등장하지만 어느 세력도 시대에 의해 인정받지 못한 상태이다. 상대를 가장 효과적으로 섬멸하거나 억누를 수 있는 쪽이 결국 권력을 손에 넣는다. 공포정치는 혁명의 타락이나 배반, '왜곡'이 아니다. 그것은 당연한 귀결이다. 시대가 이미 인정한 체제는 그 잠재적 맞수들과 명백히 구별되며, 자신의 권위를 주장하기 위해 굳이 극단적인 방법을 필요로 하지 않는다. 하지만 새로이 등장한 권력은 더욱 확실하게 위협하는 방법 말고는 경쟁자들보다 우위임을 보여 줄 방법이 없다. 일반적으로 질서의 재확립은 단순한 질서유지보다 훨씬 더 폭력적이다. 나머지 관련자들은 이 죽음을 건 투쟁에 참여하든가, 아니면 최종적으로 승리자가 될 것 같은 쪽에 복종해야 한다. 승리자에 대한 이러한 굴복은 승리자의 지위를 강화하고, 마침내 하나의 권위를 사실상 대적할 수 없는 것으로 만든다.

폭력 투쟁은 전면적으로 폭력적이고 규칙을 무시하는 탓에 결과를 예측하기 힘들다. 한편, 폭력적으로 '보이는' 많은 투쟁은 비록 유혈 투쟁이었다고는 해도 사실상 상당히 제의적이고 그다지 전면적이지도 않다. 예를 들어 일부 부족은 수확에 지장을 주지 않기 위해 정해 놓은 전투 기간을 준수한다. 이는 대체로 상당히 즐거운 전투이며, 여기서 목숨을 잃는 일은 거의 없다. 그럼에도 폭력적이고 규칙을 무시하는 전투는 늘 위험하고 자주 일어난다. 그런 전투에서, 결과의 예측 불가능성은 매우 중요하다. 결과가 불확실하기 때문에 양쪽 모두 전투나 확전을 피하는 걸 선호하게 된다. 패배의 위험 부담을 지기보다는 승리의 욕망을 포기하는 게 낫다. 그런 경우에 권력균형 상태가 발생할 것이다.

그러나 잠재적인 참가자 수가 훨씬 많고 동맹이 유동적이라면 예측 불가능성이 커진다. 승리하는 쪽으로 새로운 동맹이 결집될 수 있다. 또 동맹군을 끌어들이는 능력이 있을 때 승리하는 쪽으로 인정될 수 있다. 동맹군을 끌어들일 수 이유는 '정당'하기 때문이고, 해당 문화의 합법화 전문가들의 승인을 받기 때문이다. 이로써 유일한 승자와 권력 집중이 생겨난다. 더 훌륭한 주장을 하는 쪽이 동맹군이나 지지자를 얻을 수 있다. 그 이유는, 사회의 다른 모든 구성원들이 정의를 깊이 갈구하고 성직자나 주술사의 판단을 굳게 신봉하기 때문이 아니다. 고민에 빠진 다른 구성원들 또한 승리하는 쪽에 서길 바란다는 걸 모든 구성원들이 알고 있고 또 그렇게 추측하기 때문이다. 공식적인 합법화 전문가들의 승인에 따르는 것이 승자를 고르는 가장 좋은 방법일 것이다. 그 승인은 단순한 경쟁자를 승자로 변화시키는 집합적 지지의 결정체이다. 군인과 성직자의 상대적 권력을 생각할 때, 이는 무척 중요하다.

그러나 상대적인 권력균형에 이르는 또 다른 가능성, 또 다른 길이 있다. 두 적수가 매우 팽팽하게 맞서거나, 일어날 수 있는 투쟁의 결과가 몹시 불확실하거나, 암묵적이든 공개적이든 휴전 협정을 맺어 서로를 공격하지 않기로 한 경우이다. 그러면 사회는 완전하지는 않더라도 어느 정도 안정적인 권력균형을 유지하는 상태에 이를 수 있다.

물론 중간 정도의 상황이나 혼합된 상황도 일어난다. 전쟁을 확대하고 적을 제거함으로써 유일한 최종 승자만 남는 경우, 그리고 관련자들 사이에 권력균형이 이루어지는 경우가 두 가지의 극단적 가능성이다. 이 극단적인 상황의 요소들이 결합된 복잡한 상황이 발생할 수도 있다. 예를 들어, 스파르타와 노예 관계처럼 두 사회의 관계에서는 완전한 권력 집중이 일어나지만, 이와 동시에 지배적 집단 '내부'에서는 권력균형이 이루어지는 것이다. 한편 유일한 중앙 권력이 지역 사회들을 지배하고 잉여를 착취하면서 일정한 자치권을 주는 경우도 있다. 지역 사회가 스스로 관리하도록 하는 것이 더 나을 수 있기 때문이다. 직접 통치는 사실상 힘에 벅차고 결과가 보잘것없을지도 모른다. 따라서 중앙정부는 명확하게 정의된 권력의 정점을 차지하지만, 중앙정부가 통치하는 지역 사회들은 내적으로 무척 평등할 수 있다. 지역 사회들은 내적인 권력균형을 이루고 있지만, 그들이 지배자들과 맺고 있는 집합적 관계는 결코 그렇지 않다.

특별한 대항력이 작동하지 않는 한 일반적으로 권력의 집중이 이루어진다는 걸 잠정적인 가설로 받아들일 수도 있다. 권력균형은 위태롭고, 한번 무너지면 재확립되기 힘들 것이다. 일시적인 이익의 수혜자들이 그 이익이 영구적인 것이 되는 수준까지 밀고 나가지 않는다는 건 어리석은 짓이다. 패배한 경쟁자에게 왜 귀환할 기회를 주겠는가? 농경 사회 대다수는 상당한 경제적 불평등과 독점적이고 배타적인 권력 집중을 잘 보여 준다. 권력이 이렇게 단일한 중앙으로 응결하는 데 어떤 종류의 요소들이 방해가 될 것인가?

목축사회의 경우, 그 가운데 반드시는 아니더라도 특히 유목사회의 경우, 권력의 집중화가 존재하지 않는 건 아니지만 집중화가 되어도 곧 소멸하고 만다. 게다가 이들의 사회 환경은 중앙집권화되지 않은 처음의 상황으로 곧바로 복귀하는 경향이 있다.[1] 그 이유는 멀지 않은 곳에서 찾을 수 있다. 목축사회는 저장할 수 있는 부를 소유하고 있지만, 그것은 '유동적'인 부이고, 그 부를 소유한 이는 선제공격의 딜레마에서 벗어날 수 있다. 그들은 억압자나 피억압자가 될 까닭이 없고, 그들을 억압하는 이들을 피할 수 있다.

접근하기 어려운 오지의 농촌 사회도 이와 비슷하다. 일반적으로 말해서, 농민은 땅에 속박되어 있어 착취하기 쉽다. 그들은 섣불리 도망갈 수 없기 때문이다. 그럼에도 불구하고 그들의 땅이 접근하기 힘든 지형에 위치한다면, 지배력을 행사하기가 어려워 결실을 거두기 힘들 수도 있다. 그런 환경에서 나타나는 자율적이고 매우 평등주의적이며 중앙집권화되지 않은 농촌 사회는 특별한 것이 아니다.

권력 분산의 또 다른 예는 더 상층의 분열에서 비롯된다. 중앙 권력은 먼 곳을 복속시킬 수 있지만, 그 과정에서 지속적인 착취의 문제와 맞닥뜨린다. 원칙적으로, 중앙 권력은 언제든지 해임할 수 있는 지역 대리인에게 권력을 일시적으로 위임한다. 이는 관료주의적 해법, 다시 말해 일시적인 피임명자에 의한 통치로, 그가 위임받은 권력은 중앙에서 부여하고 임의로 박탈할 수도 있다.

그러나 관료주의적 해법이 언제나 실현 가능한 건 아니며 종종 오류를 일으키기도 한다. 통치자들이 전체 농민사회를 통치하고자 하고 농민사회는 지역의 의무를 떠맡음으로써 행정 과제를 간소화하듯이, 또한 중앙 권력은 지역에서 채용된 피임명자를 통해 통치하고자 하고 피임명자들은 이미 지역에 권력 기반을 가지고 있을 수 있다. 이 경우 중앙 권력은 사실상 해결할 수 없는 딜레마와 마주한다. 그 지역 대리인이 약하다면 외부의 적이나 내부의 저항으로부터 봉토를 지켜 내지 못한다. 그러나 지역 대리인이 강하다면 독립적인 권력 기반을 획득하여 결국은 독립적으로 행위할 수도 있다.

후자의 경우가 더 나아가면, 지역의 군인·행정가 지배계급이 분열되어 그 개별 구성원들이 중앙 권력으로부터 독립을 획득하고 지배계급 구성원들끼리도 서로 완전히 독립되는 상황에 이르게 된다. 이 상황이 공식적으로 인정되고, 사회정신과 공식적 제의와 일련의 규칙과 법률에 의해 승인될 때, 이것이 바로 '봉건주의'라는 현상이다.

또 도시 사회, 특히 상업도시들이 있다. 모든 도시가 우선적으로 상인이나 다른 비농업 생산자들의 거주지가 되는 건 아니다. 일반적으로 대부분의 도시는 이 책의 기본 가설, 다시 말해 권력 집중에 대한 추론에서 예외가 되지 않는다. 하지만 일부 도시는 예외이다. 그리고 그 도시들은 아마도 농경 세계에서 가장 중요하고 유일한 현상일 것이다. 왜냐하면 그 도시들이 농경 사회조직에서부터 벗어나는 하나의 그리고 유일한 출구를 구성하는 것으로 보이기 때문이다.

목축 사회는 광범위한 정치적·문화적 참여의 사례일 수 있다. 하지만 스스로를 변화시키고 그런 덕목을 보유하는 것은 말할 것도 없이 다른 어떤 것으로도 변화할 수 없다. 이는 독립적인 농민 공동체도 마찬가지인데, 이들이 사회 변화에 기여하려면 상업도시와 동맹을 맺어야 한다. 봉건적 권력 분산과 공식적인 특권 승인 또한, 권리 개념과 계약적 정부라는 개념을 주입함으로써 책임감 있고 법에 구속되는 정부를 낳는 데 기여했을 것이다.

그러나 이들 사회 유형의 대부분은 특정한 부정적 특성을 공유한다. 부족사회나 독립적인 농민 공동체인 이들 사회는 그 구성원들이 생산자인 동시에 군인이기를 요구하고, 따라서 '사회적' 의무라는 무거운 부담은 분업을 가로막는다. 또 이런 유형의 사회는 특징적으로 상업 종사자나 수공업 종사자를 무시한다. 그렇지 않으면 그런 사회는 확실하게 구별되는 생산자와 군인으로 구성원들을 양극화한다. 피억압자도, 참여적인 군인 정신에 물든 사람들도, 전문기술 종사자들에 대한 경멸에 물든 사람들도 모두 경제적 혁신자가 되기는 힘들다. 폭력과 생산을 결합하고 있는 이들 또한 마찬가지이다. 농경시대의 한계를 돌파하고 거기에서 벗어나기 위해 필요해 보이는 건, 생산하지만 억압 분야에 종사하지 않으며, 그럼에도 억압에서 벗어난 사람들이었다. 그것이 정말 가능할까? 일반적으로 그것은 농경 사회의 논리에 어긋난다.

평등주의적이고 참여적인 사회는 확고한 충성심을 요구하고 주입함으로써 내정을 이끌어 가고 대외 방위를 보장한다. 이 사회는 일반적으로 계통적인 '부문' 단위들과 하위 단위들의 체계로 조직된다. 이 단위들은 반드시 그런 건 아니지만 스스로를 친족 집단으로 인식하곤 한다. 충성의 의무는 흔히 '피'나 '뼈'를 함께 나누고 있다는 데서 비롯되는 것으로 보인다(공통된 정체성의 생리학적 육화를 담은 신화는 많다). 친족 관계라는 건 참일 수도 아닐 수도 있다. 흔히 생각되는 것과 달리, 부족 사람들은 친족 관계가 허구라는 걸 알고 있기도 하다. 그러나 문화적 의미에서, 그런 '친족사회'는 비록 방식은 다르다 해도 중앙의 통치자에 의한 억압만큼이나 구속력이 있다. 인류의 상당수는 왕에게 구속될 것이냐 친족에게 구속될 것이냐의 딜레마와 마주하고 있으며, 일부는 왕과 친족 모두로부터 억압받는다. 문제는 이것이다. 왕과 친족 모두로부터 벗어날 길은 없는가?

도시는 단순히 행정 중심지이거나 제의와 종교의 중심지이거나 그 둘 다일 수 있다. 도시가 상업과 수공업 생산의 중심지라 해도 반드시 독립적인 건 아니다. 독립적이고 상업을 지향한다고 해도, 도시가 상인들뿐 아니라 상업을 보호해야 상업의 보호자가 될 수 있고, 이로써 권력의 집중으로 이어질 수 있다. 이 모든 가능성을 제외하고도, 여전히 생산을 지향하고 정치적으로 지나치게 중앙집권화되지 않은 중요한 도시 사회들이 잔존한다.

권력을 쥔 유일한 통치자가 있는 상업 중심지를 상상할 수 있고, 그 역사적인 예도 있다. 사실 그것은 덜 발달된 배후지에서 더욱 발전된 중심지로 나아가는 길에 있는 초기 상업 단계에서 공통적으로 나타난 형태이다. 중세 초기 유럽 북부와 동부, 그리고 아랍과 유럽의 팽창 압력에 맞닥뜨린 흑인 아프리카 지역들에서, 이런 유형의 상업적 미니 국가들이 잠깐씩 등장했다. 대규모로 생산된 다양한 재화가 아니라 노예와 귀금속 같은 값비싼 사치품이 상업의 바탕일 때 이런 유형이 등장하기가 더 쉽다.[2]

그러나 다양한 재화를 취급하고 생산과 관계가 있으며 복합적인 시장의 변화에 대처하는 다각화된 상업은 이런 방식으로 쉽게 운영될 수 없다. 운영의 복합성은 수많은 독립적인 상인들의 자율적인 활동을 요구한다. 그런 상인들이 서로 맺는 관계는 적어도 여러 면에서 동시대 목축민이나 산악지대 농민들의 그것과 비슷하다. 그들은 확전이나 선제공격보다는 정치적 권력균형으로 나아가는 경향이 있다.

사실 그런 해법으로 나아가려는 그들의 동기는 평등주의적 부족들보다도 훨씬 강하다. 후자는 자신들이 제로섬 상황에 놓여 있음을 알아챈다. 어느 한쪽의 물질적 획득은 다른 한쪽의 손실을 전제로 하는 것이다. 그 결과에 대한 예측 불가능성 때문에, 어느 쪽이든 공격을 삼가게 된다. 그들은 또한 외부의 공격에 맞서 함께 힘을 모으기로 약속함으로써 득을 본다. 상인들끼리의 갈등에서도 내적 갈등 결과의 불확실성이나 외적 갈등에서의 상호 원조 같은 고려 사항들이 적용된다. 하지만 무엇보다 중요한 건, 그 게임이 제로섬이 아니라는 것이다. 상업도시가 번영할 때, 각 시민의 번영은 다른 시민들의 궁핍을 전제로 하지 않는다. 그들은 '함께' 번영할 수 있다. 일부의 번영은 다른 이의 번영의 디딤돌이 되기도 하다.

평등주의적인 부족들은 스타니슬라프 안드레스키의 유용한 표현대로, 매우 높은 입대율(Military Participation Ratio)을 통해서 자유와 평등을 유지한다.[3] 그들 모두는 공격이나 저항을 위한 폭력에 참여해야 하는 의무 또는 자랑스러운 특권을 지닌다. 그들은 숙원관계에서 지속되는 싸움에 의해 기량을 유지하는 경향이 있다. 이는 봉건시대의 군인 계급이 서로 사소하고 사적인 전투를 벌이고 유혈 게임을 지속함으로써 기량을 유지한 것과 마찬가지이다.

도시 상업사회는 도시의 공동 방위에 참여하라고 시민들에게 요구할 수 있고, 절박한 경우에 그렇게 요구하기도 한다. 그럼에도 불구하고 그 사회는 지속적으로 그렇게 하지 않으며, 그렇게 해야 한다고 장황하게 설명하지도 않는다. 폭력의 관행은 그들의 정신에 배어 있지 않다. 그들은 이따금씩 용병을 고용한다. 이유는 간단한다. 상업과 생산에서의 탁월성은 다른 대부분의 활동에서의 탁월성과 마찬가지로 집중을 필요로 하고, 참으로 훌륭한 업적은 당연히 행위자의 시간 대부분을 차지하기 때문이다. 목축민은 폭력 행위에 상당한 시간을 바치는 것에 개의치 않는다. 가축들이 그에게 필요한 시간을 허용하기만 한다면. 야생동물들이나 다른 목축민에게 가축을 약탈당하지 않도록 지킨다는 것은 어느 경우든 지속적인 폭력의 학습을 의미한다. 하지만 시장이나 장부상의 미묘한 변동에 집중해야 한다면, 꽤 많은 시간을 활 연습이나 의용군에 바치는 것을 꺼려 할 것이다. 탁월한 업적은 전문성을 요구하고, 전문성은 대가를 치러야 한다.

　　그래서 일부 도시 상업사회는 권력균형 형태의 정부를 갖게 마련이다. 물론 이러한 정부는 보편적인 평등주의와 광범위하고 완전한 참여와는 상당히 거리가 멀어 보일 수도 있다. 농경 세계에는 '명예'로운 폭력에 대한 예찬이 만연하지만 이들 사회는 거기에서 벗어날 수 있다. 매우 유리하고 어쩌면 유일한 상황에서, 농경시대를 극복하는 선구자가 될 수 있는 것처럼 보이는 사회는 이런 유형의 사회이고 분명 이런 유형의 사회뿐이다. 그런 사회는 적(赤)과 흑(黑), 군인과 성직자들의 지배를 종식시킬 수 있다.

계급

농경 사회는 폭력에 물들기 마련이다. 농경 사회는 값비싼 부를 집중적으로 저장하기에 그것을 지켜야 할 필요성이 있고 그 분배 방식이 강제되어야 한다. 부는 결코 안심할 만큼 충분하지 않다. 농경 사회는 맬서스 사회로서, 생산 인력과 방위 인력을 최대한으로 증가시켜야 할 필요성이 작동한다. 이 사회는 자손을 또는 적어도 남성 자손을 귀하게 여기며, 어느 정도 주기적인 기근을 피할 수 없다. 그래서 곡식을 저장하는 성채는 어떻게 해서든 지켜 내야 한다. 맬서스는 플라톤이 명확히 파악했던, 저장물의 실재와 그 사회적 분배 전략의 정치적 결과를 강조하지 않았다. 맬서스의 그림은 사회적인 극한에서 굶주리고 있는 자유로운 인류를 암시한다. 19세기 초반 영국이 그런 사회였을 것이다. 하지만 농경시대 동안, 인류 대부분은 자유롭지 않았고 굶주림은 늘 어른거렸다. 인류는 억압받았고 거의 굶주렸다. 굶주림은 신분과 일치했다. 신분 질서가 강제되고, 그것은 사회적 통제의 도구이기도 했다. 인류는 자신들의 신분을 유지하거나 개선하고자 하는 욕망에 의해 제약되었다.

농경시대의 지배적인 정신은 상황 논리를 반영할 뿐 아니라 강화한다. 그것은 노동에 높은 가치를 거의 두지 않는다. 노동이 하층계급 사람들에게 강요되는 것임을 생각하면, 노동에 높은 가치를 둔다는 것이 오히려 이상한 일이다. 때로 노동이 칭송되는 건 타인을 위해서이다. 그래야 사람들이 지위가 더 높은 이들에게 십일조나 세금을 바칠 테니까. 세금이 일인칭으로 자랑스럽게 예찬되는 경우는 거의 없다. 지배적인 가치는 지배계급의 가치이다. 마르크스주의 이론은 그것이 애초에 공식화된 '관념' 영역에서 늘 유효한 건 아니지만, 규범적 정신에 적용될 때 어느 정도 유효하다. 농경 세계는 지배층들의 생활양식을 찬양할 수밖에 없으며, 그 사례를 보여 줄 뿐 아니라 그것을 열정적으로 가르친다. 농경 세계에는 본보기로서의 국가는 아니어도 본보기로서의 계급이 있다.[4]

서구 사회는 귀족의 소명과 군인의 소명을 동등한 것으로 여겨 폭력을 최고 지위에 놓고 숭상하지만, 농경 세계가 늘 그런 건 아니다. 때로는 율법학자나 합법화 전문가를 무인보다 숭상한다. 율법학자는 원칙을 기록하고 공식화하는 사람이다. 다른 한편으로 그들은 권세 있는 지배자들의 자만심에 영합하곤 한다. 플라톤이나 브라만처럼, 그들이 언제나 지식계급을 최고에 두는 사회 계획을 퍼뜨리려고 하는 건 아니다. 브라만은 군인들이 자신들보다 낮은 지위를 받아들여야 함을 납득시켰지만, 실제로는 통치자-군인들이 카스트 질서의 구석구석을 통치했다.[5] 놀랍게도 브라만은 지배적인 목축민들을 설득하여 암소의 신성함과 신성불가침성을 인정하도록 만들었다. 반감의 극복은 최대한의 만족을 준다는 말이 있다. 똑같은 논리로, 최대한의 만족을 금지시키는 것은 도덕적 권위의 가장 강력한 표현일 수 있다. 소고기를 먹는 사람들이 암소를 숭배하는 사람들로 바뀌었을 때, 성직자들의 권위는 진실로 잘 드러났다.

농경시대는 때로 가치를 전도시킨다. 농경시대는 사회적 지배층을 반영하기보다 거기에 도전할 수 있다. 과소비나 과시를 뽐내기보다 고행이나 겸양을 예찬할 수 있다. 가치의 전도, 인류 역사에서 가장 중요한 것들의 전도는 부분적으로는 더 넓은 지식계급 안의 경쟁적 요소들에 의해 사용되는 장치로 생각할 수 있다. 합법화 전문가들이 영향력과 권력을 손에 넣는 한 가지 방법은 공식적 체제 바깥에 있는 것, 즉 이탈하는 것이고, 고행이나 겸양은 일종의 눈에 띄는 자체 유배이다. 그러나 농경 세계의 논리는 그런 가치들이 견실히 그리고 보편적으로 실행되도록 허용하지 않는다. 규범을 벗어난 가치들이 사실상 사회 전체에 보편화된 시기는 인류가 농업 문명의 제약으로부터 벗어난 때이기도 했다.

칼은 쟁기보다 강하다. 칼을 쓸 때 전문성을 늘 갈고 닦는 이들은, 간헐적으로 그리고 '절박할 때'에만 칼을 잡는 농부들보다 칼을 훨씬 잘 다룰 것이다. 초기 로마의 경우처럼, 자유로운 농촌 사회에서는 쟁기를 끄는 사람이 칼을 잡기도 한다. 15세기 보헤미아에서 후스파 농민들은 자신들을 무찌르러 온 봉건주의 십자군을 물리쳤다. 그러나 그건 예외적인 경우이다.

권력의 평형상태는 지속되는 경우가 거의 없다. 칼을 쥔 이들이 우세할 때, 무방비의 생산자들에게 생존과 생산에 필요한 것 이상을 허용할 이유는 거의 없다. 초기 오스만제국에서, 농경 사회의 일반적인 조건을 명쾌하고도 적절하게 요약한 단순하고 훌륭한 정치 이론이 정립되었다(역사가이자 정치가인 이븐 할둔[1332~1406]의 업적을 가리킨다 —옮긴이). 통치자들은 평화를 유지하기 위해 존재하고, 그 덕분에 생산자들이 생산할 수 있다는 것이다. 평화에서 득을 보는 생산자들은 통치자들과 통치자들의 기구가 잘 작동하도록 세금을 내야 한다. 이것이 균형의 순환이다. 이 이론은 가치 창출에 기여하는 데 대한 정당한 대가로서 평화 유지자로서의 지분을 요구한다는 면에서, 노동가치론에 선행하면서 노동가치론과 달랐다. 그것은 사회적으로는 훨씬 더 심오했다. 생산물에 '결합'되는 노동에는 집중적으로 관심을 기울이면서, 필연적으로 그것과 혼합되는 억압은 무시하는 가치론은 위태로운 것이다. 오스만제국은 인간의 조건을 드러내 주는 데 있어 19세기 영국보다도 전형적이다. 그곳 이론가들은 무력과 가치 사이의 관계를 마르크스보다 훨씬 잘 이해하고 있었다.

이런 일반적인 조건에서 피지배자가 지배자에게 얼마나 많은 것을 양도해야 하는가, 평화를 유지하는 데 정당한 또는 최소한의 대가가 얼마인가 같은 문제는 거의 제기되지 않는다. 이 문제에 관해 피지배자들이 갖는 모든 견해는 주로 학문적인 관심의 대상이다. 그것들은 고려되지 않는다. 통치자들은 그들이 가질 수 있거나 갖고자 하는 걸 자유롭게 갖는다.

이 문제는 물론 무척 다양한 모습으로 나타난다. 계략, 관습, 동맹은 억압 전문가가 아닌 사회 구성원들로 하여금 단순한 권력균형에서 얻을 수 있는 최소한의 것 이상을 보유하도록 할 수 있다. 농경시대에 종교의 가장 중요한 역할 가운데 하나는 정확히, 피지배자들이 축적된 부의 일부를 지킬 수 있게 하는 것이다. 통치자들은 합법화나 응집력이나 중재의 목적으로 종교인들을 필요로 한다. 따라서 피지배자들은 종교의 특권을 이용하여 부가 강탈되지 않도록 지킬 수 있다. 라이벌 통치자들 사이의 경쟁은 피지배자에게 이로울 수 있다. 경쟁자들은 더 좋은 조건을 내걸고 지지를 호소한다. 그러나 전반적으로 이 다양한 장치들과 책략들은 기본적인 상황을 크게 변화시키지 않는다. 일반적으로 농경 사회의 특징은 억압과 구원을 독점하는 통치자들에게 부가 집중되고 피지배자들에게 가난이 집중되는 것이다.

일부 영리한 피지배자들이 때로 부를 소유하고, 그것으로 무인을 고용하여 통치자를 갈아치울 수는 없을까? 분명 이런 일은 일어날 수 있고 얼마든지 일어난다. 그러나 이런 일이 일어날 때, 왕년의 피지배자였던 새로운 통치자는 이전의 통치자들과 정확히 똑같은 방식으로 행동하지 않을 까닭이 전혀 없다. 왜 구태여 부의 생산을 지속해야 하는가? 그것은 벅차고 위험한 일이다. 권력의 운영과 배치와 향유는 비길 데 없이 매력적이다. 중세 에스파냐에서는, 이교도와 전쟁을 치르는 것이 생산 활동보다도 더 빠르게 '그리고' 더 명예롭게 부에 이르는 길로 여겨졌다. 그리고 그건 사실이다. 전화위복, 정치적 방향의 변화가 일어나면 그것은 단지 사람을 갈아치울 뿐 전반적인 구조나 정신은 변화시키지 않는다.

사회구조의 변화

어쨌거나 우리의 과제는, 과연 어떤 경우에 사람만 바뀌는 것이 아니라 전체 구조가 변화할 수 있는지를 이해하는 것이다. 약하고 무기가 없는 자들이 어떻게 칼을 쥔 자들을 극복할 수 있고, 더 나아가 사회의 전체 조직과 정신을 변화시키며 생산이 약탈을 몰아내고 삶의 중심 주제이자 가치가 될 수 있는 것인가? 농경 사회의 기본적인 조건 자체는 그런 기적에 불리하게 작용한다. 그러나 그런 일이 정말로 일어났다. 그 결과, 세계는 몰라보게 변화했다. 어떻게 그런 일이 일어난 것인가?

다양한 해석들이 결합하여 해답을 제공해 줄 수 있을 것이다.

1. **자본주의 모체인 봉건주의** 봉건적 체제 아래에서, 저마다 지역 기반을 지닌 소규모 전문 군인 계급이 전쟁과 정부를 독점하지만, 중앙

의 군주에게 명목상으로든 다른 어떤 이유로든 충성을 바친다. 그러나 이 계급 구조에서 다양한 수준의 구성원들 사이의 관계는, 이론상 그리고 본질적으로 계약적이다. 봉건주의는 계약이 아니라 지위에 의해서 통치되는 것이지만, 그럼에도 충성의 자유 시장을 용인하고 심지어 확고히 지지하며, 충성을 바치겠다고 약속한 데 대한 보상으로 토지를 임대해 주는 것이다. 한 사람이 어떤 계약을 맺을 수 있는지는 지위가 결정하지만, 그 사람에게는 해당 지위의 집단에서 계약 파트너를 선택할 수 있는 재량권이 허용된다. 이 계약적이고 구속적인 관계 모델은 중요한 선례가 된다.

도시 상업 및 수공업 중심지가 지역 또는 중앙의 통치자의 보호 아래 성장한다. 이 중심지들에서는 자치가 발달한다. 세금을 징수하는 통치자들로서는 그런 사회와 계약을 맺는 편이 더 쉽고 빠르기 때문이다. 이는 통치자가 덜 갖게 된다는 것을 뜻하지만, 더 빨리 그리고 별다른 어려움 없이 갖게 된다는 것을 뜻하기도 한다. 실제로 통치자는 더 큰 자유를 인정해 준 보답으로 더 많은 것을 가질 수 있고, 자유의 수혜자들이 자유 속에서 번영해 갈 때 훨씬 더 많은 것을 갖게 된다. 궁극적으로 갈등은 중앙의 통치자와 지역의 영주들 사이에서 일어난다. 중앙의 통치자는 영향력을 지니게 된 시민계급과 동맹을 맺고 지역 영주들의 권력을 무너뜨리고 효과적으로 사회를 중앙집권화한다. 그러나 문제는 남는다. 그렇게 했을 때, 물리력이 부를 지배하는 옛날 방식의 중앙집권화 버전을 재확립하지 못하도록 막는 것은 과연 무엇인가?

2. **교회와 국가의 이원화** 중세시대에 권력이 분산되면서 이원적 체제가 등장한다. 그 체제 안에서 중앙집권화된 지식계급은 대부분의 지

역에서 직접적인 세속 권력을 포기하는 대가로 합법화의 독점권을 획득한다. 분열된 세속 권력은 '적통성'으로 그 통치계급을 선택하는 반면, 교회는 자손을 생산하는 결혼을 합법화하는 독점권을 획득한다.[6] 교회는 상대적으로 군사력을 거의 소유하지 못하지만, 많은 세속적 영역에 확산됨으로써 적어도 각 영역에 필적할 수 있고 때로는 가장 막강한 영역에도 맞설 수 있다. 그래서 카노사의 굴욕이 일어날 수 있었다. 최고의 합법화 권력과 직접적인 정치권력의 분리는 국가의 약탈에 제약을 가한다. 이 설명은 그 자체로는 의미가 거의 없음을 다시금 기억할 필요가 있다. 반종교개혁에서 교회 권력과 독립의 재천명은 우리가 설명하고자 하는 것과 전혀 다른 결과를 낳았다.

3. **온건한 국가** 여러 다양한 이유로, 봉건적 권력 분산에 뒤이어 성공적으로 중앙집권화된 국가는 몰수보다는 법을 준수했다. 그것은 로마의 법적 유산과 관련된 문화적 유풍에서 비롯된 것인지도 모른다.[7] 더 그럴듯하게는 새로운 상업적, 그리고 궁극적으로 산업적인 부는 몰수가 어렵고 허약하다는 사실과 관계가 있을 것이다. 그것은 감자 포대처럼 쉽사리 손에 쥘 수 없고, 방해를 받으면 힘을 잃는다.[8] 신민들을 노골적으로 또는 독단적으로 억압하면 납세할 능력이 쇠퇴한다는 점을 통치자들은 알았을 것이다. 이런 국가가 다른 비슷한 국가들과 군사적으로 경쟁한다. 그들의 힘은 재정 자원에서 비롯된다. 부분적으로 상업적인 사회를 통치하더라도, 신민들이 번영한다면 국고 수입이 더 늘어난다. 번영은 안정과 자유의 정도에 따라 달라진다. 과도하거나 독단적인 세금 징수는 반생산적이다. 국가를 운영하는 이들은 이를 잘 알고 있다. 이런 상황에서 법을 준수하는 사회가 독단적인 사회보다 더 강해지는 것이다.

4. 온건한 시민계급 전통적 상황에서, 통치자들은 약탈만이 아니라 완전히 이성적인 경고를 할 때도 압제적이고 선제공격적이다. 그들이 '신흥 갑부'(nouveaux riches)의 재산을 몰수하지 않는다면, '신흥 갑부'는 통치자들을 몰아낼 것이다. 하지만 프로테스탄트 노동 윤리를 지닌 이들은 이익을 재투자하는 반면, 그것들을 과시나 명성이나 권력으로 전환시키지 않았다. 영국의 극단적 프로테스탄트는 이데올로기 혁명을 일으키려고 했다. 하지만 혁명이 실패하자 평화주의로 전향하면서, 지배적인 세력이 되기보다는 신앙의 자유를 요구하는 데 만족했다. 적어도 이 부르주아지는 혁명적이지 않았기에, 구식 통치자들과 조화를 이룰 수 있었다.

5. 귀족계급의 변모 엄격하게 정해진 카스트나 신분이 아닌, 오히려 장자에게 상속하고 그 아래 아들들을 배제했던 귀족계급은, 신흥 부유층과 대립하기보다 잘 지내는 쪽이 더 익숙했을 것이다. 장자 아래의 아들들을 생산 활동에 관여시키려는 욕망은 으레 지참금의 형태로 부를 흡수하려는 욕구를 수반한다. 영국 귀족계급의 변모라는 널리 받아들여진 명제는 꾸준히 비판받아 왔지만,[9] 이 문제는 여전히 논쟁거리이고, 그것은 충분한 설득력을 지닌다.

6. 늘어나는 매수 자금 초기 단계에서, 생산 지향의 새로운 질서는 구식 통치자들을 만족시키기 위해 그들에게 뇌물을 주어야 했다. 후기 단계에서는 위쪽보다 아래쪽을 매수해야 했다. 도시의 새로운 빈곤층을 회유하기 위해서였다.

새로운 시장의 갑작스런 등장과 유리한 국내외 정치 상황 덕분에 상업주의로의 이행이 더욱 용이해졌는데, 만약 그 총자원이 꾸준히 팽창하지 않았더라면 반대편을 모두 매수할 수단을 갖지 못했을 것이다. 경제적 제로섬 게임과 유사한 조건에서, 또는 이익을 줄여 가면서 제로플러스 게임으로 변화시켜야 하는 조건에서, 새로운 질서의 등장을 상상하기란 어렵다.[10] 그렇다면 무엇이 이 증가를 가능하게 했을까?

7. 높아지는 발견의 천장 매수 자금 증가의 전제 조건은 유용한 기술적 발견의 천장이 높아지는 것이다.

어떤 사회든 일정한 기술적 장비를 갖고 있다. 이에 따라, 해당 사회의 역량 안에서 존재할 만한 혁신과 진보의 범위를 구성할 수 있다. 어떤 종류의 도구를 소유한 사회는 동일한 재료와 원리를 적용하더라도 훨씬 효율적인 방식으로 작동하는 도구를 고안할 수 있다고 추정해야 한다. '유용한 발견의 천장'이라는 가설적이고 반사실적인 서술은 물론 조금 어폐가 있다. 이 개념은 쉽게 순환 논리에 빠질 수 있다. 여러 제약 탓에 '구태여 특정한 혁신을 추구하거나 사용하려 하지 않는 것'을 포함한다면, 우리는 모든 사회에서 천장은 그 머리 위에 견고히 놓여 있다는 결론에 쉽게 이를 수 있을 것이다. 그 사회는 실제로 갖고 있는 것 말고는 어떠한 장비도 가질 수 없다. 마찬가지로 천장을 너무 높이 설정하고, 사회에 과도한 가능성이 있다고 여길 수도 있다. 하지만 그 개념을 지나치게 한정적으로 또는 지나치게 자유로운 방식으로 사용할 필요가 없다. 임의성이란 요소가 있더라도 특정 사회의 가능성의 천장들을 추정해 볼 수는 있다.

대부분의 사회에서 이 천장은 사회의 바로 위에, 다소 낮게 위치한다는 것이 핵심이다. 사회는 혁신을 고안하고 이용할 수 있지만, 지속적이고 근본적인 혁신의 가능성에 대한 의식은 부족하다. 지속적인 과학적 · 기술적 성장이라는 정신과 그 등장은 사회 지배를 향한 생산자들의 행진과 함께 일어났다. 그것은 궁극적으로 늘어 가는 매수 자금을 생산자들에게 제공했고, 그 덕분에 생산자들이 지배적이 될 수 있었을 것이다.

이 주장을 정제한다면, 이행의 초기 단계에서 천장은 비교적 '낮아야' 했고, 기적이 일어나야 했던 적당한 순간에 높아졌고, 높아져야 했다고 할 수 있다. 지나치게 변동적이고 반생산적인 정치 반동을 만나지 않으려면 '천장은 처음에 매우 낮아야 했다.'

기술적 능력의 지나치게 이르고 갑작스런 등장은 아마도 다음의 결과들 가운데 하나를 낳았을 것이다. 먼저 '앙시앵레짐'의 수혜자들에게 사전 조치를 취해야 한다고 경고했을 것이다. 또 그들이나 새로운 권력을 지배한 이들에게 새로 등장한 기술력을 이용하여 정치적 지배를 손쉽게 달성하라고 부추겼을 수도 있다. 그러면 이는 지속적인 경제적 · 인식적 성장의 동기를 뿌리 뽑았을 것이다. 후발 사회가 억압의 기술을 외부에서 빌려 온 국가에 의해 지배될 때 실제로 이와 같은 일이 일어난다. 새로 등장한 기술력은, 일차적으로 권력의 관점에서 생각하는 이들을 미처 위협하거나 사로잡지 못했다는 점이 성장 초기 단계의 중요한 특징이다. 그러나 새로운 사회질서가 궁극적으로 세계를 정복한 것은 19세기에 새로운 기술의 성장이 놀랄 만큼 가속화된 데 따른 것이었고, 이로써 생산자의 나라들은 과거의 약탈자들을 큰 어려움 없이 지배할 수 있었다. 유명한 표현대로, 그들은 무심결에 그렇게 했다. 동시에 그들은 그것을 이용하여 내부의 불만을 누그러뜨릴 수 있었다. 하지만 새로운 질서에 관한 가장 유명한 분석가에 따르면, 내부의 불만은 끝내 국가를 무너뜨리게 될 터였다.

8. 건재한 자유농민 농경 세계 안에서 결국 자신들의 일을 운영하는

데 성공한, 꽤 자유롭고 평등한 생산자들의 사회는 때로 권력의 집중화로 나아가지 않는다. 그렇게 할 수 있는 이유는 사회 내부의 권력균형을 유지하기 때문이다. 그러나 이런 사회는 농경시대의 침체에서 벗어날 수 있는 경로, 즉 출구를 형성하지 않는다. 친족은 왕만큼 억압적이다. 이들 사회는 친족에 대한 충성을 다른 가치들보다 중시하는, 매우 반개인주의적이고 공동체적인 정신을 지니는 경향이 있다.

이런 유형의 사회는 근대의 촉매로는 미심쩍다. 스위스 산악 지역 주들이 합스부르크 왕가에 맞서 용감하게 싸운 점을 칭송할 수는 있지만, 그 태도가 근대 유럽의 등장에 의미 있게 기여했는지는 의심할 만하다. 자유에는 사실 두 가지 목소리가 있을 수 있지만, 해상무역 지역의 목소리가 산악지대의 목소리보다 더 또렷하게 들린다. 스코틀랜드 고원지대든 코르시카든 아브루치든 또는 발칸반도에서든, 유럽 역사 후반에 살아남은 준자치적이고 참여적이며 숙원에 물든 산악지대 부족들에 관해 말하자면, 그들을 계몽주의 군대의 병적에 올리기는 분명 어렵다. 그들은 최근까지 예멘에서 그랬듯이 그릇된 쪽에서 싸우는 경향이 뚜렷하다. 계몽주의가 어떤 것인지 알고, 그 적들이 누구인지도 알고 있던 데이비드 흄은, 보니 프린스 찰리를 따라서 더비까지 진격한 5천 명의 스코틀랜드 고원지대 사람들을 가리켜 영국의 가장 용감하면서도 최악인 주민들이라고 일컬었다. 그런 사람들을 낭만적으로 묘사하는 건 가능하고 또 거의 피할 수 없는 일이지만, 그러려면 먼저 그들이 안전하게 중화(neutralized, 규범이나 신념에 위배되는 행위를 할 때 죄책감을 억누르고 합리화를 하는 일—옮긴이)되어야 한다.

그 일반적인 형태로서 이 주장은 설득력이 있다. 그럼에도 불구하고 최근에는 자유농민들을 근대 쪽의 병적에 올려야 한다는 주장이 제기되었다.[11] 간단하게 축약하여 그 주장을 개괄하자면 다음과 같다. 나중에 생산 지향의 개인주의 문명이 등장한 유럽 북서부의 주요 지역들에서 꽤 자유롭고 개인주의적인 농업 생산자들이 살아남았고, 이들은 자신들의 독립성을 완전히 잃은 적이 결코 없다는 것이다. 그들은 실제로 노예 상태에 놓인 적이 없었다. 흥미롭게도 그들은 친족 집단을 이룰 만큼 과잉 사회화되지도 않았다. 그들은 친족 중심의 정신에 물들거나 예속에 물들어야 하는 딜레마를 용케 벗어났다. 그들의 친족관계 양상은 매우 개인주의적이었다.[12] 이 관점에서 볼 때, 이 지역의 중세 상황을 정반대로 바라보는 시각은, 적어도 부분적으로는 이 지역의 전근대적 농민들이 19세기 동유럽과 인도, 그 밖에 다른 모든 곳에서 시대에 뒤처쳐 있던 농민들을 닮아야 '한다'는 19세기 추론의 결과이다.

이 관점에서, 북서 유럽의 특별한 지역의 농민들은, 엄격히 말하자면 결코 '농민'이 아니었다. 그들은 토지나 친족 단위에 구속되지 않았고, 폭력이나 신앙을 독점한 상위 계급에게도 무기력하게 복종하지 않았다. 이 특권적인 슈퍼 소농들이 통치자와 친족 단위 '둘 다'로부터 자유로웠다는 것이다.[13] 이 주장이 부닥치는 가장 큰 문제는, 어쩌면 문제를 한 걸음 뒤로 후퇴시키는 것이다. 이 특별한 사람들이 어떻게 성장할 수 있었으며, 더 넓은 역사의 맥락에서 무척이나 특별한 정신을 어떻게 발전시키고 유지할 수 있었단 말인가? 그들은 세계 대부분의 다른 지역에서 나타나는 농경시대의 상황 논리에서 어떻게 벗어났는가? 거기에 대해 이런 설명이 나왔다. 비교적 느슨한 쌍무적 친족 체계에, 육욕에 대한 기독교적 적대감이 보태졌다는 것이다. 이로 인해 금욕이 사회적으로 존중된다. 결혼하지 않은 상태가 명예롭게 여겨지면서, 남자들은 친족 집단을 강화하고 영속화하는 수단으로서의 결혼에서 해방된다. 의무 때문이 아니라 자신의 뜻에 따라 타산적으로 결혼한 남자들은 부를 더 잘 축적하고, 맬서스식 인구 압력에서 벗어나거나 그것을 소멸시킬 수 있다. 또한 그들의 '합리적' 정신은 그들의 생산 활동에 투입되기 쉽다.[14]

분명 문제가 있는 주장이지만 그 영향력은 막강했고 비평가들은 쉽게 반박하지 못했다. 그렇다고 해서 그 주장의 근거가 매우 뚜렷한 건 아니다. 따라서 앞서 말한 내생적 개인주의가 생산적이고 비약탈적인 사회의 등장에 직접적으로 기여했을 가능성을 진지하게 고민해 볼 필요가 있다.

9. 개인주의의 뿌리, 성직자 계급 I 남아시아와 유럽 사회의 비교 연구로부터, 개인주의 등장에 대한 흥미로운 이론을 내놓은 사람은 루이 뒤몽이다. 뒤몽은 계급과 평등, 전일주의(holism)와 개인주의라는 이중의 대립을 연구했다.[15] 서구는 결국 평등주의적이고 개인주의적인 사회로 나아갔다. 인도는 계급적이고 전일적이었다. 문제는 이것이다. 불평등하고 비개인적인 한 극단의 사회가 어떻게 평등하고 개인적인 다른 극단의 사회로 옮겨 갈 수 있었던 것인가? 뒤몽의 주장에 따르면, 인도는 왕이 지배하는 계급 세계로서 엄격하게 귀속된 지위로부터 개인적으로 탈출이 가능하지만 고립이라는 희생을 치러야만 하는 사회질서였다. 카스트 질서로부터 벗어날 수는 있지만, 갈 수 있는 곳이라곤 종교적 고행 뿐이다.

이 벗어나기 힘든 딜레마에서 벗어나는 최초의 발걸음을 내딛은 건 유럽 전통이었다. 교회가 중앙집권화되어 일탈을 통제했을 때였다. 수도 사회가 수도승과 은둔자들을 대체했다. 두 번째 중요한 발걸음은, 사회에서 일탈한 이들의 조직이자 중앙에서 관리하는 이 조직이 종교개혁에 의해 독점권을 잃고 보편화되었을 때였다. 이 이야기를 요약하면 다음과 같다. 먼저, 사회에서 일탈한 사람들이 있다. 다음으로, 모든 일탈자들은 체계적으로 관리되고 규칙에 구속되는 수도 사회라는 호스텔로 들어간다. 그다음으로, 종교개혁으로 성직이 보편화되면서 모든 사람은 일탈자가 될 수 있고, 미리 정해진 귀속적인 역할에서 벗어날 수 있다. 이제 개인주의를 감독하거나 규제할 수 있는 건 없다. 이로써 제약되지 않고 사회적으로 널리 퍼지는 개인주의가 탄생한다.

한편 교회가 세상으로 진입하면서 상황을 변화시켰다. 이 관점에서 보자면, 제왕 같은 성직자는 이전의 성직자 같은 군주와 근본적으로 달랐다. 정치적인 개입에도 불구하고, 신과 직접 연결된 개인이라는 이상은 보존되었다. 이 관점을 견지하면, 정치에 개입한 교회가 일부 지역에서 종교개혁을 통해 해체됨으로써 개인주의 사회가 가능해졌다.[16]

이 이론의 문제점은, 모든 일탈자들이 수도 사회로 들어가는 단계가 결코 서구 전통에만 한정되지 않는다는 점이다. 수도 사회는 어디에서나 매우 보편적이다. 수도의 조건이 보편화되어야 한다는 교리나 그 방향의 추구 또한 다른 모든 곳에서 발견된다. 때로 금욕주의는 사실상 암처럼 확산되고 전체 사회의 놀랄 만한 부분을 흡수한다. 다른 모든 곳에 '없는' 것은 종교개혁을 향한 열망이 아니라 그 '되돌릴 수 없는' 성공적인 실행이다. 이슬람 또한 개인이 신과 직접 관계를 맺고 있다고 가르친다. 그러나 일반적으로 종교개혁 직후에는 이전 조건으로의 회귀 또는 역행이 뒤따른다. 시민사회와 구별되는 지식계급에 가해지는 사회적 압력은 무척 강하다. 따라서 어떤 특별한 종교개혁의 성공, 개인주의의 묘목이 싹을 틔울 수 있는 모판의 출현에는 설명이 필요하다. 어쩌면 이에 대한 서술은 서구의 독특한 개인주의를 설명한다기보다 추정하는 것이다.[17]

10. 개인주의의 뿌리, 성직자 계급 II 교회가 개인주의를 낳는 데 한몫했다고, 또 다른 흥미로운 주장을 한 사람은 잭 구디이다.[18] 로마제국이 무너질 때 유럽을 침략한 야만 부족은 자기 영속적인 친족 집단이었을 것으로 추정된다. 그들이 정복한, 그리고 궁극적으로 그들과 합병된 많은 사람들 또한 거의 그랬으리라고 짐작된다. 따라서 근대 초기 유럽의 사회조직은 아직 다른 농경 지역의 사회조직과 크게 다르지 않았다.

그러나 어떤 시기에, 교회는 신도들에게 혼인에 대해 다양한 규제를 가하기 시작했다. 이 규제에 관해서 흥미로운 건, 그 가운데 많은 부분이 성서에서 근거를 찾을 수 없다는 점이었다. 교회는 왜 친족 단위를 유지하는 데 이롭고 관습으로 지켜 온 '우선 결혼'(preferential marriage)이라는 양식에 개입해야 한다고 생각한 것인가? 왜 새로운 규칙과 금지 사항들을 만들어 내야 했는가? 교회는 왜 하느님의 섭리의 영역을 넓히는 일을 해야 한다고 느낀 것인가?

그 해답은 그 규칙들의 강제 결과에서 찾을 수 있을 것이다. 친족 집단의 해체가 우연한 결과가 아니라 그런 금지 사항들의 준의식적인 작용이라면? 유사 부족 혈통에서 신부를 찾을 수 없는 개인들은 점차 고립되었다. 그들을 더 먼 친족과 묶어 주었던 고리들은 끊어졌다. 그런 친족 관계를 지속시키는 건 공동 방위의 필요성이나 신부들의 자격 요건이나, 여성들의 교환이나 순환이다. 외딴 지역이나 통치력이 미치지 않는 곳을 제외하고는, 귀족들이 농민들의 공동 무력 사용을 억제했다. 그러나 귀족들은 농민들의 혼인 양태에는 무관심했다.

한편 친족 구조의 원자화는 교회에 중요한 영향을 끼쳤다. 구속력 있는 새로운 규칙이 강제되는 동시에 교회가 유럽의 지주로서 성장한 사실이 이 주장의 중심에 있다. 원자화되고 고립되었으며 친족 단위에 대한 의무에 속박되지 않는 개인들은 죽을 날이 가까워질 때 재산의 일부 또는 전부를 교회에 맡기기 쉽다. 그들에게 직계 자손이 있다면 그렇게 하지 않을 수도 있지만, 질병과 인구학상의 사건들 탓에 어느 한 세대에서 죽음을 앞둔 이들의 상당 부분은 자손이 없었을 것이다. 이제 그들이 할 수 있는 일이라곤, 자신과 거의 무관한 사람들이 자신의 토지를 갖게 되는 걸 보거나, 정치적 지배자들이 토지를 재양도하게 하거나, 아니면 토지를 교회에 유산으로 남겨 줌으로써 자신들의 종교적 지위를 높이고 사후의 안녕을 보장받는 것이다. 마지막 선택이 가장 매력적인 경우가 많았다. 따라서 규제가 심한 혼인 규정의 영향으로 일종의 개인주의 사회가 탄생할 수 있었고, 이는 동시에 교회에 엄청나게 이로웠다.

교회는 친족의 '게마인샤프트'에 대해 어떤 특별한 반감을 갖고 있지는 않았어도, 그것이 번성하는 데 무관심하지는 않았을 것이다. 일반적으로 농경 사회에서, 종교 제도의 권위는 권력자에게 재산을 약탈당하지 않게 막을 수 있는 하나의 방편을 제공한다. 재산의 종교적 기부는 그것을 보호하기 위해 널리 이용되는 장치이다. 이와 동시에 뒤이어 발생할지도 모르는 몰수 행위를 불경스러운 것으로 규정함으로써, 호시탐탐 몰수 기회를 노리는 자를 억제할 수 있다. 따라서 지식계급과 시민사회는 힘을 합쳐서 정치적 독단에 제약을 가할 수 있다. 그러나 이 주장에 따르면, 이 경우에 교회는 새로운 혼인 규정을 강제함으로써 어마어마한 토지 재산이 교회로 넘어오도록 했다.

이 설명이 유효하다고 해도, 교회가 나중에 교회 자신을 해체하는 데 일조하는 개인주의를 간접적으로 낳음으로써 스스로 제 무덤을 파게 된 건 아이러니하다. 물론 이 설명은 다음 문제와 맞닥뜨린다. 교회는 왜 유럽 남부에서 친족 집단을 무너뜨리지 못했으며, 이후에는 왜 그 지역에서 교회의 존재를 가장 잘 유지해 나갔는가? 그러나 교회가 성공을 통해서 자신의 지위를 침식했다면, 친족을 원자화하는 임무를 거의 성공시키지 못한 지역에서 교회가 가장 잘 살아남았다는 것은 그리 놀라운 일이 아니다.

11. 직접적인 프로테스탄트 윤리 명제 이는 근대사회의 등장에 관한 가장 유명한 이론이다.[19] 서구 문명의 기적과도 같은 경제성장은 경제적인 사건이라기보다는 정치적 사건이라는 것이다. 생산이 어떻게 확대되었는지만큼이나, 정치 세력이 왜 그것을 방해하지 않고 허용했는지, 황금 알을 낳는 거위는 왜 응당 그러하듯이 죽임을 당하지 않았는지에 대해서는 아마도 설명이 더 필요할 것이다.

자본주의가 발달하지 않은 세계 다른 지역에 이미 존재하던 구조적 전제 조건에 덧붙여서, 합리적 생산자라는 중요한 계급의 등장은 특정한 정신을, 질서 있고 생산적인 활동에의 헌신을 요구했다. 이 관점에 따르면 이런 것들은 일부 칼뱅주의 신학 이론의 결과로 등장했는데, 적극적인 설교의 결과로서 직접적으로 등장한 게 아니라 간접적으로 등장한 것이었다. 구원이 이미 결정된 확고한 세계에서, 초자연적인 존재를 조작하거나 위로하는 과거의 노력은 더 이상 할 필요가 없었다. 한 사람의 의무는 자신의 '소명'을 다하는 것일 뿐이다. 하지만 그 소명에서 성공하는 것이 자신이 '구원받았다는' 지위를 가리킨다고 믿는다면, 그는 과연 무의식적으로 부정행위를 하려는 유혹을 이기고 자신의 구원의 증거를 성취하기 위해 노력할까? 이런 점에서 수공업자와 상인들은 물질적 보상보다는 자신들의 일에 전념하고 이익을 재투자했다. 질서 잡힌 세계에 대한 그들의 관점은 주술에서 벗어난 것이었다. 그 또한 근대 기업가 정신의 정수인 목적과 수단의 합리적 연관으로 그들을 이끌었다.

12. 부정적인 프로테스탄트 명제 이 관점에서,[20] 종교개혁 자체는 독특하고 특별한 어떤 것도 발생시키지 않았다. 경제적이고 지적인 역동성이 유럽 남부에서 북부로 빠르게 옮겨 간 것을 설명해 주는 것은, 북부 종교개혁의 긍정적 이점이 아니라 남부 반종교개혁의 유해하고 파괴적인 영향이었다. 반종교개혁은 농경 사회의 지배적인 조건이던 정치적·종교적 지배를 복구하고 강화했다. 중앙집권화된 교회와 중앙집권화된 정부는 양쪽 모두에게 위험한 변화의 힘을 억눌러 가며 유럽 남부를 오랜 잠에 빠지게 했다.

13. 다원적 정부 체제 진실로 독립적이면서도 내적으로 유효한 수많은 정부들로 유럽이 분열된 것이 지대한 영향을 미쳤다. 그 결과로 후기 농경시대의 '고수준 평형상태의 덫'(high level equilibrium trap, 중국이 자체적으로 산업혁명을 일으키지 못한 이유를 설명하기 위해 마크 엘빈이 도입한 개념이다. 전근대 중국은 생산수단과 상업 네트워크가 매우 효율적으로 작동하고 노동력이 싼 덕분에 수요와 공급이 거의 평형을 이루었다. 따라서 부와 안정성, 높은 수준의 과학기술을 보유했지만, 효율성을 개선할 경제적 압력이 작용할 필요가 없었다는 것이다—옮긴이)에 머물거나 회귀하지 않았다는 것이다. 실제로 유럽 일부 지역에서 일어난 일이었다. 하지만

이런 일이 모든 곳에서 일어난 것은 아니고, 동시에 모든 지역에서 일어날 가능성은 매우 적었다.[21] 다원적 정부 체제는 유대인, 모라비아 형제단, 위그노 같은 진취적인 소수파들이 그 에너지와 재능을 펼치게끔 허용하는 지역으로 이주하도록 했다.

14. 안팎의 권력균형 각 자치정부들이 내적으로 중앙집권화되고 권력을 지니고 있다면 위와 같은 다원적 정부 체제만으로는 충분하지 않았을 것이다. 내적인 혼란과 끊임없는 갈등은 당연히 전혀 도움이 되지 않는다. 하지만 매우 강력한 하나의 정부가 효과적으로 내적인 평화를 유지하고 대외적으로 사회를 방위하면서도, 내적인 권력균형의 제약에 의해서 매우 독단적이거나 억압적인 행위를 할 수 없는 상황이 발생할 수 있다. 내적인 균형이란 제도와 이익집단 사이의 균형이자 이데올로기 사이의 균형이었다. 어느 한쪽 또는 다른 쪽이 권력을 잡으려는 시도에서 비롯되는 갈등은 결국 많은 이들로 하여금 다원주의적 타협을 받아들이게 하고 적극적으로 내면화하도록 했다. 신앙의 자유는 어쩔 수 없이 필요하다기보다는 하나의 이상이 되었다.

내적 균형과 외적 균형 또한 상호 의존적일 수 있다. 국제적으로 위태로운 곡예를 벌이고 있는 정부는 국제적으로 미치게 될 영향이 두려워서 동질성을 확립하려는 내적인 시도를 극한까지 밀고 가지는 않을 것이다. 이런 복합적인 권력균형이 17~18세기에 유럽 북서부 지역에서 존재했던 것으로 보인다.

15. 공민적이라기보다는 민족적인 부르주아 일반적으로 말해서, 상업적이고 참여적이며 중앙집권화되지 않는 하위사회들은 도시국가의 형태를 띠고 농경 세계에 등장했다. 도시는 수공업과 상업으로 먹고살며, 배후지인 시골에서 생산한 농업 잉여에 기댔다. 전근대 시대에 한

나라 전체가 그런 식이었다고 생각하기는 어렵다. 동시에, 도구적이고 생산 지향의 정신이 세계를 지배할 수 있었다면, 한 도시에 불과한 곳이 충분한 기초를 제공했다고 생각하기도 어렵다. 한 도시국가가 한때 전체 지중해 유역을 지배한 건 사실이지만, 그것은 상업 정신이라기보다는 호전적 정신에 의한 것이었다. 해자 노릇을 하는 바다에 둘러싸여 있고, 개별 도시가 아니라 민족적 의회에 부여된 공민적 자유를 누리던, 그리고 공민적인 데서 더 나아가 민족적인 부르주아가 존재하던 한 섬나라가, 어쩌면 새로운 질서의 도약대가 되기에 매우 적합했을 것이다. 도시 공화국의 연합체인 네덜란드 또한 커다란 역할을 했다. 하지만 변화의 중심은 영국이었다는 사실이 중요하다.

· · ·

카를 마르크스가 시골 생활의 무지라고 표현했던 상태로부터 우리가 어떤 경로로 벗어났는지는 정확히 알기 힘들다. 어쨌든 매우 복합적이고, 다양한 양상을 지닌 역사적 과정이 일어났다. 기록은 단편적이고, 이와 동시에 시간은 데이터를 과적하고 있다. 많은 요인들을 본질적으로 파악하기란 불가능하고, 얽힌 가닥을 풀어 내는 데 수반되는 이론과 현실의 문제들은 아마도 계속 미해결로 남을 것이다. 우리가 다시 실험할 수는 없다. 하지만 우리가 문제를 명확히 정의하기만 한다면, 과정의 개요, 그리고 그 안에서 가능한 주요 대안들에 대한 이해는 점점 발전할 것이다.

이 책이 제시하는 가능한 경로들의 카탈로그는 분명히 매우 불완전하지만, 한편으로는 틀을 제공해 준다. 카탈로그의 개별 항목들과, 그리고 당연히 다른 많은 요소들이 다양한 수준으로 결합하여 하나의 설명을 구성한다. 그 가운데 어떤 하나가 그 자체만으로 충분하거나 유효하지는 않을 것이다. 예를 들어 정치적 분열은 그 자체만으로 어떤 것의 유인책이 되지 않는다. 정치적 분열은 어떤 의미에서든 풍요롭지 못한 세계 다른 곳에서도 발견되곤 한다. 유효하지만 법에 구속되는 정부, 그리고 정치적인 권한을 완전히 박탈당하지도 않고 지배 세력이 되고자 열망하지도 않으면서, 필요를 충족시키는 수준을 넘어서 그 소명을 이어 가는 성향을 지닌 기업가적인 계급의 현존, 그리고 지리적으로 확장되는 세계를 통해서뿐 아니라 유용한 잠재적 발견의 천장의 상승을 통해서 생기는 기회의 결합, 이 모든 것은 분명히 저마다 해야 할 역할이 있었고, 서로 결합해야만 그 역할을 할 수 있었다.

서로 연관된 여러 이유들로 인하여, 거대한 전환은 '최초로' 일어났을 당시, 무의식적이고 개별적인 것이 아닌 다른 어떤 것이었기는 힘들다. 그 전환은 기성의 사유 양식과 가치들에는 너무도 모순되고 대립적이었으며 너무도 심오했다. 그것이 아주 모호하게라도 미리 간파되었다면, 대부분의 기성 이익집단에 미치는 위협 탓에 그것을 억누르려는 더욱 확실한 시도가 일어났을 것이다. 하지만 이것이 간파될 즈음에는 그것을 억제하고 심판하기에 이미 늦은 때였다.

7장

⋮

생산, 가치, 유효성

경제적 전환

　오늘날 인식론자들은 대부분 근본적 변화를 이해하지 못한다. 그들은 '인식적으로' 연관된 다른 데이터의 맥락 속에서 데이터가 우리에게 파악되는 방식을 이해할 수는 있다. 그러나 인식이 '비인식' 활동과 여러 고려 사항들 속에서 어떻게 얽혀 있는지는 충분히 알지 못한다. 그들은 '우리의' 인식 상황을 투사한다. 거칠게 말하자면, 개인은 기본적으로 동질의 데이터베이스와 마주한다. 그 데이터베이스는 개인의 사회적 관계와 무관하고 동등하며 평등한 요소들로 이루어져 있다. 개인은 그 요소들을 통합적이고 질서 정연한 자연의 단편들이라고 생각한다. 인식론자들은 초창기 인류가 이와 비슷한 의식 상태를 지닌다고 보았다. 예를 들어, 토머스 쿤은 과학 이전의 인류에게는

'패러다임'이 없었던 것처럼 말한다.[1] 사실 과학 이전의 인류는 훨씬 강박적인 패러다임을 지니고 있었다. 다만 그것은 근본적으로 다른 유형의 패러다임일 뿐이었다.

이처럼 문제들을 엄격하게 분리함으로써 거둔 하나의 관점이, 문제들의 분리도 적절한 분업도 알지 못하는 사유 형태에 거꾸로 투사된다. 어떤 유기체가 환경에 적절히 대응하지 못하면 살아남을 수 없다는 건 오늘날 누구나 아는 사실이다. 여기서 얻을 수 있는 결론은, 생존하는 유기체는 어떤 의미에서 환경의 본성에 대해 유효한 인식을 구체화하고 있다는 것이다. 다시 말해, 이 인식은 외부 조건에 대한 그릇된 가정을 기초에 두어서는 안 된다. 하지만 그렇다고 해서, 이 매우 적합한 반응이 배타적 또는 일차적으로 '원시-인식의' 역할만을 한다고, 환경에 관한 암묵적인 정보를 내포하고 있을 뿐이라고 볼 수는 없다. 그 구조 또한 복합적인 내적 목적에 이바지한다. 복합 맥락과 복합 기능은 대부분의 인간 사회뿐 아니라 자연의 일상적인 흐름이다.

물론 복합 맥락적이고 원자화되지 않은, 그들이 즐겨 말하는 대로 표현하자면, 생기 있는 사유 형태를 뚜렷하게 선호하는 낭만파도 물론 있다. 그 양식에서 다양한 의문들은 융합된 채 존재하고, 완전하고 '유의미한' 통일체를 낳는다. 그러나 늘 우리 곁에 있는 이 멋스러운 낭만파는 우리가 사회적 변화와 인식적 변화를 이해하는 데는 크게 도움이 되지 않는다. 태평한 범(凡)근대주의자들이 인식을 늘 근대적인 것이고 전문적인 것이라고 암묵적으로 가정한다면, 낭만파는 온전한 인간이 언제나 있었거나 있어야 한다고 생각하고 느끼며, 실제로 그렇게 느낄 것이기 때문이다. 낭만파는 문제들의 명확한 분리와 분업에 의해 불구가 되지 않은 존재를 더 좋아한다. 지날날에 다목적 사유 양식의 기능은 스스로에게 유효성을 부여하는 것으로 여겨졌다. 그것은 과거의 일이지만 충분히 되살아날 수 있다. 이 관점은 모든 신앙 체계를 똑같이 유효한 것으로 봄으로써 모든 인식적 진보를 무의미하게 만든다. 이 낭만파가 조금이라도 인식하고 있는 변화라면, 안타깝게도 최근에 불구가 점점 심해지고 있다는 것이다. 그들은 그 추세를 멈춰야 하고 되돌려야 한다고 느낀다.

경제생활에 대한 이론으로 눈을 돌리면, 아마 조금 더 나은 정도일 뿐 상황은 비슷하다. 인식 논쟁과 놀라울 만큼 닮은 그 논쟁은 훨씬 활발하게 벌어졌다. 태평한 범근대주의자들은 물론 여전히 우리 곁에 있다. 그들은 직업 경제학자의 다수를 이룬다. 그들은 경제 이론이 일부가 아니라 모든 인류의 경제생활을 다룬다고 생각한다. 따라서 그들은 그 적용 범위를 둘러싼 문제를 이해하는 데에도 상당한 어려움을 겪는다. 한편 경제적 쟁점에 관심을 보이는 비경제학자들과 소수의 비전형적인 경제학자들 사이에서도 그 문제는 왕성하고도 꾸준하게 논쟁이 이루어져 왔다.[2] '근대' 세계에서 특히 일본처럼, 매우 성공적이지만 경제학자들에게 친숙한 모습과는 분명히 '다른' 사회에서 운영되는 독특하고 혼란스러운 유형의 등장으로, 우리는 그 문제가 더 끈질기게 제기되리라 예상할 수 있다.

경제적 일편단심과 합리성이라는 속성이 실행될 수 있는 방식은 기본적으로 두 가지가 있다. 한 가지는 경제적 개념 면에서 일종의 노골적이고 무한한 팽창주의이다. 그것은 어떤 영역에서나 '모든' 것을 수단-목적 합리성의 적용으로 바라본다. 이 이론은 부분적으로만 참이 아니다. 매우 모호한 의미에서, 그것은 완전히 참이다. 그것은 동어반복이다. 그것은 데이터에 쉽게 입혀지고, 어떤 사실도 그것과 어울릴 수 있다.

　이 명제와 모순을 일으킬 만한 행위를 상상해 보자. 한 사람이 제단에 자신을 제물로 바친다고 하자. 제단의 이익과 대립하는 것으로서, 그는 어떤 인식 가능한 방법으로 자신의 이익을 심화시킬 수 있을까? 우리의 경제적 합리성 이론가들은 당황하지 않는다. 그 사람의 이익은 자신이 숭배하는 제단의 영광을 빛내는 데 있는 것이기 때문이다. 또 다른 사례로, 무슨 일이 생기더라도 다른 모든 기회와 위험을 완전히 무시한 채 고정된 역할을 고집함으로써 합리성을 무시하는 사람을 생각해 보자. 그는 분명 수단-목적 합리성 명제의 사례로 맞지 않다! 그의 행위는 그런 효율성 의식에 대한 체계적인 무관심을 예증하는 것으로 보일 것이다.

　태평한 경제학자는 이번에도 당황하지 않는다. 어쨌든 그는 인간의 가능한 목표 영역을 설정한 적이 없었으니까. 목표는 인간의 기호나 선택에서 생겨난다. 목표는 경제학자의 이론이 정하는 것이 결코 아니다. 그것은 주어지는 대로 받아들여지는 것이다. 인간의 목표가 인간의 물리적 감수성을 충족하는 것으로 제한되어야 한다고 제안되거나 암시된 적은 없었다. 또한 계량적 기준, 이를 테면 돈 따위로 표현할 수 있는 목표의 달성에 제한되지도 않았다. 그런 제한은 몹시 비현실적일 것이다. 태평한 경제학자는 인간의 목표와 욕망의 광범위한 다양성을 분명히 알고 있다. 그는 단지, 어떤 목표가 주어지면 인간은 능력을 최대한으로 발휘하여 목표를 추구한다고 주장할 뿐이다. 그리고 그 목표는 분명 경제학자 자신과는 무관한 데이터일 뿐이다. 그는 더 이상 질문하지 않는다. 어떤 사람이 어떤 기묘한 목표에 사로잡히

거나 특정한 역할을 고집스럽게 수행한다고 해도, 그것은 수단-목적 합리성 모델과 완벽하게 어울린다. 논리적으로 얼마나 정교하고 추상적이든, 전일적인 게슈탈트 성질(Gestalt quality, 개개의 구성 요소를 분해해 버리면 그 고유의 성질이 없어지는 특징과, 이들 요소를 모두 바꾸어도 그 고유의 성질이 유지된다는 특징 두 가지를 동시에 지니는 현상의 특성을 가리킨다-옮긴이)을 얼마나 갖추고 있든, 모든 목표는 그의 제분기에서 똑같은 곡물일 뿐이다.

과연 그러하다. 그 명제는 심리학적 자기 본위(egoism), 다시 말해 모든 사람은 자기 본위주의자일 뿐 아니라 자기 본위주의자여야 한다는 이론과 꼭 닮았다. 결국 그들이 어떤 목표를 추구하든 그것이 얼마나 타율적이든, 그것은 여전히 '그들의' 목표인 것이다. 이 술어들을 올바르게 해석하는 문제에 있어, 우리는 자기 본위주의에서도 합리성에서도 벗어날 수 없다. 그러나 어떤 명제든, 그것이 잡식성이 되고 모든 사실을 삼켜 버린다면 또한 공허해진다. 공식적이고 포괄적인 도식은 때로 무척 유용하지만 이 명제는 그렇지 않다. 중요한 건, 인류 역사의 진보와 함께 성장하고 증진되는 어떤 것으로서, 선택적이고 차별화되는 합리성 개념이 우리에게 필요하다는 것이다. 결국 무언가가 인류 역사에서 변화해 왔다. 우리에겐 '차이점들'을 포착할 수 있는 술어가 필요하다.

첫 번째 주장과 늘 명쾌하게 분리되지는 않는 또 다른 주장은 경험주의에 가깝다. 과거 경제활동에서 친족과 관습에 의해 제약을 받던, 전부는 아니더라도 많은 사람들이 시장 행동의 원리를 금세 이해하고 적용하는 법을 배운다는 주장이다. 지난날 사람들은 제한된 삶의 영역에서 시장 행동의 원리를 구현하고 있었는데, 순전히 경제적 합리성의 영역을 확대하도록 허용하고 자극하는 상황이 문득 만들어졌을지도 모른다는 얘기이다. 이는 오히려 단일 목적의 합리성이 그렇게 어렵고 보기 드문 성취는 아닐 수 있음을 암시한다. 그것이 반드시 하나의 특별한 역사적 전통 안에서 발생한, 오래되고도 복합적이며 꾸준한 진화의 열매일 필요가 있을까? 이것이 개략적인 관점이다. 그것은 모든 인류에게 잠재했던 것은 아니었을까?

이 관점에서 볼 때, '호모에코노미쿠스'는 사회적 인간 속에 숨은 채 뛰쳐나올 기회를 호시탐탐 엿보고 있었던 것이다. 그리고 기회가 생기자마자 기쁨에 들떠 모습을 드러냈다. 인류는 맥시마이저(maximizer, 최대 만족을 추구한다는 뜻—옮긴이)로 태어났지만 어디에서나 사슬에 묶여 있었다. 타산적인 합리성은 굳이 발명될 필요가 없었다. 필요한 모든 것은 사슬을 끊는 것뿐이다. 경제적 합리성을 믿는 모든 사람이 이렇게 믿는 건 아니다. 오늘날 이쪽의 가장 유능한 대변인인 하이에크는 이렇게 믿지 않는다. 하지만 그것은 하나의 가능성으로 남겨 두어야 한다.

여기에는 인식적·지시적·단일 맥락적 이성이 모든 인류에게 굳건히 깃든 채 최초로 해방될 기회를 찾거나 기다리고 있었을 거라는 추론과 유사한 점이 분명히 있다. 그런 주장을 뒷받침하는 중요한 사실은, 수많은 사회가 제의적 주장의 불합리성을 상황의 엄숙함을 강조하는 수단으로 사용한다는 것이다. 한 사람이 이미 합리성을 갖추고 있지 않다면, 신호를 포착할 수 있을까? 그 신호는 그에게 상황의 엄숙함을 환기시킬 수 있을까? 비합리적인 승인의 제의적 효과는 이성에 대한 비이성의 무의식적 찬사이다. 우리가 비이성으로부터 흥분을 맛볼 수 있다면, 이성은 우리 안에 매우 굳건히 존재하고 있는 게 틀림없다.

그러나 우리 안에 잠재하면서 모습을 드러내기를 기다리든 아니면 강박적이고 특별한 신학의 부산물로 획득되든, 지배적이고 우세한 생활방식과 생산방식으로서 도구적 이성이 늘 우리와 함께 한 건 아니었다. 생산은 대체로 다른 관심사, 무엇보다 사회질서의 유지에 가려져 있었다. 우선 그것은 지난날 얽혀 있던 가닥에서 풀려나야 했다. 이제 이런 일이 어떻게 달성되었느냐 하는 문제가 우리에게 남는다.

생산과 억압

생산과 억압 사이에는 근본적인 차이가 있다. 둘은 근본적으로 다른 논리를 지닌다. 생산과 억압은 비슷한 것으로 다루어질 수 없다. 인류의 정치사와 경제사는 서로 얽혀 있긴 하지만 서로에게 판박이는 아니다.

억압의 논리와 생산-교환의 논리의 매우 극명하고도 과장된 대비로부터 이야기를 시작하는 것이 좋겠다. 그리고 나서 뒤이어 이를 바로잡아 갈 것이다.

경제적 이익은 나눌 수 있고 계산할 수 있고, 협상 가능한 것이다. 억압은 그렇지 않다. 그것은 불균형하고 극단적인, 전부 아니면 전무라는 절대성의 맥락에서 작동한다.

경제적 교류는 미세한 조정이 이루어지는 영역이다. 작동의 동기나 근거는 '이익'이다. 이익은 세밀하게 측정될 수 있다. 아주 미세한 조정이 이루어짐으로써 하나의 거래가 평형상태에 가까워진다. 그 수준은 쌍방의 당사자 모두 수지가 맞는 최적의 상황에 가깝다.

억압은 완전히 다르다. 억압의 '최후 수단'은 사형이다. 죽음은 다른 것들과 어울리지 않는다. 목숨은 다른 모든 이로움을 누리는 데 전제 조건이 된다. 가까운 것들을 상실한 사람은 때로 차라리 자신이 죽기를 바라게 될 수도 있지만, 이런 경우는 매우 드물다. 대부분의 상황에서 자신의 죽음은 그 어떤 것으로도 상쇄될 수 없다. 토머스 홉스는 이것이 모든 정치 질서의 구속적이고 세속적인 합법화의 기초임을 밝히려 했다. 사람은 조금 더 죽거나 조금 덜 죽을 수 없다. 이익의 미세한 조율 따위는 애초부터 존재하지 않는다. 조세프-마리 드 메스트르가 말했듯이, 사형 집행인은 사회질서의 기초이다.

경제 질서와 정치 질서의 차이를 잘 드러내는 건, 각 질서의 최후의 조치가 드러내는 바로 이 차이이다. 한 질서 안에서 위기에 놓이는 것은 사소한 득실이지만, 다른 질서 안에서는 전부이다.

대조가 과장되어 있고, 무엇보다 제한된 범위의 증거를 기초로 삼고 있다는 이의가 제기될 수 있을 것이다. 안정적인 체제 안에서 정치적인 심지어 군사적인 흥정이 벌어지곤 하기 때문이다. 예를 들어 18세기 전쟁은 체스와 비슷한 특성을 지닌 직업적 업무였다. 전반적인 사회질서도, 심지어 쌍방의 전쟁 당사자 어느 쪽도 그다지 위험한 상황에 놓이지 않았다. 추정할 수 있는 이득은 추정할 수 있는 손실을 감수하고 확보되었다. 전쟁은 사실 정치적 목적을 다른 수단을 통해 추구하는 것이었다.

부족 간의 숙원조차 전면적인 사건이 아닌 경우가 많다. 수확이 무사히 시작된 뒤에는 많은 제의적 전투가 벌어지고, 한두 사람이 전사하면 득실을 확인하고 계산하여 보상금이 지불된다. 그러면 모든 사람이 다음 시즌을 기다리며 양쪽 득실을 더 세밀하게 따져 본다. 카트만두 계곡의 농민들은 바로 이웃 밭에서 적대적 관계의 군인 무리가 전투를 벌이고 있어도 전혀 신경 쓰지 않고 밭일에만 몰두했다고 한다. 신분 간 기본 활동의 경계를 준수한 것이다.

전부 아니면 전무라는 삶과 죽음의 절대적 차이에도 불구하고, 그리고 억압은 결국 살해 또는 살해 위협을 통해서 작동한다는 사실에도 불구하고, 사회는 폭력과 억압을 다스리고 제의화하고 억제하는 데 성공하는 경우가 많다. 말하자면, 사회는 선제적 갈등 고조를 억제하는 메커니즘을 갖춘 사람들의 집단이다.

효과적인 정치 체제들의 특징과 최고 업적은 정확히 이것이다. 그런 체제는 갈등의 고조를 피한다는 것. 어떤 방법으로든, 그것은 선제 공격이 유리하다는 생각을 억누르는 상황을 창출한다. 서로 다른 견해는 세밀하게 협상하고 재협상도 가능하다. 당사자들은 객관적인 상황에 따라 덜 이로운 해결책을 받아들이기도 하며, 갈등 고조가 더 좋다고 느끼지도 않고 느끼게 되지도 않는다. 정치 체제는 갈등 고조가 일어나지 않는 '집합체'인데, 그것은 어느 한쪽이 통제력을 장악하거나 평형 메커니즘이 작동하여 갈등이 고조되는 사태를 가로막기 때문이다.

거꾸로, 경우에 따라서는 꽤 자주 엄포의 모든 요소가 개입된 경제적 흥정 또한 활기차게 이루어질 수 있다. 기본적인 의식주가 보장될 때 경제적 협상은 신축적으로 흥정할 수 있는 문제이다. 참으로 가난한 원시 경제가 시장경제일 수 없는 이유는, 그 잉여가 너무 적고 최저 생활에 필요한 최저한도를 시장의 변동에 맡겨 둘 수 없기 때문이다. 기아가 닥치면, 경제적 결정은 정치적 결정과 다를 바 없다. 경제적 결정은 어떤 경우든 정치적 결정과 얽히고, 사회 단위의 자기 유지나 방위와 결부되어 있다.

풍요냐 전반적인 빈곤이냐는 때로 오로지 경제적 결정에서 비롯되기도 한다. 그리고 이 경제적 결정은 적절한 정보의 결핍 탓에 무모한 일이 될 수도 있다. 때로 중요한 투자 결정이나 어마어마한 자원을 투입하는 일에 앞서 연구와 문서화라는 정성스런 제의가 선행되곤 한다. 중요한 결정이 이루어지는 위원회에 참석하는 사람은 산더미같은 문서로 무장하고 있다. 이 문서들은 상황에 대한 수치와 분석을 무척이나 꼼꼼하게 갈무리한 것이다. 그만큼의 준비도 없이 회의에 참석하여 갈팡질팡하는 건 몹시 비전문적이고 사실은 비윤리적이다. 그러나 준근대 경제 심지어 근대 경제는 점성술사에게 의견을 구하기도 한다. 이 경제들이 어떤 결함을 지니고 있든, 점성술의 개입이 비난받아야 하는 것인지는 의심스럽다. 서로 다른 정책을 지지하는 이들은 늘 자신들 편에 있는 점성술사나 경제학자를 찾아낼 수 있다. 그런 결정에 관여하는 모든 사람들은, 중요한 요소들의 불확실성과 데이터가 취합된 근거의 문제점들과 명약관화한 오류, 적합하지 않는 고려 사항들의 비중, 이 모든 것들 때문에 결국 결정이 무모함을 내포한다는 점을 알고 있다.

이 모든 조건들이 저마다 효력을 미친다. 권력과 억압 영역이라는 쪽과, 생산과 교환 영역이라는 다른 한쪽의 차이는, 신축적이고 계산할 수 있는 이점을 지니는 쪽과, 승리 아니면 죽음이라는 다른 한쪽의 전면적인 대립만큼 단순한 것이 아니다. 타산성은 이따금 정치와 전쟁에도 개입한다. 전부 아니면 전무인 상황, 그리고 양립 불가능하고 부조화한 여러 패키지 상품 가운데 하나를 절대적으로 지지하는 일은 경제 안에서도 얼마든지 일어날 수 있다. 그러나 그 모든 것에도 불구하고, 억압의 궁극적이고 기본적인 원리는 전부 아니면 전무, 곧 사느냐 죽느냐이고, 시장의 궁극적 원리는 조금 더 아니면 조금 덜이다.

구체적으로 말해서, 중대한 군사적·정치적 투쟁에서 승패를 뒤바꿀 수 없으며 승자와 패자는 서로 냉혹해질 수밖에 없다. "패자에게 화가 있을진저."(Vae victis) 실제 승자는 패자가 다음 기회에 다시 도전하도록 허용하지 않는다. 그건 누가 봐도 매우 어리석은 일이다. 이번 시즌의 패자가 이듬해 다시 도전하게 되더라도 비슷한 관용을 베풀 만큼 어리석지는 않을 것이기 때문이다. 핵 억지 전략의 논리는 다음 시즌이 되었을 때 승자도 패자도 생존하지 않는다는 것이다.

상업이란 계산할 수 있고 협상 가능하다는 특징을 지니므로, 어떤 면에서는 전반적인 질서나 권력균형이 절도나 노략질을 예방하는 곳에서 상업이 자리 잡게 된다. 폭력이 절대적인 조건에서 상업이 고려되지는 않을 것이다. 절대적으로 전부냐 전무냐의 상황에 놓일 때 우리는 폭력적이 되지만, 풍요롭거나 질서가 제대로 잡힌 상황에서는 세밀하게 이익을 협상할 수 있다. 명목상 전쟁터라 해도 그럴 수 있다. 절대성과 흥정의 대립, 그리고 폭력과 교섭의 대립은 서로 넘나들 수 있다. 우리는 때로 절대적인 것에 관해 교섭을 벌이고, 때로는 폭력을 둘러싸고도 흥정을 벌인다.

초창기 상인들은 해적이기도 하고 콩키스타도르(에스파냐의 아메리카 대륙 정복자들—옮긴이)이기도 했다. 상업은 그 대안이 몹시 위험한 것일 때 이루어졌다. 상업이란 연속적인 스펙트럼의 어느 지점에서 교환 비율이 결정되어야 함을 인정한다는 뜻이다. 억제되고 제의로 자리 잡지 않는다면, 폭력은 결국 스펙트럼의 두 극단 가운데 하나가 종착지가 됨을 인정한다는 뜻이다. 대체로 인류는 협상 불가능한 정치적 상황에서 살아왔으며, 협상 가능성은 게토를 형성하고 게토는 협상 가능한 것들을 수용하기 마련이었다. 합리적인 협상 방식은 처음에 어떤 기회에 한 사회를 정복한 후 전체 세계를 정복했다. 아마도 그것은 오늘날 다시금 축소되고 있을 것이다.

경제의 세 단계

가장 명확하고 단순한 경제 단계론은 칼 폴라니가 내놓은 '호혜주의 사회, 재분배 사회, 시장사회' 이론이다.[3] 폴라니의 단계론이 또 다른 매우 자연스런 단계 분류인, '자급자족 경제', 사치품과 전략적으로 중요한 재화를 거래하는 '부분적 시장경제', 그리고 '보편화된 시장경제' 단계와 완전히 일치하는 건 아니다.

호혜주의는 분명 '교환할 만한 게' 거의 없는 생산 이전 사회를 지배한다. 재분배는 경제 유형의 하나이지만, 하나의 정책 유형으로 생각해 볼 수 있다. 그것은 정치적 중심이 굳건하여 생산자로부터 상당한 잉여를 거두고 그것을 임의로 분배하거나 관리하는 사회질서에 알맞다. 보편화된 시장경제는 소비되는 재화 가운데 압도적인 비율이 시장을 거쳐 가고 무의미한 비율만이 가정에서 소비되고 생산되는 사회이다. 이 사회에는 분명히 두 가지 전제 조건이 있다. 첫째, 생산력이 매우 높아서 식량 생산자가 소수가 되더라도 사회 전체에 충분한 식량을 공급한다. 둘째, 정치 중심은 생산의 상당 부분이 시장에서 자유로이 거래되도록 허용하거나 허용할 수밖에 없다.

이 두 가지 조건은 완전히는 아니더라도 대체로 서로를 구속한다. 흄과 스미스가 이해했듯이, 나날이 증가하는 대규모 생산은 좋은 정부에 도움이 되지만 좋은 정부를 필요로 하기도 한다. 막강한 테크놀로지가 존재하고 존재한다고 알려지면, 대규모 시장이 없어도 생산적으로 강대한 사회가 가능해진다. 이것이 '필연적으로' 숨겨진 시장, 다시 말해 이중의 경제를 낳느냐 아니면 호혜주의 네트워크를 낳느냐는 흥미로운 문제이다.

억압의 형태나 억압이 없는 형태를 논하지 않은 채 다양한 경제 모델을 설명하기란 사실 매우 어렵다. 재분배 사회인 농경 사회의 일반적인 형태는 대체로 간접적이고 이차적이더라도 폭력이 지배하는 사회이다. 농경 사회에서 칼이 지배하려면 물론 억압 집단의 조직 내에서 지식인의 역할을 허용해야 한다. 최후의 성직자의 창자로 최후의 왕을 교살하고자 하는 사람들은 지식인들이 세상의 구조 안에서 정당하게 인정받으리라는 걸 분명히 알고 있었다(프랑스 철학자 디드로〔1713~1784〕는 "인간은 최후의 왕이 최후의 성직자의 창자로 교살당할 때까지는 결코 자유롭지 못할 것이다"라고 말했다—옮긴이).

보편화된 시장을 가능케 한 건 기술의 점진적인 확대였고, 처음에 이는 시장의 확대와 기술적 성장을 뒷받침했다. 하지만 바로 그 막강한 테크놀로지는 결국 거대하고 분리될 수 없으며 본질적으로 공유되고 집합적인 기반 구조를 전제로 하게 되었다. 이는 다시금 시장의 사회적 역할을 축소한다. 기적과도 같은 경제성장이 최초로 일어난 시기에 필요한 기반 구조가 갖추어져 이용된 일은 역사적인 우연일 뿐이었다. 그런 일은 더 이상 일어나지 않는다. 오늘날 전제로서 요구되는 기반 구조는 너무도 거대해져서 더 이상 자연 발생적으로 생성될 수 없다. 또한 그것은 시장 방식으로 운영되거나 유지될 수 없으며, 의식적인 계획을 통해서만 마련될 수 있다.

그것은 '정치적으로,' 다시 말해 지구적이고 중앙집권적이고 다목적인 결정에 의해서만 운영될 수 있다. 그래서 우리는 더욱 정치적이고 덜 경제적인 세계로 회귀하게 된다. 겉으로 보기에 원자화된 개인주의로 회귀하는 것 같아도, 오늘날의 경제가 거대하고 나눌 수 없으며 필연적으로 정치적으로 지배되는 기반에 의지한다는 사실을 가릴 수는 없다. 우리는 계약에서 신분으로 회귀한다. 다만 이번에는 그 신분 체제가 어떤 모습일지 아직 모를 뿐이다. 당분간은 평등주의적이고 관료적인 신분 체제가 될 것 같다. 기본적인 평등주의는 계급적 역할의 세대별 재할당과 결합된다. 이 평등주의가 유동성(mobility)의 감소를 이겨 낼 것인지, 유동성은 부와 혁신의 증대 대비 수익 체감의 경향을 이겨 낼 것인지, 그런 수익 체감이 인식될 것인지가 우리 앞에 놓인 중요한 문제이다.

보편적 시장으로의 이네올로기 이행

농경 세계는 안정과 신분 질서를 지향한다. 이데올로기 장치는 제도에 안정성을 부여하려 노력한다. 이 모든 것은 경제활동에 대한 태도에 반영된다. 예를 들어 아리스토텔레스 자연학은 사물들의 올바른 위치, 사물들이 운동해 가는 방향을 고찰한다. 그래서 지식인들의 스승이라고 아리스토텔레스에게 찬사를 보냈던 시대 특유의 경제 이론은 '적정가격'이라는 개념에 자연스레 끌렸다. 뒷날 이 개념은 질타를 받게 된다.

그러나 그 개념은 불합리하지 않다. 테크놀로지가 정체된 안정적인 사회에서, 공정성의 아우라가 강제하고 신성화하는 '협정가격'은 경제 문제를 해결하는 합리적인 방법일 것이다. 안정된 세계에서, 지식의 지도에는 '경제학'의 위치가 없을 수도 있다.⁴ 우리는 도덕적으로 강제되는 공정가격이라는 개념을 무척 그리워하지만, 더 일반적인 규모에서 그것으로 되돌아갈 수 있다. 노동력 부문에 의한 집합적인 조직과 협약을 허용하는 사회에서, 그리고 그 부문이 때로 전체 경제를 마비시키는 사회에서, '공정한 임금'이라는 개념의 재(再)강제는 대규모 실업이나 항구적 인플레이션, 아니 정확히 말하자면 두 문제의 결합에 대한 유일한 대안일 수 있다.

한편, 혁신적인 테크놀로지와 함께 팽창하는 불안정한 경제는 그런 개념과 거의 어울리지 않는다. 그런 경제가 필요로 하는 것은 다양한 가격이고, 그것이 선호하는 이론이 소리 높여 주장하는 것처럼, 다양한 가격은 매우 미묘하고 예민한 신호들의 체계 역할을 하며, 인간의 만족이 증가되어야 할 때 인간의 노력이 확대되어야 할 지점들과 축소되어야 할 지점들을 가리킨다. 팽창하는 경제와 시장, 다양한 가격 메커니즘은 나란히 나아갔다.

새로운 자원이든 새로운 영역이든 아니면 새로운 기술이든, 거기에 대한 하나의 또는 적어도 제한된 발견이 팽창의 동력이라면, 또는 중앙 권력이 테크놀로지를 도입한다면, 경제는 물론 그런 시장 메커니즘 없이도 팽창할 수 있다. 농업의 결정적인 출발 자체가 그러한 혁신 가운데 하나였다.

위대한 고고학자 고든 차일드는 더 편리하게 일할 방식을 찾아내려는 동기를 침식함으로써 혁신을 가로막은 것이 노예제도였다고 생각했다. 노예들을 집안에서 낮은 지위에 끼워 넣거나 사회 전체를 예속화하는 것과는 대조적으로, 엄밀한 의미에서 노예제도는 원자화된 개인 노예들을 동산(動産)으로 취급하면서도 그들의 내부 조직을 허용하는 것으로 정의될 수 있다. 그런 진정한 노예제도는 사실 역효과를 낼 수 있다. 이를테면 노예를 구입하여 산 채로 유지해야 하는 노예 소유주에게, 과연 생산성의 증대를 환영할 만한 충분한 이유가 있을까? 흥미롭게도, 엄밀한 의미의 노예제도는 세계사에서 매우 드물다.[5] 학자들은 그런 노예제도를 운영했던 사회의 수를 사실상 다섯 손가락으로 꼽을 수 있다고 말한다. 그 가운데 둘은 고대 지중해 유역에, 셋은 콜럼버스 이후 신세계에 나타났다. '진정한' 노예제도는 개인 노예를 단순한 노동력으로 이용한다. 로마에서 이름 없는 '말하는 도구'라 일컬었던 노예를 경제적 편의에 따라 제약 없이 매매하고 양도했다. '진정한' 노예제도는 복합적인 사회적 고려 사항들에 방해받지 않는, 노동력의 단일 목적적 배치와 '합리적' 자본주의에 대한 기대처럼 보인다. 따라서 그것이 왜 엄밀한 의미의 자본주의로 이어지지 못했는지 또는 이어질 수 없었는지를 추정해 볼 수 있다.

다른 사회에서 훨씬 더 보편적으로 운영된 노예제도는, 포획하거나 구매한 개인 노예를 기존 사회의 낮은 지위로 강제 통합시키거나, 사회 전체를 예속적 지위로 격하시키거나, 높은 지위의 '노예'를 배치하는 것이다. 이는 사실 관료들에게 특정 지위를 부여하는 특별한 용어일 뿐이다. 그것은 그들의 모든 특전과 지위 자체를 임의로 폐지할 수 있도록 보증한다. 모름지기 근대의 관료라면, 조직 속의 지위로부터 나오는 권력은 자신이 온전히 사용하고 유지할 수 있는 것이 아니며 그 지위가 박탈될 수 있음을 당연하게 여긴다. 전통 사회에서는 이것이 당연한 일이 되도록 하기 위해서 그를 노예라고 일컫는 게 필연적이었을지도 모른다. 그렇다 해도, 일정 기간 동안 그런 조건을 강제하기란 대체로 어려웠다. 국가가 노예를 소유했는지는 모르지만, 노예는 국가를 소유할 수 있었다.

　따라서 낮은 수준의 혁신에 대한 충실한 설명은 더 일반적일 수 있다. 농경 사회의 질서는 예속 상태를 낳고, 이것이 다시 혁신을 가로막는다. 예속적인 지위에 있는 사람들은 혁신의 동기를 갖지 못하고, 이들을 지배하는 이들은 개척 정신보다는 침략이나 안정의 미덕을 좋아하는 경향이 있다. 자유 시장 메커니즘의 장점에 깊이 매료된 이들은 자신들에게 가짜로 보이는 공정가격과 공정임금 개념의 도덕주의에 코웃음 치곤 한다. 매우 흥미롭게도 R. H. 토니 또한 카를 마르크스를 최후의 스콜라철학자라고 일컬을 만큼 이런 시각을 공유했다. 노동가치론, 무엇보다도 그 밑에 깔린 도덕주의는 경제적 보상에 대한 '공정한' 결정을 추구하는 흐름을 이어받은 것이라는 말이다.

　'공정가격' 개념에 대한 비판은 계몽주의 이성이 형이상학과 미신을 총체적으로 거부하는 데 중요한 부분이다. '공정가격' 개념의 토대는, 하느님 또는 자연, 아니면 다른 어떤 권위가 사물을 세상에 보낼 때 가격이 명시된 가격표를 붙여 보낸다는 유치한 기대라고 계몽주의 이성은 보는 것이다. 그것은 분명 세계를 자연이라기보다 '코스모스'로 보는 관점의 일부이고, 목적과 위계질서와 선천적 가치들을 모든 곳에 관대하게 투사하는 관점의 일부이다. 그 세계는 가치로 뒤덮여 있고, 가치는 사물의 본성 속에 깊숙이 뒤섞여 있어서 천박하고 굴욕적인 시장의 결정에 맡겨 둘 수 없다. 노동가치론은 흥미로운 타협이었다. 가치를 사물의 향유라는 휘발성의 기능이 아니라 본디 사물에 내재한 것으로 보는 관점이 전통적이었다. 동시에 그것이 사물에 주입되는 방식은, 어떤 외부의 권위가 아니라 인간의 작용이나 인간의 노동이 가치를 부여하는 힘을 지닌다는 믿음을 주었다. 그것은 객관주의적이고 인간 중심적이었다.

그러나 우리는 별개의 문제들을 분리하여 사물을 그 자체로 보는 법을 배웠다. 우리는 사물 안에 존재하는 것과, 우리의 구성물 또는 투사물을 구분한다. 그리고 세상의 구조에는 그런 가치의 지위가 없고, 그런 구조가 없다고 인식한다. 인류가 그런 것을 믿을 때 혁신은 거의 일어나지 않는 법이다. 그러나 우리는 혁신을 기초로 하고, 문제와 과제의 분리를 기초로 하며, 세계의 냉정한 분석을 기초로 한 세상에 살고 있다. 새로운 관점은 우리가 오랜 미신에서 스스로를 해방시켰다고 주장한다. 우리의 유연성과 가치의 휘발성은 밀접하게 연관되어 있다.

따라서 일반적으로 가격과 보상은 미리 정해진 것이 아니다. 그것들은 사물과 서비스가 주는 만족, 그것들의 희소성을 반영하며, 그것들의 타협 가능한 유연성이 바로 혁신과 진보와 성장을 자극하는 것이다. '공정가격'은 형이상학적 오류이자 미신에 그치는 것이 아니었다. 그것은 가장 지탄받을 만한 오류 범주였고, 어떤 보증도 없이 세계를 정해진 틀 안에 고착화시킨 것이었다. 그리고 그 틀에는 신성과 권위의 아우라가 아무런 근거도 없이 입혀졌다. 따라서 그것은 이론의 오류일 뿐 아니라 인류의 진보와 만족에 심각한 걸림돌이 되었다. 그런 방향의 열망이 근대에 되살아난 건 설명할 수 없는 회귀 열망, 가장 완전하고도 최악의 의미에서 반동적인 것으로 보인다. 그것은 해방된 열린사회에서 살아가는 자유와 책임을 견딜 수 없는 개인들이 안락하고 안정된 옛 사회적 자궁으로 돌아가고자 하는 심리적 병약함의 표출이라고 설명할 수 있다.

가치를 유효화하는 '시장' 이론은 인류의 경제적 변화와 인식적 변화가 만나는 중요한 지점이다. 새 경제는 원자화된 동질의 세계를 가정하는 개념을 토대로 정당화된다. 가치 또는 장점은 그것들이 주는 만족이라는 기능으로서만 사물에 부수된다. 목표도 수단도 결코 고정된 것이 아니다. 그것들은 경험적으로 확립된다. 목표는 우리 욕망에 의해 주어지고, 수단은 객관적으로 세계에서 지배적인 연관에 의해 주어진다. 이런 방식으로만 가치는 세상에 진입하는 것이다.

불행하게도 문제의 진실은 조금 더 복잡하다. 그것은 이렇게 단순한 흑백논리로 설명되지 않는다. 그것은 미신 또는 경직된 객관주의가 유연하고 계몽된 경험주의와 충돌하는 것이라고 아주 단순하게 설명될 수도 없다. 계몽된 이성은 스스로 자기만족적으로 추측하는 수준만큼 계몽되지 않았다. 그것은 오히려 자신이 지탄하는 바로 그 오류를 저지르고 예증했다.

사물의 본성에 새겨진 공정가격이라는 개념은 분명 미신이다. 사실상 사물의 본성 같은 건 없으며, 그것은 가격표를 붙이는 데 관여하지 않는다. 그러나 안타깝게도 시장가격 따위도 없다. 시장가격의 신격화, 그리고 거기에 독립성과 권위와 합법성이라는 아우라를 부여하는 것은, 바로 그 낡은 미신의 작용을 더욱 교묘하게 되풀이하는 것일 뿐이다. 계몽하는 자들이여, 너 자신을 계몽하라. 그대가 계몽하려는 세상은 이미 그대보다 더 계몽되었으니 어찌 우습지 않으랴. 그대는 그대가 확신하는 것보다도 계몽되지 않았도다.

시장은 특정한 제도적·억압적 맥락 안에서 가격을 결정할 수 있을 뿐이다. 그 맥락 또한 '공정가격'만큼이나 '주어지는' 것이 아니다. 틀림없이 그것은 역사적으로 특수한 것이다. 무척 다양한 그런 맥락은 강제의 결과이거나 특별한 역사적 타협의 결과이다. 스스로 지속해 가는 시장을 객관적 신탁으로 착각하는 일이 일어난 건, 그것이 처음 등장한 특별한 제도적·문화적 맥락이 그 안에서 사는 사람들에게 매우 자명해 '보였기' 때문이다. 스스로 지속해 가는 시장은 자연스레 나타나, 그 환경에서 사는 사람들에게 '자연스럽게' 느껴졌다. 그것은 그 자체로서 특정한 역사적 성좌라기보다 인간의 조건을 드러내는 것 같았다.

그것을 분석한 이들은 사회학적 지식과 상상력을 어느 정도 지니고 있었지만 충분하지는 않았다. 그들은 상황이 유리하다는 걸 알았다. 하지만 상황이 '독특하다'는 것은 분명히 알지 못했다. 그들은 이 상황이 전체 인류를 해방시킨다고 생각했다. 하지만 이 상황이 새롭고도 희귀한 종을 창조했다는 건 인식하지 못했다. 그들은 유리한 정치적 기후에 감사함을 느꼈다. 그러나 그것을 가능하게 하는 문화적이고 기술적인 특정한 전제 조건을 제대로 인식하지는 못했다. 그들은 이 희귀하고 유례없이 유리한 사회적 기반의 확립 또한 인류의 공적이라고 생각하는 경향이 있었다.

시장에는 정치적이고 문화적인 구조가 필요하다. 평화가 유지되는 것은 중요하지만 그것만이 다가 아니다. 시장은 최소한의 물리적이고 사회적인 기반 구조와 문화적 환경, 적합한 인력의 이용 가능성을 전제로 한다. 초기 산업주의와 확대되는 초기 시장경제는 발달된 산업주의와 견주어서 그 기반 구조와 기술적 요건들을 비교적 많이 요구하지 않는다. 동시에 농경시대에 이런 요건을 충족하기란 무척 어렵다. 이 경우에 그 요건들이 충족된 건, 의도적인 계획이나 정책과 상관이 없었다. 따라서 그것들은 상당히 자연스럽고 지나치게 특이하지 않은, 사물의 질서 가운데 하나로 보였을 수 있다. 그런 맥락에서는 아마도 자연스런 착각이겠지만, 착각은 착각일 뿐이다. 이후의 산업주의는 완전히 다르다. 그 기반 구조적 요건은 거대하고 상당하며 논쟁거리가 된다. 모방적인 산업화는 종종 경제활동에 그다지 유리하지 않은 상황에서 강제되며, 그 상황 자체가 '강제되어야' 한다.

시장이 정치적 맥락에서 작동하고, 이 가능한 맥락들이 본질적으로 매우 다양하며 주어지는 게 아니란 점이 명확해진다면, 시장의 평결, 가격을 공표할 수 있는 것은 '시장'의 신탁만이 아니라는 것 또한 명확해진다. 사실 시장의 평결은 그 배경이 되는 특정한 정치 상황을 복화술처럼 대변할 뿐인지도 모른다. 18세기에 '올바른' 정치적 배경의 구체적 내용을 규정하는 건 여전히 합리적으로 보였다. 그런 독특한 규정이 인가되고 정당화되면, 그 규정을 참고하여 시장이 결정한 것에 합법성이 부여될 수 있었다.

특정한 정치적 맥락에서 시장은 독특한 평결을 내린다. 합법적인 정치적 맥락 또한 독특하게 정의될 수 있다면, 신탁 같은 시장의 평결도 마찬가지로 독특한 것이 된다. 그것은 어떤 지점에서든 자의성에 의해 흔들리지 않는 추론을 거듭한 끝에 내려지므로 존중될 수 있다.

'올바른' 정치적 배경이란 정치적 개입이 최소한인 상태라고 말할 수 있다. 이것이 그 유명한 최소한의 '야경국가' 이론이다. 이 이론은 사실 우리 시대에 되살아났지만, 이 시대는 요구되는 기반 구조의 규모가 어마어마하기 때문에 이 이론을 불합리한 것으로 만든다. 지난날 이 이론이 유효했던 건, 당시 정부가 실제로 작아도 되었기 때문이다. 보편화된 시장 질서가 등장한 사회는 팽창하는 시장에 요구되는 문화적·제도적 구조를 매우 잘 갖추고 있었기에, 처음에는 국가가 많이 도와줄 필요가 없었다. 초기 산업주의의 비교적 허약한 테크놀로지가 성장할 수 있는 토대를 제공한 건 특별하게 발전한 한 농경 사회였다. 말하자면 그것은 그 자신의 사회적 모체에 적합했다.

이제 그 모든 것이 바뀌었다. 고도로 발전된 생산적 테크놀로지는 중앙에서 관리하는 어마어마한 기반 구조를 요구한다. 선진 사회에서, 그 비용은 국민소득의 절반 언저리에 이르게 되었다. 그런 기반 구조가 없다면, 현대 산업구조에서 생산은 물론 소비까지도 모두 중단될 것이다. 오늘날 자동차 회사가 생산물을 처분할 수 있는 건, 사회의 정치기구들이 무척이나 정교하고 막대한 비용이 드는 도로 체계의 확립을 보장해 주기 때문이다.

시장의 정치적 구조가 매우 분명하고 거대하며 다양한 형태를 지닐 수 있는 것으로 보인다면, 더 이상 중립적이거나 최소한의 것으로 위장될 수 없다. 그것은 더 이상 시장의 평결에 개입하거나 속단하지 않는, 단순히 필수적인 전제 조건, 시장의 공정한 신탁을 가능케 하는 조건에 지나지 않는 것으로 이해되어서는 안 된다.

이것이 명백하고 이제 명백해졌다면, 신탁의 공표는 지난날 그것이 가지고 있었던 아우라를 잃는다. 그것은 체제의 외부에서 객관적으로 도출된 것이고, 인류의 기호와 선호를, 그리고 자원이 분배되는 경우에 그 기호와 선호를 가장 잘 충족시키는 방식을 편견 없이 반영하는 것이라고 보기 힘들다. 시장의 평결이라는 것에 정치적인 비중이 엄청나게 개입되는 것이 보이면, 우리는 더 이상 시장을 우리의 경제적이고 중립적인 중재자로서 자유롭게 이용하지 못한다. '우리'가 정치적인 질서를 만든다. 그러므로 우리는 그 평결에 책임이 있다. 시장의 평결은 그 메아리일 따름이다. 이 모든 것은, 더 구체적인 모든 세부 사항들이 분배의 원리들과 정치적으로 선택된 구조 안에서 '시장'에 맡겨진다는 주장과 모순되지 않는다.

그래서 시장가격의 객관성은 '공정가격'만큼이나 형이상학적인 환영이다. 우리는 공정가격에서 논의를 시작하여 시장가격으로 나아갔다. 이제 시장가격 이후의 논의는 무엇이 되어야 하는가?

재진입 문제

가격의 합법화에 관한 기본적으로 자유주의적인 이야기는 단순했다. 그러나 환영이 벗겨짐으로써 우리는 이데올로기적으로 갈 곳을 잃었다.

이 이야기는 특별한 게 아니다. 오히려 그것은 비슷한 구성에 동일한 논리적 구조를 지닌 수많은 비슷한 이야기들의 모델이다. 가격의 정당화는 새로운 합법화 양식과 그 문제의 첫 번째 사례이다. 그러나 그것은 문제들이라는 속(屬)에 속한 하나의 종(種)일 뿐이다. 이 속은 재진입 문제라고 불러야 마땅하다.

엄격하게 말하자면, 그것은 재진입 문제가 아니라 정확히 '진입'의 문제일 뿐이다. 그러나 선택된 명칭은 실증주의에 경도된 많은 이들이 인식하는 방식을 반영하는 것이다. 함축적이고 무척이나 매혹적인 이야기는 다음과 같이 펼쳐진다. 동물들은 진정한 실증주의자들이고, 생각을 하지 않으므로 어떤 철학도 지니지 않는다고 가정될 수 있다. 동물들은 단순히 자신들의 감각적 데이터와 상호작용할 뿐이다. 인류가 등장하고, 어떤 알 수 없는 이유로 인류는 새롭게 획득된 사고 능력을 오용한다. 인류는 자신이 갖고 있는 데이터에 관해 생각하는 데 그치지 않고 초월계(Extra)를 계획적으로 발명해 내는데, 그것은 아마도 '사고'라는 새로운 도구에 아직까지 완전히 숙달되지 못했기 때문일 것이다. 물론 초월계는 허구이자 발명품으로서 대체로 쓸모가 없지만, 아마도 실제 데이터를 이용하고 해석하는 방법에 관해서는 유용한 단서를 포함하고 있을 것이다. 그것은 또한 인류에게 확신을 주고, 자기가 속한 사회질서를 승인하며 스스로 잘 처신하도록 자극할 수도 있다. 하지만 이 모든 것은 인식적으로 타당하지 않다. 그러다가 이성의 해방으로, 인류는 마침내 초월계가 허구일 뿐임을 깨닫게 된다. 그리고 진정한 현실의 세계, 유일하고 독특한 자연계로 '재진입'한다. 실증주의와 마르크스주의 모두 인류의 우회 또는 타락 이론을 되살린다는 점에서 흥미롭다. 처음에 인류는 건강하고 온전하지만, 타락한 조건에서 구출될 필요가 있는 것으로 여겨졌다.

이어서 공상 속의 바빌론 유수(B. C. 587년 유대왕국이 멸망하면서 유대인이 바빌론에 포로로 끌려가 잡혀있던 50~70년의 기간. 이 시기에 유대인은 유대교를 점검하고 구약성서의 기초를 만들었다—옮긴이) 기간 동안, 인류는 쟁점을 구성하는 모든 가치와 원칙을 허구적인 타자의 권위에 호소함으로써 합법화하는 습관을 지니게 되었다고 주장은 이어진다. 타자는 허구적인 것이기 때문에 권력을 지닌 이들은 늘 타자를 조작하여 자신들이 원하는 걸 말하게 할 수 있었다. 지배적인 허구는 다름 아닌 지배계급의 허구였다. 하지만 이런 속임수와 기만의 시대는 끝났다. 앞으로 모든 유효화와 합법화는 이승의 물질세계에 기초해야 한다. 그것은 저승의 가공(架空)의 절대성보다 덜 확고해 보일 수 있으나, 사실은 훨씬 참되고, 성숙한 인류에게 훨씬 합당한 것이다.

17세기와 18세기 사상가들은 인간의 가치에 대한 현세적 기초를 쉼 없이 탐구했다. 그들은 우리의 다양한 지적 · 사회적, 그리고 그 밖에 활동들의 궁극적인 지침이 되는 최종적인 원리를 탐구했다. 인류가 차안으로 또는 자연으로 회귀한 것, '그것'이 재진입의 문제이다. 그것은 공상 속의 체류에 뒤이어 일어나며, 아마도 인류의 최초 등장에서부터 이성의 시대로 이어질 것이다. 그러나 쟁점들의 분리가 최근의 독특한 성취라면, 우리가 실제로 마주하는 건 진입이지 재진입이 아니다. 초기 인류는 결코 실증주의적 에덴에 살지 않았고 그렇게 할 수도 없었을 것이기 때문이다.

재진입이든 진입이든, 그 과정은 매우 다양한 영역에서 유사한 형태로 일어난다.

정부와 권력 지난날 하느님에 의해 공인되었으나, 이제 동의 또는 자기 이익의 계산 또는 감정에 바탕을 둔다.

옳고 그름 지난날 신이 결정하거나 사물의 본성에 합리적으로 확립되거나 내재한 것이었으나, 이제 사회적 편의나 감정 또는 두 가지의 결합에서 비롯된다.

지식 지난날 진리를 확정하는 것은 사물의 규범적인 본질이었다. 이제 진리의 중재자는 '우리'의 감각 또는 인식이다.

아름다움 지난날 완벽함의 기준은 사물의 본성에 새겨진 비례 규칙 등에 존재했다. 이제는 쾌락주의 미학이나 기능주의 미학 또는 유사한 미학 이론에 존재한다.

경제학 지난날 독립적이고 타고난 공정성에 의해 결정된 가격은, 이제 노동 투입량 또는 수요와 공급이라는 시장의 작용에 의해 결정된다. 그리고 수요와 공급은 소비의 쾌락과 생산의 고됨에 따라 달라진다.

구체적인 모습은 저마다 다르지만, 중요하고 쟁점을 이루는 인간의 모든 활동에서 똑같은 양상이 발견된다. 지난날 플라톤 시대에, 합법성과 아름다움의 중요한 원리는 사물의 본성에 새겨져 있거나 신의 의지에서 비롯된다고 생각되었다. 그것은 계시의 담지자인 길드가 관리하거나, 특별하고 고매한 지식인들만이 알 수 있었다. 사실 그 엄격성은 뒤르켐이 파악했듯이 제의가 주입하는 개념의 권위에 뿌리를 내리고 있었다. 공식적인 타자 교리가 덧붙여진 건, 지적인 지식계급 덕분에 이런 사회질서의 운영 방식이 어느 정도 자의식에 도달했을 무렵부터였다.

그러나 이제 이 활동 분야가 갖추게 된 운영 원리는, 현세적이고 공개적으로 접근할 수 있는 어떤 것에서 권위를 얻는다. 인간의 선택, 합의, 감정, 쾌락 또는 경험에 뿌리를 내린 평결은 만인에게 유효하다. 그것은 인식적 특권이나 지배층을 낳지 않으며, 그런 것에 신세를 지지도 않는다.

그리고 우리 모두에게 아직 완전히 이해되지는 않는 새로운 입장은, 이와 비슷한 분야에서 대체로 거의 동일한 약점을 보인다. 세계 또는 인간에 내재하고, 독립적이라는 새로운 주권, 이 새로운 최고법원은 결국 진실로 독립적인 것이 아님이 밝혀졌다. 그것은 판결을 받아야 하는 소송 당사자들과 밀접한 연관이 있다. 지난날의 판결은 인간의 미신의 산물이자 사기이자 공상이었다. 이에 반해 새로운 판결은 부패일 뿐이다.

새로운 사회질서의 기초가 될 우리의 선택 또는 결정이 이해될 수 있는 형태를 띠는 건, '이미' 사회질서에 의해 형성된 인간이 선택하고 결정하는 경우뿐이다. 그 질서가 독특하다면, 또는 어떤 이유로든 주어진 대로 받아들여진다면 이는 아무 문제가 없다. 하지만 그렇지 않다면? 새로운 윤리의 기초가 되고 새로운 사회를 빚어내게 될 우리의 기호와 욕망은 '특정'의 사회에 의해 형성된다. 이를테면 모든 이론을 심판하는 위치에 있는 우리의 경험적 데이터 자체가 이론의 영향을 받는 것이다. 재판관의 판결은 이전의 문화에 의해 이미 판결을 받은 것이다. 그런데 어떻게 그것이 우리에게 어떤 문화를 가져야 한다고 말할 수 있겠는가?

우리는 초월적 규범을 신봉하는 세계로부터, 고정되고 주어진 정체성이라는 전제를 물려받았다. 초월자의 실재나 접근 가능성이라는 전제를 버리고, 우리는 새로운 주권자, 우리가 바라보는 모든 것의 군주로서 우리 자신에게 의지한다. 우리는 더 이상 안정적이지 않은 세계에 지침을 부여해야 한다. 우리 가운데 일부는 이 결정의 부담을 지고 있던 정체성을 이제는 그 과제를 수행하는 데 더 이상 이용할 수 없다는 사실을 인식하며 아파하고 놀라워한다. 그것은 천상에 드리운 자신의 그림자 속에서 자신의 신비한 근거를 발견했던 그 안정된 세계와 함께 사라졌다. 이제 제의도 타자도 영적인 것도 우리를 속박하지 못한다. '내부'에서 합법화와 토대를 발견하고 타자를 버리도록 우리를 이끈 바로 그 변화가, 그런 부담을 도맡아 졌을지 모르는 고정되고 주어진 정체성을 또한 우리한테서 빼앗아 갔다.

계몽된 이성의 순환 논리

계몽된 주요 정치론, 도덕론, 인식론들은 새로운 순환 논리를 드러낸다.

계몽된 정치학은 사실 조직에서는 권위주의적인 시각을 드러낼 때조차 민주적인 경향을 띠거나, 어쨌든 국민 또는 '민중'(Volk)의 주권에 호소하는 경향을 띤다. 농경시대에 플라톤 정치학은 위계적이고 권위주의적임을 당당히 드러냈다. 사물의 본성에 내장된 가치와 그 내재적인 규범은 실행되어야 했다. 동의는 최고의 가치가 아니었고, 오히려 규범에 순응하는 경우에만 유효했다. 중요한 것은 동의가 아니라 지혜였다. 지혜는 인류 자신이 선택한 기준이 아니라 인류에게 강제되는 기준에 의해 인정되었다.

이맘 호메이니는 농경시대 관점의 한 버전을 현대에 되살린 사람이다. 그의 표현을 빌리자면, 진정한 민주주의는 신의 율법을 이행하는 것이지 단순히 인간의 의지를 성문화하는 것이 아니었다. 더 높은 사회질서는 모범이었고, 그들의 권위는 지위에 뿌리내렸으며, 그들의 과제는 그들이 실현하는 가치를 강화하는 것이었다. 모범적인 신분, 카스트, 경전 또는 교회가 우리를 안내해야 했다. 그러나 이제 우리는 우리가 더 잘 알고 있다고 주장한다. 정치적 질서, 억압 체제를 합법화하는 건 '우리의' 동의이고, 우리의 동의뿐이다. 합법화는 통치되는 사회 자체에서 비롯될 수 있다. 통치자들은 대리인이지 모범이 아니다.

우리의 동의가 말 그대로 사회질서와 별개로 존재한다면 이는 모두 맞는 말이다. 어느 정도는, 그리고 단기간 동안에는 물론 그렇다. 한 사회가 집합적으로 한 가지 일을 하려고 할 때 다른 일을 견디도록 강요되는 상황은 특별한 것이 아니다. 동의란 현재의 억압 기구를 지배하는 누군가가 시키는 대로 자동적으로 쉽게 이루어지는 게 아니다. 그런 의미에서 동의에 독립적인 실재가 부여된다.

그러나 더 멀리 보자면 상황은 그다지 단순하지 않다. 한 사람이 동의하는 것은 그 사람이 '누구냐'에 달려 있고, 그 사람이 누구냐는 결국 그 사람을 만든 사회로부터 비롯된다. 중세 후기에, 인류가 세속적이고 산업적인 세계로 이행할 것인지에 관한 표결이 이루어질 수 있었을 것인가? 이 질문은 그 자체로 난해했을 것이다. 어떻게든 사고를 할 수 있는 사람은 자신들이 알고 있는 세계를 지지했다. 그들은 그것이 옳고 적합하다는 걸 알았고, 급진적인 변화는 골치 아프다는 걸 알았다. 그 뒤로 일어난 변화들 덕분에 우리는, 지금 모습 그대로의 인류를 대체로 더 좋아하는 인류가 되었다. 하지만 둘 모두의 영향을 받거나 어느 한쪽으로부터 독립해 있는 제3자가, 과연 둘 '가운데' 하나를 선택하여, 그 변화를 동의에 의해 '민주적으로' 승인할 수 있었을까? 그런 제3자는 없다. 그런 사람은 존재할 수 없을 것이다.

"근본적인 변화는 정체성을 변화시킨다." 그러나 지속적이면서 어쨌거나 권위를 지니는 단일한 정체성이 없다면, 근본적인 변화에 완전한 동의를 표현할 수 있는 사람은 없다. 누구도 근본적인 변화에 민주적인 성찬식을 베풀고 찬양하며 옹호할 수 없다. 작은 변화들은, 보존되는 정체성 안에서 동의에 의해 승인되거나 거부될 수 있다. 동의에 의해 유효화되는 민주주의 개념이나 정부 개념은, 어느 정도 안정되고 당연히 여겨지며 그 구성원들에게 정체성을 부여하는 전반적인 문화적 상황 안에서 의미를 지니고 가능해진다. 그러나 근본적이고 급진적인 선택을 하거나 유효화되는 경우에 적용될 때, 동의라는 개념은 말 그대로 아무런 의미가 없다.

현실의 민주주의 체제 분석가들은, 민주주의 체제는 그 기본적인 조직적 전제들이 도전받지 않는 곳에서만 작동한다고 말하곤 한다.

이 주장을 더 강하게 표현하면, 민주주의 개념이 의미를 지니는 건 그 때뿐이라고 말할 수 있다. 참으로 급진적인 선택권과 마주했을 때, 완전한 동의를 표현할 수 있는 사람은 없다. 당신은 정체성의 변화에 동의할 수 없다. 그 '당신'이란 없다. 정체성의 변화라는 개념 자체가 그것을 배제하기 때문이다. 변태(變態) 이전의 자아는 더 이상 존재하지 않고, 변태 이후의 자아는 아직 생성되지 않았다. 하지만 역사철학의 진정한 주제는 바로 우리 정체성의 집합적인 변화이다.

가장 중요하고도 전형적인 계몽주의 도덕철학인 공리주의를 생각해 보자. 그 기본 개념은 놀랄 만큼 간단하다. 가치가 인간을 만드나니. 제도와 행동 방식, 성격 특성 등에 대한 사회의 공식적인 승인을 결정하는 건 단일한 기준임이 틀림없다. 다시 말해서 결국 인간을 만족시키는 데 가장 많이 기여하는 것이 제도냐 관습이냐는 것이다. 공리주의가 거부하는 것은, 사물의 본성에 의해 미덕이 우리와는 별개인 제도 등에 보태진다는 플라톤의 관념이다. 그 관념을 거부함으로써 새로운 관점은 우리를 해방시킨다.

공리주의는 가치의 선택을 '우리'의 욕망, 우리의 선호도에 넘겨준다. 그런 욕망들이 정말로 '주어지는' 것이라면, 이는 해답이 될 수 있을 것이다. 물론 일부 공리주의자들은 우리가 기호를 계발할 수 있다는 걸 알았고, 자신들의 기준에 부합할 때 이를 상기시켰다. 합당한 범위 안에서, 공리주의는 인간이 기호에 영향을 미친다는 사실을 받아들일 수 있다. 그러나 기호가 근본적으로 변화하고 있다면? 우리 욕망이 우리의 가치에 의해 좌우되고, 우리 가치는 급속하게 변화하는 사회에 의해 좌우된다면? 우리 욕망과 가치의 변화무쌍함은 우리 상황과 무관한 특성이 아니다. 그것은 유연하고 조작 가능하며 테크놀로지와 지식에 기반을 둔 우리 사회질서의 중요한 특성이다.

공리주의 논법이 기대고 있는 모델은, 주어진 개별 쾌락 또는 만족 모델이었다. 이는 주어진 개별 사실이 이론들을 심판하는 것과 거의 똑같은 방식으로 가치를 심판할 수 있었다. 우리는 사실들이 이론으로 포화되어 있다는 인식에서 비롯되는 문제를 익히 알고 있다. 우리가 인식하는 것은 그 배경에 깔린 우리의 기대에 따라서, 우리의 이해를 돕는 일반적인 장치에 따라서 달라진다는 것이다. 그렇다면 우리의 인식은 어떻게 이론을 심판할 수 있을까? 그러나 우리의 쾌락 또한 개념으로 넘쳐난다. 한 사람의 인생을 둘러싸고 삶을 영위하게 하는 개념 체계를 문화라고 한다. 그러나 문화는 더 이상 주어지는 것이 아니다. 문화는 선택할 수 있는 것이고, 급속도로 변화하며 조작 가능한 것이다. 그리고 선택권들은 정치적 논쟁에 영향을 받는다. 우리의 쾌락은 문화에 속박되기 때문에, 무엇이 우리에게 더 큰 쾌락을 줄 것인가의 관점에서 경쟁 관계의 문화들을 평가할 수 없다. 그것은 문화 이전의, 사회 외적인 인간에게서 생겨나는 것이 아니다. 따라서 다시금, 심판받아야 하는 것이 심판자가 되는 것이다…….

지식 영역에서, 계몽된 시각은 도덕이나 정치 같은 영역에서보다 다소 덜 위험한 상태에 놓인 것처럼 보인다. 인식적 주장에 대한 최고 법원은 '경험'에 배정된다. 하지만 매우 대중적이고 설득적인 이론에 따르면, 경험 또한 동의와 욕망처럼 진실성이 없고 변화무쌍하다. 우리는 우선적인 구조, '패러다임'이 없으면 어떤 것도 경험할 수 없다고 배운다. 패러다임은 사전에 경험을 주조하고 그것에 이론을 입힌다. 그러나 패러다임 없이는, 이론의 포화 없이는 경험도 '없는' 것이라면, 우리는 어떻게 경험을 이용하여 패러다임을 판결할 수 있을까? 답은 알 수 없다. 그 주장을 전제로 할 때 해답은 있을 수가 없다. 다시 말하지만, 물론 그 이론은 안정된 체제 '안에서' 경험이 중재자로서 행위하는 걸 배제하지 않는다. 우리가 세계적 전체성과 근본적 단절성을 다루게 될 때, 문제가 발생하고 해결할 수 없는 것처럼 보인다.

우리가 마주하는 역설적 상황은, 우리가 '자연,' '경험,' '쾌락' 같은 외부적이고 사회 외적인 중재자를 이용하고 거기에 호소하면서, 그와 동시에 순수한 형태의 그것을 만날 수 없다는 사실이다. 우리가 알고 있는 자연 속의 사물이나 사건들은 문화적 개념에 의해 이미 반조리된 것이다. 게다가 이들은 일시적이고 끊임없이 수정된다. 그럼에도 불구하고 관습, 기법, 그리고 '과학'이라고 느슨하게 알려진 원리들은, 질서 있고 통합된 동질의 외부 체제라는 전제를 기초로 한다. 그 외부 체제는 고정적이고 기본적인 온톨로지가 없으며, 단편적인 징후들을 통해서만 알 수 있고, 전체로서는 결코 직접 파악할 수 없는 것이다. 이 과정은 동의에 의해 누적적으로 작용하는 것처럼 보인다. 그런 시스템의 법칙을 이해하고, 그 법칙을 이용하여 예측하고 추론하는 단일한 목표에 의해 지배되는 활동은 유효하며 내적인 모순을 수반하지 않는다. 이것이 우리 집합적인 상황의 가장 중요한 전제이다.

분업, 그리고 명확하게 공식화된 단일한 목표에 따르는 것이 오늘날의 우리를 만들었다. 인식 영역에서, 우리가 그것을 지속적으로 훈련하는 걸 막을 수 있는 건 없는 듯하다. 다른 영역에서는 그렇지 않다. 억압과 질서유지는 끝없는 성장, 끝없는 '진보'를 허용하는 기준 같은 걸 모른다. 전부 아니면 전무라는 이 영역의 특성은, 제한 없고 끝없는 어떤 진보와도 어울리지 않는다. 우리가 말할 수 있는 것은 근대사회의 풍요, 전체적이고 분리할 수 없는 그 새로운 기반 구조의 규모, 그 복합성과 상호 의존성이 게임의 규칙을 어떤 면에서는 더 낫게, 어떤 면에서는 더 나쁘게 변화시켰다는 것이다. 분명 억압은 더 쉬워진 동시에 어쩌면 덜 필요해졌다.

가치의 영역, 선한 삶의 명세서에서 도구적 합리성은 결국 모순에 다다른다. 우리가 추구할 수 있는 단일한 목표라는 건 없으며 있을 수도 없다. 단일 맥락의 철학은 과학에서 유효하지만, 윤리학과 정치학에서는 유효하지 않다.

객관성

이 책의 논지가 모순되고 양립할 수 없는 두 방향으로 나아가는 것처럼 보일 수도 있겠다. 사회에서 인식이 담당하는 역할의 전반적인 양상과 관련하여, 나는 객관적이고 통합적이며 지시적인 인식 유형이 마침내 사회에 모습을 드러낸 뒤 권위를 지니게 된 경로를 추적해 보았다. 이 책에서 살펴본바 인류는 초기에 다수의 단절적인 준(準)경험적 감수성을 갖고 있었고, 각 감수성은 비지시적이고 비경험적인 사회적 통제와 맞물려 있다. 다양하고 개념적인 이 '감각'들, 세상을 바라보는 렌즈들은 서로 결합하여 단일한 세계상을 형성할 수 없었고, 사회 중심적이지만 지시적으로 미약한 당시의 개념 체계에 아무런 위협도 되지 않았다. 아마도 그것들을 상당 부분 지배한 것은 사회적 응집력이라는 요건이었을 것이다. 어쨌거나 그것들은 분명 인식적 성장의 필요성에 지배되지는 않았다.

이 단절적인 감수성들이 최초로 통합된 건 더욱 지시적이 되었기 때문이 아니라 '덜' 그렇게 되었기 때문이다. 스콜라철학이 통합되어 하나의 체계가 된 것, 문해, 배타적이고 질투하는 일신론, 기하학, 논리학과 법학에서 진리를 담지한 엄밀한 추론을 보여 주는 훌륭한 모델들, 지식계급의 중앙집권화, 계시의 엄격한 한계 설정, 그리고 그 원천을 한정하여 손쉬운 첨가를 배제하는 것, 성직자 길드에 의한 주술의 독점과 관료화 등 이 모든 것이 영향을 미쳐 통합되고 중앙에서 관리하는, 단일한 정점을 지닌 체제를 낳았다. 어쨌거나 그런 이상에 충분히 가까운 어떤 것이 등장하여 그런 이상을 일상적이고 규범적인 것으로 만든다. 이제 체제의 정점은 다음과 같은 것들을 사람들에게 알려 주었다. 하느님은 하느님이 만들어 낸 피조물의 구체적인 발현에 개입하지 않고, 그 법칙 같은 양상의 유지를 선호한다는 것을. 또 특권적인 지름길을 이용하지 않고 피조물의 규칙성에서 하느님의 계획을 알아내고자 하는 신도들을 위해 무한히 먼 은신처에 숨어 있다는 것을. 그리고 정확하고도 내용을 보존하는 수학의 사용에 이런 노력이 녹아 있다는 것을. 그리하여 객관적이고 지시적이며 세계를 통합하는 과학이 탄생했다.

이 책은 그런 지시적이고 사회적으로 중립적이며 공평한 객관적 인식, 다시 말해 과학이 어떻게 등장하여 사회의 생산 활동에 도움이 될 수 '있었는가'를 설명하고자 했다. 당연히 전체 이야기는 헤아릴 수 없을 만큼 훨씬 복잡하다. 그럼에도 이 책의 설명은 내적으로 일관성이 있는 도식적인 서술이고, 내가 아는 한 사유와 과학의 역사에 관해 알려진 사실들과 일치한다.

이 책의 논지에 대한 반박이 가능하다면, 그것은 질투하는 여호와의 통합 능력이라는 혜택 없이 이오니아 그리스 초기에 우주론의 이론화가 일어났다는 사실에서 비롯될 것이다.[6] 반면에 단일한 자연이라는 질서 정연한 체제로 신성을 격하시킨 것은 중국에서 일어난 발전이지만, 이론과학의 성장으로 나아가지는 못한 것 같다.[7] 또 다른 중요한 문제는 근대 과학의 탄생 시기와 그 직전에, 유럽인의 삶에서 주술적 경향이 눈에 띄게 두드러졌다는 사실에서 비롯된다. 프레이저는 주술-종교-과학의 순서를 주장했다. 16세기와 17세기 사상에 대한 연구는 오히려 종교-주술-과학의 순서를 보여 준다.[8]

근대 과학의 창시자들 가운데 많은 이들은, 주술적 조작을 삼가고 해석학적으로 의미 있게 판독할 수 있으며 조작 가능한 자연을 멀리하는 청교도이기는커녕, 주술 기법과 관념에 깊이 매혹되고 거기에 몰두했던 것으로 보인다.[9] 왕립학회는 지적으로 엄격한 청교도라기보다는 주술을 추구하는 파우스투스(르네상스 시기 영국의 대표적인 극작가 크리스토퍼 말로의 희곡《파우스투스 박사》의 주인공—옮긴이)의 정신에 훨씬 가까웠던 것 같다.[10] 이는 특히 위대한 과학자 뉴턴에게도 해당되는 말이다. 뉴턴은 새로운 관점을 대표하는 상징이지만, 대체로 출간되지 않은 그의 방대한 주술 관련 저술은 적어도 양적으로는 그의 물리학을 압도하며 왕립학회를 여전히 당혹스럽게 만든다. 르네상스 시대에 이렇듯 신비주의와 연금술이 분출한 것이, 자연을 이해할 수 있는 가능성을 이미 알아챈 인류의 이성이 빠른 보상을 손쉽게 얻을 수 있는 지름길을 확보하려는 마지막 시도였다고 치부하거나 폄하할 수 있을까? 이는 오늘날 우리가 타당하다고 생각하는, 훨씬 힘든 인식의 길로 접어들기 전에 마지막으로 주술을 이용하려는 열병과도 같은 시도였을까? 아니면 이 중요한 현상이 이 책의 논지를 뒤흔드는 것일까? 나는 이 의문에 대답할 수 없다. 하지만 의문을 기록해 둘 가치는 있을 듯하다. 그러니 일단은 새로운 관점에 도달했다고 말해 두겠다. 아마도 제시된 경로를 통해서, 어쩌면 훨씬 더 에둘러 가는 길을 통해서.

이 책은 여태까지 하나의 사회가, 그리고 오로지 하나의 사회만이, 기적에 가까운 사건들을 거치면서 어떻게 이런 유형의 세계에 도달했는지를 설명하려 했다. 동시에 이 세계가 확장되게끔 한 생산체제와 정치체제를 그 사회가 어떻게 갖추게 되었는지를 설명하려 했다. 이는 특별한 생산양식이 그것을 물질적으로 원조한 덕분에, 그리고 특별한 정치체가 그것을 처음에 억압하지 않았기 때문에 가능한 일이었다.

그러나 또한 이 책은, 이 세계가 자신의 업적을 스스로 설명하고 유효화하기 위해 기댔던 철학이 순환적이고 치명적인 결함을 지니고 있다고 주장한다. 근본적으로 그것은 실재를 향한 크고 단일한 렌즈, 다시 말해 경험을 지니고 있으며, 경험은 다음과 같은 절실한 의문에 대답한다고 주장한다. 우리는 세계에 관해 무엇을 생각할 것인가?(감각 데이터가 허용하는 것들) 우리는 사회생활에서 무엇을 중시할 것인가?(우리의 집합적인 바람을 가장 잘 충족시키는 것으로 경험에 의해 밝혀지는 협약들) 우리는 어떤 권위에 복종할 것인가?(우리에게 가장 잘 복무할 것으로 확인되기 때문에 우리가 권한을 위임하고 거기에 복종하겠다고 집합적으로 동의한 권위) 사물과 행위는 어떻게 평가되고 가치가 정해질 것인가?(그것들이 자유 시장에서 팔릴 수 있는 가격에 의해) 기타 등등. 우리가 질문을 던지면 대답을 해주는 것은 '경험'이지 다른 어떤 것이 아니다. 이전 사회의 낡은 관습처럼 더 이상 신탁이나 그 망상을 존중할 필요가 없다. 더 이상 독단적인 계시를 그 독단적인 평가액대로 받아들일 필요가 없다. 이제 우리는 보편적이고 공적인 신탁으로 나아간다. 그것은 그걸 바라보는 모든 이들에게 투명한 것이고, 망상이나 신비와는 거리가 멀다. 우리의 인식론은 명확하고 정직하며 평등주의이다.

하지만 이 책은 이런 대답에 의문을 품는다. 이 신탁은 그 나름대로 이전의 다른 신탁들만큼이나 독단적이기 때문이다. 그것은 다른 신탁들이 그렇듯 사회적인 뿌리를 갖고 있다. 그것은 분업과 도구적 합리성이 완전히 꽃피운 문화, 그리고 그 현실을 반영하는 문화에서 비롯된다. 그것이 순환 논리 없이 자신을 옹호할 수 있을까? 아무래도 순환적인 자기 승인이 새로운 형태로 되돌아온 듯하다.

그 대답이 액면 그대로 받아들여질 수 없다는 사실은 우리가 그 현상 자체를 무시하고 인식하지 못한다는 것을 의미하지는 않는다. 과학과 산업 문명은 지구에서 사는 걸 가능하게 해주는 사람들에게 분명 특유한 것이고, 또한 그렇기 때문에 추호도 의심할 여지없이 이 지구의 다른 모든 문화를 정복하고 흡수한다. 또한 그 바깥의 모든 이들은 그것을 모방하고자 하고, 매우 드물지만 그렇지 않은 경우에는 필연적인 약점 탓에 쉽게 정복된다. 이런 보편적인 열망이 무척 강한 이유는 새로운 질서가 분명히 '유효'하기 때문이다. 다시 말해 그것은 과거에 다른 문명, 다른 관점에 주어진 어떤 것과도 비교가 안 될 만큼 막강하고 차별적인 경제력과 군사력을 제공하는 테크놀로지에 이르는 열쇠이기 때문이다.

따라서 어떤 의미에서 그 우월성은 의심의 여지가 없다. 문제는 이것이다. 그 우월성은 그 자신에게 유리한 이론에 의해 설명되고 옹호될 수 있는가?

앞서 살펴보았듯이, 그 이론은 분업과, 분업의 한 측면일 뿐인 문제들의 분리를 인류의 활동 일반에 적용한다. 대부분의 인간 사회에서 융합되어 있는 것, 다시 말해 외부 체제 또는 체제들에 대한 지시성과, 내부 조직과 사회적 승인을 구분하는 것이다. 더 나아가 그것은 그 체제가 유일한 것이라고, 외부 체제는 다수가 아니라 오로지 하나뿐이라고 주장한다.

이 관점의 기본 요소들은 지시적인 것의 분리일 뿐더러 단일 체제로의 그 통합이다. 그것은 교체의 온톨로지를 지닌다. 다시 말해, 세계를 구성하는 영원한 벽돌은 없다. 세계를 구성하는 벽돌들은 자주 보수된다. 유일하게 영원한 것은 체제가 통합적이라는 것, 그 안에는 정해진 특권적 요소나 보장된 불연속과 단절이 없다는 것, 그것은 사회적 통제를 받지 않고 '경험'이나 '자연' 같은 다른 어떤 것에 종속되어 '있다'는 것, 우리는 순수한 형태의 경험이나 자연을 결코 볼 수 없지만 그것들은 우리에게 평결을 전할 수 있고 전한다는 것이다. 중요한 건 '자연,' 다시 말해 통합적이지만 보수하기 쉬운 세계, 인식적으로 이해하기 쉽지만 도덕적으로나 사회적으로는 그렇지 못한 세계이다. 이에 반해, 인류가 살아온 세계는 인식적으로 정체되어 있으나 도덕적으로 위로가 되는 사회였다. 이 책은 여태까지 우리 자신의 각성된 시각과 각성되지 않은 과거의 관점 사이에 존재하는 역학을 조명하려 했다. 그 모든 것은 분업을 어떻게 다루느냐에 따라 달라진다.

그러면 이 두 관점, 다시 말해 도덕적으로 만족을 주지만 인식적으로 정체된 것과, 인식적으로 발전적이지만 도덕적으로 침묵하는 것 가운데 어느 쪽이 옳다고 판단할 만한 중립적인 방식이 존재하며 존재할 수 있을까?

두 관점은 모두 '내부로부터' 자신을 승인한다. G. E. 레싱의 반지 이야기에서, 경쟁 관계에 있는 세 서구 종교의 대표자들은 각자의 신앙이 참된 신앙임을 옹호하려 하다가 각자의 반지가 참된 반지여야 함을 수긍하듯, 반지의 마력은 '내면으로부터' 발휘되는 것이다.[11]

반지의 효력은 안에만 머물고 밖으로 드러나지는 않는가?

너희는 자기 자신만을 사랑하는가?

그러면 너희는 모두 거짓말에 속은 거짓말쟁이로다.

너희 반지 가운데 진짜는 없다.

진짜 반지는 사라졌구나.

플라톤 철학과 경험주의 또는 자연주의 주장 모두 자기 자신을 향해 나아간다. 모두 순환 논리인데 뭐가 문제인가? 근대의 비합리주의자들은 사실 이처럼 '피장파장'이라는 식으로 반박하기 일쑤이다.[12]

우리가 우리 자신의 관점을 정당화하는 유일한 방법은 불균형한 두 가지 고려 사항, 다시 말해 인식이 근본적으로 작동하는 방식에 대한 우리 모델의 내적인 개연성'과' 그것이 막강한 지배력과 권력으로 이어져 결국 실제로 우세해진다는 외적 고찰을 거칠게 융합하는 것이다.

경험주의 관점에서 가장 매력적인 것은, 우리를 가르치는 '경험'에 관해 설득력 있는 이야기가 아니라, 궁극적으로 인식 체계를 판단하는 것은 그 외부, 사회적 통제 바깥의 것이라는 심오한 주장이다. 그 미지의 것이 경험이나 자연 또는 다른 어떤 것으로 불려야 하는지는 그다지 중요하지 않다. 경험은 결코 순수하지도 않고 이론의 영향에서 자유로울 수 없지만, 자기 영속적인 패키지 상품에 대한 묵인을 거부하는 꾸준한 탐구는 결국 일종의 지시적 객관성으로 나아가게 마련이다. 새로운 관점의 인상적이고 인식적인 업적의 달성을 위해 중요한 것은 외부적인 것의 특별한 본질이 아니라 그것이 누군가의 지배 아래에 놓여 있지 않다는 사실에 있다. 경험주의 철학은 때로 주관적으로 보인다. 그것은 사적인 개별 경험을 지식의 궁극적인 기초로 만들기 때문이다. 이는 그 관점이 개인주의적이고 사회적인 울타리를 지니지 않는다는 사실을 드러낼 따름이다.

그 모든 것을 설명하려고 하는 사회학자나 역사철학자의 관점에서 볼 때, 상당히 놀라운 사실은 세계가 이 인식 전략에 '순응한다'는 것이다. 결국 그것으로 톡톡히 보상받은 사람들은 자신들이 무슨 일을 하는지 아는 사람들이 아니라, 역사적 사건에 의해서 그리고 어쩌면 기묘한 동기에서 그것을 실행하게 된 사람들이었다. 이 책의 관점에서 볼 때, 그 모든 것은 데이터일 뿐이다. 이 책은 질서 있고 조화로우며 통합된 자연, 그리고 진리를 담지하고 있는 엄밀한 체계에 의해 탐구될 수 있는 자연이라는 가정이 왜 그토록 유효한지는 설명하지 못한다. 그것은 수수께끼로 남는다. 다만 우리로 하여금 그것과 맞닥뜨리게 하는 사회적 메커니즘, 한 사회가 그것을 실행하게 하는 사회적 메커니즘을 개괄적으로 설명할 뿐이다. 그런 자연이 실재하고 적절한 인식 전략을 채택한다는 가정은 역사적으로 특이한 것이다. 그것은 대부분의 사회가 지닌 장치의 일부가 아니다. 그것과 마주할 뿐 아니라 그것을 생산에, 그리고 다소 무심하게 전쟁에 사용할 줄 알았던 한 사회만이 세계를 정복할 수 있었다.

'과학적' 관점의 인식적 · 기술적 유효성을 설명하기 위해서, 세계는 '실제로 그렇게 존재한다'고 말하는 건 당연하다. 유일하고 질서 정연하며 통합된 자연은 '실제로 존재한다.' 따라서 그렇게 가정하는 탐구 전략은 성공하게 된다. 이 입장을 '사실주의'라 일컬을 수 있다. 이런 사실주의는 심리학적으로 무척 매력적이고 우리 가운데 일부를 매혹시킨다. 그것이 가리키는 체제가 '실제로 존재한다'는 사실이 없다면, 어떻게 과학이 그렇게 잘 작동할 수 있었겠는가?

그러나 사실주의는 이 탐구 전략의 성공을 결코 설명하지 못한다. 그것은 다만 재확인할 뿐이다. 통합되고 질서 정연하며 공평한 자연이 실제로 존재한다고 우리에게 말해 주는, 참으로 독립적이고 '부가적인' 사실이나 정보를 우리는 결코 갖지 못한다. 우리 자신의 원자화되고 단편적이며 교정 가능한 인식 양식은 우리에게 부가적인 데이터를 줄 수 있을 뿐이다. 그것은 근본적 전체성에 대한, 말하자면 통찰력 있고 세계적이며 최종적인 접근을 배제하고 금지하는데, 그렇게 함으로써만 그 관점을 전체적으로 지지하고 보증하며 승인할 수 있는 것이다. 이것이 우리 인식 양식을 독립적으로 승인하는 방식이다. 지금까지는 그 성공을 암암리에 재확인했을 뿐이지만 이젠 그렇지 않다. 그런 승인은 그것이 옹호하는 양식과 어울리지 않는다. 그런 통찰력과 최종적인 인식의 금지는 새로운 도구의 첫 번째 원리이다. 최종적인 인식에 탐닉하는 것은 옛 인식 양식의 중요한 특징이다. 따라서 새로운 정신은 재확인하는 방식으로 스스로를 옹호하는 걸 본질적으로 금지한다. 우리가 가질 수 있는 모든 것은, 이것이 현 상황이라는 전제를 기초로 한 전략의 좀 더 개별적인 성공이다. 독자들이 이를 성공에 대한 '설명'으로 받아들이고 그것을 사실주의라 일컫고자한다면, 마음 내키는 대로 하길……

사회학자나 역사철학자는 이 문제를 탐구해야 할 의무가 없다. 그들이 볼 때, 인류가 궁극적으로 이런 유형의 분업을 향해 왔다거나 그것이 작동한다는 사실은 데이터에 지나지 않는다. 이것을 작동하게 하는 것이 왜 '자연'인지는 그들이 대답할 수도 대답할 필요도 없는 질문이다. 나는 다른 누구도 여기에 대답할 수 있다고 믿지 않는다. 그러나 어쨌거나 지금까지는 그 전략이 매우 잘 작동하도록 자연이 충분히 우호적이었다는 것만으로 그들에게는 충분하다. 자연의 동기라는 것이 있다고 해도, 그것은 그들의 관심사가 아니다. 역사적으로 자연은 딱 적절한 순간에 우리에게 은혜를 베풀었다. 조금 더 일렀다면 그 은혜는 우리를 정치적으로 지배하는 데 이용되었을 것이다. 그리고 조금 더 늦었다면, 경제 혁명은 어떤 유명한 비평가가 그 속성으로 밝힌 대로 내적 모순을 거치며 실패했을 것이다. 새로운 경제는 그 출구를 매수할 수 없었을 것이다. 새로운 테크놀로지가 자유를 정치적으로 억압하는 일은 언제든 일어날 수 있는 일이다.

한편 사회학자의 관심사는, 농경 사회의 인류가 기적에 가까운 어떤 우회로를 거쳐서 '유일하게' 이 길로 접어들게 되었는지를 설명하는 것, 거의 모든 인간 사회조직과 그것을 지배하는 정신에 의해 지지받기보다 오히려 방해를 받는 하나의 관점이 결국 널리 퍼지게 된 방식을 설명하는 데 있다. 사회학자는 그 유일한 상황의 근대적 수혜자들 사이에서 태어나 순진하게도 그것을 당연하게 받아들이고 그것이 인류의 생득권으로서 늘 우리에게 있었던 것처럼 말하는 사상가들의 민족 중심적 협소함을 반박해야 한다. 그렇지 않다고. 오히려 그것은 가장 비전형적이라고. 그것은 사회와 맞지 않는 것이었다고. 그것은 설명을 요구했고, 이 책은 여태까지 설명하려고 했다.

이 책의 입장은 피상적으로는 실용주의를 닮았을 수 있지만, 실용주의와 아주 먼 관계만 있을 뿐이다. 이 책은 사실 성공에 관심을 두지만, 총체적이고 영구한 원리로서가 아닌 하나의 특별한 성공에만 관심을 둔다. 실용주의는 순진하게도 '인식적' 유효성에 대한 선택이 인류 역사 전체를 통해 일어났고, 물론 그전에는 자연에서 일어났다고 생각한다.

매우 독특한 입장이기는 하지만, 이 책의 실용주의 유형은 완전히 다른 것이다. 이 책은 통합되고 단일 목적적이며 지시적인 인식으로의 급진적이고 인상적인 이행이 일어나고 그 이행이 완성될 때, 그것이 일어난 사회에 더욱 거대한 권력이 부여되고 그것은 돌이킬 수 없는 일이라고 주장할 뿐이다. 거꾸로 돌아갈 수 있는 길은 없다.

8장
:
새로운 풍경

문화의 개념과 이성의 한계

인식은 억압의 속성과 상업의 속성을 지니고 있다. 인식은 상업을 닮아 갔다. 과거에 인식은 질적으로 별개인 요소들로 구성되었고, 그 요소들은 모든 거래를 회피하는 전체 속에 섞여 있었다. 하지만 최근에 와서 인식은 단일한 관용구, 단일한 잣대, 보편적인 논리로 나아갔다. 이제 단일 통화는 편리함의 견지에서 부분들의 교체를 허용한다. 사실, 현실의 결핍이 극복되었을 때 생산 또한 협상 가능한 것이 되면서 '상업'이 되었다. 처음에는 생산도 절대적이고 협상 불가능한 것이었다. 하지만 인식에서 단일한 개념적 통화로 거대한 전환이 이루어진다는 건, 궁극적 위협을 수용할 것이냐 거부할 것이냐와 마찬가지로, 흥정이나 타산을 훨씬 넘어서는 문제이다. 하지만 전환은 일어났다. 그 안에서, 새로운 체제 안에서 전환이 일단 일어나면, 혁신은 합리적으로 협상할 수 있다. 혁신은 자연을 탐구하는 이들에게 절대적이고도 초합리적인 선택을 강제하지 않는다.

그러나 엄밀한 의미로서의 인식을 다른 활동에서 분리하고 차단하고 특화한 결과는 흥미롭다. 지난날 개념은 경험적 정보를 교류하는 수단으로 표현되지 않았다. 개념의 표현은 우선적으로 생활양식과 공동체, 공통의 기대와 가치, 인정되는 역할 체계를 상기시키고, 그것들을 강화하며, 그것들을 향해 암묵적으로 갱신되는 충성 서약이었다. 에르네스트 르낭식으로 말하자면 그것은 재확인, 회원 자격, 재가입에 대한 매일의 국민투표이겠지만, 사실 매일의 국민투표라기보다는 매일의 제의였다.

그러나 그 기능들은 분명 여전히 실행된다. 인식과 융합되는 방식으로 작동하지 않는다면, 그 기능들은 인식과 별도로 실행되어야 한다. 근대사회는 사실 전통 사회보다 느슨하게 조직되었을지 모른다. 그럼에도 여전히 지위, 상황, 회원 자격, 기대되거나 금지되는 행위의 경계에 대한 표시와 언어적이고 개념적인 제의를 필요로 한다. 이 과제들이 오늘날 엄격하게 분리된 언어의 인식적 사용에 의해 더 이상 수행되거나 합법화될 수 없다면, 그것들은 담론의 다른 측면을 통해 수행되어야 한다.

이런 수행 능력을 가리키는 일반적인 용어가 바로 '문화'이다. 시민사회가 국가 없는 사회인 것처럼, 문화는 오늘날 엄밀한 의미에서 인식 없는 개념화가 되었다. 시민사회라는 개념을 사용할 수 있으려면 국가가 명확히 정의되고 경계와 범위가 정해져야 하는 것처럼, 문화라는 개념이 실제로 의미가 있으려면 엄격하게 지시적이고 성장 지향적인 지식이 '과학'의 이름 아래 구분되어야 한다. 단순한 사회에서 질서유지는 다른 제도와 거의 분리되지 않으므로 '시민사회'라고 일컬어질 수 있는 것은 없다. 마찬가지로 독립된 과학이 없고 인식이 다른 모든 사회적 표식들과 맞물려 있을 때, 과학과 별개의 것으로서 문화를 논한다는 건 소용이 없는 일이다.

축의 시대 이후, 저장할 수 있는 잉여와 지식계급, 교리의 세련된 성문화가 갖춰진 사회에서, 준(準)인식적 교리는 사회 관습에 '관하여' 판단한다. 그 뒤로 우리 세계를 변화시킨 중요한 발전 속에서 인식은 권위와 사회 모두로부터 분리되지만, 이전에 획득한 통합과 질서는 유지한다. 그때 문화는 가시화된다. 그것은 또한 인류가 왕이나 성직자가 아니라 '문화'에 의도적으로 충성하는 걸 가능하게 해준다.[1] 민족주의 시대가 도래한 것이다.

과학적 인식이 남긴 것은, 지시적 지식이라는 지방분을 추출한 뒤 남은 일종의 문화적 탈지유이다. 사실 그런 탈지유의 종류는 다양하다. 옛 신학적 고급 교리는 지시적으로 진리라고 공식적으로 계속 주장할 수도 있으나, 분명히 말하든 얼버무리며 말하든, 그 진리가 과학의 진리와는 '종류가 다른' 것임을 인정할 수밖에 없을 것이다. 전에 없던, 그리고 예전에는 불합리하게 보였을 구분이 생겨난다. 그렇지 않으면 고급 신학은 버려지거나 무시되거나 경시되어, 지시적 과학과 비지시적인 사회적 표식 사이의 빈 공간으로 추락하게 된다. 그 경우에 이전의 혼합물 가운데 더욱 서민적인 요소들은 강조되거나 더 나아가 배타적인 충성을 받는다. 서민 전통, 또는 서민 전통으로 여겨지는 것을 지식계급이 채택하고 신비화하는 것을 가리켜 '포퓰리즘'이라고 한다. 포퓰리즘은 지역의 과거 고급 신학에 대한 믿음을 유지할 수 없거나 그 제도적 전달자에 계속 충성할 수 없으면서도, 민족적 자긍심 때문에 낯선 합리주의를 지나치게 존중하고 싶지도 않을 때 등장한다.

중요한 사실은 우리가 '어떤' 문화, 그러니까 맥락에 따라서 진지하게 받아들여지는 정도가 천차만별인, 통합적이거나 가변적인 문화 속에서 그 문화의 도움으로 살아가야 한다는 점이다. 사교, 식생활, 인간관계의 확립 또는 영속화가 인식 가능한 것이 되려면, 상황을 설명하고 기대치를 한정하고 권리와 의무를 확립해 주는 관용구가 있어야 한다.

이제 문화는 거의 최초로 가시적인 것이 된다. 그리고 인류는 자신들이 산문을 말하고 있다는 걸 안다. 그뿐 아니라 문화는 존중의 대상, 더 나아가 숭배의 대상이 되는데, 이번에는 의식적으로 그렇게 되는 것이다. 뒤르켐은 인류가 제의를, 그리고 나중에는 교리를 숭배하는 태도를 보임으로써, 자신들의 사회와 문화를 존중하고 그 영속화를 가능하게 했다고 생각한다. 우리는 더 이상 과거의 제의나 교리를 준수하지 않지만 여전히 사회질서를 필요로 한다. 따라서 우리는 문화를 경외하게 되는데, 이번에는 새로운 제의로써, 그리고 우리가 무엇을 하고 있는지 확실히 알고서 정확히 그렇게 하는 것이다.

문화를 승인하고 그것을 존중하도록 명하는 교리는 19세기에 보편적이었다. 이를 뒷받침하고 강화하는 주요 전제들은 더 이상 초월적 객체를 주장하지 않는다. 그것은 세계 안에서 문화의 역할과 기능을 다루는 이론이다. 뒤르켐의 교리가 하나의 사례였다. 종교는 옛 신학자들이 생각하는 의미로 진리여서가 아니라 사회질서 안에서 필수적이고 기능적이라는 의미에서 '진실'했기에 존중될 수 있었다고 뒤르쳄은 말한다. 뒤르켐은 '진실성'이 진리만큼 좋은 것이고, 사실상 똑같은 것임을 알려 주었다. 이런 일반적인 태도는 자동기능주의(auto-functionalism)라 불릴 수 있는지도 모른다. 그것은 생물학적 · 문학적 · '문화사적,' 그리고 다른 분야의 역사주의에서 무척 다양한 형태로 영향을 미친다. 자동기능주의는 모든 문화의 바깥에서, 문화는 기능적이라는 대전제를 밝힌다. 소전제는 내부로부터 진술된다. '나는' 내 문화라고 말이다. 결론은 내 기능은 유효하다는 것인데, 유효하다는 의미는 여러 가지로 해석할 수 있다.

문화의 이런 자기 옹호는 일반적으로 가짜이다. 중세 무슬림 사상가 알 가잘리는, 참된 전통주의자는 자신이 전통주의자라는 걸 알지 못한다고 말했다. 자신이 전통주의자라고 공표하는 사람은 전통주의자가 아닌 것이다. 문화적 산문은 므슈 주르댕(Monsieur Jourdain, 프랑스 희극작가 몰리에르의 희곡 《평민 귀족》에 나오는 주인공으로 귀족 흉내를 낸 부유한 상인—옮긴이)이 산문이라고 공표할 때(주르댕은 자신이 40년 넘게 써 왔던 일상 언어를 산문이라 일컫는다는 사실을 알게 되어 기뻐한다—옮긴이) 더 이상 순수하지 않다. 문화가 진실로 권위를 지닐 때, 사람들은 그것을 당연한 것으로 여기거나, 더 나중에는 자신들이 말 그대로 진리라고 여기고 진실로 존경하는 신학으로써 그것을 옹호하게 된다. 교리를 구성하는 신조나 의무는 너무 진지하게 받아들여져, 신도들에게 어마어마한 부담과 압력을 주었다. 이 압력의 일부가 우리 세계를 낳은 촉매였던 것으로 보인다. 그 믿음들이 이중적 사고, 자동기능주의적인 정신으로 간직되었다면, 결코 그렇게 막강한 영향을 끼치지는 못했을 것이다. 오늘날의 다양하고 전형적인 이데올로기들이 부리는 술책은 그 반대의 것을 은근히 주입하는 것이다. 다시 말해 우리는 문화를 꽤 필요로 하고, 그래서 우리 문화의 신념과 도덕이 우리에게 구속력을 지니고 있다는 것이다. 그런 토대 위에서 이루어지는 존경에는 심각한 결함이 있다. 그런 신념과 도덕은 심각한 위기에 처한 사람을 사로잡지 못한다. 인간은 신념을 위해 죽을 수도 있다지만, 과연 사람들이 '신념'을 위해 죽겠는가, 아니면 더 사소한 가벼운 불편을 견디며 지내겠는가?

사람이 그 속에서 살며 할 일을 찾게 해주고 누에고치처럼 감싸 안는 문화라는 낭만적인 개념은, 질서정연한 분업에 대한 숭배보다 한 가지 면에서 한 수 위이다. 분업이 매우 효과적인 이유는, 각 활동에 단일한 목적과 단일한 기준을 부여함으로써 효율성의 판단, 평가, 더 나아가 개선을 가능하게 하기 때문이다.

그러나 우리가 만족이라고 부르는 것은 분리할 수 있는 사물이나 경험이 아니다. 우리는 문화 속의 역할이라는 패키지 상품으로 자신의 삶을 산다. 분리할 수 있는 감각적 또는 물질적 쾌락은 패키지 상품을 구성하지만 결코 그것을 소모시키지 않는다. 우리의 쾌락과 만족은 감각이나 지각과 마찬가지로 개념으로 포화되어 있다. 그리고 그 개념들은 단일한 목적에 이바지하지 않고 이바지할 수도 없는, '문화'와 복합적인 삶의 방식 속의 지위와 역할에 대한 개념들이다. '행복,' '쾌락' 같은 단일한 기준에 입혀지는 타당성은 그 추상성과 다의성에서 비롯된다. 간접적으로, 그것은 높이 평가되는 삶의 방식, 이른바 정체성으로 다시 우리를 데리고 간다. 이로써 우리는 또한 목표들의 분리에 어울리지 않는, 다목적적이고 불균형한 선택들의 불가피한 비합리성으로 되돌아가게 된다. 이는 합리주의적인 단일 기준의 철학을 향한 낭만주의적 반박에서 중요하고 설득력 있으며 완전히 유효한 요점이다. 합리주의적인 단일 기준의 철학은 효과적인 분업과 연관된 사고 유형을 보편화하고 일반화하려 했으며 모든 생활과 그 목적을 도구적인 정신으로 바라보려 했다.

이는 복합사회의 조직에 관해서나, 그 사회의 합법화 원리에 관해서나 무척 중요한 요점이다. 이들 영역을 차례대로 살펴보자.

사회조직의 차원에서 합리주의적인 단일 기준의 철학은 다양한 방식으로 자신을 드러낸다. 아마도 가장 중요한 방식은 정책과 '고위직' 인물의 선택, 그리고 우리가 깊은 인간관계를 선택하는 방식일 것이다. 근대 조직에서 '합리적인,' 다시 말해 공개적으로 검증될 수 있는 명백한 기준은 하위 과제에 적용되는 것과 마찬가지로 하위 역할에 적용될 수 있다. 어느 저개발 국가에서 회자되는 이야기가 있다. 어떤 저명한 사람이 자신의 영향력으로 아들을 정부 부처의 고위직에 앉혔다. 아들은 두둑한 월급으로 나쁜 습관에 빠져들었고 아버지는 몹시 걱정스러웠다. 아버지는 친구인 장관에게 가서 아들을 더 아래 자리에 배치에 달라고 부탁했다. 그러자 장관은 이렇게 충고했다. "여보게, 자네 아들이 하위직에 배치되려면 시험에 통과해야 한다네!"

하위직에 임명된 사람들은 명백한 직급 임무에 따라서 명확히 한정된 일을 해야 한다. 그러므로 실적과 적합성에 대한, 명백하고 공개적으로 검증할 수 있는 기준이 존재한다. 이들 기준에 적용되지 않으면, 우리는 '부패'가 존재한다고 생각한다. 우리의 효율성의 토대는 지위에 맞는 사람들을 '공정하게' 선택하는 것이다. 우리는 실력주의를 신봉한다. 하지만 최고위층에서는 어떠한가? 또 기본적인 정책의 선택에서는 어떠한가? 중대한 결정은 복합적일 수밖에 없는 문제들, 불균형하고 다양한 기준들로 성공을 판단해야 하는 문제들과 직면한다.

단일한 기준을 사용할 수 없으므로, 우리는 대신 덜 '합리적'이고 직관적인 평가로 때워야 한다. 이성이 지배하는 곳에 작은 문제들을 위한 델포이 신탁은 없다. 하지만 진정 중요한 문제들에는 신탁의 대체물을 여전히 사용할 수 있다.

똑같은 요점이 사적인 친교 생활에도 중요한 의미를 지닌다. 근대적 삶의 다양한 관찰자들은 핵가족의 정서적 중요성이 날이 갈수록 커진다고 말해 왔고, 끈끈한 인간관계에 대한 숭배와 그 비결을 논했다. 크고 유동적인 익명의 사회에서 중간 규모 사회의 중요성이 침식되거나 축소되면, 한 극단에서는 교육이 뒷받침하는 커다란 문화 사회, 다시 말해 민족주의로 나아간다. 또 다른 극단에서는 임시적이고 단발적이고 도구적인 것이 아닌, 나머지 중요한 인간관계가 소중해진다. 배우자 또는 어떤 유형이든 영구히 친밀한 파트너의 선택에 어떤 합리적인 기준도 제시될 수 없다. 그런 선택에 개입되는 기준은 공식화되기에는 너무 많고 부적합하다. 낭만적 사랑과 '첫눈에 반한 사랑'에 대한 숭배는 부분적으로 이런 상황에서 찬성과 반대 어느 쪽에도 충분한 이유를 댈 수 없는 현실을 은폐하는 것이라고 짐작된다. 통제할 수 없고 예측할 수 없고 설명할 수 없는, 하지만 권위 있는 우리 내면 깊은 곳의 목소리에 호소할 수 있는 가능성이 우리를 곤경에서 구해 주는 것이다. 우리는 설명할 필요가 없다. 다른 맥락에서와 마찬가지로 내적인 또는 외부적인 신탁에 호소하는 것은 복합적인 상황에서 합리적 결정이 불가능하다는 사실을 은폐한다. 그것은 대개 그런 결정에 담겨 있는 문제점을 경감시킨다. 합리주의를 배경으로 한 우리 신념은 이제 우리를 '내적인' 신탁에, 내면의 어둠의 신들의 가르침에 귀 기울이게 한다.

이 주장이 유효하다면, 최상층이 세계적 결정에 합리적이지 않은 신탁을 내리는 시대는 결코 끝나지 않을 것이다. 분업에 기반을 둔 합리성은 우리 세계를 변화시켰지만, 불균형한 대안들 사이에서 포괄적이고 본질적으로 복합 맥락적인 선택을 하는 수준에는 결코 이르지 못할 것이다.

평등주의

근대사회의 뚜렷한 특징은 평등주의이다. 조건의 평등화를 추구하는 세속적 경향에 대한 토크빌의 신념은 대체로 사실들에 의해 뒷받침된다. 열렬한 평등주의자들은 이러한 판단에 이의를 제기하고 근대사회가 평등주의 이상을 실현하지 못했다고 불평한다. 사실 부, 권력, 영향력, 대우, 삶의 전망은 사람들 사이에 어마어마한 차이가 있다.

근대사회는 그 자체의 목표에 견주어 평가한다면 사실상 불평등주의이지만, 선행하는 대규모 복합사회들과 비교해 볼 때는 분명 평등주의이다. 인간 사회의 역사를 연구한 사람이라면, 인간 사회가 나날이 규모가 커지고 복잡해지면서 내적으로는 더욱 불평등해졌으나 아주 최근에 와서는 이 추세가 역전되었다고 결론 내릴 수 있다.[2] 왜 이렇게 된 것일까?

근대 평등주의 이데올로기에 기대어 설명하는 건 충분하지 않다. 그 이데올로기가 그토록 영향력을 지니게 된 데는 근본적인 사회적 이유들이 있다. 자유, 평등, 형제애로 갈채를 받은 새로운 사회적 실재는 사실 관료주의, 유동성 그리고 민족임이 드러났다. 새로 등장한 질서는 합리적으로 정해진 기능에 의해 위계를 정하고, 지위를 변화 가능한 것으로 만들고 지위의 편차를 점진적으로 만들며, 형제애와 소속의 의미를 연합된 집단이 아니라 공통의 지적인 문화와 연결한다.

평등이 실행되지는 않더라도, 적어도 부분적으로 근대사회를 다른 사회들과 뚜렷하게 구분 짓는 것은 평등주의적 이상의 공표 자체이다.[3] 게다가 어떤 면에서 그 이상은 실제로 실현되었다. 근대사회는 그 구성원을 서로 다른 종으로, 서로 다른 '종류의' 인간으로 분류하지 않는다. 근대사회에는 정치나 제의 전문가가 없거나 그들의 역할을 약화시키고, 이들 전문 분야에 대한 접근성을 개방한다. 그 계층 구조는 대체로 커다란 간극이나 단절 없이 연속적이며 세밀하게 층을 이룬다. 뚜렷한 사회적 경계가 존재하거나 등장하게 되면, 그것들은 심각하고 깊이 느껴지며 견딜 수 없는 마찰과 긴장을 낳는다. 그것들은 수치스럽게 여겨진다. 과거의 사회들은 그 구성원의 근본적인 차별화에 순응할 수 있었고 순응했다. 사회의 기능은 차별화에 의해 방해되기는커녕, 깊이 내면화되고 공식적으로 승인되며 명백하게 비준된 불평등에 의해 원활해진다. 근대사회는 그 반대이다.

근대사회는 평등주의적이기 때문에 유동적인 것이 아니라, 유동적이기 때문에 평등주의적이다. 그 유동성의 정도는 다양하지만, 근본적으로 지속적인 경제 혁신이 직업 구조를 계속 변화시키는 한 근대사회는 변함없이 유동적일 수밖에 없다. 유동적인 직업 구조는, 카스트 제도를 닮은 어떤 것과 결합하게 되면 끊임없는 마찰을 낳는다. 그것은 직업과 별개이고 직업에 선행하는 지위의 속성에 순응할 수 없다. 순응하려는 모든 시도는 늘 큰 긴장을 낳았다. 두 사람 사이에 갈등이 빚어지는 상황에서는 과연 어느 쪽이 어느 쪽을 이길 것인가,

영구히 귀속된 지위 범주인가, 아니면 직업적 지위에 내재한 권리와 의무인가? 인류는 뿌리 깊은 불평등을 받아들일 수 있고 실제로 받아들이며, 신기하게도 가장 불리한 극단에 있는 사람들조차 불평등을 인정하는 듯하다. 사람들이 그럴 수 있는 조건은 불평등이 안정적이고 명확하기 때문이다. 하지만 근대의 조건에서, 모든 뿌리 깊은 불평등의 불가피한 모호성과 불안정성 탓에 그것은 견딜 수 없이 자극적인 것으로 변할 수 있다. 인종차별 감정 또는 입법의 결과로서 카스트와 비슷한 관계가 확립되면, 그것을 유지하기란 매우 어렵고 지속적으로 폭력이 개입되어야 한다. 그런 사회는 국제적으로도 비난을 받게 마련이다.

근대 경제 조직이 본질적으로 조건의 평등화를 지향하는, 또는 어쨌거나 위계질서의 공통적이고 보편적인 기준선을 지향하는 경향을 지니는 이유는 이것만이 아니다. 근대사회에서 노동이 의미하는 것은 물질에 근력을 보태는 것이 아니라 사람들 사이에 오가는 메시지의 교류이다. 맥락으로부터 자유로운 수많은 메시지들이 수많은 익명의 사람들 사이에서 교류되는 것이다. 맥락에 더욱 민감한 문화에서 늘 그렇듯이 메시지 전달자의 계급이 메시지에 혼합되는 경우, 그런 정보의 흐름은 가로막힐 것이다.

근대의 평등주의가 직업 구조의 재안정화 속에서 살아남을 것인지, 그런 재안정화가 일어날 것인지 우리는 아직 알 수 없다. 그런 일이 일어나더라도 바로 일어나지는 않을 것이다. 그것은 아직 수평선에 어른거리지도 않는다. 그때까지 우리는 근대사회들이 평등주의 이상을 지지하고 오로지 유일한 유형의 인류를 인정한다는 의미에서, 변함없이 평등주의이기를 기대할 수 있다. 불평등은 그것이 얼마나 심각하든, 공식적으로 고착화되기보다 잘 드러나지 않고 통계적으로 다루어질 것이다. 불평등은 권력 지위나 부와 결부되고, 명확한 간극 없이 이어진 연속체를 따라 확산되며, 그 주체에게 우발적으로 덧붙여질 뿐, 근본적으로 귀속된 본질로 볼 수는 없다.

이다음에 오는 것

여태까지 우리는 인간 활동의 3대 영역인 인식과 생산, 억압이 분업의 중요한 단계를 거치며 변화해 온 과정을 개괄적으로 살펴보았다. 우리는 미래에 관하여 무엇을 예상할 수 있을까? 기존의 추세를 단순히 연장하는 건 무의미한 일이다. 역사의 추세는 과거 곡선의 방향대로 이어지지 않는다. 그러나 이 책의 주제이기도 한 지적인 훈련을 하는 건 어느 정도 의미가 있다. 현재까지의 경로를 결정하는 것으로 보이는 요소들을 되짚어봄으로써, 우리는 오늘날 그 요소들이 마주한 결합과 재결합의 가능성들을 알 수 있기 때문이다.

인류 또는 인류 가운데 상당 부분은 변함없이 인식과 문화 사이의 끊임없는 긴장 속에서 살 가능성이 매우 높다. 인식은 여전히 자연에 대한 진지하고 사회적으로 중립적이며 단절적인 탐구 영역이다. 그 결과를 예측할 수 없고 변덕스럽기 때문에 사회생활의 인가나 표식 규정으로는 사용할 수 없을 것이다. 인식은 본질적으로 전문적이고 일상생활의 담론으로부터 단절되어 있다. 일상적 사회생활에 이용되는 상징체계에서 인식이 농경-문해 시대에 갖고 있던 종류의 승인 권한을 잃었기 때문이다. 우리가 그 안에서 진지하게 '생각하며 살고' 있는 세계는 변함없이 독특한 사회일 것이다.

분명 여기에는 치러야 하는 대가가 있다. 살아지는 대로 사는 평범한 삶에는 위기와 비극이 닥친다. 위기와 비극을 마주한 사람들은 자신들이 진지하게 받아들이고 인식적으로 유효하다고 생각하는 관념의 원조를 받아야 한다. 사람들은 지난날 자신을 고무시켰던 신학적 또는 주술적 신앙을 반드시 지지하지 않더라도 카니발에 참석할 수 있다. 인식적으로 진지하게 존중되지 않는 '아이러니한 문화'가 삶의 상당 부분에 걸쳐서 완벽하게 펼쳐진다. 많은 사람들이 그 안에서 충분히 쾌적하게 살 수 있다. 하지만 무척 소중하고 중요한 어떤 것이 위태로워지거나 비극이 닥쳐올 때 그 문화에 만족하기는 어렵다.

우리는 특정 문제들과 포괄적인 구원을 구별해야 한다. 물론 특정 질환과 관련해서 사람들은 대개 도움을 주거나 도움을 주겠다고 약속하는 진정한 과학 또는 과학으로 추정되는 것에 의지하게 마련이다. 포괄적 구원의 문제에 관해서, 받아들일 수 있는 의미를 삶 전체에 부여해야 할 필요성에 관해서, 사람들은 늘 선택권과 마주하게 된다. 먼저 진지한 인식에서 전체적인 관점을 찾아내고자 할 수 있다. 어떤 이들은 꾸준히 이를 추구할 것이다. 또 농경시대나 이행기로부터 살아남은 신앙에 의지할 수 있다. 이런 신앙은 대개 온당하지 못한 부분은 삭제되고 선택적으로 재해석된 것이다. 아니면 인식적 유효화의 시대는 영원히 사라졌다는 솔직하고도 용감한 인식에 만족할 수도 있다.

발달된 자유주의 사회에는 진지한 인식, 합법화 이데올로기, 일상 문화의 삼중 분화가 일어날지도 모른다. 진지한 인식은 물론 테크놀로지에 직접적인 반향을 주고, 이데올로기와 일상생활 모두에서 메아리를 울린다. 이데올로기적 사고는 마치 입헌군주제처럼, 안정화되어 영속성을 제공하되 그 권위의 상당 부분을 상실할 것이다. 그것은 급속한 변화와 함께 휘발되어 버릴 수도 있다. 그런 조건이 끝내 한 사회를 통치 불가능한 것으로 만들게 될지, 그리고 정치적 필수품으로서 강요되는 신념이 자유주의를 대체할 때 이데올로기적 사고는 끝을 맺을 것인지, 아니면 막스 베버가 생각했듯이 새로운 신앙이 자연스럽게 분출할 수 있을 것인지는 우리가 예언할 수 있는 것이 아니다. 우리가 알 수 있는 건 변화의 방향이다.

발달된 자유주의 사회에서 이데올로기 시장의 상황은 다음과 같다. 역사적 신앙들은 대체로 세속화되고, 사회적으로 '상징적'으로 유지된다. 명백히 세속적인 일부 대항 신앙들은 이행의 최초 분출기에서 살아남아 있다. 실제 상황에 대한 다소 명확한 인식도 존재한다. 또한 과거 형태와 새로운 형태의 주술과 위안 모두를 분명 비합리적으로 이용하는 데 탐닉하는 비주류 대항문화도 있다.

물론 또 다른 발달된 세계도 있다. 이름 하여 마르크스주의 세계이다. 레이몽 아롱의 탁월한 묘사에 따르면, 그 사회는 이념 정치(ideocratic) 사회이다. 이들 사회를 황제교황주의 사회라고 일컫는 것도 타당할 것이다. 교회의 수장이 국가의 '사실상' 통치자이다. 교회와 국가의 계급제도는 병렬적으로 서로 얽혀 있다. 인력이 두 제도를 오가는데, 이때 전반적으로 우위에 있는 쪽은 교회이다. 교회 조직의 중심인 교리는 19세기 대항 신앙 가운데 하나로서, 구세주 신앙에 가깝고 포괄적 구원의 집합적 버전을 지향한다. 그것은 모든 인류에 대한 구원의 약속과 변신론뿐 아니라, 사실상 '모든 것'에 대한 전반적인 이론을 담고 있다. 그것은 삶의 모든 측면을 건드린다. 이 신앙은 대체로 그 시대에 공인된 관용구와 진지한 인식의 전제들 안에서 표현된다는 측면에서 장점이자 약점이 있다. 또한 그것은 그 시대의 주요한 문제들, 대표적으로는 경제 불평등, 사회 갈등, 경제와 정치체의 관계에 집중한다는 대단히 큰 장점을 지닌다.

결국 이 모든 것이 실제로 장점인지는 논쟁거리일 수도 있다. 당대의 인식적 담론을 지닌 관용구의 지속성, 신앙 체계가 여전히 과학적 탐구의 대상인 문제들에 관한 명제들을 포함한다는 사실은, 신앙 또한 순수한 인식으로서 진지하게 다루어질 수 있음을 의미한다. 신앙의 주장은 물론 학문이 제기하는 주장과 겹친다. 그러나 그것은 교리의 내용들이 끊임없이 위기를 겪으며 도전을 받게 되는 것을 의미하기도 한다. 19세기 중반에 마르크스와 엥겔스에 의해 밝혀지고 구체화된 과학의 내용들이 20세기 말에도 여전히 유효하다면, 그것은 거의 기적에 가깝다고 할 수 있다. 중요한 주제들은 추상적이어서 체제의 유능한 신학자들이 언제나 당대의 필요에 맞게 조정할 수 있다. 그런 신학자들은 존재해 왔고 그 가운데 명석한 인물도 있다. 사회를 규정하는 신화를 당대 과학과 단절시키는 행위는 서구에서 매우 지배적인 것이지만, 이 같은 체제에서는 비록 불가능한 것은 아니더라도 어려운 것임이 분명하다.

물론 마르크스주의 나라들의 현지 상황은 저마다 매우 다양한 정치적 조건에 따라 더욱 복잡해진다. 어떤 나라에서는 교리가 몹시 개탄스러운 외세의 영향력과 연결되기도 한다. 예를 들어, 동유럽 많은 지역에 진정한 마르크스주의가 남아 있는지는 의심스럽다. 마르크스주의의 승리가 외부에서 강제된 것이 아니라 내부에서 생성된 나라들에서는 이러한 문제가 더 복잡하다. 다소 일상화되고 어느 정도 세속화되긴 했지만 그럼에도 사회적으로 영향력 있는 방식으로 이들 사회는 변함없이 '마르크스주의의 깃발 아래에서' 살아간다.

제3세계에서, 위대한 종교 가운데 하나인 이슬람은 지금으로서는 보편적인 세속화의 영향 아래 약화되는 낌새를 전혀 보이지 않는다. 이슬람의 사회정치적 영향력은 약화되기는커녕 엄청나게 강화되어 왔다. 매우 독특하고 서구에서 볼 때 도무지 이해되지 않는 현상에 대한 해석이 있다. 서구는 그것을 이란혁명과 연관 지어 바라보았으나 그 범위는 거의 인식하지 못했다.

전통적 이슬람은 고급 신학과 조직 체계를 갖추고 있었고, 여러 면에서 다른 어떤 세계 종교보다도 근대의 이상과 요건에 가까웠다. 엄격한 유니테리언주의, 신학상 성직자의 부재, 따라서 모든 신도가 신으로부터 원칙적으로 등거리에 놓이는 점, 엄격한 성서본위주의와 법준수에 대한 강조, 온건한 독실함, 종교의 무아지경이나 시청각적 자극을 멀리하는 것 등 이 모든 특성은 도시 부르주아의 라이프스타일이나 상업주의와 무척 잘 어울리는 것으로 보인다. 고급 신학과 결합된 사회적 지식 엘리트는 전통적으로 상업도시에서 발견되는데, 이는 이슬람에서 두드러졌다. 그러나 상업도시의 상위 계층이 무슬림 세계 전체를 구성한 건 아니다. 시골의 상당 부분은 봉건사회라기보다 부족사회에 가까웠다. 스타니슬라프 안드레스키의 표현을 빌리자면 질서는 지역의 집단들에 의해 유지되었고, 이들의 군사적·정치적 참여율은 무척 높았다.[4] 그래서 군사·정치 활동은 일부 계층에 독점되지 않고 널리 확산되었다. 특히 목축민, 유목민, 산악지대 주민은 공동체 의식이 강했고 중앙정부로부터 독립을 유지했다. 중앙 권력이 효과적으로 통치한 곳은 도시와 도시 주변 농촌 지역이었다.

완전히 또는 부분적으로 자치적인 시골 지역은 종교적인 중재자와 중개인을 필요로 했다. 전혀 다른 목적에서 도시 빈민이 그러했던 것처럼 말이다. 따라서 고급 이슬람 신학을 규정하고 유지한 율법학자나 신학자들과는 완전히 별개인, 수피교의 '마라부트'나 '데르비시' 같은 준조직적 종교 질서와 지역의 살아 있는 성자들 또한 존재했다. 실제로 이들은 비공식적이고 때로는 무아지경에 빠지며, 정통파라고 하기에는 의문스러운 비공인 성직자였다. 그것은 사실 대다수의 신도들을 포괄하는 대중적 이슬람을 정의했다. 오랜 세월 이슬람의 두 날개는 공존하면서 가끔 긴장을 형성하고 때로는 평화를 유지했다. 주기적으로 일어나는 자체 종교개혁과 정화운동은 사회 전체에 '올바른' 학문적 관점을 일시적으로나마 다시금 입하곤 했다. 하지만 정신은 충만했을지언정 사회적 육신은 미약했다. 사회구조는 이내 영적 중개인을 재도입하도록 요구함으로써 인간과 신을 중재한다는 명목으로 사람들 집단 사이를 중재하도록 만들었다. 그리하여 공식적인 도시 이슬람이 '근대적'이었다고 하더라도 시골과 도시 빈민가의 이슬람은 그렇지 않았다.

경제적으로나 군사적으로 팽창하는 서구에 의해 무슬림 세계가 붕괴되면서, 새로운 개혁주의 물결이 이슬람을 휩쓸었다. 그런데 이번에 그 물결은 우세했다. 마치 영원히 우세할 것처럼 보였다. 그 '프로테스탄트'적 특징은 근대 세계와 잘 어울렸고, 새로 알려진 도시 생활의 강점은 거기에 더욱 폭넓고 훨씬 안정적인 매력을 보탰다. 무엇보다 이슬람은 근대의 기준에서 볼 때 위엄을 지닌, 그러나 그와 동시에 순전히 토착적인 어떤 이름으로 무슬림 사회를 정의할 수 있었다.

외부에서 도입된 산업화의 물결 속에 분투하고 있는 대부분의 제3세계 사회에서, 이데올로기적 '앙시앵레짐'은 근거를 잃었다. 이와 동시에, 서구 모델과 이데올로기의 무조건적 수용은 굴욕적인 자기

부인을 뜻했다. 한 가지 편리한 해법은 지역의 서민적 모델을 발굴하고 지역의 작은 전통의 장점을 이상화하는 것이었다. 이렇게 할 때 지역의 과거 고급 신학을 승인하지 않아도 되고, 서구의 관념 체제를 완전히 수용하지 않을 수 있었다. 그러나 이슬람은 이 딜레마에 빠지지 않았다. 과거의 고급문화를 전파한 건 정치권력이라기보다 학자들이었고, 그 덕분에 문화는 정치권력으로부터 분리되어 터키를 제외하고는 그 붕괴의 영향을 비교적 받지 않을 수 있었다. 그리하여 과거의 고급문화는 전체 사회의 지배적인 문화가 된 동시에, 외세에 맞서 자신을 정의하고 혁신과 자기 교정의 동력을 제공했다. 그 결과 오늘날 사회적으로 급진적인 무슬림 체제와 보수적인 무슬림 체제 모두 근본주의의 부활이라는 산고를 겪고 있으며, 이는 새로이 도시화된 서민들, 더 나아가 대부분의 엘리트에게 막강한 영향력을 미치는 것 같다. 이 종교적인 열망이 누그러질 징후가 지금으로서는 거의 보이지 않는다.

결국 이 체제 또한 세속화의 길을 갈 것인지 지금 논하기에는 너무 이르다. 세속화를 정치적으로 강제하려는 시도는 분명 성공적이지 못하다는 걸, 무슬림 국가인 터키가 보여주었다. 오히려 그런 시도는 사회 갈등을 강화하고 심화시켰다. 따라서 결국 이슬람이 우리에게 보여 줄 사회는, 다른 기준으로 '근대적'이지만, 진지하게 옹호되고 강제되는 산업사회 이전의 신앙을 중심으로 엄격하게 조직된 사회라고 생각할 수 있다.

나머지 세계는 지금으로서는 혼합된 양상을 보인다. 인도는 특히 이원적이다. 이데올로기의 전통은 안정성을 지니고 있지만, 인도의 과거 '정치' 구조는 안정성이 특히 부족했다. 현대 중앙 정치제도는 영국 또는 어쩌면 무슬림의 뿌리를 지니고 있고, 오늘날 고급문화는 절충주의적이며 과거의 질서를 영속화하는 서민 문화와 단절되어 있다. 분열과 종파주의가, 제3세계에서 특이한 현상인 비권위주의적이고 비군사적인 중앙 체제의 생존을 도우리라 짐작할 수 있다.

일본의 산업화가 성공한 비결은 이해하기 어렵다. 그 특징들, 특히 고용 안정성과 공동체 정신은 산업사회의 전제 조건과 관련된 과거의 통념들과 상당히 모순된다.[5] 그러나 이데올로기 측면에서 보면 한 가지 요소가 특징적이고, 아마도 그것은 적절한 설명 가운데 하나의 요소로 이해될 수 있을 것이다. 그것은 바로 일본 문화가 중국의 주변부 문화로서, 중국의 문화적 모델이 지닌 권위를 늘 의식했다는 것이다. 이렇듯 집합적인 타율성이 있기에, '또 다른' 모델이 기술적 효율성을 보여 주었을 때 그것을 쉽게 채택할 수 있었을 것이다. 오늘날 일본은 서구 테크놀로지의 모방과 상당한 문화적 영속성이 효과적으로 혼합되어 있다. 한편에서는 인식으로부터, 다른 한편에서는 생산으로부터 문화를 분리하는 것이 모든 산업사회의 운명일 텐데, 일본은 그 분리를 훌륭히 해낸 사례에 해당된다.

19세기 초 라틴아메리카와 20세기 후반 사하라 이남 아프리카의 일부 지역은 분열된 형태로 정치적 독립을 획득하지만, 산업화를 향해 나아갈 길은 아직도 한참 남아 있다. 이는 국가가 시민사회의 힘에 비교가 되지 않는 강력한 억압 수단을 획득할 지위를 지니고 있음을 뜻한다.[6] 부의 생산자와 권력자 사이의 균형이, 농경 사회에서는 권력자에게 기우는 게 일반적이고 이 기울기는 날이 갈수록 커진다. 그 결과 군사독재로 나아가는 경향이 뚜렷하며, 이는 이데올로기적 절충주의와 기회주의를 수반한다. 그런 사회에서 농경시대의 특징인 생산에 대한 억압의 우위는, 신세계로부터 부분적으로 차용함에 따라 소멸되기보다 오히려 강화된다. 그것은 시민사회보다 국가에 유리하다.

요약하자면, 이데올로기 또는 문화적 수준에서 오늘날 세계는 다음과 같은 갖가지 사회적 유형이 관찰된다.

1. 서구 다원주의 사회 사상과 신앙의 자유 시장. 자연을 탐구하는 순수한 인식에서부터 도덕 중심의 신앙 체계까지 아우르는 광범위한 인식과 암묵적인 개념적 협약. 산업시대 이전의 종교가 잔존하고, 때로는 공식적 지위를 지니며 정치적 제의 등과 연관되기도 하지만, 그것은 대체로 준인식적 정신 속에서 인정된다. 서구 다원주의는 말 그대로 근본주의에서부터 모든 인식적 내용물의 완벽한 결핍에 이르기까지, 일종의 신축적 개조를 따라서 유지된다. 이 스펙트럼에서 정확한 위치가 모호하다는 점이 상황의 본질이다. 이데올로기적 소비자는 어느 지점에든 자신을 자유롭게 끼워 넣는다.

일부 신앙 체계는 합리주의적 대항 교리 시대로부터 살아남았지만 그 영향력은 제한적이다. 만족스러운 세계 설화의 부재, '각성'(disenchantment, 근대사회에 뚜렷하게 나타나는 문화적 합리화와 신비주의의 평가절하를 가리키는 막스 베버의 용어-옮긴이)에 대한 인식이 매우 광범위하게 퍼져 있다. 사회의 지적 생활의 상당 부분을 차지하는 건 번성하고 있는 재(再)주술 산업이다. 이 산업은 모든 것을 뒤바꾸고 삶에 '의미'를 부여한다고 주장하는 이데올로기 상품을 공급한다. 이 산업 생산물은 노후화되는 속도가 매우 빠르다. 유행은 거의 10년 주기의 빠른 속도로 변화하기 때문이다.

사회가 적극적인 대항문화를 낳을 가능성이 큰 때는, 상대적인 궁핍에 대한 두려움에서부터 잠재적인 변혁 의식이 자라나는 시기보다 오히려 번영의 시기이다. 이 대항문화는 때로 혁명적이고 폭력적이어서 엄청난 혼란을 초래하고, 때로는 잠잠한 상태로 있다가 평화롭게 세계에서 사라진다. 대항문화에 참여하는 사람들의 상당수는 사회 부유층 가운데 덜 성공한 사람들과 청년층이다. 나날이 풍요로워지고 빈곤의 기억이 아득해져서 참으로 배부른 날들만 이어질 때는, 이런 유형의 대항문화가 사회를 붕괴시킬 만큼 치명적일 수 있는 것인지 궁금해지는 게 당연하다.

2. 마르크스주의 사회 19세기의 체계적인 학설을 기초로 건설된다. 이 학설은 세계에 대한 이론적인 설명과 도덕적 · 정치적 처방이 상당히 논리적인 하나의 전체로 융합되어 있다. 열린 지식 시장에서 그 신념이 패배하면 정치 질서가 살아남을 수 없기에, 마르크스주의 정치 질서는 열린 지식 시장을 용인하지 않는다. 이는 단기간 체제에 유리하다. 유능한 지식인들은 공식적인 관용구 안에서 자신을 표현할 것인가, 아예 드러내지 않을 것인가의 선택권을 마주하며, 종종 전자를 선택한다. 많은 경우에 그들은 자발적인 진심으로 첫 번째를 선택하게끔 스스로 독려하는 것이 심리학적으로 바람직하다고 생각한다. 오늘날 이데올로기적 열정은 눈에 띄게 감소했다.

3. 무슬림 모델 여기에는 전통적 신앙이 있다. 고급문화에서 무슬림은 근대화의 요건과 매우 잘 어울리고, 그 지역적 뿌리 덕분에 새로운 민족적 정체성의 표현으로서 무척 적합한 것이 된다. 또 신앙과 정통 교리의 진정한 부활이 나타날 수 있다. 이는 분명 현재의 상황으로 보인다. 이것이 단지 이행기의 현상인지는 오로지 미래만이 대답할 수 있을 것이다.

4. 위로부터 가부장적 근대화를 겪으면서 과거의 민속문화를 포용하는 사회들 엘리트는 개인의 삶에서 옛 민속문화를 공유하기도 하고, 정중히 무시하기도 한다. 불편한 다원주의는 서구의 다원주의와 닮은 구석이 있지만, 그 구성 요소들은 다르다.

물론 다원주의는 불편하지 않은 것일 수 있다. 근대 세계를 탄생시킨 합리성은 경제 기적과 인식적 기적을 낳은 이들의 의식을 가득 채웠다. 그것은 일종의 공평하고 편의주의적이지 않고 무의식적인 또는 어쨌거나 타산적이지 않은, 그리고 중요한 의미에서 '비합리적인' 합리성이다. 프랜시스 베이컨 같은 소수의 사상가들이 설교했을 때의 의도와는 달리, 그것은 도구적이지 않았다. 그것이 타산적이고 편의주의적이고 도구적으로 합리적인 것이었다면 아마 유효하지 않았을 것이다. 그렇다면 금세 보상을 얻을 수 있었을 테니까. 정직한 사업이나 인식의 체계적 과정은 단기간에 보상을 주지 않는다. 그것들은 오랜 시간 뒤에 집단들 전체에게 보상했지만, 그 집단들이 그 방향으로 움직여 간 건 다른 동기 때문이었다.

인식을 생각해 보자. 전통 관념을 따르는 사람의 관념은 적어도 완전히 그릇된 것은 아닐 것이고, 적어도 문화의 사회적 타당성에 부합할 것이다. 이에 반해 가능한 진리의 무한함을 생각할 때, 새로운 관념을 실험하는 사람은 성공하기가 어렵다. 인식적 성공은 기적에 가까운 것이다. 또한 그는 사회와 어긋나기 쉽다. 돌이켜 볼 때, 오늘날 우리가 올바른 길이라고 알고 있는 것으로 나아가려는 욕망은, 타산적인 도구적 의식에서 볼 때 거의 합리적인 것이 아니었을 것이다. 세계의 변화는 우연하게 일어난 게 분명하다.

이와 대립하는 생각은, 경제적·인식적·기술적 합리성을 '합리적으로' 채택한, 다시 말해 도구적으로 채택한 문화가 그렇게 할 수 있었던 이유는 선구 사회가 이런 것들이 효과적임을 이미 보여 주었기 때문이라는 것이다. 그러나 바로 그 이유 때문에, 그 사회들은 삶의 다른 측면에서 합리적 정신에 지배될 필요가 없다. 경제적 · 기술적 합리성을 '수단'으로 선택했기 때문이다. 그런 사회의 경우 합리적 정신은 의식이라는 전체 틀에서 빚어낸 산물로 등장하지 않았다. 인류는 이른바 단발적인 합리성을 이용할 수 있었다. 이미 작업에 이용되던 지렛대는 늘 쓸 수 있었다. 인류가 알 수 없는 이유로, 그때까지 작업에 쓰이지 않던 지렛대의 이용을 고집하게 되었을 때 최초의 기적이 일어났다. 그때까지 그 열매는 충분히 익지 않았다. 새로운 자연과학에 대한 17세기의 특징적인 비판은 자연과학이 실용적인 가치가 없다는 것이었다. 편의주의적인 모방 정신에서 새로운 방식을 받아들인 사람들이 유지하고 발전시킨 문화는 각성의 문화와는 아주 다른 것이다. 컴퓨터와 제단은 양립할 수 있다.

더 나아가 이 점은 보편적으로 적용될 수 있다. 소비 기기들은 그 사용이 쉽고 직관적이도록 만들어지는 경향이 있다. 소비에 유리하고 생산에 불리하게 균형이 기울 때 '합리적'인, 다시 말해 체계적인 정신은 후퇴할 것이다. 노동력을 거의 요구하지 않는, 기술적으로 합리적인 생산 경제는 현시적이고 반합리적인 문화와 긴장 관계를 이룬다는 주장과 달리[7] 둘은 양립할 수 있다.

5. 후발 사회들 비교적 강한 정부가 약한 시민사회를 지배하고, 이데올로기 생활은 기회주의적이며 대체로 블록들 간의 국제 경쟁을 이용하는 기능을 한다. "군사 원조를 베푸는 이가 종교를 결정한다(Cuius military aid, eius religio)."

9장

∶

오늘날의 세계

경제 권력

현대 세계에 대한 기본적인 사실은 핵 재앙이 아니더라도 역(逆)맬서스 사회, 다시 말해 인구보다 생산물이 훨씬 빠르게 증가하는 사회가 얼마든지 도래할 가능성이 있다는 점이다.

희소성의 종결은 사회와 문화를 몰라보게 변화시킨다. '부,' '재화'라는 개념 전체가 필연적으로 변화된다. 나아가 행위의 논리는 물론 우리가 의미를 두는 목표까지도 바뀔 수밖에 없다. 이는 과거에 적어도 한 번, 채취 경제에서 생산 경제로 이행하는 시기에 분명 일어났던 일이다. 유랑하는 수렵채취인에게 물질적 객체들은 최소한을 넘는 무의미한 짐일 뿐이다. 그것들은 총체적으로 권력의 지렛대, 즉 자산이 아니었다. 그렇다면 오늘날은 어떠한가?

일부 경제학자들의 가정과는 반대로, 인류의 '물질적' 욕구는 오히려 제한적이고 크지 않다고 나는 믿는다. 그것은 무한히 팽창하는 것이 아니다. 구토제를 먹어 가며 만찬을 즐긴 로마의 관습을 받아들지 않는 한, 한 사람이 실제로 소비할 수 있는 건 오히려 제한적이다. 한 사람이 한 번에 입을 수 있는 옷은 한 벌뿐이고, 한 번 거주할 수 있는 집은 한 곳, 한 번 탈 수 있는 차는 오로지 한 대이다. 이 모든 최소한이 쉽게 충족되는 경제 상황에서 '부'는 어떤 의미인가?

그 대답은 물론, 부가 권력과 지위에 이르게 할 수 있다는 것이다. 부는 한 사람이 주변 사람들과 맺는 관계의 본질을 결정하거나 표현할 수 있다. 우리의 열망이 자리 잡는 영역이 바로 이곳이다. 이 영역에서, 말 그대로 물질적 욕구가 충족되는 사람이 여전히 자신의 조건을 개선하기를 바랄 수 있다. 이 영역에서, 물질적 희소성의 종식은 경쟁의 종식을 의미하지 않는다. 하지만 다른 한편으로 이 영역은 보편적 성장을 책임지는 것처럼 보이지 않는다. 오히려 그것은 제로섬 상황을 조성하는 것 같다. 곧 한 사람이 얻은 것은 또 다른 사람이 잃은 것이다.

한쪽의 물질적 자산과 다른 한쪽의 지위나 권력 사이의 연관은 자명하지 않고 사물의 본성에 의해 뒷받침되지도 않는다. 이 연관은 사회적으로 창출되고, 우리는 그 연관들이 새로운 체제 아래서 무엇이 될 수 있는가를 파악해야 한다. 물질적 재화는 여전히 권력과 지위를 낳을 수 있지만, 그것에 이르는 유일한 길은 아니다. 지위의 배치를 결정하는 것은 사회 체제이지 경제가 아니다.

농경시대에 부는 적어도 세 가지 이유에서 중요하다. 첫째, 희소성이 실재한다. 사람들은 굶어죽거나 유기되어 죽는다. 둘째, 이 때문에 재화에 대한 통제력이 권력이 되고, 이는 더 큰 권력의 장악을 낳는다. 재화를 지배하는 사람은 다른 사람들을 복종시킬 수 있다. 농경사회는 본질적으로 희소성이 내재하기 때문에 경쟁적이고 폭력적이며 억압적일 수밖에 없다. 이 때문에 사람들은 권력을 추구하게 된다. 그래야 자신과 비슷하게 권력을 추구하는 다른 이들로부터 자신을 보호할 수 있고, 다른 이들이 권력을 잡은 뒤 자신의 생계수단을 빼앗는 걸 막을 수 있다. 셋째, 부분적으로는 앞의 두 가지 요소 때문에, 재화의 소유와 과시는 일반적으로 특권과 지위의 상징이고, 따라서 재화는 더욱더 욕망의 대상이 된다. 물론 예외는 있다. 금욕적인 귀족과 지식인, 종교 수도자들은 때로 특권에 역행하는 길로 나아간다.

맬서스 이후 풍요의 시대에는, 더 많거나 더 좋은 재화를 소유한다는 것 자체가 행복에 아무런 영향을 미치지 않는다고 말한다면 과장일 것이다. 비싼 프랑스 와인 클라레는 사실 슈퍼마켓에서 파는 스페인 와인 리오하보다 낫고, 개인적으로 예약한 리비에라의 호텔이 코스타브라바에 있는 패키지 관광호텔보다 나을 것이다. 값비싼 의료시술은 국민건강보험으로 이용할 수 있는 치료보다 훨씬 효과적일 때가 있다. 물론 반드시 그렇다고 말할 수는 없다. 유상교육은 종종 무상교육보다 훨씬 낫지만, 거듭 말하건대 일부 유상교육은 몹시, 훨씬 더 나쁘다. 그럼에도 우리는 '부'라는 개념 전체가 새롭고도 어쩌면 놀라운 의미를 지니는 상황으로 들어서고 있다.

지금으로서는 테크놀로지가 수익을 체감시키는 수준에 이르렀다는 증거는 거의 없다. 한편, 발달된 사회에서 광범위한 계층이 도달하거나 곧 도달하게 될 일정 수준을 넘어서 진행될 진보가 인류의 '물질적' 행복에 더 크게 이바지한다고 보기도 어렵다. 인류가 물질적 부를 증대시키기 위해 끊임없이 경쟁한다면, 그것은 관성에서 비롯되는 것이거나 '부'가 사실상 지위 그리고(또는) 권력으로 나아가는 수단이기 때문이다.

다음과 같은 가정이 타당할 것이다. 사람들은 객관적으로 실재하는 빈곤을 도덕적으로 수치스러운 것이라고 깎아내리는 도덕적 분위기가 만연하기를 바란다. 풍요의 조건에서는 누군가가 영양 상태, 의료, 주거 그리고 교육을 통한 문화적 편입을 불필요하게 누리지 못하는 것을 용납할 수 없다는 생각이 팽배해진다. 이 도덕적 전제들은, 심지어 이것들과 대립 관계일 수도 있는 이데올로기적 전제를 받아들이는 사람들, 예를 들어 '자유방임주의'를 극단적으로 그리고 엄격하게 신봉하는 사람들에게도 널리 받아들여진다. 최소한의 인도주의라 할 수 있는 이런 관점들이 따뜻하게 인정되는 이유는 다양하다. 사람들은 자신들이 부담해야 하는 비용이 거의 없을 때, 그리고 풍요와 성장의 조건에서, 그리고 빈곤의 종식이 나머지 사람들에게 희생을 거의 요구하지 않을 때 인색하지 않기 때문이다.

빈곤층에 대한 원조는 과거 지역사회와 친족사회의 맥락 안에서 여러 사회가 실천했던 것과 같은 흐름이다. 이런 태도를 더 큰 익명의 사회까지 일반화하는 경향은, 구성원들이 원자화되고 유동적인 근대의 조건에서 작고 친숙한 단위가 이 역할을 맡기에는 몹시 어렵다는 사실에 의해 촉진된다. 한 마을은 바보 한 사람이 고만고만하게 살도록 거둘 수 있다. 한 대가족은 한 사람이나 몇 사람이 장기간의 무능력을 딛고 일어서도록 돕는 것이 그리 어렵지 않다. 이에 반해, 성인들이 집 밖에서 하루 종일 근무하고 아이들은 종일 교육을 받는 오늘날의 핵가족 제도에서, 이런 사람들에 대한 원조는 견딜 수 없을 만큼은 아니더라도 매우 어려운 과제가 된다. 불행이 예기치 않게 닥쳐올 수 있음을 생각할 때, 극단적이고 교조적인 자유주의 경제론자들을 비롯하여 풍요로운 사회는 적절한 복지 제공을 지지하는 경향을 보이는데, 경제적으로 풍요로워서 다른 누구로부터도 무언가를 가시적으로 빼앗지 않고도 복지를 제공할 수 있을 때 그렇게 한다.

선진국 인구의 상당수, 다시 말해 상층의 부유한 노동계급은 풍요롭다고 해도 좋을 상태에 이르렀다. 물질적인 관점에서, 앞선 시대의 부유층을 훨씬 뛰어넘는 조건에 이른 것이다. 이들 사회에서 빈곤은 특별한 경우에만 일어난다. 첫째, 경제적 궁핍이 소외와 그 밖에 다른 유형의 개인적 불행, 무능력, 약점, 질병 등과 결합되는 경우. 둘째, 사회의 완전한 문화적 통합에서 배제된 소수 집단. 셋째, 경제 불황이나 후퇴기 등. 이 시기에는 잘 조직된 일부 노동계급처럼 사회에서 영향력을 지닌 집단의 적개심을 무마하는 데 자원이 이용된다. 그래서 정치적 영향력이 없는 집단에게 제공되어야 할 서비스가 불가피하게 손해를 입는다.

성장의 보상에 대해, 그리고 뚜렷하게 드러나는 여러 문제의 해법에 대해 낙관적인 가정을 한번 해보자. 비록 첫 번째 가정은 설득력이 떨어지고 두 번째 가정은 훨씬 문제가 있지만. 먼저 완전히 풍요롭고 상당히 동질적인 사회를 가정해 보자. 빈곤을 용인할 수 없다는 윤리적 판단이 널리 받아들여지는 이성적으로 동질인 사회, 그리고 성장하고 있고 성장할 수 있는 사회, 따라서 불만의 뿌리가 오로지 물질적 빈곤이기에 그 불만을 제거할 수 있는 사회이다.

더 단순한 기준으로, 물질적 희소성이 없는 사회를 가정해 보자. 그것이 이 사회에 다른 유형의 희소성이나 경쟁이 없다는 걸 의미하는 것은 아니다. 이 점이 중요하다. 이 경우 틀림없이 비물질적인 범주의 갈등이 첨예해지면 첨예해지지 결코 덜하지는 않을 것이다.[1] 그러나 중요한 건, 모든 사람이 물질적으로 넉넉하다고 가정되는 상황에서, 갈등이나 경쟁이 좁은 의미의 부를 둘러싸고 일어나지 않는다는 점이다. 그것은 특권과 권력을 둘러싸고 일어난다.

그럴 때 부는 더 이상 중요한 문제가 아니라고 말하는 건 설득력이 없어 보인다. 비현실적인 예상이기는 해도, 문제는 결코 명쾌하거나 확정되어 있지 않다. 그 실험은 아직 이루어지지 않았다. 그런 예상이 그럴듯해 보이지 않는다면, 그 이유는 우리 사회에서 그리고 신석기 혁명 이후 대부분의 인류가 살아온 사회에서, 부와 권력과 특권은 언제나 밀접한 관계가 있었기 때문이다.

물질적 빈곤에 대한 보험으로서 부가 더 이상 필수적이지 않을 때, 적정한 최저한도가 일반적으로 보장될 때, 부와 권력과 특권 사이의 관계는 다른 문제가 될 것이라고 인식할 수 있다. 풍요는 이미 어느 정도 부의 권력을 침식한다. 부유한 나라들에서, 실업이 만연한 시기조차 자국의 하위 직종에 인력을 채용하기가 극도로 어렵다는 사실이 이를 뚜렷하게 보여 준다. 사람들은 굶주림의 채찍질에는 굴복하지만, 단순한 뇌물에 대해서는 그렇지 않다.

매우 풍요로운 사회에서 실제로 사람들은 '지위' 재화, 상대적인 사회 지위를 둘러싸고 경쟁한다. 그들은 더 이상 배를 채우기 위해 투쟁하지 않는다. 그들은 지위를 향상시키기 위해 투쟁하고, 사회적 맥락과 관습을 통해 동원할 수 있는 모든 수단을 이용하여 투쟁한다. 그렇다면 문제는 바로 이것이다. 물질적 재화는 변함없이 그런 지위 재화를 획득하는 유효한 방법이 될 것인가?

이 물음에 대체로 부정적적으로 대답할 수밖에 없는 중요한 유형의 산업사회, 다시 말해 근대 공산주의 사회가 존재한다. 사실상 유일한 권력층을 이루는 고위직이 자동차와 하인, '별장'을 소유하는 건 당연한 결과이지만, 그 반대는 사실이 아니거나 매우 드문 경우이다. 그레이마켓이나 비공식 시장에서 큰돈을 번 사람이 그 돈의 힘으로 당 고위직으로 올라가는 일은 거의 일어나지 않는다. 권력은 부를 낳지만 그 역은 성립되지 않는다.

비마르크스주의 사회에서 이와 비슷한 상황을 찾는다는 건 부자연스럽고 설득력이 없어 보인다. 공산주의 사회는 할 수만 있다면 서구 사회를 모방하고자 하지만, 서구 사회에는 악명 높고 절제할 수 없는 소비주의가 깊이 뿌리내리고 있기 때문이다. 그러나 이런 현상이 영원히 계속되지는 않으리라는 가정의 함의를 살펴보는 것은 적어도 합리적이다. 그것은 이행기의 현상일 뿐이지만, 다음 세 가지 요소에 의해 고착될 수도 있다.

1. 엄밀한 의미의 물질적 욕구는 여전히 완벽하게 충족되지 않는다. 물질적 복지가 증가함으로써 국내의 고된 노역이 감소하고 소비재의 품질이 향상된다.

2. 개인의 기억이든 문화 속에 뿌리내린 것이든, 궁핍했던 시절의 기억은 여전히 너무도 생생하여 사람들은 변함없이 필요한 수준 이상으로 물질 재화를 추구한다. 사회주의 나라에서 이주해 온 내 지인은 거대한 냉장고를 터질 듯이 꽉꽉 채워 놓는다. 그는 내일이라도 상점에서 물자가 사라질 수 있을거라 걱정한다. 그의 모국에서는 유효한 이런 가정이 그의 영혼에 깊이 새겨져 있다.

3. 다원적 자유주의 사회에서는 부로써 여전히 지위와 권력을 살 수 있다. 값싼 패키지 휴가와 배타적이고 값비싼 리조트에서 경험하는 모래사장과 바다의 본질은 똑같은 것이지만, 리조트에 갈 수 있는 능력은 유력한 엘리트의 일원이라는 의미를 담고 있다. 교육 영역에서는 혜택이 많고 사람들이 선호하는 정체성의 구매 능력이 특히 중요하다. 이는 불공정하고 그 자체로 근대 평등주의를 훼손한다.

또한 권력의 구매 능력은 유리한 정치적 결과를 결정한다. 유일한 지배층에 진입하면 모든 특전이 뒤따르는 사회에서, 그 지배층을 장악하기 위한 투쟁은 필연적으로 냉혹한 승자독식의 성격을 띨 수밖에 없다. 그런 조건에서, 승자독식의 투쟁이 불가피하게 낳는 갈등 고조가 없고 승자가 패자를 사전에 탄압하는 일이 없는 관용적인 자유주의 정치를 상상하기란 쉽지 않다. 어쨌거나 권력 구매는 지금으로서는 일어나지 않은 일이지만, 이 방향으로 다양한 시도가 이루어져 왔다. 부가 일종의 권력 형태이기도 한 사회, 순수 권력이 독점권을 갖지 않는 사회에서는 패자를 매수하는 일이나 다원주의가 나타날 수 있다. 이에 따라 정치적 갈등의 이해관계, 그리고 그 냉혹함과 전면성이 제한된다.

자유주의 사회에서, 잔존하는 산업사회 이전 지위 체계는 또한 소중한 다원주의를 체제에 도입한다. 많은 지위 재화, 예를 들어 공로 훈장은 부를 통해서 또는 그 가운데 제한된 일부에게만 구매되는 것일 수 없다. 그것은 실제로 약탈자의 규칙에서 생산자의 규칙으로 이행했다는 중요한 상징이었다. 이때 '상업'에 종사하는 이들은 권력을 지닌 자들보다 부유했을 수 있고, 그 부를 숨기거나 감출 필요가 없었다. 그들은 첫 번째 기회가 왔을 때 부를 권력으로 바꿀 필요가 없었다. 강탈보다 상업의 이익이 커졌을 때 새 세계가 탄생했다. 권력 없는 부를 상상할 수 있게 되자 커다란 변화가 일어났다. 그런 또 다른 이행이 일어나는 때는 부 없이 지위를 갖게 되는 때일 것이다.

실용성 없는 부를 향한 동기가 지위와 신분의 추구에 의해 자극될 때, 그것을 막을 수 있는 것은 새로운 지위의 표식들을 발명하여 유효하게 만드는 것이다. 아마도 물질적 지위-표식이 그 주술적 힘을 잃게 되는 건 풍요를 통해서, 그리고 자기 파괴적이기 쉬운 특징을 통해서 그 가치가 하락하기 때문이다. 예를 들어 작은 마을에서 집집마다 자동차가 여러 대씩 있을 때는, 주민들 모두 차를 몰고 다니거나 주차하기가 힘들어진다. 일시적인 비주류 대항문화의 분위기는 더욱 확산될 수 있다. 하지만 서구 사회가 재화를 지위의 상징으로 이용하는 것과 단절할 조짐이 지금으로서는 전혀 보이지 않는다. 한편 재화의 생산이 환경에 재앙을 일으키고 사회적으로 자기 파괴적이라는 인식은 널리 퍼지고 있다. 문화적 관성 또는 뒤얽힌 이해관계는 어떠한가?

여기서 벗어날 날은 분명 언젠가 올 것이다. 그것이 아니라면 사회는 영구적인 포틀래치(potlach, 북아메리카 토착 원주민이 열던 잔치로, 선물을 주고받는 행위로써 사회적 지위를 확인하려는 목적이 있었다—옮긴이)를 벌일 뿐이다. 소비자들은 경쟁적으로 지위를 추구하고 이는 본질적으로 무의미한 생산과 파멸로 이어질 것이다. 이와 비슷한 일이 로마 시대 말기에 벌어졌을지 모른다. 대규모 지주들은 자유농민한테서 토지를 박탈하고 그들을 프롤레타리아로 만들어 로마로 보냈다. 그리고 토지에 충원한 건, 로마 정복의 결과로 생긴 노예들이었다.[2] 지주들은 노예와 함께 옥수수를 생산하여 로마와 그 프롤레타리아를 부양

했다. 로마는 흥미로운 정치적 선택 시스템에서 중재자 역할을 하면서 민중을 먹여 살리는 본분을 다했다. 민중을 먹이기 위해서 옥수수를 지주들에게 구매해야 했다. 지주들은 노예의 도움을 받아 옥수수를 생산하고, 노예들은 프롤레타리아를 대체했다. 이 순환은 무의미하게 여겨질 수도 있다. 과연 무의미한 소비도시가 없고 농민들이 땅에서 일하게 내버려 두며 노예를 수입하지 않는, 다른 정치체제는 존재할 수 없었던 것인가? 그러나 뒤얽힌 제약에서 벗어날 길은 없었던 것으로 보이며, 머지않아 비슷한 일이 '지위-소비주의'에도 일어날지 모른다.

부유한 자유주의 사회가 영원히 포틀래치 사회로 남을 것인지 아니면 다른 어떤 것으로 변화할 수 있을 것인지의 문제는 가장 흥미로운 문제 가운데 하나이다. 일부 서구 사회는 순수한 귀속을 통해 명예로운 지위를 부여한다. 영국의 기사 작위, 프랑스의 레지옹 도뇌르가 바로 그렇다. 이와 같은 지위의 부여는 희귀한 자원을 소모하지도 대기를 오염시키지도 않는다.

문제는 이들 상징이 사회의 상층에 있는 어떤 것, 다시 말해 상호 친숙함이 있고 상대적인 위계와 서열에 지대한 관심을 갖고 있는 일종의 메트로폴리탄 마을이 존재한다는 걸 의미할 뿐이라는 점이다. "테이블의 좌석은 결코 거짓말을 하지 않는 법이다"(La place à table ne ment jamais, 모리아크). 다른 한편으로 전혀 알려지지 않고 유동적인 교외에서는, 자원을 낭비하고 오염을 일으키는 물질적 상징에 의한 방법 말고 다른 어떤 방법으로 지위를 부여할 수 있을까? 이를테면, 지역 의회가 지역의 기사 작위를 수여하는 걸 생각할 수 있을까? 물론 가능한 일이긴 하지만, 지역 기사 작위 수여자들은 물론 탈락한 후

보들조차도 불필요하게 큰 자동차를 구입하는 걸 단념할 만큼 그 명예가 진지하게 받아들여질까?

여기에는 적어도 네 가지 선택권이 존재하는 것 같다. 첫째 영속적 포틀래치, 둘째 승리를 거두고 널리 확산된 대항문화에서 비롯된 보편적인 보헤미안, 셋째 20세기 초 유럽 우파 독재가 부분적으로 실현했던 것과 같은 사회의 인위적인 재(再)제의화, 넷째 통합된 단일 지배계급이 권력과 부를 부여하고 환경오염을 통제할 수 있으나 그 단일한 지배계급을 파멸시킬 자유는 확산시킬 수는 없는 소비에트 황제교황주의 체제가 바로 그것이다. 첫 번째 선택권은 물질적 재화를 지위 추구의 상징으로 삼기 때문에, 본질적으로 무의미한 재화의 증대를 지속적으로 추구한다. 이와 동시에 이 체제는 다원주의이고 자유를 선호한다. 두 번째 선택권은 산업화 초기부터 보헤미안 대항문화가 일궈 온 방식처럼 부에 대한 거부를 확산시킬 것이다. 세 번째 방식은 오늘날 급속하게 늘고 있는 여가를 사적인 세계에서 제거하고, 그것을 조직된 공동의 활동으로 재건할 것이다. 그러나 이를 위해서는 제의를 존속시키는 사회를 세계 속에 발명하고 창조해야 하는데, 오늘날 세계에는 그런 사회가 별로 없다.

여가가 실제로 일반화될 때 여가의 개인적이고 사회적으로 비조직적인 사용을 생각하기란 어렵다. 블레즈 파스칼은 '디베르티스망'(divertissement, 막간의 여흥이라는 뜻. 발레에서 줄거리와는 별로 관계가 없지만 잠깐 동안 갖가지 춤을 보여주어 관객들을 즐겁게 하는 부분―옮긴이)에 대한 절실한 요구는 여가가 떠맡겨진 사회 특권층이 느끼는 것이라고 했다. 파스칼의 관점에서, 그들이 춤을 추는 건 인간의 조건에 내재한 궁극적인 절망에서 탈출하기 위한 것이다. 여가가 우리 모두에게 발생할 때, 우리는 어떻게 춤을 출 것인가? 그것은 개인적이고 조정을 받지 않은 춤들일까? 인간의 정신에 관해 우리가 알고 있는 대부분의 내용으로 미루어 보건대 그럴 듯하지 않다.

우리는 노동과 억압에 대한 전반적인 필요성이 낮은 사회적 유형들에 익숙하다. 지금 시점에서 우리는, 이런 필요성이 약화될 때 가능한 유형을 상상할 수 있는가?

새로운 억압 체제

근대 복합사회의 억압 체제는 그보다 앞선 시대에 지배적이었던 것과는 근본적으로 다른 조건과 제약들 아래에서 운영된다. 직접적인 억압은 예외적인 특정 상황에서만 드물게 일어난다. 누군가가 목에 칼날을 들이댔기에 무언가를 억지로 해야 하는 경우는 비교적 드물다. 이런 드문 경우는 다음과 같다.

1. 혁명과 내전이 발생할 수 있다. 이란혁명은 어느 정도 근대화된 사회에서 강력한 도시적 감수성이 체제를 탈합법화하고 무너뜨릴 수 있을 만큼 막강하며, 잘 훈련된 대규모 무장 병력에 맞서 이길 수 있음을 보여 주었다. 그것은 파산하지도 않은 국가 조직을 파괴할 수 있다. 군사적 패배와 경제적 파산이라는 토대 위에서만 혁명이 성공할 수 있다는, 지난날 널리 인정되었던 관점은 완전히 무너졌다.

2. 도시 지역은 어쨌거나 무자비한 국가라 해도 통치력과 경찰력을 휘두르기가 쉽지 않다. 주민의 상당수는 일종의 내부 반대자가 된다. 이는 테러리즘과 결합될 수 있고, 현대 테크놀로지의 다양한 측면들

과 대중사회의 익명성 또한 테러리즘을 조장한다.

3. 이런 유형의 준정치적 도시 폭력은 도시 범죄나 마피아 세력과 결합될 수 있다. 냉혹한 조직은 자신들에게 불리한 법적 절차의 효과적인 적용을 예방하거나 억제할 수 있다.

4. 레바논의 놀라운 사례는 크게 주목할 만하다. 레바논의 사례는 근대 상업사회를 둘러싼 가장 설득력 있는 일반화들, 특히 상업사회의 기능이 공공질서 유지를 전제로 한다는 관념과 모순된다. 오늘날 레바논은 사실상 국가가 없는 지역이다. 이른바 국가는 소(小)사회 지도자들이 함께 휴전을 협상하는 지위를 가리킨다. 그럼에도 불구하고 생산과 전반적인 경제활동 수준은 적어도 상당 기간 동안, 상대적으로 유효한 국가를 지닌 많은 '개발도상' 사회들보다 우월했다. 강한 국가를 지닌 이스라엘 사람들은 인플레이션을 통제하지 못한다. 하지만 국가가 없는 레바논 사람들은 인플레이션을 통제할 수 있었고 어쨌거나 통제했다. 이런 주장은 어쩌면 극단적인 반국가사회주의적 '자유방임주의' 지지자들이 할 법한 것이다. 레바논의 사례는 매우 예외적이지만, 자세히 들여다보면 경제가 작동하기 위해 공공질서가 필요하다는, 설득력 있는 일반화와 사실 모순되지 않을 것이다. 하지만 이것이 확실하다고 주장하려면 면밀한 탐구가 필요하다.

5. 직접적이고 당면한 억압은 분명 히틀러의 대규모 수용소와 스탈린의 굴라크에서 사용되었다. 이들 사례는 직접적이고 야만적인 억압이 여전히 이용될 수 있음을 입증한다. 수용소와 굴라크는 그런 억압이 필요하다는 걸 입증하는 게 아니다. 두 체제가 이 수단을 널리 사용하지 않았더라면, 자체 기준에서 판단할 때 각 체제가 제대로 작동하지 않았을 것인지는 분명하지 않다.

이런 예외를 제쳐 놓으면, 처음으로 꼽을 수 있는 일반화는 현대 복합사회에서 공공질서의 유지가 비교적 쉽다는 점이다. 누가 봐도 인기가 없는 체제가 유지된다. 무척 온건하고 억압적이지 않은 경찰력과 사법 수단을 보유한 자유주의 체제 또한 생존한다. 복합적인 분업은 많은 영향을 미치는데, 그 가운데 적어도 일부의 영향은 뒤르켐이 분업의 속성이라고 보았던 것이다. 중심부를 장악한 이들이 무질서와 붕괴를 두려워하지 않고서 중심에 계속 머물 수 있도록 할 만큼 사회는 응집력이 있다. 사회의 다양한 부분의 상호 의존성은 순응을 받아들이게끔 하는 것 같다. 권력 체제는 어떤 지지도 받지 못하는 분위기에서도, 그리고 대단히 관용적인 분위기에서도 살아남을 수 있지만, 둘 다를 동시에 극복하지는 못할 것이다.

비합리적인 합법화에 대한 믿음의 상실과 합리적인 합법화의 이용 불가능성을 생각할 때, 머지않아 현대사회는 어떤 면에서 통치할 수 없는 것이 될지도 모른다. 그럼에도 불구하고 중앙정부에 의해서 질서는 쉽게 강제될 수 있고 그것은 큰 어려움 없이 널리 받아들여질 것이다. 정치 구조는 놀라울 만큼 안정적이다. 근대 자유주의 국가는 분명 산업사회 이전의 전통적인 전제정치보다 시민들의 삶에 훨씬 더 개입하게 된다. 사회의 복합성과 상호 의존성, 그리고 전체적인 기반구조에 대한 그 의존성은 그 구성원들을 온순하게 만들고 관료주의적 지침에 늘 복종하게 만든다. 어떤 면에서 나치에게 지배된 유럽에 관한 충격적인 사실은, 그 수용소의 야만성이 아니라 나치가 야만성을 이용하지 않고도 거둘 수 있었던 복종의 규모이다. 사람들은 추방과 궁극적 제거의 다양한 단계에서 협력했다. 관료적 질서에 대한 복종은 습관적이고 통상적이며 필연적이다. 지속적으로 지시에 순응한 끝에 이른 곳이 가스실 문 앞이라면, 그때는 이미 저항하기에 늦다.

근대사회의 질서유지 능력에서 매우 중요한 또 다른 사례는 1968년 이후 체코슬로바키아의 '정상화'(normalization)이다. 이 함의들은 치밀하게 연구할 만하다. 이 체제는 사람들의 소망에도, 경제적인 이해관계에도, 시민의 일반적인 문화에도 부합하지 않고 처음부터 대다수의 극심한 경멸과 조롱을 공공연하게 받았다. 그럼에도 단 한 건의 처형이나 정치적 살인 없이 결국 자리를 잡았는데, 이 점이 참으로 놀랄 만한 사실이다. 그것이 성공한 방식은 흥미롭다. 최악 대신 차악이라는 주장, '더 나쁜 일이 생기지 않도록' 하자는 위협은, 자유주의자들이 순응주의자들과의 투쟁 수위를 낮추고 반항심을 억누르게끔 할 수 있다. 이런 호소가 먹혀들면, 반대자들을 고립시키고 '살라미 전술'(salami tactics, 얇게 썰어 먹는 살라미 소시지처럼 목표를 세분하여 단계적으로 성취함으로써 이익을 극대화하는 방법−옮긴이)을 펼 수 있다. 다수는 이미 처벌받은 소수와 똑같은 운명을 겪을 수도 있다는 괜한 두려움에 걸려든다.

전문직 중간계급을 순화시키는 방법은 그들에게 가장 소중한 것, 다시 말해 자녀들의 교육과 의미 있는 직업을 박탈하겠다고 위협하는 것이다. 이런 종류의 억압은 집합적인 대규모 저항이 동시에 조직되지 않는 한 안타깝지만 놀랍도록 효과적일 수 있다. 폴란드 자유노조 시절이 보여 주듯이 집합적인 저항이 결집력을 가지면 그에 대응하기란 쉽지 않다. 그러나 그런 상황에서조차 중앙 권력은 사회의 상당 부분이 드러내는 공공연한 경멸을 견디며 권력을 유지한다.

이 모든 것은 현대 조건에서 국가와 시민사회 사이에 유지되는 권력균형에 관한 어떤 것을 드러낸다. 이들 가운데 어떤 경우는 위로부터의 억압이 시민들을 억누르는 것은 슬프게도 저항의 전통이 최근에 사라졌기 때문이라고 주장할 수도 있다. 하지만 나는 이 점에 그리 큰 비중을 두어야 한다고 생각하지 않는다. 히틀러 치하의 대규모 학살은 러시아의 포로수용소와 다른 전쟁포로수용소에도 영향을 끼쳤다. 또한 동유럽에서 사람들이 혐오하는 체제가 강제된 건, 정치적 격동의 전통을 지닌, 낭만적이고도 심지어 필사적인 저항의 전통을 뚜렷하게 지닌 사람들에게 일어난 일이었다.

중앙 권력을 소유한 자에 의한 질서의 강요나 유지는 쉬워 보이는 반면, 신앙의 강요와 내면화가 그렇지 않다는 점은 흥미롭다. 교육의 중앙집권화, 그리고 현대 대중매체의 중요성과 영향력, 정교함을 생각할 때 오히려 그 반대라고 예상할 수 있다. 하지만 공산주의자들은 예수회를 모방하는 데 분명 실패했다. 동유럽에서 공산주의의 반종교 개혁은 1648년 이후 유럽 남부의 원조 반종교개혁의 성과, 다시 말해 대륙의 반을 오랜 세월 동안 잠들게 했던 영향력을 모방하는 데 결코 성공하지 못했다. 이 또한 우리가 고민해야 할 문제이다.

그렇다면 근대사회의 억압 체제와 국가기구에 관해 내놓을 수 있는 보편적인 명제는 무엇인가?

첫째, 그것이 영향력을 미치는 단위는 민족국가보다 더 작은 경우는 거의 없으며, 그 단위들은 주로 문화적으로 동질인 사람들을 포괄한다는 점이다. '한 국가 한 민족'이라는 민족주의적 명령의 요건은 대체로 실현된다. 대규모 농업국가의 특징이자 유용했던 문화적 동질성은, 유동적이고 거의 대부분 지식을 갖추고 있으며 교육받은 사람들 속에서 상당한 문제가 된다. 문화적 다원주의는 고립적인 시골 공동체와 잘 어울리고, 안정적이고 계급적인 직업 체제와 잘 어울리며, 세대에서 세대로 이어지는 직업과 지위와 잘 어울린다. 그것은 국가가 감독하는 교육제도에 문화를 의존하는, 유동적인 사람들과는 크게 어긋난다.

둘째, 근대사회는 필연적으로 중앙집권화된다. 공유되는 기반 구조의 중요성, 엄청난 비용, 그리고 상당히 큰 범위에서 그 기반 구조를 균일하고 균등하게 유지해야 할 필요성 등 모든 것이 이를 뒷받침한다. 이 중앙집권화된 체제의 중요성과 권한, 그리고 그것이 반드시 '지위'에 보태지는 특전과 명성의 유일한 원천은 아닐지라도 적어도 중요한 원천이라는 사실을 생각해 볼 때, 이 체제는 앞으로도 사람들 삶에서 크나큰 역할을 할 것이다.

세계 종교로 자리 잡은, 19세기의 중요한 사회학 이론 하나가 진지하게 그리고 안타깝게도 여기에 이의를 제기한다. 그러나 자신의 역할을 상황의 무해한 '관리'로 한정하는, 기반 구조가 잘 갖추어진 복합적인 산업사회라는 개념은 불합리하다. 국가는 필연적으로 존재하고 권력을 지니며 중요할 수밖에 없음을 생각할 때, 우리가 국가에 관해 물어야 하는 질문은 '국가냐 아니냐'가 아니라 '어떤 유형'이냐이다. 하나의 선택권으로서, 경제를 비교적 자율에 맡겨 두고 정치권력이 아닌 다른 권력으로 나아가는 큰 길을 내는 국가가 있다. 그것은 자유주의적일 수 있지만, 아마도 큰 생태학적 대가를 치러야 할 것이다. 국가가 특권의 '유일한' 실제 원천이라면, 이는 자동적으로 정치 갈등의 심각성을 증대시킨다. 그리고 이는 자유를 사실상 불가능하게 만든다. 근대 생산과정의 본질은 효과적이고 지역적이며 비경제적인 제도들을 침식한다. 레이몽 아롱은 프랑스에 실재하는 제도는 딱 두 가지, 이른바 국가와 공산당이라고 말하곤 했다. 세계적이고 분리할 수 없는 기반 구조의 유지와 질서의 유지는 중앙 권력의 관심사일 수밖에 없다. 또한 경제 제도의 독립성이 '사회주의'의 이름으로 파괴된다면, 단일한 지배층을 지닌 사회 그리고 이것이 의미하는 모든 것을 피하기란 불가능하다.

셋째, 완전히 발달된 산업사회가 소유하고 있는 무기 체계 또한 막강하고 어마어마한 비용을 소모하며 그 체계를 갖추기가 몹시 어렵기 때문에, 시민사회가 국가에 맞서 공개적이고 노골적으로 저항한다는 건 거의 상상할 수 없다. 시장사회와 산업사회가 등장한 시기는 전혀 달랐다. 이어지는 두 세기 동안 두 번, 가장 중요한 사회를 통치하던 군주제가 그 자신의 시민들에게 결정적인 패배를 당했다. 한 번은 본국에서, 한 번은 대서양 건너 식민지에서 일어난 일이었다. 그러나 다원적 상업사회를 다스리던 이 군주제는 훨씬 더 중앙집권화되고 충성심 강한 같은 대륙의 군사적 경쟁자를 거듭 무찌를 수 있었다. 그러나 그것은 자신의 신민들에게는 그렇게 하지 못했다. 저항 세력이 탈취할 수 있었던 무기는 중앙 군대가 소유한 무기에 비해 열악하기는 해도 아주 보잘것없지는 않았다. 이런 유형의 군사력 균형은 앞으로 다시 일어날 수 있는 일이 아니다. 그리고 우리는 물론 여기서 다음과 같은 중요한 질문에 이르게 된다. 우리는 권력이 전체주의적이기보다 자유주의적일 것이라고, 얼마나 자주 얼마나 일반적으로 기대할 수 있는 것인가?

사회의 완전히 새로운 경제적 기반은 분명 상황에 영향을 미치지만, 그것이 어떤 방향으로 영향을 미칠지는 확실한 게 아니다. 농업국가들은 자원과 생산물이 부족한 탓에 일반적으로 권위주의적인 방향으로 나아가게 마련이다. 한편 경제적 채찍질이 사라지면 고집스러운 대항문화가 등장하거나 체제 안에서 명예롭지 않은 지위에 대한 보편

적인 회피 현상이 나타난다. 근대 테크놀로지의 모방이나 유지까지
는 아니더라도 그 등장의 기초를 이루는 인식 유형의 논리는, 농경 국
가들이 습관적으로 기댔던 절대주의적 합법화 유형을 국가가 사용하
지 못하게 하는 경향이 있다. 이는 또한 권위주의에 대한 유혹을 제거
한다. 근대 권력자들은 종교적 의무에 대한 참된 인식에서 비롯되는
권위주의가 되기 어렵다.

　자유주의를 지향하는 경제적 동력이 있는지는 명확하지 않다. 단기
간 또는 그보다는 더 오랜 기간 동안, 자유주의 사회는 과도하게 중앙
집권화된 사회보다는 분명 경제적으로 부유한 경향을 지닌다. 그보다
더 오랜 시간이 흐르면 두 사회는 충분히 잘 운영될 것이며, 생산물의
증대보다는 내부 질서유지가 더 중요할 것이다. 한 가지는 분명한 것
같다. 과학적 테크놀로지 사회의 최초 등장을 수반했던 자유주의는
그 모방적 재생산에 여전히 유리할 수는 있지만 더는 필요하지 않다
는 점이다. 관성이 결정적인 영향을 미칠 것이고, 선진 사회들은 어떤
역사적 사건에서든 번영에 이르는 순간 자신들이 소유한 체제를 영속
화할 것이라고 생각할 수 있다.

두 러닝메이트, 자유주의와 사회주의

　산업사회로의 이행은 서로 경쟁 관계에 있지만 긴밀히 연관되어 있
는 주요한 두 이데올로기, 다시 말해 자유주의와 사회주의의 등장을
촉진시켰다. 어느 쪽도 산업사회라는 맥락 바깥에서 진지하게 인식될
수 없다. 각 체제는 저마다 사회가 어떻게 기능해야 하는가에 관한 이
론을 갖추고 있다. 둘 모두 부의 폭발적 증대를 너무 인상적으로 받아

들인 것 같다. 그리고 둘 모두 정치와 억압을 과소평가한다는 의심을 피하기 어려워 보인다.

　자유주의를 고취한 건, 침체되고 억압적이며 칼과 미신이 지배한 과거의 농경-약탈 사회와, 그 뒤에 나타난 진보적이고 부유하며 비교적 자유로운 사회의 뚜렷한 대비이다. 기적 같은 변화가 일어났고 약탈자한테서 생산자로 권력이 옮겨 갔다. 이 이행을 수반한 건 엄청나게 개선된 정부, 증가하는 부, 증대하는 지식과 문화적 풍요, 관습의 유연화였다. 이 변화를 지각하는 사람이라면 누구든 그것을 사유의 중심으로 삼을 수 있었고, 또한 자유주의에 매료된 이들은 그렇게 생각했다. 단순하고 명확하며 극단적인 형태로 결론을 내리면 다음과 같다. 교훈은 명백하다. 정부란 인간에 대한 타인의 억압으로서 필요악에 지나지 않는다. 정부는 최소한으로 제한되어야 한다. 정부는 그 자신이 저지르는 불의를 제외한 다른 불의를 막는 제도라는, 이븐 할둔의 정의는 아마도 최고의 정의일 것이다. 정부가 최소화되면 두려움에서 벗어난 사람들은 자신의 이익을 자유로이 추구하게 되고, 이로써 인류는 평화와 자유 속에서 물질적 풍요와 지적인 풍요에 이르게 된다.

　이 그림은 참으로 매력적이다. 18세기 중반으로 향해 갈 무렵 애덤 스미스가 그랬듯이, 글래스고 주민들을 글래스고 북쪽 외곽에 여전히 남아 있던 후진성과 비교해 본 사람이라면 그런 그림에 영향을 받지 않기란 힘들 것이다. 이 밑그림은 오늘날까지 큰 영향력을 미쳐 왔고, 최근에 새로이 부활하고 있다.

　이에 맞서는 관점은 산업화라는 혹이 심각하게 양극화된 사회를 낳았고, 신생 산업 노동계급은 심각하게 가난해졌다고 주장한다. 이 빈곤이 그보다 선행하는 시골의 빈곤보다 훨씬 심각했을 수도 그렇지 않을 수도 있지만, 어쨌거나 빈곤은 사실이었고 아마도 실제로 더 심했을 것이다. 그것은 분명 훨씬 참혹하고 심각했다. 상황은 개선되지 않고 더 악화될 것이며, 이는 체제의 기본 논리에 내재해 있는 것이다. 그렇기 때문에 사람들은 이 체제 전체를 거부하고 대안을 찾기에 이른다.

양극화와 가난을 넘어서, 새롭고도 중대한 분업에 대한 낭만적인 거부 또한 존재했다. 노동자들은 생산수단과 노동의 생산물 모두로부터 분리되고 '소외'되었다. 노동자는 고립되고 본질적으로 무의미한 작업을 하면서 자신과 식솔들이 살아가는 데 필요한 최소한만을 가지도록 착취당해야 했다. 상업-산업사회가 사람들을 억압으로부터 해방시킨다는 허풍은 사기에 지나지 않았다. 현실에서 억압은 새롭고도 더욱 비인간적인 형태를 띠었을 뿐이다. 2차적이고 간접적인 억압은 마침내 널리 퍼지고 지배적이 되었다.

옛 농경 질서에서도 약탈자인 통치자가 농민의 목에 늘 칼을 들이댄 건 아니었다. 통치자들은 창고 문을 지키는 데 만족했다. 이제 새로운 유형의 약탈자들은 그들의 선언문이 자랑스럽게 공포한 시장의 '규칙'을 강요하는 데 만족했다. 그들은 과거에 우호적인 관습이 그랬던 것처럼 직접적인 위협을 통해 부를 강탈할 필요가 없다. 가시적이거나 명백한 억압이 드러나지 않는, 완전히 비개인적인 경제구조는 겉으로 공정해 보이는 규칙 아래에서 피억압자들이 무기력하게 착취당하도록 만들기에 충분했다. 피억압자들은 자신들의 노동이 낳은 열매를 빼앗기고도 총을 겨눌 생각을 하지 않게 되었다.

약탈자의 통치에서 생산자의 통치로 이행한 데 감사하지 않을 만큼 인류가 배은망덕하고 어리석다는 건, 자유주의자들에게 생각할 수 없는 일이었고 지금도 그러하다. 무력과 교리의 지배로 회귀하려는 쥐떼 같은 격랑, 농노제에 이르는 길로 치닫는 열망, 이에 수반되는 교화와 구원의 열망은, 자유주의자들에게 공포스러운 의문만 증대시키는 것이다. 노예제도를 향한 이 기묘한 '갈망'이 어떻게 사람들의 마음을 사로잡을 수 있는지에 관해서, 자유주의자들은 심층심리학적으로 추론하기에 이른다. 수천 년 동안 이어진 약탈자와 사기꾼의 지배로부터 인류가 해방되는 때는, 인류의 상당수가 인텔리겐차라는 중요한 계층에 이끌려서 권위주의적이고 이념 정치적 통치의 재확립을 향해 나아가는 때이다. 이른바 새로운 지복천년(至福千年)이라는 이름으로 인류는 그렇게 한다. 새 지복천년은 인류를 해방시켰다는 바로 그 시장 체제의 결함을 교정하겠다고 약속한다. 그러나 이 결함이 더욱 효과적으로 교정되려면, 새롭고도 더 위험한 왕과 성직자 일당에게 영영 회귀하는 일이 없어야 한다. 조지프 슘페터 같은 사상가들은 이 기묘하고도 도덕적으로 자기만족적인 자유 사회의 자기 파멸성을 간파했다.

사회주의 관점은 이 모든 것에 해답을 갖고 있다. 어떤 관점에서 보자면, 그것은 유동적인 새 산업 세계에 대한 전형적이고도 낭만적인 대응의 한 버전일 뿐이다. 새로운 방식을 싫어하는 낭만주의자들은 일반적으로 근대적 발전에 선행한 '앙시앵레짐'으로 돌아가기를 원하지 않는다. '앙시앵레짐'의 기억은 또렷하게 남아 불쾌한 것으로 인식된다. 그래서 그들이 대신 선택하는 것은 더 단순하고 순수한 사회 유형으로 돌아가는 것이다. 훨씬 이전의 시대가 보여 준, 아마도 비교적 때 묻지 않은 시골 공동체 속에 어느 정도 잔존할 사회 유형으로 말이다. 서구의 영향을 두려워 한 포퓰리스트들이 열광한 대상은 차르가 아니라 무지크(muzhik, 제정러시아 시대의 농민—옮긴이)였다.

마르크스주의는 흥미롭게도 '표현만 약간 다를 뿐' 별반 다를 바 없었다. 마르크스주의는 계몽주의의 지적이고도 정치적인 업적을 거부한다고 결코 말한 적이 없다. 그것은 인류의 총체적인 본질이 본디 집산주의적이고 협동적이지만, 착취적인 사회구조들에 의해서 일시적으로 타락하고 손상되었다고 가정한다. 다양한 농경 단계나 산업자본주의 모두 착취 구조를 계승하는 하위 종에 지나지 않았다. 마르크스주의는 초기 인류가 집산주의적이었다고 보았고 이를 인류의 본질로 받아들였다. 러시아 무지크가 아니라 보편적인 무지크 전체가, 우리 모두의 안에 보이지 않게 갇힌 채 꺼내 달라고 필사적으로 신호를 보낸 것이었다.

흥미롭게도, 마르크스주의는 자유주의를 극단적으로 과장한 것이기도 하다. 자유주의는 억압을 싫어하고 억압을 최소화하는 것을 장려한다. 마르크스주의는 훨씬 더 나아가 억압이 완전히 소멸된다고 확신한다. 과연 실현 가능한 것일까? 이 별난 교리는 근본적으로 협력적이고 조화로운 인류의 본성을 가정하는 데에서 비롯된다. 갈등과 폭력은 인류의 본성에도 인류의 보편적 상황에도 내재하지 않으며, 생산수단에 대한 유례없는 지배와 분업이 발생시킨 특수한 상황인 것이다. 그러나 어쩌랴, 이 특수한 상황은 무척 널리 퍼져 있는 것을. 이런 것들이 소멸되면 억압과, 특히 국가라는 총체적 억압 기구는 쓸모없는 것이 되어 말 그대로 시들어 사라질 것이다.[3]

여기에는 흥미로운 진실의 일면이 있다. 농경 사회 인간의 조건은, 비록 폭력을 만들어 내지는 않았지만 폭력을 필수적이고 지배적인 것으로 만들었다는 것이다. 맬서스 사회에서, 축적된 잉여는 지켜져야 하고 그것을 통제하는 자가 통치자이기 때문이다. 풍요의 토대 위에서 분업과 억압 모두 소멸될 수 있고, 억압과 강제적인 분업이 모두 사라지는 사회 유형이 자연발생적으로 곧 출현한다는 추론은 흥미롭다. 그런 억압의 종말을 확신할 최소한의 이유라도 우리에게 있는지는 좀 더 두고 봐야 할 문제이다.

이처럼 거대한 전환에 대한 인식, 그리고 약탈자 대신 생산자(또는 착취자)가 나타난 것에 대한 인식이, 올바른 사회질서와 관련하여 이데올로기적 두 극단과 극단적인 두 입장을 낳았다. 먼저 우리에게 부와 자유를 준 제도적 특성을 인식하면서, 그것들을 성문화하여 사회구조의 근본적인 특성으로 변화시키고자 하는 이들이 있다. 이들 주장이 토대로 삼고 있는 전제는, 산업주의를 등장시킨 독특한 조건이 산업주의가 성숙하는 동안에도 지속될 것이라는 점이다. 그런데 이는 의문스럽기 그지없다. 이렇게 주장하는 이들과 대립하는 관점은, 그것들을 거짓이라 비판하며 더 나은 사회질서를 도입하고자 한다. 더 나은 사회는 자유주의 사회의 모든 장점을 갖고 있으나 훨씬 더 극단적인 형태를 띠며, 과거의 기만들과 결별한다. 우리의 실제 조건에 적용했을 때, 이 총제적인 진단과 프로그램의 어느 쪽이 어떤 장점을 지니고 있는지는 더 두고 볼 문제이다.

우파의 대안

자유주의와 마르크스주의는 새 시대를 둘러싼 가장 인상적이고 뚜렷한 대응일 수는 있지만 유일한 대응은 아니다. 중도파와 극좌파도 정치적이고 이데올로기적인 스펙트럼의 일부이다. 우파, 그리고 다양한 유형의 우파는 중요하고도 흥미로운 대상이다. 유럽 대륙에서,

이데올로기적으로 절충적이지만 정치적으로 신뢰를 받는 우파의 대응 버전이 1940년대 초에 안정적으로 권력을 잡은 사건을 기억해야 한다. 그 우파 버전이 승승장구하기만 했다면 유럽 대륙은 새 질서에 적응했을 것이다. 그 과정에서 유럽의 상당 부분은 별로 저항하지 않았을지도 모른다. 대륙의 철학사상계는 별다른 어려움 없이 상황을 승인할 수 있었을 것이다.

앞바다의 섬나라 권력과 본질적으로 유럽 바깥에 있는 두 권력이 끝내 이 선택권을 섬멸한 건 지리학적이고도 역사적인 사건이었다. 전쟁의 결과는 예상하지 못했던 것이고, 일시적 승자들의 자기만족과 어리석음, 정치적으로 적절치 못한 월권이 없었다면 당연히 달리 전개되었을 것이다. 그것은 유럽의 '정해진' 운명이 아니라 분명 '하나의' 가능한 운명이었을 뿐이다.

이 선택권과 그 지적 기반을 고찰하는 건 유익한 일이다. 그것을 외계로부터 비롯된 특이 현상처럼 바라보는 건 게으른 태도이다. 몇몇 유명한 논객들이 하마터면 이런 식으로 주장할 뻔했다.[4] 사실 이 선택권은 유럽의 발전이라는 자생적 의제 안에 존재했다. 이를 무시하는 건 자족적이고 어리석은 태도이다. 그것을 구성한 요소들은 완벽하게 논리적이지는 않았고, 1945년에 패배한 특별 버전은 부디 죽은 것이길 바라고 죽은 것으로 추정할 수 있다. 그러나 그것을 구성하는 모든 요소에 관심을 기울일 필요가 없다고 결론짓는 건 옳지 않다.

이 책의 중심 맥락은 인류의 재(再)자연화(re-naturalization, 한 사회에서 당연하게 받아들여지는 것은 사실 이데올로기적으로 만들어진 것이다. 이처럼 이데올로기에 의해 자연스러운 것으로 보이게 만드는 과정을 자연화라 한다—옮긴이)의 함의를 고찰하는 것이었다. 성장과 풍요에 바탕을 둔 사회를 가능하게 한 인식의 폭발적 증대 또한 초현세적 권위에 의지하는 과거의 합법화 제도를 치명적으로 침식했다. 그 결과, 새 합법화 제도가 등장하여 권위의 궁극적 좌위를 타자가 아닌 '인간'에 두었다.

여기까지는 문제없다. 그러나 이렇게 접근하면, 그 기초가 되는 인간이라는 개념(또는 이미지)에 결정적이고 엄청난 하중이 실리게 된다. 인간이 통치한다. 그런데 어떤 '유형'의 인간이 통치하는 것인가?

계몽주의는 합법성의 기초와 인류에 대한 관점을 자연화했다. 그러나 18세기에 제시된 자연화된 인류는 놀랄 만큼 온화하고 무해했다. 계몽주의 사상가들은 어쩌면 완전히 몽상적이지는 않았더라도 지나치게 낙관적이었던 것 같다.

18세기 자연주의적 인간관의 토대는 무엇보다도 상당히 설득력 있는 경험주의 인식론이거나 거의 똑같이 설득력 있는 유물론적 심리학이었다. 인류를 통치한 건 이성이었거나, 그것이 아니라면 적어도 이익이었다. 이익은 유리한 방향으로 흘러가게 할 수 있었다. 이 인간관의 토대는 다윈 이후에 설득력을 지니게 되는 생물학적 인간관이 아니었다. 인류를 피비린내 나는 자연의 경쟁의 일부로 보는 것, 감춰진 동인과 비합리성에 대한 낭만적 숭배, 그리고 공동체 의식이라는 흐름들이 한 줄기로 합류하여 결국 완전히 다른 그림을 낳았다. 이는 대체로 우리가 알고 있고 정신과 의사들이 알고 있는 인류에 더욱 가까운 모습이다. 계몽주의의 미식가인 쾌락 축적자와 계몽주의의 회계사인 고통의 차감자는 이와 다르게 본다.

그래서 더 나중에, 덜 온화한 재자연화론자들은 완전히 다른 주장을 펼쳤다. 그들은 근대를 '낳은' 상당히 특이한 인류 종이 전형적이지 않다는 걸 알아챘다. 그렇다고 그들이 꼭 이 아종을 좋아한 건 아니었다. 때로 그들은 이 아종을 혐오했다. 그들은 대부분의 인류가 도구적 합리성과 분업을 즐거워하지 않았다고 주장했다. 그 대신 사람들은 타산적이지 않은 격렬한 감정에서, 또는 다양한 인간의 기능들을 구분하지 않는 흡인력 있는 공동체에 참여하는 데에서 성취감을 느꼈다고 했다. 격렬한 감정과 '게마인샤프트'에 대한 숭배는 재자연화의 이 두 번째 버전을 구성하는 중요한 두 가지 요소였다.

인류에 대한 두 번째 자연화라고 일컬을 수 있는 그것은 19세기와 20세기에 일어났다. 그 관점은 인류를 만족의 무해한 수집가로 보지 않고 감춰진 비합리적 동인 속에 자신의 실제 동력을 감추고 있는 존재로 보았다. 더 나아가 암묵적으로든 공공연하게든 니체와 프로이트의 이름과 연관된 심리학은 양심과 동정심의 계율들을 평가절하한다. 이른바 더 높은 이 원리들은 폐위된다. 그리고 더 야만적인 형태이긴 하지만 적어도 꾸밈없고 건강한 바로 그 동인들은, 그릇된 방식으로 어쩌면 병리학적으로 또는 병원성으로 표출된 것으로 여겨진다. 이런 관점에서 볼 때, 도덕성은 본능적인 만족을 다른 수단을 통해 추구하는 것일 뿐이다.

설득력 있는 삼단논법은 대체로 다음과 같이 전개되었다. 계몽주의에서 시작된 대전제: 도덕성의 토대는 인간이 진실로 원하는 것 또는 있는 '그대로의' 인간이다. 생물학 그리고(또는) 심층심리학에서 영감을 얻은 소전제: 인간이 실제로 원하는 것은 그의 본능적 동인에 뿌리를 두고 있다.

누구든 결론을 도출해 낼 수 있다. 그러나 어떻게 정리하든 그 결론은 혼란스러울 것이다.

인류에 대한 두 번째 자연화의 함의는 수많은 다른 추세와 혼합될 수 있다. 자연이 사용한다는 메커니즘인 적자생존의 뒷면은 부적합한 존재에 대한 무자비한 배제이다. '자유방임주의' 경제학에서 시장의 속성이라고 보는 냉혹한 경쟁은, 어쩌면 개인보다 사회의 속성인지도 모른다. 정신에 대한 욕구와 건강, 경제성장 그리고 탁월성의 달성, 이 모두가 우애롭고 평등주의적이며 인도주의적인 윤리를 침식하고 거부하기로 공모할 수 있다.

인간 정신에 대한 이러한 관점은 또한 더욱 현실적인 사회심리학과 융합될 수 있다. 원자화되고 개인주의적이며 무질서한 대중사회는 아마도 생산의 침체에서 벗어나는 데 필수적이었을 것이다. 하지만 그것은 사람들이 사회에서 진정으로 원하는 것과는 거리가 멀다. 사람들이 진실로 원하는 것은, 명확한 정체성을 지니고 경계가 뚜렷하며 상징적으로 강화되는 사회에 '소속'되는 것이기 때문이다. 더 나아가 사람들은 그 안에서 자신의 자리를 갖길 원하고 확인하고 싶어 한다.

그렇다면 만인 구원과 인류의 형제애는 버림받을 수밖에 없다. 경계가 정해진 사회를 갖는다는 것의 뒷면은 또한 누군가가 그 경계를 넘어선다는 것이기 때문이다. 무질서한 지위 불확실성을 극복한다는 것의 뒷면은 계급 질서와 규율로 돌아가는 것이다. 이 모든 것은 사회생활의 재(再)제의화, 그리고 심각한 극장 정치로 이어진다. 탈신성화하고 도구적이며 단조롭고 제의가 없는 새 생산 질서의 정치는 내적인 갈등을 억제하거나 대외 방위의 해결책을 제시하는 데 어려움을 겪는다. 그리고 이제 자연주의적 관용구로 표현되는, 제의적이고 정서적인 정치와 공동체 의식의 부활이 상당한 매력을 얻게 된다.

자연선택의 전제는 그것이 전체 종에 작용한다는 것이다. 우리는 '인류'를 일종의 종으로 여기고, 재통합되고 재신성화된 사회를 유전적인 것으로 보아야 한다. 그래야 20세기 중반에 거의 5년 동안 유럽 대부분을 지배하면서 지복천년 동안 다스리기를 갈망했던 리더십에 대한 숭배, 제의화되고 계급적인 정치, 인종차별주의의 혼합물에 다다르게 된다. 그것을 구성하는 요소들은 모두 서구 사상의 재료와 주제로부터 비롯되었다. 그것은 원자화되고 냉정하며 도구적인 사회에 대한 거부를 좌파와 공유했다. 그것은 시장의 제약 없는 자율성에 대한 거부, 경제를 정치에 종속시키려는 열망을 중도파와 공유했다. 그리고 지루한 쾌락의 단순한 축적보다, 깊이 뿌리를 내리고 때로는 황홀한, 타산적이지 않은 정서적 만족에 대한 선호를 지배적인 낭만적 전통과 공유했다.

이 혼합물 전체는 일부 중요한 사회적 요소들과도 잘 어울린다. 원자화된 시민사회와 탈신성화되고 도구적인 정치 중심만으로 구성된 사회를 운영하기는 어렵다. 일종의 '협동조합주의,' 즉 주요한 신생 이익집단 사이의 타협에 의해 사회문제를 해결하는 방식은 피하기 어려운 것이지만, 그것은 비공식적이고 비공인된 방식일 것이다. 학교가 전파하는 보편화된 '고급'(문해)문화에 토대를 둔 사회에서, 그런 고급문화가 정의하는 사회와 일체화하는 개인의 능력은 그의 삶에서 가장 중요한 요소가 된다. '민족적' 정서는 강화된다. 이런 유형의 사회는 가시적인 이민족 간 분업을 허용하기 어렵다. 지난날 유전적 공동체라는 신화 아래에, 새로운 문화 공동체라는 뚜렷한 실재가 존재했던 것이다.

농경 이후 사회에 대한 우파의 대응에는 수많은 요소들이 들어 있는데, 이들은 서로 논리적으로 일관되지 못하지만 그럼에도 다양한 비율로 결합된다. 또한 이 요소들은 다음처럼 우파로 분류되지 않는 이데올로기적 혼합물을 구성하기도 한다.

1. 전근대적 관념들과 조직 원리의 유효성을 순수하고도 성실하게 믿기 때문에 이들을 지지하고자 하는 실제적 욕망.

2. 그런 관념들을 지지하거나 되살리려고 하지만, 말 그대로 그것들을 믿는 게 아니라 공동체 의식과 안정성을 회복하는 '수단'으로만 삼는 기능적이고 도구적인 욕망.

하지만 한 사람의 의식과 마음에서조차 1과 2를 구별하기란, 그리고 신앙을 진리로서가 아니라 사회적 접착제로 보는 기능적 신념과 과거 질서에 대한 신념을 구별하기란 때로 불가능하다. 사실 이 두 유형의 보수주의는 그것들이 보존하거나 회복하거나 발명하고자 하는 것에 대해 상당히 선택적인 태도를 지닌다.

3. 경쟁과 냉혹함이 경제적 행복이나 우생학적 행복 또는 둘 다의 조건이라는 믿음. 이 요소는 전통 사회에 대한 숭배와 논리적인 충돌을 일으키지만, 많은 이들은 그 논리적 긴장과 상관없이 두 요소를 혼합한다. 사회 내부보다 사회 사이의 경쟁을 강조함으로써 둘을 조화시킬 수 있다.

4. 경제 영역의 자율성에 대한 거부와 경제에 대한 정치의 재강제. 이는 1과 2와 양립할 수 있고, 의문의 여지는 있지만 3의 경제적 요소와 양립할 수 있다. 하지만 다시 한 번, 많은 이들은 이 논리적 긴장을 크게 개의치 않았다.

5. 공동체에 대한 숭배. 사실은 문화적 공동체이지만 유전적 공동체로 인식된다. 경쟁과 차별화를 통해 탁월성을 성취한다는 이론과 결부되는데, 이 원리는 개인보다 집단에 적용된다.

6. 공동의 소속에 대한 숭배. 깊고 강력한 일체감이 종종 공동체에

대한 사랑과 외부인에 대한 혐오로 이루어진다는 관념과 관계가 있다.

진화의 패러독스

19세기 주류 이성에 영감을 준 건, 서구 역사가 중동의 침체를 벗어나 대서양 문명의 힘과 역동성으로 억누를 수 없는 진보를 일구었다는 관점이었다. 19세기 이성은 다윈주의 생물학에 의해 확고히 실증됨으로써 더 든든한 근거를 갖게 되었다. 그것이 진보와 진화에 심취된 점은 너그러이 이해될 수 있다. 19세기 이성은 진보와 진화를 그 내적인 철학의 핵심 개념으로 변화시켰지만, 일부 반대 사례와 관련해서는 조금 맞지 않았던 것 같다. 예를 들어 마르크스주의는 서구 사회를 '변증법적'으로, 다시 말해 끊임없이 불안정하고 진보적인 것으로 규정하고 동양의 특성을 침체라 보았는데, 마르크스주의 내부에서 이 둘 사이의 간극은 골치 아프고 늘 당황스러운 것이었다. 당대 사유를 지배한 유럽 중심주의를 생각할 때, 동양이 서양에 의해 견인되어야 한다는 사실은 이 운동 창시자들의 큰 고민거리가 아니었다. 그 불균형은 어느 정도 무시되었다. 비유럽인들을 역사의 이등 구성원으로 치부하는 태도는 요즘에 거의 받아들여지지 않는다.

오늘날 이 문제들을 되짚어볼 때 특징적인 점은, 우리가 지금은 과거의 유럽 중심 또는 대서양 중심의 편협성을 갖고 있지 않다는 점이다. 이는 가장 영향력 있는 사회학자가 카를 마르크스에서 막스 베버로 이동한 사실에 반영된다. 지난날 사람들은 인간 사회가 도토리에서 참나무로 자라나듯 진화한다는 관점에 도취되어 있었다. 이제 더 이상 그런 관점을 받아들일 이유는 없다. 그 관점은 풍요롭고 자유로운 사회의 궁극적 도래를 보장했다. 하지만 사실, 사회의 발전 역학이나 최고를 향한 그 점진적 전개 속에서, 사회진화론과 똑같은 원리를 예증하는 필연적이고 명백한 발전 과정은 없다. 사실은 근본적 단절과 변형이 일어난다. 하지만 그것들은 필연적인 것이 아니다. 그것들은 이전 형태의 본질 그 자체에 새겨져 있지 않다.

과거 사회학적 설명에는 진화론, 기능론, 전파론이라는 세 가지 양식이 유행했다. 진화론은 도토리 또는 완성태 모델을 토대로 한다. 기능론은 사회가 매우 안정적이고 자기 영속적인 체제라고 본다. 그리고 전파론은 변화가 자생적인 성장이 아니고, 평화로운 방법이나 그밖의 방법으로, 모방과 상호작용을 통해서 한 사회가 다른 사회에 미치는 부수적 영향이라고 본다. 이 가운데 첫 번째 양식은 오늘날 거의 타당성이 없는 것으로 보이는 반면, 두 번째와 세 번째 양식은 일부 영역에서 유효한 설명을 뒷받침하는 틀을 제공했다. 하지만 정확히 한 가지 영역, 그러니까 우리의 가장 큰 관심사인 근본적 변화의 영역에서는 그러지 못했다.

사실 사회는 대체로 자기 영속적이다. 근본적 변화는 일어나지만, 매일 일어나는 것도 세기마다 일어나는 것도 아니다. 이런 수준에서, 자기 영속성을 사회의 속성으로 보는 기능론은 진리에 상당히 가까웠다. 실제로 마르크스주의는 기능론이 98퍼센트 옳지만, 중요한 건 나머지 2퍼센트라고 주장한다. 농업, 문해, 산업화 또는 과학 같은 근본적인 혁신이 일어나면, 그것들은 다양한 메커니즘에 의해 뚜렷하게 확산된다. 이 전파론 또한 설득력이 있다. 따라서 우리는 근본적 혁신의 성공적 확립과 안정화, 그리고 그 모방을 설명하는 데 필요한 추상적 틀을 갖고 있다. 그러나 근본적이고 내생적인 변화를 설명하는 데 필요한 핵심 관념을, 진화에 도취해 있던 19세기 선조로부터는 물려받을 수 없다.

이 책의 데이터와 문제가 제기한 고려 사항들은 완전히 별개의 양식으로 여태까지 우리를 이끌어왔다. 명칭이 필요하다면, 그것은 문지기 또는 장애물 모델이라 불릴 수 있다. 이 책의 논지는 이런 관점에서 이해된다.

새로운 사회계약

사회계약이 말 그대로 발생했다는 관점의 불합리성은 잘 알려져 있다. 버트런드 러셀은 언어의 사회계약설을 조롱했다. 말을 하지 않고 살아온 노인들이 앞으로 암소를 '암소'라 부르자고 엄숙하게 동의하는 모습을 상상하기란 어렵다면서. '무(無)로부터' 도덕적 계약이 확립되었다는 건 언어적 제헌의회보다 훨씬 더 상상하기 어렵다. 논리적 퇴보임에 틀림없다. 애초에 도덕적 의무라는 토대가 없다면, 무엇이 계약을 구속력 있고 유효하게 만들 수 있을 것인가? 또 애초에 도덕적 의무라는 기초가 '있다면,' 사회계약은 사족일 뿐이다.

경험과 논리가 수렴하는 지점은 다음과 같다. 새로운 사회질서의 합리적 확립은, 대부분의 시간 동안 참가자 대다수에게 분명히 이롭다고 알려지더라도 지극히 어려운 일이다. 그 성공은 아주 예외적인 상황에서 드물게 일어난다.

계약론의 뒤르켐 버전이 지닌 큰 장점은, 적어도 그것이 과거 이론의 명백히 주지주의적인 불합리성을 탈피한다는 것이다. 뒤르켐은 원시 의회 참가자들이 때 이른 합리성, 정확히는 모순적인 합리성을 갖고 있다고 보지 않는다. 그는 비합리성의 근원을 합리성과 사회성의 잇따른 등장에서 찾는다. 집단적 제의의 흥분과 광란 속에서, 사람들은 온화해지고 유순해지고 수용적이 된다. 이런 조건에서 공유되고 구속력 있으며 권위 있는 개념들이 사람들에게 각인된다. 그 후 개념들은 사람들이 의사소통할 수 있게 하고, 공통된 의무와 기대를 성취하도록 강요한다.

사회계약은 영구히 재(再)제정된다는 것이 지금까지의 명확한 요점이다. 사회질서의 영속이라는 기적은 결코 하나의 사건으로 설명될 수 없다. 그것은 사람들을 결합시키는 것이 무엇이든 그 영속적 재생산을 필요로 한다. 이 책의 논지는 인류가 하나의 사회계약이 아니라 상당히 차이점을 지니는 암묵적인 계약들을 준수해 왔다는 것이다. 그 사회계약들은 다양한 관용구와 문맥으로 표현되고, 서로 불일치하는 조항들로 이루어진다. 우리는 수많은 불연속적인 정체성들을 살펴보았다. 이 책은 이제 최신의 정체성을 고찰하려고 하며, 거기에 가해진 제약들이 이전의 제약들과 어떻게 다른가를 살펴보는 게 도움이 될 것이다.

수렵채취자들이 암묵적으로 준수한 계약은 농업 종사자들을 구속한 계약과 똑같은 것이 아니었다. 더욱 복합적인 농경 사회는 성문화되고 중앙집권화된 신학을 준수해야 했다는 점에서, 교리보다는 제의에 구속되었던 그 선조들과는 다르다. 그들 모두는 그들의 후손인 우리들, 텅 빈 창고가 아니라 넘치는 창고를 지키는 우리들과 달랐다. 우리는 인식과 합법화를 분리시켰고, 분업을 전례 없는 수준으로 달성했다. 동시에 우리는 적어도 원칙상 분업의 어떤 영역이든 사회의 어떤 하위 부문을 독점적으로 유지하는 걸 허용하지 않는다. 뒤르켐의 도식은 안정적인 사회의 응집력 유지를 설명하는 훌륭한 공식이다. 그러나 늘 유동적인 사회의 등장과 영속화 문제에 관해서는 설득력이 떨어진다.

이는 흥미로운 의미를 지닌다. 우리 자신의 사회질서에 관한 한, 우리가 고찰하는 사회계약은 구체적이고 시기를 알 수 있으며 관찰 가능한 역사적 사건인 동시에 되풀이되는 영구적인 구조라는 것이다. 과거의 사회는 일반적으로 신화적 건설 사건들을 바탕으로 스스로를 옹호했다. 이 신화적 사건들은 현재 진행 중인 사회질서를 정당화하는 허가증 역할을 했다. 그리고 그 질서의 참가자들은 사회질서를 탐구할 능력이 없거나 적극적으로 탐구하지 않았다. 과거에 관한 신화는 현재의 상황을 '설명했다.' 그러나 인류는 자신들의 상황을 냉정하게 분석할 수 없었다.

이에 반해, 우리는 우리 자신의 사회질서의 구체적인 역사적 등장과 그 유지와 합법화를 현실적으로 조사할 수 있고, 어쨌든 그렇게 할 수 있기를 원한다. 우리의 관심사는 선택권을 향해 있고, 우리가 계약하는 이유가 있다면 그 이유를 향해 있다. 선조와 비교할 때, 우리는 과거를 더욱 현실적으로 인식하고 있고, 과거는 구속력이 거의 없다고 믿는다. 과거 자체는 결코 구속적이지 않다. 그러나 과거는 우리가 고려해야 할 지속적인 제약을 조명해 줄 것이다.

최근의 문헌에서, 사회규범을 승인하는 개인의 합리성이 게임 이론 속의 기술적 문제로 보이는, 이른바 죄수의 딜레마라는 관점에서 다루어졌다.[5] 죄수 두 명이 독방에 갇힌 채 재판을 앞두고 있다. 그들은 사실 유죄이지만, 검사가 확보한 물증은 미약한 것이어서 물증만으로는 2년 징역 정도의 낮은 형량만 줄 수 있다. 검사는 어느 쪽이든 상대방 죄수가 연루되어 있음을 자백하여 유죄 선고를 돕는다면 특사로 풀어 줄 것이지만 공범을 자백하지 않는다면 징역 20년을 살게 하겠다고 제안한다. 또 둘 다 자백하면 각각 10년 징역을 살게 된다고 한다. 이때 죄수들은 어떤 선택을 할 것인가?

직관적이고 도덕적으로 우리는 그들이 자백하지 말아야 한다고 생각한다. 그들의 범죄는 우리와 무관하다. 그러니 그 범죄를 불미스러운 체제에 대한 값진 정치적 저항이라 가정해도 좋다. 정치범의 딜레마라고 생각해 보자. 자백하지 않는다면, 죄수들은 둘 '모두의' 관점에서 가장 바람직한 결과, 다시 말해 각각 2년 징역이라는 비교적 적은 형량을 받게 된다.

그러나 개인의 입장에서 계산할 때 합리적인 논리는 완전히 다른 방향을 향하게 된다. 각 죄수는 상대방 죄수가 어떻게 할 것인지 알수가 없다. 서로 의논을 하더라도 결과는 마찬가지인 것이, 둘이 합의한 결과를 강제할 수단을 둘 다 갖고 있지 않기 때문이다. 죄수 A는 다음과 같이 추론할 수 있고 그렇게 추론할 것이 분명하다. B가 자백하고 내가 자백하지 않는다면, 나는 10년이 아니라 20년을 선고받을 것이다. 한편 B가 자백하지 않고 내가 자백하면 나는 2년도 살지 않고 자유롭게 풀려난다. 따라서 '어느 쪽으로 생각해도' 내가 자백하는 것이 합리적이다. B의 상황과 추론 또한 이와 마찬가지이다. 따라서 결론은 두 죄수 모두 자백하고 각각 10년을 선고받고 만다. 도덕적 공동체로서 행동했다면, 딱 2년만 살고 풀려날 것을!

이 문제가 커다란 관심을 받은 이유는 단지 문제의 정교함과, 도덕적으로 직관적인 우리의 반응과 상황 논리 사이의 긴장 때문만은 아니다. 더욱 심층적인 이유는, 단순하게 표현하자면 이 난제가 사회 협력의 문제를 상징하기 때문이다. 개인은 저마다 협력의 '비합리성'과 자주 마주하게 된다. 연합의 자유, 무엇보다도 시민들의 헌신 구조, 다시 말해 '연대'의 자유를 억압하는 게 특징인, 오늘날 권위주의 사회가 사용하는 사회 통제구조는 정확히 이 논리에 따른다. 개인주의와 도구적 합리성을 장려하고 주입하는 사회가, 사실상 그것들 없이는 기능할 수 없는 사회가, 그럼에도 불구하고 어떻게 연대와 협력 또한 유지하기를 바랄 수 있겠는가?

현실 세계에서 상황을 더욱 악화시키는 건, 일반적으로 참가자가 둘이 아니라 상당히 많은 수라는 사실이다. 어떤 한 사람 또는 어쨌거나 소수의 사람이 상황 논리에 굴복한다면, 다른 모든 이들의 도덕적 해법은 무의미해지고 도리어 그들에게 크게 불리한 결과를 낳는다. 예를 들면, 이 논리는 필연적으로 극심한 공포로 이어진다. 공포는 모두를 불행하게 만든다. 하지만 '일부'의 자제가 그 사람들에게 매우 특별하게 불행한 것인 이유는 다른 이들이 그들처럼 자제하지 않기 때문이다. 따라서 누구도 자제하지 않으며, 모든 이는 필요 이상의 고통을 겪게 된다.

더욱 일반적으로 말하면, 이 난제는 《국가론》에서 트라시마쿠스가 공식화한 문제를 재천명하는 것이다. 어떤 개인이든 '정의'로운 규칙을 준수하면 불리해지는 데서 문제가 비롯된다. 사실 대부분의 농경 사회는 트라시마쿠스의 주장이 암시하는 해법을 따랐다. 정치적 갈등이 계속되다가 결국 하나의 권력 중심이 모든 통제력을 독점하기에 이르는 것이다. 이븐 할둔의 표현에 따르면, 그 이후에는 살아남은 유일한 중심이 자신이 저지르는 불의를 제외한 다른 불의를 억누른다. 이 때문에 적어도 불의에 복종하는 것이 모든 사람들에게 합리적인 일이 된다. 그것은 적어도 어떤 질서의 유지와 동일한 외연을 지닌다고 흡스는 주장한다.

농경 사회의 질서에서 사람들은 트라시마쿠스의 해법대로 살았다. 하지만 농경 사회 질서가 경건하게 읊조린 것은, 플라톤이 기록한 소크라테스가 트라시마쿠스의 해법을 거부하는 데 이용한 고결한 표현의 변종이었다. 사람들은 어쨌든 자신이 견뎌야 하는 질서를 지지할 수 있을 때 더 행복하다. 사람들은 '충성심'을 강요당하기보다 스스로 느끼는 걸 더 좋아한다. 지금까지 살펴본 것은, 트라시마쿠스의 규칙 아래 살아왔고 플라톤 이데올로기의 변종을 말했던 사람들이 둘 모두의 제약에서 벗어날 수 있는 메커니즘이었다.

농경-문해 사회 안에서 모든 해방운동의 통상적 방해물과 억제는 죄수의 딜레마 도식에 비추어 아주 단순하게 요약될 수 있다. 그것은 인류 활동의 세 가지 주요 영역 모두에서 일어난다.

먼저 인식 영역에서 일어나는 형태의 딜레마를 고찰해 보자. 앞의 죄수들처럼 선택적 인식 전략을 고민하는 사람을 상상해 보자. 한편으로 그는 도덕적이고 자연스런 기대들이 융합되는 자신의 문화 안에서, 그 문화의 전통적 개념들을 사용할 수 있다. 전통적 개념들의 경험적 내용물은 아마도 철저하고도 누적되는 자연 탐구의 든든한 토대는 아닐지라도 적어도 완전히 오류는 아닐 것이다. 이에 반해, 어떠한 하나의 이론적 혁신은 성공하기가 매우 어렵다. 또한 이 혁신은 기껏해야 사회적 파격이거나, 아마도 더 심각한 죄에 해당될 것이다. 통상적인 조건 아래에서 제정신을 지닌 어떤 사람이, 온건하고 관습적인 인식적 성공과 함께 사회적으로 인정받을 수 있는 거의 확실한 가능성을 앞에 두고 인식적 실패와 사회적 불행의 가능성을 선택하겠는가? 일부 사람들로 하여금 적어도 반사회적인 인식적 탐구라는, 특이하게 모험적인 길로 접어들게 한 조건은 특별한 것임이 분명하다.

순수하게 정치적인 영역에서, 인류가 하나가 아니라 적어도 두 가지 계약, 그러니까 권위와 질서의 확립, 그리고 법에 구속되고 책임을 지는 권위의 확립을 경험해 왔다면 상황은 다소 복잡해진다. 어떤 의미에서 첫 번째 단계는 아무런 문제가 없다. 인류가 어떻게 그러한 상황에 이르게 되었는지를 파악하는 데 전혀 어려움이 없다. 농경시대에 지배적인 조건에서, 그들은 너무도 쉽고 자연스럽게 그런 상황에 이른다. 식량 생산에 대한 의존은 사람들 대부분을 토지에 속박시키고, 어떤 특정한 영토 안에서 갈등 고조와 경쟁자들의 연속적인 소멸은 단일한 통치자를 낳는다. 농경 사회 상당수의 정치 구조는 역사적으로 이 주장의 타당성을 확증한다. 여기에 덧붙일 수 있는 말은, 새 경쟁자가 외부에서 들어올 가능성과, 통치권과 권력 위임의 결합의 어려움, 그리고 계승 규칙의 모호성 때문에 갈등이 빈번하게 재현된다는 것이다. 유일한 승리자에게 오랫동안 도전 상대가 나타나지 않는 건 아니다. 억압과 정치 혼란의 질곡을 모두 겪는 것이야말로 농경시대 인류의 슬픈 운명이다. 억압에 굴복한다고 해서 무질서에서 벗어날 수 있는 건 아니기 때문이다.

두 번째 장애물의 극복, 즉 법의 구속을 받고 책임을 지는 정부의 수립은 관계 당사자들의 협정을 통해서 이루어지지 않는다. 과거의 권력 소유자들이 먼저 엄청난 이점을 자발적으로 포기해야만 이루어질 수 있는 일임을 생각할 때, 그것이 협정으로써 이루어진다고 생각하기란 어렵다. 한 사회가 자연스럽게 내적인 권력균형을 이루어서, 내부 투쟁을 벌이는 잠재적 경쟁자들한테서 일어날 수 있는 모든 갈등을 방지하는 건 아니더라도, 극한까지 갈등이 고조되지 않도록 억제할 수 있을 때 이런 일이 일어날 수 있다. 사회 안에서 벌어지는 '극한' 대립에서 살아남을 수 없는, 이를테면 허약한 부의 등장과 성장은 그런 정치체의 탄생에 분명 중요한 요소이다. 협정에 의한 정부 '이론들'이 주로 공식화된 때는, 그런 조건이 비계획적이고 비이론적으로 등장한 뒤이다.

죄수 딜레마가 사실상 가리키는, 이른바 협정 당사자들의 딜레마 작용에서 가장 흥미로운 부분은 경제 영역이다. 농경시대에 대부분의 사람들은 억압자와 생산자로 나뉜 사회에서 살았고, 그 안에서 억압자들은 특히 유리했다. 자신의 부의 증대를 숨기거나 다른 방식으로 유지할 수 있는 생산자 앞에 놓인 선택권을 생각해 보자. 희소성이 만연한 조건에서, 부의 증대는 그에게 특정한 권력을 부여한다. 이론적으로 그가 선택할 수 있는 전략은 부를 재투자함으로써 부를 더욱 증대시키는 것이거나, 무기를 구매하고 하인을 고용함으로써 부의 잠재적 억압 능력을 실제 억압 능력으로 전환시키는 것이다. 억압자든 부유한 동료 생산자든, 다른 경쟁자가 실행하기 쉬운 전략을 현실적으로 판단해 볼 때, 그리고 억압자들이 습관적으로 생산자를 이기는 세상임을 생각할 때, 최상의 전략이 무엇인지에 관해서 의심할 여지가 있을까? 조금이라도 판단력이 있다면, 우연한 상황의 연속 덕분에 부를 얻어 '신흥 갑부'가 된 우리의 생산자는, 그 부를 사회적으로 더욱 안전한 권력 형태로 곧장 전환시킬 것이다. 이는 직접적인 억압 장치일 수도 있고, 더 넓은 억압 조직에서 신분 지위를 구매하는 것일 수도 있다. 그는 스스로 '새 권력자'가 될 것이다. 이는 가장 논리적인 선택권일 뿐 아니라 인류가 보편적으로 택해 온 선택권이기도 하다.

한편, 생산적이고 산업적인 사회의 사회 협정이 사람들에게 억압을 삼가고 의무적으로 노동하고 재투자하는 것을 요구한다면, 그런 세계를 건설하는 계약은 결코 출현할 수 없다. '합리적인' 생산성, 다시 말해 평화롭고 규칙을 지키며 도구적이고 억압적이지 않으며 누적되고 제약 없는 생산성으로 나아가는 합리적인 길은 없다. 막스 베버의 사회학에서 가장 중요한 강점은, 합리성이 얼마나 '비합리적'으로 생겨날 수 있었던 것인지에 관해 설득력 있게 서술한다는 사실이다. 뒤르켐은 고대 비이성의 합리성을 설명했다. 베버는 근대 이성의 비합리성을 보여 주었다.

마지막으로 종교 영역을 생각해 보자. 생산적인 사회가 발견의 천장의 상승을 요구했고, 이는 통합적이고 질서 있는 자연이라는 관념에 기대고 있었다. 그리고 이는 배타적이고 신비로우며 엄격하고 질서 있는 신성이라는 관념을 적극적으로 강요하는 유일신 신학의 후원 아래에서만 확립될 수 있었다는 주장에 진실성이 있다면, 종교 영역은 분명 상당히 중요하다. 농경시대 인류의 정치적 경험과 종교적 경험 사이에는 불균형이 존재한다. 사회는 너무도 쉽게 중앙집권화된 정치 체제를 형성하기 때문이다. 물론 그런 체제는 분열되기 쉽고 종종 다시 분열되기 일쑤이다. 반면 단일한 정점을 지니는 개념적인 통합은 결코 자주 일어나거나 쉽게 일어나지 않는다. 천상의 중앙집권화는 지상의 중앙집권화보다 쉽지 않다. 증거들이 암시하는 건, 때로 정치적 중앙집권화가 나타나지 않는데, 이는 예외적이고 설명을 요구한다는 것이다. 종교의 영역에서는 거꾸로가 참이다. 정치적 통합은 빈번히 일어나지만 종교개혁은 대개 실패한다.

파스칼은 유용한 전략들의 모체를 건설한 사람으로 유명하다. 우리는 이 종교적 신념의 문제에서 그 전략들을 사용할 수 있다. 파스칼 스스로 완전히 만족한 건 아니었지만, 그는 종교에 귀의하는 것이 최상의 전략이라는 걸 보여 주었다. 신이 실재한다는 가설에서든 실재하지 않는다는 가설에서든, 신도는 비신도보다 더 낫거나 적어도 더 못하지는 않다. 인간의 곤경에 관한 파스칼의 서술은 여러 면에서 그릇된 점이 많다. 우리와 밀접한 관련이 있는 결점은, 그가 출발하는 지점이 일신론 아니면 무신론으로 이미 선택권이 좁혀져 있는 특별한 상황이라는 것이다. 이는 인류의 대다수가 마주하는 선택권의 범위가 아니다. 역사적으로 대부분의 인류는 파스칼의 생각보다 훨씬 넓은 범위의 선택권을 마주했다. 그들은 파스칼의 추론을 따랐던 것으로 보이지만, 아마도 파스칼이 선호한 방식은 아니었을 것이다. 익히 알려져 있듯이, 통합되고 중앙집권화되어 있으며 배타적인 신앙으로 개종한 사람들은 지역적인 지상의 다수 정령들을 변함없이 존중함으로써 모든 방향으로 보험을 드는데, 이는 파스칼의 논리와 정확히 일치한다. 사람들의 그런 행위는 독점적으로 중앙집권화된 계시에 귀의한 지식계급을 크게 분노케 하는 경우가 많다.

　세계의 개념적 통합이 우리 자신의 사회질서의 기반이 되는 사회협정에 사실상 필수적이었다면, 다시 한 번 우리는 특별한 결과가 이번만큼은 어떻게 확보되었는지 알려 주는 특별한 해석을 찾아내야 한다. 우리는 이런 일이 어떻게 일어날 수 있었는지를 어렴풋이 감지한다. 수요 측면에서 그것은 원자화되고 혼란에 빠진 도시의 시민들을 필요로 한다. 도시 시민들은 더 이상 존재하지 않는 잘 짜인 사회질서를 제의적으로 뒷받침하기보다 포괄적인 구원과 교리에 근거한 지향성을 추구한다. 공급 측면에서 그것은 지식에 대한 독점권을 선전하는 의도에 의해 성문화되고 범위가 명확한 교리를 지향하는 지식계급을 전제로 한다. 그런 지식계급은 자신들의 도움을 받아 통치하고 이단을 소멸시키는 데 도움을 줌으로써 지식계급에 보답하고자 하는 정치권력에 충분히 쓸모가 있다. 지식계급은 예를 들어, 어떤 국가의 지배도 받지 않는 영토 기반을 소유함으로써 국가에 대한 완전한 또는 영속적인 종속을 피할 수도 있다. 이 일반적인 유형의 역사 발전을 확인하는 건 가능할 것이다. 주술사들과 벌이는 경쟁 때문에 성직자들은 교리를 강조하게 되고, 그 교리를 성문화하고 거기에 유일신을 부여하는 내적 경쟁을 강조하게 된다. 치외법권은 성직자들이 정치권력으로부터 벗어나게 해줄 수 있다.

따라서 우리 사회질서를 지배하는 암묵적인 협정, 그 질서를 가능하게 하는 생산적·정치적·개념적 태도의 특정 규칙들에 대한 준수는, 결코 실제 '협정'일 수 없었을 것이다. 그것은 아직 이 질서의 정신을 흡수하지 않았던 참가자들의 비위와 합리적 이익에도 어긋난다. 사람들을 둘러싼 상황 논리는 그런 계약에 자유로이 합리적으로 서명하는 걸 가로막거나, 대부분의 경우에 그것을 이해할 수 없게 한다. "우리는 속아서 그렇게 하게 되었던 것이다." 우리는 이를 이성의 책략이나 우연의 연속으로 간주할 수 있다.

1945년 체제

1945년과 유럽 지배의 종말은 분명 세계사에 획을 그은 사건 가운데 하나이다. 종전 시기와 종전 직후에 구체화된 합의는, 1970년대 초반에 시작된 새로운 위기에 의해 조금 흔들리고 변경되었지만 여전히 우리 사회질서와 국제질서의 기초이다.

먼저, 1945년은 우리가 인정하고 싶어 하지 않는 만큼이나 유럽 대륙을 지배해 왔던, 그리고 외부 세력만 없었다면 유럽 대륙이 받아들였을지 모르는 극우적 대안이 어쨌거나 얼마 동안은 종말을 맞았음을 의미했다. 군사적 패배에 의한, 그리고 그 잔학성의 폭로에 의한 이 선택권의 소멸은 현장을 다른 주요한 두 이데올로기에 넘겨주었다. 이 두 이론은 공통적으로 정치 영역과 억압을 과소평가하는 경향이 있다.

1945년 이후 세계에서 두 이데올로기는 인류의 정치적 영혼을 차지하려는 경쟁을 벌였다. 두 이데올로기가 대립한 조건은 경쟁의 본질에 무척 깊은 영향을 미쳤다. 각 이데올로기는 저마다 초강대국을 본거지로 삼았다. 하나는 혁명의 고향이고 다른 하나는 비혁명의 고향이다. 자유주의의 본거지 또한 더 이전의 혁명이기는 해도 혁명으로부터 비롯되었다. 소비에트연방이 핵무기를 갖춘 뒤, 공포의 평형추가 공공연한 충돌을 막았다. 그렇지 않았다면 분명히 충돌이 일어났을 것이다. 따라서 충돌은 이데올로기 수준으로, 그리고 대리전 수준으로 제한되었다.

이는 후발 세계의 탈식민화를 실제로 낳은 건 아니지만 크게 가속화했다. 제3세계 시민들의 충성을 얻기 위해 경쟁하는 조건에서, 선진국들이 무력을 통해 직접적인 지배를 이어 가는 건 몹시 현명하지 못한 일이 된다. 이를 부각시킨 건 특히 알제리전쟁과 베트남전쟁의 두 전쟁이었다. 오늘날에는 아프가니스탄전쟁이 이 목록에 추가될 것이다. 따라서 명목상 반정치적인 두 이데올로기의 경쟁은, 몹시 비도덕적인 체제가 미약한 시민사회를 지배하곤 하는 나라들의 지지를 얻기 위한 것이다. 이 아이러니가 더 두드러져 보이는 것은 아마도 자유주의 진영의 경우일 것이다. 레이몽 아롱의 표현대로 제국주의적 공화국이자 계몽주의 혁명의 상속인은 모든 유형의 기회주의 정부 또는 '앙시앵레짐'과 동맹을 맺는다. 사회주의 진영의 경우에 대비가 두드러지는 지점은, 본거지와 주변 동맹국 사이가 아니라 명목상의 이상과 실제 현실과의 차이이다. 중앙집권화된 정치체의 비대함은 주변부 식민지에서만큼이나 본거지에서도 현저하기 때문이다.

1945년 이후, 그 특이한 기적이 왜 다른 곳에서는 일어나지 '않은' 것인지, 어떤 장애물이 그 모방을 가로막은 것인지에 관한 관심이 집중되면서, 산업 질서의 등장은 관심사의 최전선에 놓였다. 아이러니하게도, 서구의 그 특이함을 조명한 건 유럽 중심적이지 않은 새로운 관점이었다. 그 역설은 쉽게 설명할 수 있다. 이 새로운 관점은 서유럽형 발전이라고 여겨지고 오독된 유형을 다른 사회에도 덧씌우는 19세기 사상의 오류를 되풀이하지 않았기 때문이다. 이로써 새로운 산업 질서의 특이성과 그 등장이 '더욱' 가시화되었다. 이 질서가 매우 다른 두 사회정치적 유형으로 구현될 수 있었다는 사실이 그 등장을 더욱 강조했다. 어쩌면 베버의 물음은 조금 비틀어졌을[6] 것이다. 그는 이렇게 물었다. 왜 그것은 내생적으로 다른 곳에서 일어나지 않는가? 이제 그의 의문은 이렇다. 그것은 왜 일어나지 않는가, 또는 그것은 왜 외인적으로 충분히 빨리 일어나지 않는가? 이렇듯 막스 베버가 가장 영향력 있는 사회학자가 된 순간은 바로 백인의 짐(White Man's Burden, 1899년 영국 작가 키플링이 발표한 시로, 백인이 미개한 인종을 개화시켜야 한다는 제국주의 이데올로기를 드러낸다—옮긴이)이 미국에 맡겨진 때였다.

상당히 심층적인 이 관점의 변화에 뒤따르는 교훈들은 또 있다. 강한 국가는 신민들을 노략질할 필요가 없다는 사실은 이미 17~18세기에 명백해졌다. 부유한 이들에게 적당히 과세하는 국가가 오히려 국민들을 최대한 착취하여 결국 번영을 가로막는 국가보다 훨씬 낫다. 하지만 경제적 팽창 과정에서, 유럽 사회는 비유럽 세계의 상당 부분을 흡수하여 거대한 식민지 제국들을 획득했다. 부와 제국의 이 우발적인 결합은 자연히 제국이 산업적 부의 결과라기보다 조건이라는 관념을 낳고 또 자극했다. 이는 군사력과 영토 확장이 번영의 최고 목표이자(또는 목표이거나) 조건이라는 관념을, 국가 정치 수준에서 영속화했다. 주요한 두 패전국이 제국 전체와 그보다 훨씬 많은 것을 빼앗기고도 전후에 이룬 눈부신 경제 업적은 이 환상을 깨뜨렸다. 토지 소유욕은 농경시대 정신의 잔존물이다.

  종전 이전에 이루어진 전대미문의 경제 성장 또한 그러한 성장의 실현 가능성과, 그로써 사회 문제들을 완화시키거나 더 나아가 해법을 제시할 수 있는 방식 모두를 부각시켰다. 풍요로운 자유주의 사회는 인플레이션이나 실업으로부터 또는 둘 다로부터 고통을 겪는 경향이 있다. 그리고 뒤늦게 개발에 뛰어든 국가들의 성공과 실패의 결과로부터도 고통을 겪게 된다. 성공의 결과인 후발 국가들의 경쟁력, 실패의 결과인 악성 채무 모두 심각한 위협이 되기 때문이다. 이런 경향성 앞에서 20세기 마지막 사반세기 동안에는 사실상 해법의 복합적인 무용성만이 더욱 뚜렷해졌다.

10장

인류 역사의 방향

분업과 재후퇴

분업은 인류를 분화시키고 결국에는 재통합했다. 오랜 세월 동안 분업의 가장 심층적인 측면은 억압 전문가와 제의 전문가를 분화시킨 것이었다. 또 분업은 궁극적으로 경제 영역 안에서 다양한 유형의 생산자를 다층적으로 차별화했는데, 처음에는 이 영향이 그다지 중요하지 않았다. 억압과 인식 도구의 관계를 기준으로 인류를 구분한 것은 우리 영혼 속에 깊이 내면화되었다. 그것은 법적 · 제의적 · 경제적 수단에 의해 강력히 시행되고 비준되었다.

어떤 기적 같은 과정, 어쩌면 우리가 영원히 포착하지 못할 바로 그 비밀에 의해서, 이 세계를 몰아내고 마침내 또 다른 세계, 근본적으로 새롭고 질적으로 다른 분업을 지닌 세계가 들어섰다. 군사-통치 계급과 제의-교리 계급을 사회 나머지와 근본적으로 구분하는 경향은 뿌리가 깊고 오랫동안 이어져 왔지만, 새로운 세계는 이제 그 경향을 버리기에 이른다. 근대사회에는 물론 '지배계급'이 있지만, 그 둘레에 공식적인 선이 그어지지는 않는다. 정도의 차이는 있지만 그 인적 구성은 변화하고, 지배계급과 나머지 사람들의 분리는 점진적이다. 그 분화는 의도적으로 불명료해지고 이데올로기적으로 부인된다고 말할 수 있다. 지배계급은 신성의 축복 따위를 받지 않는다. 축복은 모든 시민에게 공통된 인간애를 향한다. 주권은 초월자가 아니라 '국민'에게 귀속된다. 공직자들은 초월자의 사자(使者)가 아니라 국민의 대리인이라고 주장한다. 국가와 시민사회는 차이가 있을 수 있지만, 통치계급과 피통치자 사이에는 명확하고 공식화된 구분은 없다.

과거의 인식 전문가와 합법화 전문가에게도 이와 비슷한 상황이 펼쳐진다. 일부 지식계급은 물론 여전히 존재하지만, 종종 민속학적 유물 같은 아우라를 풍긴다. 인텔리겐차가 존재하지만 그들의 선배인 무슬림의 '울라마'처럼 그들과 교리는 본질적으로 열려 있고, 자신들의 지혜를 비밀스럽게 독점할 수 없다. 근대사회는 어쨌든 적어도 뚜렷한 정치-군사 계급이 존재하지 않고 용납되지도 않는다고 느껴지는 수준에서는 본질적으로 민주적이다. 생산자들은 정치적으로 거세된 동물이 아니라 완전히 정치적인 존재가 되었다. 이와 비슷하게, 근대사회는 제의적으로 특화된 소수만이 중요한 인식을 소유하도록 할 수 없다는 점에서 본질적으로 프로테스탄트적이다.

농경-문해 사회의 양상을 특징짓고 그 사회 구성원들로 하여금 자신들의 사회가 근본적으로 다른 종으로 이루어져 있다고 느끼게 만든, 두 가지 깊은 골이자 간극은 일단 충분히 논의되었다. 그러나 분업의 경제적 측면을 구성하는 세밀한 전문화의 대부분에서도 매우 근본적으로 의미 있는 변화가 일어났다. 분업을 뒷받침하는 관념은, 한번에 한 가지 일만 하면 더 잘하게 된다는 것이다. 더 나아가 그 하나의 '일'은 하나의 기준에 따라 정의되어야 한다는 것이다. 그래야만 실제로 그것을 더 잘하는지 못하는지를 판단할 수 있기 때문이다. 결국 실적을 향상시키려면, 사회적 제약이나 타당성의 기준에 얽매이지 않고 무한한 가능성들 가운데서 자유롭게 수단을 선택할 수 있어야 한다.

참된 도구적 합리성을 허용하는, 과제와 절차의 세분화나 기준의 명료화는 농경시대 수준을 훨씬 뛰어넘어서 진보해 왔다. 어찌된 일인지 이 강화된 분업은 예상과는 달리 인류의 분화를 확대한 것이 아니라 오히려 축소시켰다. 사람들은 훨씬 다양한 일들을 하지만 일을 하는 방식은 비슷하다. 사람들이 하는 일을 지배하는 건 똑같은 원리들이고, 그 일이 인식되는 관용구는 동일하다. 사람들은 이 활동에서 저 활동으로 자유로이 옮겨 가지만, 그 활동을 설명하는 관용구도 여전히 비슷하다. 포괄적인 프로테스탄티즘, 평등주의, 민주주의 그리고 민족주의라는 방향을 향해 가는 지배적인 경향은 더욱 동질적인 인류를 향해 가는 움직임의 표출일 뿐이다. 그렇게 될 수 있는 건, 이 사회의 생산적 기초와 관계있는 도구적 합리성이라는 정신에 공통적으로 종속되기 때문이다. 평등주의는 수단-목적 합리성과 수단의 자유로운 선택, 그리고 그 수단의 잦은 변경이 직업 구조에 강요하는 본질적인 유동성에서 비롯된다. 민족주의는 이 유동성이 지적이고 교육으로 전파되는 동질의 문화 안에서만 발생한다는 사실을 반영한다. 그리고 그 문화는 어느 한 지역에서 동질적이어야 하고, 그 문화에 결부된 중앙에 의해 정치적으로 보호되어야 한다. 이 문화에 정통한 것이 진정한 시민권에 이를 수 있는 유일하게 실제적인 통행증이고, 따라서 한 사람의 도덕적 정체성의 핵심을 이루며, 그 사람이 상호작용하고 용인될 수 있는 영역의 범위를 규정한다. 민주주의와 프로테스탄티즘은 근본적인 정치적 또는 인식적 특권의 폐지를 반영한다.

유동적인 분업과 결부된 도구적 합리성은 이 사회에서 완전히 지배적인 것인가? 그렇지 않고 그럴 수 없다는 것이 그 대답이다. 도구적 합리성이 논리적으로든 사회적으로든 정점에 위치하는 건 불가능하다. 논리적 정점이라고 표현할 때 내가 말하고자 하는 건 한 사회가 마주하고 있는 가장 일반적인 문제들이다. 전반적인 결정들은 단일 목적적인 별개의 쟁점들로 유효하게 분해할 수 없기 때문이다.

복합 맥락적이고 편안하며 인간적인 느낌이 물씬 풍기는 '비합리성,' 또는 달리 표현하고 싶다면 합리성의 초월은, 그러므로 이런 유형의 사회에서는 오직 고립된 영역, 이를테면 천상 또는 공개되지 않는 사생활에서만 일어날 수 있다. 비합리적 또는 반합리적 영역은 다시 확대될 수 있을 것인가? 냉정한 합리성은 다시 한 번 게토를 형성할 것인가? 효율적인 제도는 오늘날 내적인 '단결심'과 충성 의식을 보존하며, 충성심을 숭배하고 가족주의를 지닌 일본의 '봉건적' 기업 정신은 미래의 모델이라고 생각할 수 있다.

또한 여가의 확대는 '현시적' 활동의 성장을 의미하고, 삶에서 그 중요성은 얼마든지 증대될 수 있다. 노골적이고 도발적으로 반합리적인 컬트 문화가 더 이상 주변부에 머물지 않고 지배적인 것이 될 수 있다. 감정적이고 제의적이며 반합리적인 정치 양식이 부활할 수 있다. 이제 전형적인 현대 인류는 더 이상 근대 소비재의 도구적으로 합리적인 생산자가 아니라 오히려 소비자가 될 것이다. 소비자는 필요한 기기를 특별한 고민 없이 손쉽게 사용할 수 있게 해주는, 직관적으로 명쾌하고 단순하며 손쉬운 조작에 익숙하다. 일부 현대의 주변부 이데올로기들은 그처럼 편리하고 임의적인 특성을 지닌다. 그것들은 사용자 친화적이고 과도한 노력을 필요로 하지 않는 우주를 제시한다. 애초에 우리 세계를 발생시킨 엄격하고 체계적인 관점과는 거리가 멀다.

새롭게 등장하고 있는 체제 아래에서 인간 활동의 세 가지 맥락, 다시 말해 생산, 인식, 억압의 운명은 동일하지 않다. 그것들은 밀접하게 연관되어 있지만, 각각의 논리와 곤경은 상당히 다르다.

생산의 미래

어떤 관점에서 볼 때, 생산의 폭발적 증대는 거대한 전환의 가장 뚜렷한 측면이다. 이로써 인류는 희소한 물질 자원을 둘러싼 투쟁이 정치를 지배하는 맬서스 시대에서 벗어나 풍요의 시대로 접어든다. 그러나 생산적이고 산업적인 장치가 기하급수적으로 성장함에 따라 주술사의 견습생이 실수를 연발하듯이 결국 통제할 수 있는 것보다 훨씬 많은 것이 생산되었다. 초기 산업 시스템은 영국의 사회적·정치적 틀 안에서 등장했고, 영국이 그에 대응하는 데 어느 정도 어려움이 따랐지만 크게 어렵지는 않았다. 당시 영국의 비교적 단순하고 중앙집권화되지 않은 정치구조와 사회구조는 비록 그 과정에서 스스로를 확대하고 변형시켜야 했지만 어쨌거나 새 질서를 포용하고 유지해 나갔다.

그러나 오늘날 발달된 사회에 존재하는 산업 장치가 작동하는 데는, 예전과 비교도 안 될 만큼 규모가 크고 중앙에서 감독하며 재정을 투입하는 기반 구조가 필요하다. 그리고 이는 18세기 영국의 사회질서나 새로 독립한 북아메리카 식민지의 사회질서처럼 당연하게 여겨질 수 없다. 이제 그 기반 구조는 전체 생산량의 거대한 부분을 흡수한다. 그 처리는 필연적으로 정치 쟁점이 된다. 그것은 논쟁거리이고 의견 대립은 정치적으로만 해결될 수 있다. 이는 단순히 정치적으로 결의된 틀 안에서 모든 종류의 비교적 사소한 쟁점들, 특히 구체적인 생산 계획들을 둘러싼 쟁점들이 '시장'에 맡겨질 수 없고 거기서 이득을 볼 수 없음을 의미하지는 않는다. 또한 정치적 결정이 경제적으로 자유주의적인 관용구로, 그리고 명목상 비정치적이고 비공식적인 수단에 의해 비공식적으로 이루어질 수 없음을 의미하지도 않는다. 하지만 공식적이든 비공식적이든 경제의 재(再)정치화의 비용은 우리가 부담하는 것이다. 이는 어쨌거나 '사회주의'에서, 또는 적어도 경제적 자유주의를 포기할 때 인정되는 요소이다.

명확히 정의되고 총체적이며 유일한 생산 목표가 본질적으로 존재할 수 없고 '부'를 구성하는 중립적인 실체도 없다는 사실은, 결국 이 영역에서 도구적 합리성이 우리를 지배할 수 없음을 의미한다. 인류는 라이프스타일, 역할, 지위를 추구한다. 이들은 다층적 맥락을 지니며 문화적으로 정의된다. 그것들은 물질적 객체들을 상징으로 이용하는 것과 관계있지만, 그런 객체들로 구성되는 것은 아니다. 사람들이 그 물질들을 획득하도록 도울 수 있는 권력은 매우 복합적이고 다양한 형태를 띤다.

명확한 기준이라는 환상을 낳은 건, 오로지 금전적 부를 추구하려는 목적에서 비롯되는 '합리적인' 정신의 일시적 분출과 지난날의 희소성의 결합이었다. 결국 복합적 맥락의 평가가 되살아나야 하는 이유는 어떠한 대안도 없기 때문이다. 물론 그것을 이끌어 낼 수 있는 설득력 있는 기본 관점이 부재한 탓에 쉬운 일은 아닐 것이다. 부는 지위의 획득을 상징할 뿐이고, 지위는 다른 수단으로도 획득된다. 풍요로운 사회가 좇고 있는 건 자신의 꼬리일 따름이다.

인식의 미래

인식은 비슷한 조건에 있는 것 같지 않다. 그 무한하고 영구한 성장은 어떤 내적 모순도, 인간의 집합적인 '나태'도 낳지 않는다. 그것은 도구적으로 합리적이고 '목적에 부합하는' 길을 따라서 나아갈 수 있다. 그 단일한 목표, 어느 때보다도 훨씬 더 설득력 있고 더욱 일반적으로 설명해 주며 예측적인 이론들의 공식화는, 부처럼 내적인 불합리성을 전혀 갖지 않는다. 그 실행은 가능하며, 전반적으로 놀라울 만큼 동의를 필요로 하는 과학계의 본성으로 미루어 볼 때 이는 비교적 쉬워 보인다. 우리의 이해력과 통제력 바깥에 머물러 있으면 더 좋을지 모를 문제들을 혼란스럽게 들쑤시는, 일부 유형의 인식적 진보를 금지한다는 발상이 실제로 논의되어 왔다. 어쨌거나 당분간은 그런 일이 강제될 것 같지는 않아 보인다.

과학의 이상은 내적 논리성 또는 일관성을 갖추고 있기에 내적으로 모순적인 부의 이상과 차별화된다. 물질적인 기초 생활수준을 넘어서 물질적으로 값진 것은 문화적으로 결정된다. 그러므로 우리는 부를 생산하는 능력을 기준으로 어떤 문화를 평가할 수 없다. 그것은 판단되어야 할 바로 그 절차가 발명해 낸 기준에 의해 유효성을 판단하는 것이 되기 때문이다. 이는 논리학자의 난제에 그치는 게 아니라 진실로 다루기 어려운 문제이다. 부가 궁핍 속에서 참되고 논리적이며 충분히 가시적인 목표였더라도, 일단 이행이 일어나고 나면 더 이상 그렇지 않다. 인류는 이 당근이 풍요로운 당나귀에게 씌워진 문화적 굴레에 붙어 있다는 걸 결국 알게 될 것이다. 그리고 일부 당나귀는 이를 인식하지 못할 것이다. 다른 한편으로, 어떤 사회는 변함없이 영속적인 포틀래치에 전념할 것이다.

떠오르는 한 가지 의문은, 자연과학의 속성인 설명과 조작의 유효성이 궁극적으로 인간 자신에 대한 연구에까지 확장될 것인가의 문제이다. 우리 집합적 상황의 가장 인상적인 특징 가운데 하나는 놀라울 만큼 지금까지 이 일이 이루어지지 못했다는 점이다. 수많은 독재 체제와 이념 정치 체제가 존재한다. 이들 체제는 적절한 기법만 존재한다면 사람들의 정신과 확신을 조작할 기회를 놓치지 않으려고 한다. 그 체제들은 그런 기법을 성공적으로 사용하는 것이 자신들의 이데올로기를 명예롭게 옹호하는 것이라 여긴다. 그 체제들은 당연하게도 그런 기법들을 이용하고자 갈망하지만, 그들이 성공했다는 증거는 거의 찾을 수 없다.

자유주의적인 비이념 정치사회에서, 사회적 탈조직화, 세속화, 확실성의 결핍, 그리고 대부분의 사람들에게 환경이란 자연이 아닌 타인을 의미한다는 사실들은 서로 결합하여 영향을 미친다. 이는 정신적인 보살핌과 위로의 책임을 관련 분야의 전문가들과 정신과 의사들이 과거의 지식계급으로부터 물려받았음을 의미한다. 잔존하는 과거의 지식계급 구성원들은 정신을 보살피는 활동에서 사실 근대 치료

사들의 관용구와 양식을 모방한다. 현대 생활에서 그들에게 주어지는 요구와 그들이 하는 전략적 역할, 그리고 그들이 유효한 경우 실제로 얻게 되는 보상을 생각할 때, 그들이 성공하지 못할 가능성은 더욱 커 보인다. 자연과학과 테크놀로지의 능력을 인간의 영역까지 확장하는 건, 지금까지는 참혹한 실패만을 보여 주었다.

이들 전문가들이 이용하는 기법이란 날것 그대로의 시행착오에 다름 아니다. 19세기에서 20세기로 넘어오는 전환기에 이 정신적 위로의 영역에 등장했던, 처음에는 설득력 있던 하나의 주요한 교리(정신분석학을 가리킨다—옮긴이)는, 결국 자신에 대한 반증을 교묘하게 회피하는 것에 지나지 않는다. 인간을 다루는 영역까지 과학혁명을 확장하는 일은 실패했다. 이 실패가 앞으로 교정될지, 아니면 그것이 인간의 유효한 이해를 영원히 가로막는 근본적인 원인이 될지는 지금으로서는 확실히 알 수가 없다. 신낭만주의자들은 후자의 관점을 즐겨 말하지만, 그들의 논증은 설득력이 없는 길을 무척 멀리 간다.

그러나 그 반대의 관점이 타당하고 인간에 대한 타당한 이해와 조작이 가능해진다면, 이는 게임의 기본 규칙을 다시 한 번 완전히 바꿀 것이다. 인간 질료에 대한 효과적인 조작은 그것이 유전적이든 심리학적이든 다른 어떤 방법에 의한 것이든, 인간의 삶에서 고려해야 할 사항들을 다시금 근본적으로 변화시킬 것이다. '부'의 재(再)개념화, 직업 구조의 재안정화가 일어난다면 이 또한 마찬가지이다.

현재, 일종의 순환 논리가 우리에게 들러붙어 있다. 우리의 문화는 주어진 것이 아니라 우리 자신의 활동과 정책에 의해 근본적으로 변화한다. 우리에게 목표를 고쳐시키는 것 또한 우리가 변화시키는 것이 분명하다. 그러면 우리의 목표는 어떤 권위를 갖는 것인가? 이 의문은 다음과 같은 사실 때문에 절박함이 감소된다. 우리의 정책이 우리의 정신에 미치는 영향은 곧바로 나타나는 것이 아니며, 우리가 일으키는 변화는 정확하게 예측되거나 조작될 수 없다는 것이다. 따라서 단기간 동안 사회질서와 그것이 발산하는 가치들은 적어도 상대적인 독립성과 권위를 지닌다. 인류의 본성을 효과적이고도 정확하게 조작할 수 있게 된다면, 문제는 비교할 수 없이 더 중대해질 것이다. 신이 세계를 창조할 때 분명 순환 논리에 직면하게 된다. 기존의 어떠한 세계도 없는데, 도대체 무엇이 신으로 하여금 '저' 세계가 아닌 '이' 세계를 창조하도록 한 것인가? 우리는 이와 동일한 순환 논리에 대응해야 한다. 신에게는 목표가 부족했거나 제약이 부족했다. 인간이 더이상 데이터가 아니라면, 인간 본성의 선택적 주조를 결정하는 건 어떤 원리들인가? 그때 우리에게는 초월적 전제뿐 아니라 인간적인 전제가 지금보다 훨씬 더 부족할 것이다.

억압의 미래

아마도 이는 앞에서 말한 세 영역 가운데 가장 중요하고도 가장 문제가 될 수 있다. 풍요를 일구게 되면 새로운 생산 효율성은 생산을 과거의 더욱 적정한 상태로 되돌릴 수 있을 것이다. 그때 생산의 형태를 주조하는 건 사회생활의 다른 요건들이다. 정치를 생산의 하인으로 만들고자 하는 자유주의 관점이든, 모든 근거를 무시하고 생산이 모든 역사의 동력이라고 주장하는 마르크스주의 관점이든, 일정 기간 동안 생산에 매우 중심적인 지위를 부여한 관점들은 분명 잘못된 것이다. 그리고 인식은 아마도 무한한 확장의 길을 갈 테지만, 이 주장이 옳다면 인식은 합법화와 문화로부터, 사회적 옹호로부터, 그리고 평범한 삶의 개념적 배열로부터 영원히 이별해야 할 것이다. 우리가 이 결별을 견디고 살 수 있는지는 또 다른 문제이다.

그러나 권력의 조직화, 사회의 정치적 배열 그리고 국제사회의 정치적 배열은 피할 수 없는 쟁점이다. 이 문제가 더는 중대한 문제가 아니라는 주장들은 그릇된 것이다. 거대하고 막대한 비용이 들며 분리할 수 없는 기반 구조를 지니고, 되돌릴 수 없고 중대하며 장기간의 매우 주요한 결정들을 요구하는 엄청나게 복합적인 사회경제 구조, 그것이 우리의 운명이다. 그러므로 정치는 소멸되기는커녕, 오히려 우리 삶에 더욱 영향을 미칠 것이다. 안정적이고 분열된 경제는 정치적으로 당연하게 여겨질 수 있다. 반면 쇠락하고 있는 전일적인 경제는 그렇지 않다.

테크놀로지 수준이 미약한 사회는 국가에 줄 수 있는 것이 거의 없다. 그래서 전통적인 국가는 사람들을 죽이고 잉여를 갈취하는 데 유능했다. 그것은 클리포드 기어츠가 주장했듯이 일종의 극장국가일 수도 있지만, 이런 현실은 분명 동아시아 지역만의 전유물이 아니었다.[1] 다른 한편으로 근대사회는 환경에 대해서 구성원들과 조직에 대해서 엄청난 권력을 지니고 있다. 그 권력을 어떤 목적을 위해 어떤 방식으로 어떻게 사용할 것인가에 관한 결정은 언젠가 누군가에 의해 어떻게든 내려져야 한다. 결정들은 때로 어떤 한 가지에 집중되어야 하는데, 이어지는 각 결정이 반드시 동일한 한 가지에 집중되는 건 아니다. 다른 무엇보다도 이것이 '권력'의 본성을 변화시킨다. 과거에 핵심적인 결정들은 사물의 본성에 새겨져 있는 것으로 보였고, 인류가 무능력한 탓에 사실상 우리를 대신하여 결정들이 내려졌다. 우리의 새로운 테크놀로지는 우리를 무능력에서 해방시켰다. 테크놀로지가 기초로 하고 있는 새로운 지식 또한 사물의 본성이 우리에게 어떠한 결정도 강요할 수 없다는 걸 명확히 알려 주었다. 물리적으로나 논리적으로나 오늘날 우리는 편안함을 넘어서는 자유를 상당히 누리고 있다. 논리적 제약이든 물리적 제약이든 조금 더 많은 제약은, 이 어지러울 만큼 많은 선택권을 줄여 준다는 점에서 환영받을지 모른다. 하지만 진정한 제약들이 우리의 편리함을 위해 발명될 리는 없다. 우리는 루소가 의도했던 것과 아주 다른 의미에서 자유로워질 수 있다.

또 다른 의미에서, 우리의 자유는 더욱 문제가 될 수 있다. 오늘날 어떤 요소들이 자유주의 정치 또는 권위주의 정치에 이바지하는가? 농경시대 권위주의 정치의 토대였던 희소성은 소멸해 가고 있다. 여기에는 장단점이 모두 있다. 그것은 특권의 수혜자와 권력의 소유자가 나머지 사람들을 종속시키고 억압함으로써, 명백하게 불리한 물질적 분배 구조를 뒤엎으려는 사람들의 의지를 꺾을 필요가 더는 없다는 걸 의미한다. 또한 그것은 임박한 빈곤의 위협에 의해서 사람들이 사회질서와 그 안에서의 지위를 더는 억지로 받아들이지 않게 된다는 걸 의미한다. 2차적 억압의 중요한 한 형태는 규칙을 무시하는 이들을 굶주림으로 위협하는 것인데, 이 방법을 적용하기는 갈수록 어려울 듯하다. 생산과정 또한 복합적이 되고, 다차원적인 협력과 정확한 실행, 그리고 때로는 독립적인 정신을 필요로 한다. 그것은 직접적인 억압과 단순한 명령 체계, 그리고 효율성의 감소로 나아가도록 하는 시도들을 쉽게 돕지 않는다.

연관된 기술 정보의 양과 수준이 상당하기 때문에, 특정 지위에 어울리는 업적에 따라 전문가가 적절하게 선택되어야 효율성이 높아진다. 그리고 그 전문가들의 선택의 공정성과 표현의 자유를 지나치게 억압하지 않는 전반적인 사회 분위기가 필요하다. 이 모든 요소들은 당연히 권위주의와 이념 정치에 어느 정도는 불리하게 작용하므로, 그 사회들의 생산성은 낮아지게 된다. 생산성은 앞으로도 중요하겠지만 반드시 결정적인 것은 아니다. 생산량이 더는 중요하지 않을 때, 자유는 이 중요한 토대를 잃을지 모른다.

권력은 그 복합성과 상호 의존성 때문에 부당하게 억압적이 되기가 어렵다. 그래서 다른 한편으로, 개인과 하위 집단도 사회에 상당히 의존해야 하고 권력에 도전할 수 있는 장치를 갖추지 못한다. 지역적 전제국가는 존재하기 힘들다. 중앙과 시민사회의 군사적 균형 수준은 17~18세기에 주요 나라들에서 시민사회가 국가를 전복할 수 있었던 수준의 군사적 균형과는 물론 완전히 다르다. 한편 그 엄청난 규모와 비중 탓에 무기 체계는 시민사회 안에 숨어 있는 작은 집단들에게든, 아니면 중앙 권력에 저항하여 굳건히 연대하고 있고 연대를 유지할 수 있는 시민사회에게든 사용하기가 어려워진다.

이 전반적인 체제를 어느 정도 협동조합주의가 아닌 다른 것으로 상상하기란 어렵다. 많은 결정들은 사회의 주요 집단들과 이해관계들의 조직화된 표출 사이의 협의로 이루어진다. 이데올로기적으로 반협동조합주의적인 사회들은 물론 그런 체제가 존재한다는 걸 공식적으로 인정하지 않고, 그것을 법적으로나 제의적으로 허가하지 않을 수도 있다.

주요 이익집단들 사이의 협동조합주의적 협의를 보완하고 아마 앞으로 종종 보완해줄 것은, 개인이 개인으로서 투표하고 투표를 권유하는 정당들이 어떤 형태로든 자신을 드러낼 수 있는 선거 주권이다.

이는 무엇보다도 사회에서 이런 유형의 연합체가 영속적이지 않고 그 회원 자격도 세습되지 않는다는 사실을 효과적으로 상징한다. 그것은 체제를 감시하는 중요한 작용을 한다.

현재 발달된 산업사회는 두 가지 주요한 유형, 다시 말해 자유주의 유형과 이념 정치 유형이 있다. 두 종이 각각 어떻게 변화할 것인지를 질문하는 일은 의미가 있다. 마르크스주의 이념 정치는 물론 효율성의 요구와 국제 경쟁에 의해서 개혁으로 나아갈 수밖에 없다. 그들이 달성해 온 웬만한 수준의 풍요는 과거와 비교할 때 결코 웬만한 수준에 머무르지 않는 것으로서, 대규모 기술 인텔리겐차와 행정 인텔리겐차의 공헌을 요구한다. 이들은 이권 정치, 아첨, 장황한 언설, 굴종보다는 진정한 성과의 합리적 기준을 본능적으로 선호한다. 그러나 여기에서 솟아오르는 자유주의화의 압력에 대항하려면, 유일한 정통 교리와 결부된 사실상 단일한 고용 체제인 사회 안에서, 체제의 어느 한 부분이 무너지면서 전체가 위험에 빠지지 않기란 몹시 어렵다는 사실을 내세워야 한다. 다원적 경제를 지닌 우익 독재는 자유주의화할 수 있고, 무척 성공적으로 자유주의화해 왔다. 권력 지위를 포기하더라도 부를 보유할 수 있음을 근거로, 통치자들을 매수하여 타협에 이를 수 있기 때문이다. 좌익 권위주의 체제에서, 부는 계급적 지위에 부수되는 특전의 형태로 올 뿐이므로 이런 지위를 포기한다는 건 모든 것을 포기하는 것과 같다. 널리 인정되듯이 일부 자유화가 탄압된 탓이기도 하지만, 지금까지 좌익 독재의 자유화가 성공적으로 완결된 사례는 없다.

자유주의 체제는 스스로를 영속화할 것인가? 특권 없는 보편적 여가는 곧 실현될 것이지만 그것이 미칠 영향을 아는 사람은 없다. 지난날 유한계급은 자신들의 높은 지위를 즐거이 숙고할 수 있을 만큼 한가로웠는데도 여가를 쓸 줄 몰라 정신적으로 어려움을 겪었다고 파스칼은 말했다. 숙고할 지위가 없는, 보편적 유한계급의 정신 상태는 어떻게 될 것인가? 우리는 농경시대 '노동'의 필요성이 낳은 사회 유형들을 알고 있다. 여가의 형태들은 어떤 것일까? 지금까지 우리가 개인주의자라고만 알고 있었던 사람들은 노동 윤리도 지니고 있었다. 여가를 즐기는 개인주의 또한 상상할 수 있는 것인가? 생산은 변함없이 도구적으로 합리적리고 분석적일 수 있으나, 소비는 다층적 맥락을 지니고 있고 직관적이며, 생산물은 이를 자극하도록 만들어진다. 소비가 생산을 추월하고 인간의 정신을 형성하는 데 지배적인 요소가 될 때 어떤 일이 일어날 것인가?

자유주의 사회는 강력한 합법화를 면직시켰다. 지시적이고 통합적인 진리는 도구적 합리성의 한 종이다. 이 종과 속 모두 신앙 체계를 부식시킨다. 사회적 응집력은 진리를 기초로 삼을 수 없다. 진리는 아첨하지 않고, 어떠한 사회제도도 합법화하지 못한다. 여기에는 적어도 두 가지 이유가 있다. 참된 지식은 사회적으로 굴종하지 않는다는 게 첫 번째 이유이다. 두 번째 이유는, 공개적으로 접근할 수 있는 진리는 한 사회의 구성원과 비구성원을 구분하지 않는 점이다.

여가가 생겨났으나 지위가 없는 계급의 불만을 억눌러야 할 필요성 때문에 중앙에서 강요하는 새로운 신앙이 부활하게 될 것인가? 새로운 세계를 낳았으나 그 세계가 완전히 발전하자 더 이상 필요하지 않은 도구적 합리성의 쇠퇴가 이를 촉진할 것인가? 똑같은 해법이 모든 곳에서 유행할 필요는 없다.

변화의 의미

분업은 인류 고유의 것이 아니다. 그것은 동물과 곤충 사회에서도 일어난다. 특별해 보이는 건 그것이 인간 사회에서 취할 수 있고 취해 온 놀라울 만큼 다양한 유형이다. 다른 종들 사이에서, '문화적' 다양성을 닮은 어떤 일이 일어날 수 있다. 동일한 유전적 장치는, 말하자면 한 무리의 행위와 조직에서 일부의 변형을 허용할 수 있는 것이다. 그리고 다양성은 그 분화의 역사의 관점에서만 설명될 수 있는 것이지, 그 구성원의 유전자에 의해서 설명될 수 있는 것이 아니다. 동물학자들은 그 다양성을 환경의 압력을 통해 설명해야 할지 아니면 해당 무리의 역사를 통해 설명해야 할지 확신하지 못하는 것 같다. 오로지 후자의 경우에만 우리는 중요한 의미에서 '문화'를 이야기할 수 있다. 그러나 그런 '문화적' 다양성은 매우 제한적이다. 반면 사람들 사이에서 그 다양성은 참으로 어마어마하다. 인간 사회의 다양성은 엄청나다.

다양성은 유전적으로 설명할 수 없다. 사회 유형에 유전적 요소가 기여한 정도와 그 본성은 논쟁거리이자 결론이 나지 않은 쟁점이고, 정치적 연관성과 함의가 그 혼란을 더한다. 그러나 분명한 것은, 인간 사회가 취하는 유형을 설명하는 데 있어 '무척' 큰 부분이 사회·역사적인 것이어야 하고 유전적인 것이어서는 안 된다는 점이다. 동일한 유전적 기반은 광범위한 다양성을 허용한다. 이것이 분명한 이유는, 유전적으로 동일하다고 또는 거의 그렇다고 짐작될 수 있는 사람들이 시대에 따라 완전히 다른 사회 유형을 가질 수 있고 가진다는 사실에서 비롯된다. 실제로 사회 변화 속도가 엄청나게 빨라서 유전적 변화로는 설명되지 않는 경우가 무척 많다.

이렇게 말한다고 해서 유전적인 구성이 역사에 아무런 영향을 미치지 않았다는 건 아니다. 일부 유전적 구성은 다른 유전적 구성보다 일부 사회 유형에 더 많은 영향을 미쳤을 가능성이 있다. 이는 다루기 어려운 쟁점이지만, 이 책의 논지에서 무시될 수 있고 사실상 무시했다. 사회적 요소가, 그리고 사회적으로 전파되고 주입되는 특질과 특성들이 의문의 여지없이 엄청나게 중요하기 때문에, 일단 다른 문제는 남겨 둘 수 있고 사실 그럴 수밖에 없다. 사회적인 것을 사회적인 것을 통해 설명하는 건 도움이 될 것이고, 이는 이 책에서 내가 여태까지 논의한 모든 것이다.

인간 사회가 독특한 특성을 유지하고 전파하는 방식의 중요한 한 측면을 '문화'라 일컬을 수 있다. 문화는 사람들의 행위와 사고를 지배하는 개념 체계라고 정의될 수 있다. 하나의 개념은 경험을 분류하고 행위하고 반응하는 공통된 방식으로서, 일반적으로 명칭을 지닌다. 문화는 하나의 체제이지 단순히 개념들의 집합이 아니다. 문화를 구성하는 관념들은 다양하고 복합적인 방식으로 서로 연관되어 있고 상호 의존적이다. 그것들은 결코 고립적으로 존재할 수 없다고 가정하는 것이 설득력 있다. 사람들과 마찬가지로 개념들도 무리를 이룬다. 논리성 또는 일관성의 기준이 무엇이든, 하나의 문화가 완전히 논리적이고 일관성 있는 체계일 수는 없다.

그러나 사회질서가 스스로를 영속화하는 방식과 문화를 '등치'시키지 않는 일은 중요하다. 문화는 사회질서가 스스로를 영속화하는 하나의 방식이지만, 다른 방식들도 있다. 인류학자들은 구조와 문화를 구분하는데, 그 구별은 유용하고도 중요하다. 한 사회 유형의 영속화를 책임지는 것이 문화뿐이라고 생각하는 사람은, 인류가 행위하는 방식을 제약하는 것이 개념들'뿐'이라고 말하는 것과 마찬가지이다. 이 관점은 그릇되고, 완전히 오도된 형태의 관념론을 구성한다. 예를 들어, 한 사회가 그 조직을 급진적으로 변화시킬 수 있는 이유는, 그 내부의 일부 하위 그룹이 군사적으로든 경제적으로든 억압 수단을 획득하여 다른 구성원들을 복종시킬 수 있기 때문이다. 이는 그 사회의 사고와 행위를 지배하는 개념 체계의 변화 없이도 일어날 수 있다.

현존하는 그리고 지배적이고도 중요한, 개념적 강제와 질서의 영속화는 자동적인 것으로 여겨질 수 없다. 개념은 주입되어야 한다. 개념의 권위는 자명하거나 자체적인 것이 아니다. 제의의 일차적인 역할은 중요한 개념들을 주입하는 것이고 이것이 공통의 관념과 의무를 한 사회에 부여하는 것이라는, 뒤르켐의 가설은 존경받아 마땅하다. 어떤 의미에서 모든 개념은 제의를 지니며 개념 자체가 제의이다. 중요한 관념은 중요한 제의를 통해 형성된다.

인류가 시작된 때는 한 무리의 영장류가, 이를테면 일정 정도의 유전적 유연성을 획득함으로써 문화적 제약이 필수적이 된 때라고 할 수 있다. 다시 말해, 요구되는 범위로 행위를 제약하기에는 유전적 특성만으로는 불충분해진 것이다. 그래서 문화가 태어났고 언어는 필수 불가결해졌다. 억제되지 않을 가능성이 있는 행위는 일정 범위 내로 제약되어야 하고, 그 범위는 표식에 의해 제시되어야 하며, 언어는 그 표식을 구성한다. 처음에는 금지가 존재했다. 처음에 다양성은 무리들 내부가 아니라 무리들 '사이에서' 가장 뚜렷하게 나타날 수 있었다. 분업에 관한 서술은 다양성이 결국 내적으로도 발전할 수 있도록 만든 역학에 대한 서술이다.

인류는 수렵채취와 농경, 산업이라는 생태상의 기본적인 3단계를 거쳐 왔다. 최초 단계는 우리에게 일종의 출발점을 제공했다. 그러나 이 책에서 그것은 대체로 일종의 대조물 또는 기준선으로 이용된다. 내가 관심을 두는 건 주로 그 당시에 일어날 수 '없었던' 일들이다.

농경 사회는 식량의, 그리고 식량보다는 덜 중요하지만 다른 재화의 체계적인 생산과 저장에 의해 정의된다. 저장된 잉여가 실재하므로 사회는 그 잉여의 분배의 실행, 그리고 그 대외 방위에 불가피하게 힘을 쏟게 된다. 따라서 수렵인들 사이에서 우발적으로 일어났던 폭력은 농업 생산자들 사이에서 필연적인 것이 된다. 짐승을 사냥하던 사람들이 반드시 서로에 대한 약탈자인 건 아니었다. 농경 사회는 매우 큰 규모로 성장할 수 있고 성장하면서, 맬서스 사회가 된다.

잉여의 규모와 실재는 일반적으로 사회를 복잡한 내적 분화로 이끌어 간다. 저장물의 실재가 낳을 수밖에 없는 내적 갈등의 결과, 사회는 몹시 불평등해지고 첨예하게 계급화된다. 이는 농경 사회의 가장 일반적인 특징이다. 또 일반적으로 농경 사회는 노동을 경멸한다. 사람들은 노동하며 살아가지만, 특권을 소유하는 건 억압자들이거나 신호를 조작하여 억압자들을 결집시킬 수 있는 자이다. 이는 사실 귀족의 가장 보편적인 개념이다. 농경 사회는 인류의 상당수를 굶주림과 억압에 종속시킨다.

억압의 전문가, 그리고 제의와 합법화의 전문가들이 왜 동일하지 않은가에 대한 일반적인 이유는 따로 없다. 매우 중요한 이 두 전문 분야는 때로 결합되곤 하는 게 사실이다. 하지만 인류의 역사에서 중요한 사실은, 그것들이 정도의 차이는 있지만 별개인 경우가 많다는 점이다. 칼은 지배할 수 있지만, 성직자들은 칼을 쥔 자들이 굳건히

단결하도록 돕는다. 성직자들은 칼을 쥔 자들을 중재하고, 그들이 성 공적으로 결집하도록 이끈다. 따라서 약탈자들과 그들을 중재하는 성 직자들이 농경 세계의 통치권을 세습한다.

기록에 의해 의미를 저장하고 조직하고 전파하는 능력은 생산과 부의 저장만큼이나 근본적인 것이다. 그것은 정치체의, 지식계급의, 그리고 교리의 더욱 효과적인 통합과 중앙집권화를 가능하게 한다. 특권적 지위를 지닌 사람들의 사리사욕에다, 사회질서에 내재한 영속화 논리가 더해져서 농경 사회는 대체로 안정적이다. 이따금 동요가 일어나지만, 그렇더라도 그것은 주기적인 변화를 일으킬 뿐 근본적인 변화를 낳지는 않는다.

농경 사회는 선행 사회들과 마찬가지로 목적을 추구하는 사회라기보다 여전히 개념을 실행하는 사회이다. 그 진리 개념은 외적인 사실을 반영하기보다 규범을 따르는 개념이다. 진리는 그것을 위해 이상을 실현하는 것이고, 이상은 복합적이고 다원적인 이해관계들에 의해 빚어진다. 이는 단순하고 독립적인 요건을 충족시키는 진리, 예를 들면 사실들을 조사하고 예측하는 진리와는 완전히 다르다. 농경-문해 사회의 진리는 과학-산업 사회의 진리와는 본질적으로 다르다.

과거의 진리 개념이 그토록 오래 지속된 이유는 많다. 억압의 본성과 중요성이 그 한 가지 이유이다. 날것 그대로의 억압, 폭력적 충돌과 살해의 위협은 내적으로 세밀한 단계를 두지 않고, 일종의 타협 불가한 전체성과 헌신에 호소한다. 지시성이 아니라 충성이 핵심 가치이다. 그러나 도구적 합리성이 가능한, 다시 말해 행위가 유효성 기준에만 종속되는 것이 가능한 분야가 하나 있다. 바로 전문화된 생산 분야이다. 여기서 하나의 활동은 하나의 고립적인 목적을 지닐 수 있다.

그럼에도 불구하고 사실 대부분의 농경 사회에서, 전문화된 생산은 제의적으로 범위가 정해지며, 자급자족하는 생산자들의 바다에 떠 있는 작은 섬이다.

이 세계가 어떻게 우리가 사는 세계로 변화할 수 있었던 것인가? 우리에게 이 변화의 의미는 무엇인가? 개념 실행의 사회에서 보편화된 도구적 합리성의 사회로, 규범 개념의 진리에서 지시적 진리로, 약탈자의 통치에서 생산자들의 통치로, 억압받는 자급농에서 자유 시장 경제로, 이 모든 이행이 어떻게 가능했는가?

대부분의 시간에 대부분의 장소에서, 그것은 불가능했고 그런 일은 일어나지 않았다는 게 그 대답이다. 어떤 유일한 경우에 그 일이 일어났고, 그 일이 일어난 사회들의 기술적 우월성이 전체 세계를 변화시켰다. 인간 활동의 세 영역인 인식, 억압, 생산 모두가 동시에 그 기적이 일어난 특별하고도 이로운 조건 속에 놓였을 것이다. 인식에서는, 제의에서 교리로 강조점이 이동하고, 그 교리에 단일한 정점을 부여함으로써 관점을 통합시켜, 통합되고 질서 정연한 세계라는 관점을 낳았다. 프로테스탄트들이 '유일신, 유일한 세계, 유일한 규칙'(Ein Gott, Eine Welt, Eine Regel)이라고 말한 건 지극히 당연하다. 통합되고 질서 정연한 자연과 평등주의적인 보편적 이성이라는 관념은, 완벽하게 설명할 수 없는 어떤 기적에 의해서 자연에 대한 효과적인 탐구와 이용으로 나아갔다. 인식적 주장들이 고립적이고 독립적인 데이터의 평결에 종속됨으로써, 그 자체의 인식적 기준에 따라 기적을 정당화하는 건 불가능하다. 어떤 데이터도 데이터의 주권을 보증할 수 없기 때문이다. 거기서 득을 보고 그것을 이해하는 사람들은 영원히 그것을 설명하거나 보증할 수 없다. 그들은 자신의 조상들이 누렸던 재보증을 누릴 수 없다.

경제에서 생산성이 향상한 덕분에 균형추는 도구적으로 효율적인 전문가들에게 유리한 쪽으로, 그리고 더욱 확대되고 궁극적으로는 모든 것을 포괄하는 시장을 향해 기울었다. 정치체에서는, 억압 제도뿐 아니라 이데올로기 제도에서, 내적으로나 외적으로나 특별한 권력균형이 이루어지면서, 새로운 발전에 대한 효과적인 억압이 불가능해졌다. 인식이 폭발적으로 성장하자 팽창하는 경제에서 기회의 최전선은 나날이 전진하게 되었다. 지속적인 혁신이 가능해지고 보상이 꾸준히 증가하면서, 반대자와 일시적인 비수혜자들의 매수 또한 가능해졌다.

싸우고 기도하고 일하는 세 집단 사이에서 이루어지던 과거의 질적인 분업은 마침내 무너졌다. 그것을 대체한 것은, 자유롭고 유능하며 자신의 전문 분야를 기꺼이 변화시키는, 동질의 '기능적' 전문인들이었다. 그들은 지적이지만 세속화된 동일한 관용구 안에서 소통했고, 그 관용구는 기록에 의해 전파되지만 배타적이지는 않은 고급문화에서 비롯된다. 인류뿐 아니라 개념 또한 더 이상 카스트나 신분 속에서 살지 않게 되었다. 단일한 개념적 통화는 평등주의적인 인류와 동행하고 그 인류를 뒷받침했다. "분업은 승하하셨나니, 분업이여 만수무강하소서!"('The King is dead. Long live the King!'을 변형시킨 것으로, 이 문구는 1422년 프랑스 샤를 6세가 승하하고 그 아들인 샤를 7세가 왕위를 계승한 일에서 비롯되었다. 선왕이 죽고 새로운 왕이 왕위에 올랐음을 뜻하는데 왕권의 영속성을 함축하고 있다—옮긴이).

오늘날 중요한 건 억압의 영역, 곧 정치의 영역이다. 이행의 시대에 탄생한 주요한 두 가지 이데올로기와는 달리 정치 질서는 소멸하지도 지위가 추락하지도 않으며, 앞으로도 쇠락하지 않을 것이다. 억압 또는 결정의 강제에 대한 새로운 유형의 필요성이 생겨났다. 새롭고 풍요로운 경제는 엄청나게 육중하고 분리할 수 없는 기반 구조를 필요로 한다. 그 배치와 형태를 둘러싼 전략적 결정은 오랜 세월 동안 수많은 사람들에게 영향을 미치며, 그 영향은 돌이킬 수 없는 경우가 많다. 이 기반 구조는 임의적으로 생성되지 않고 그럴 수도 없다. 그리고 지속적인 주의와 관리가 필요하다는 점에서, 새로운 세계가 시작되던 당시의 기반 구조와는 다르다. 오늘날 국가는 대체로 이 역할을 수행하는 대리인 집단을 가리킨다. 도덕적 전제가 부재한 동시에 엄청난 경제적 자유가 존재하는 조건에서, 이제 국가는 어떻게 조직되고 감시되어야 하는가! 그것이 문제이다.

감사의 말

이 순수하게 이론적인 연구를 후원해 준, 경제사회연구평의회 (Economic and Social Council)와 의장 더글러스 헤이그 경, 그의 비서 수전 리브에게 감사한다.

케임브리지대학 사회인류학과의 실무자이자 연구자인 메리 맥긴리, 마거릿 스토리, 앤 파머, 재닛 홀에게 무척 큰 신세를 졌다. 이들의 지속적인 도움과 뒷받침이 없었다면 이 책은 완성되지 못했을 것이다. 힐러리 콜비로부터도 소중한 실무적 도움을 받았다

이 책의 초고를 읽고 유익한 도움말을 준, 마크 레이먼드 본햄-카터, 그레이엄 퍼셋, 데이비드 겔너, 디클런 퀴글리, 에마 트리스트럼, 해리 윌레츠, 앤서니 레이븐에게 매우 감사한 마음뿐이다. 재닛 홀과 줄리언 제이콥스 또한 참고문헌과 관련하여 큰 도움을 주었다. 마크 그린은 편집자로서 누구보다 큰 도움을 주었고 인내심을 잃지 않았다.

학문적으로 모방하거나 인용한 학자들이 너무도 많아서 일일이 열거할 수도 없고, 내가 미처 인식하지도 못한 채 지고 있는 빚도 분명

많을 것이다. 나는 존 홀과 마이클 만과 함께 런던정경대학(LSE)에서 역사사회학 세미나를 주관해 왔다. 이 두 동료와, 논문과 비평으로 세미나에 기여한 모든 동료들에게 진 빚이 매우 크다. 오랜 세월 동안, 나는 스타니슬라브 안드레스키, 레이몽 아롱, 장 배쉴러, 대니얼 벨, 피터 버크, 패트리샤 크론, 론 도어, 사무엘 아이젠슈타트, 예후다 엘카나, 마크 엘빈, 클리포드 기어츠, 리처드 곰브리치, 잭 구디, 존 하이날, 마틴 하인즈, 키스 홉킨스, 로빈 호턴, 아나톨리 하자노프, 피터 래슬릿, 조프리 로이드, 앨런 맥팔레인, 조제 메퀴어, 콜린 렌프루, 개리 런시먼, 테오도르 샤닌, 에릭 울프, 제임스 우드번, 에드워드 앤서니 리글리, 그 밖에 다른 많은 학자들의 저술을 읽고 그들과 대화를 나누면서 무척이나 많은 것을 배웠다. 이 책에 표현된 그들의 생각에 대한 책임이 온전히 내게 있음은 물론이다.

1987년 9월
어니스트 겔너

1장. 역사를 보는 눈

1. J. M. Keynes, *The General Theory of Employment Interest and Money*, London, 1936, 1946(《고용, 이자, 화폐의 일반이론》, 필맥, 2010).

2. 소비에트에서 나온 최근의 주목할 만한 책인 *Sovremennaia Filosofia Istorii*(현대 역사철학), Eero Loone, Eesti Raamat, Tallin, 1980에서 이런 관점을 제시한다. G. A. Cohen의 *Karl Marx's Theory of History*, Oxford, 1978에서도 가설적인 미래 조건 만 빼고 받아들인다면, 3단계론이 암묵적으로 제시된다. p. 178 참조(《카를 마르크스 의 역사이론》, 한길사, 2011).

3. Karl Polanyi, *The Great Transformation*, New York, 1944, Boston, 1957(4장)(《거대한 전환》, 길, 2009).

4. John Rawls, *A Theory of Justice*, Oxford, 1972(《정의론》, 이학사, 2003). Robert Nozick, *Anarchy, State and Utopia*, Oxford, 1974.

5. Michael Oakeshott, *Rationalism in Politics and Other Essays*, London, 1962.

6. F. A. Hayek, *The Three Sources of Human Values*, The London School of Economics and Political Science, London, 1978, p. 20.

7. 같은 책, p. 18.

8. K. R. Popper, *The Open Society and its Enemies*, London, 1945 참조(《열린사회와 그 적들》, 민음사, 2006).

9. Thorstein Veblen, *The Theory of the Leisure Class*, New York, 1899(《유한계급론》, 우물이있는집, 2012).

10. 같은 책, p. 29.

11. 같은 책, p. 25.

12. 같은 책, p. 32.

13. Marshall Sahlins, *Stone Age Economics*, London, 1974.

14. 같은 책, pp. 11, 13, 14, 17. 마르크스주의의 관점에서 초창기 인류를 재구성한 눈에 띄는 시도는 Yu. V. Bromley, A. I. Pershitz, and Yn. I. Semenov, *Istoria*

Piervobytnovo Obshobestva(원시사회의 역사), Moscow, 1983에서 발견된다.

15. Sahlins, 앞의 책, p. 27.

16. James Woodburn, "Hunters and gatherers today and reconstruction of the past," Ernest Gellner 엮음, *Soviet and Western Anthropology*, London, 1980. 또는 Woodburn, "Egalitarian Societies," *Man*(N. S.), Vol. 17:3, 1982.

17. Karl Marx, *The German Ideology*, London, 1965, pp. 44-5(《독일 이데올로기 1》, 청년사, 2007).

2장. 공동체에서 사회로

1. E. E. Evans-Pritchard, *Nuer Religion*, Oxford, 1956, pp. 128, 141-2.
2. Lucien Levy-Bruhl, *How Natives Think*, L. A. Clare 옮김, London, 1926. Lucien Levy-Bruhl, *Primitive Mentality*, L. A. Clare 옮김, London, 1923(《원시인의 정신 세계》, 나남, 2011).
3. E. R. Leach, *Political Systems of Highland Burma: A Study of Kachin Social Structure*, London, 1954.
4. E. R. Leach, "Time and False Noses," *Rethinking Anthropology*, London, 1961.
5. 같은 책.
6. S. Weir, *Qat in Yemen: Consumption and Social Change*, London, 1985 참조.
7. Emile Durkeim, *The Elementary Forms of Religious Life*, J. W. Swain 옮김, London, 1915, 1976.
8. Willard van Orman Quine, *From a Logical Point of View*, Cambridge, Mass., 1953.

3장. 타자의 등장

1. 종합적인 논의에 관해서는 Jack Goody 엮음, *Literacy in Traditional Societies*, Cambridge, 1968 참조. Jonathan Parry, "The Brahmanical Tradition and the Technology of the Intellect," Joanna Overing 엮음, *Reason and Morality*, New York and London, 1985에서도 이 주제를 흥미롭게 다루고 있다.
2. M. Bloch, "Literacy and Enlightenment," M. Trolle-Larsen and K. Schousboe 엮음, *Literacy and Society*, Copenhagen. 1989에서.
3. Patricia Crone and Martin Hinds, *God's Caliph: Religious Authority in the First Centuries of Islam*, Cambridge, 1986 참조.
4. S. N. Eisenstadt 엮음, *The Origins of Diversity of Axial Age Civilizations*, New York, 1986.
5. K. R. Popper, *The Open Society and its Enemies*, London, 1945(《열린사회와 그 적들》, 민음사, 2006).
6. E. A. Burtt, *The Metaphysical Foundations of Physical Science*, London, 1925 참조.
7. W. Bryce Gallie, *Philosophy and the Historical Understanding*, London, 1964 참조.

4장. 긴장

1. Fustel de Coulanges, *The Ancient city*, New York, 1956(《고대 도시》, 아카넷, 2000).
2. 예를 들어서 S. N. Eisenstadt 엮음, *The Protestant Ethic and Modernization: A Comparative View*, New York and London, 1968 참조. 이에 비판적인 관점에 대해서는, H. R. Trevor-Roper, "Religion, the Reformation and Social Change," *Historical Studies*, Vol. 4, 1965, 참조, *Religion, the Reformation and Social Change*, London, 1984로 재출간됨; 또는 H. Luethy, "Once Again: Calvinism and Capitalism," *Encounter*, Vol. XXII:I, 1964(Eisenstadt 엮음, 앞의 책에 재수록됨. 참조. S. Andreski, *Max Weber's Insights and Errors*, London, 1984. A. Giddens, *Capitalism and Modern Social Theory*, Cambridge, 1971(《자본주의와 현대사회 이론》, 한길사, 2008).
3. Denis de Rougemont, *Passion and Society*(L'Amour et l'Occident, 1939), M. Belgion 옮김, London, 1940.
4. Alan Macfarlane, *Marriage and Love in England 1300-1840*, Oxford, 1986.
5. Sevyan Vainshtein(Caroline Humphrey가 서문을 쓰고 엮음), *Nomads of South Siberia: The Pastoral Economies of Tuva*(1972년 모스크바에서 처음 출간), Cambridge, 1980 참조.

5장. 성문화

1. David Hume, *The Natural History of Religion*, A. W. Colver 엮음, Oxford, 1976, p. 60(《종교의 자연사》, 아카넷, 2004); David Hume, "Of Superstition and Enthusiasm," *Essays Moral, Political and Literacy*, Oxford, 1963, p. 79, 그리고 R. Wollheim, *Hume on Religion*, London, 1963, p. 250에서.
2. Louis Dumont, *Homo Hierarchicus*, London, 1970 참조. Charles Malamoud, "Semantique et rhetorique dans la hierarchie hindoue des 'buts de l'homme'," *European Journal of Sociology*, Vol. XXIII:2, 1982.
3. 이 분리를 비판하며 그것을 거스르고자 하는 듯한 근대의 사상가들에 관해서는, Charles Taylor, *Hegel*, Cambridge, 1975; 또는 Alasdair MacIntyre, *After Virtue: a Study in Moral Theory*, London, 1981 참조(《덕의 상실》, 문예출판사, 1997).
4. I. C. Jarvie, *Rationality and Relativism: In Search of a Philosophy and History of Anthropology*, London, 1984.
5. Werner Sombart, *The Jews and Modern Capitalism*(1911), M. Epstein 옮김, Glencoe, Illinois, 1951.
6. A. V. Chayanov, *The Theory of Peasant Economy*, 1925. D. Thorner, R. E. F. Smith and B. Kerblay 엮음, Irwin, 1966. Theodor Shanin, *The Awkward Class, Political Sociology of Peasantry in a Developing Society: Russia 1910-25*, Oxford, 1972.

7. A. E. Wrigley, *People, Cities and Wealth*, Blackwell, Oxford, 1987.

8. Karl Marx, "Preface to a Contribution to the Critique of Political Economy"(1859), *Karl Marx and Friedrich Engels, Selected Works in One Volume*, London, 1977, p. 182.

9. Mark Elvin, "Why China Failed to Create an Endogenous Industrial Capitalism: A Critique of Max Weber's Explanation," *Theory and Society*, Vol. 3:3, 1984 참조.

10. Baron d'Holbach, *The System of Nature*, H. D. Robinson 옮김, New York, 1970, p. 338.

6장. 억압 질서와 권력

1. A. M. Khazanov, *Nomads and the Outside World*(1983), J. Crookenden 옮김, Cambridge, 1984.

2. Jack Goody, *Technology, Tradition and the State in Africa*, Oxford, 1971 참조. Eric de Dampierre, *Un Ancien Royaume Bandia du Haut-Oubangui*, Paris, 1967.

3. Stanislav Andreski(이전에는 Andrzejewski), *Military Organization and Society*, London, 1954.

4. Clifford Geertz, *Negara: The Theatre State in Nineteenth-Century Bali*, Princeton, 1980 참조.

5. Louis Dumont, *Homo Hierarchicus*, London, 1970. Stephen M. Greenwold, "Buddhist Brahmans," *European Journal of Sociology*, Vol. XV:1, 1974에서. Anne Vergati Stahl, "M. Greenwold et les Newars," *European Journal of Sociology*, Vol. XVI:2, 1975에서.

6. Jack Goody, *The Development of the Family and Marriage in Europe*, Cambridge, 1983.

7. Perry Anderson, *Lineages of the Absolutist State*, London, 1974 참조(《절대주의 국가의 계보》, 까치, 1997).

8. A. Hirschmann, *The Passions and the Interests: Political Arguments for Capitalism before its Triumph*, Princeton ,1977 참조.

9. Laurence Stone and Jeanne C. Fawtier Stone, *An Open Elite? England 1540-1880*, Oxford, 1984.

10. E. A. Wrigley, *People, Cities and Wealth*, Blackwell, Oxford, 1987.

11. Alan Macfarlane, *The Origins of English Individualism*, Oxford, 1978.

12. John Hajnal, "Tow Kinds of Pre-Industrial Household Formation System," Richard Wall, Jean Robin and Peter Laslett 엮음, *Family Forms in Historic Europe*, Cambridge, 1983에서. Peter Laslett, "Family and household as work group and kin group: areas of traditional Europe compared," Richard Wall 등, 앞의 책에서. Peter Laslett, "The uniqueness of European modes of production and reproduction," John Hall, Michael Mann and Jean Baechler 엮음, *Europe and the*

Rise of Capitalism, Oxford, 1988에서. Richard M. Smith, "Some issues concerning families and their property in rural England 1250-1800," R. M. Smith 엮음, *Land Kinship and Lifecycle*, Cambridge, 1984에서. Richard M. Smith, "Fertility, economy and household formation in England over three centuries," *Population and Development Review*, Vol. 7:4, 1981에서.

13. Alan Macfarlane, 앞의 책(1978).
14. Alan Macfarlane, *Marriage and Love in England 1300-1840*, Oxford, 1986.
15. Louis Dumont, 앞의 책(1970), 그리고 Michael Carrithers, Steven Collins and Steven Lukes 엮음, *The Category of the Person: Anthropology, Philosophy, History*, Cambridge, 1986에 실린 그의 논문.
16. Louis Dumont, *Essais sur l'Individualisme*, Paris, 1983.
17. 같은 책.
18. Jack Goody, 앞의 책(1983).
19. 4장의 주 2번 참조.
20. 같은 책.
21. John A. Hall, *Powers and Liberties: the Causes and Consequences of the Rise of the West*, Oxford, 1985.

7장. 생산, 가치, 유효성

1. T. S. Kuhn, *The Structure of Scientific Revolutions*, Chicago, 1962(《과학혁명의 구조》, 까치, 2002).
2. 인류학적 논쟁을 잘 정리한 글은 Yu. I. Semenov, "Theoretical Problems of Economic Anthropology," *Philosophy of the Social Sciences*, Vol. 4, 1974가 있다.
3. Karl Polanyi, *The Great Transformation*, New York, 1944, Boston, 1957(《거대한 전환》, 길, 2009).
4. M. I. Finley, *The Ancient Economy*, London, 1985(2nd edition)(《서양고대경제》, 민음사, 1993).
5. M. I. Finley, "Slavery and the Historians," in *Social History-Histoire Sociale*, Vol. 12, 1979. Keith Hopkins, *Conquerors and Slaves*, Cambridge, 1978.
6. G. E. R. Lloyd, *Magic, Reason and Experience*, Cambridge, 1979.
7. Mark Elvin, "Why China Failed to Create an Endogenous Industrial Capitalism: A Critique of Max Weber's Explanation," in *Theory and Society*, Vol. 3:3, 1984에서.
8. Keith Thomas, *Religion and the Decline of Magic*, London, 1971.
9. Frances Yates, *The Rosicrucian Enlightenment*, Cambridge, 1978.
10. Richard Popkin, "The Third Force in 17th-century philosophy: scepticism, science and Biblical prophecy," in *Nouvelles de la Republique des Lettres*, 1983:I.
11. G. E. Lessing, *Nathan the Wise*, Act III, scene 7(《현자 나탄》, 지만지, 2011).
12. W. W. Bartley III, *The Retreat to Commitment*, London, 1984 참조.

8장. 새로운 풍경

1. J. G. Merquior, *The Veil and the Mask: Essays on Culture and Ideology*, London, 1979.
2. Gerhard Lenski, *Power and Privilege: Theory of Social Stratification*, New York 1966.
3. Louis Dumont, *Homo Hierarchicus*, London, 1970. Louis Dumont, *From Mandeville to Marx: The Genesis and Triumph of Economic Ideology*, Chicago and London, 1977.
4. Stanislav Andreski, *Military Organization and Society*, London, 1968.
5. Ronald Dore, *British Factory-Japanese Factory: The Origins of National Diversity in Industrial Relations*, London, 1973.
6. Keith Hart, *The Political Economy of West African Agriculture*, Cambridge, 1982.
7. Daniel Bell, *The Cultural Contradictions of Capitalism*, London, 1976.

9장. 오늘날의 세계

1. Fred Hirsch, *Social Limits to Growth*, London, 1977 참조.
2. Keith Hopkins, *Conquerors and Slaves*, Cambridge, 1978.
3. Eero Loone, *Sovremennaia Filosofia Istorii*(현대 역사철학), Eesti Raamat, Tallin, 1980 참조.
4. Hannah Arendt, *The Origins of Totalitarianism*, New York, 1951(《전체주의의 기원》, 한길사, 2006).
5. 예를 들어서 Amartya Sen, *Choice, Welfare and Measurement*, Oxford, 1982, 또는 W. G. Runciman and A. K. Sen, "Games, Justice and the General Will," *Mind*, Vol. 74, 1965에서, 또는 J. W. N. Watkins, "Imperfect rationality," R. Borger and F. Cioffi 엮음, *Explanation in the Behavioural Sciences*, Cambridge, 1970에서 참조.
6. David Gellner, "Max Weber, capitalism and the religion of India," *Sociology*, Vol. 16, 1982에서.

10장. 인류 역사의 방향

1. Clifford Geertz, *Negara: The Theatre State in Nineteenth Century Bali*, Princeton, 1980.

1925   12월 9일 파리에서 태어남.

1931   체코 프라하에 있는 초등학교에 입학.

1935   프라하 영어문법학교로 전학.

1939   독일에서 히틀러가 권력을 장악하자 겔너 가족은 체코를 떠나 런던 북
        쪽의 세인트올번스로 이주한다. 세인트올번스 문법학교에 입학.

1943   옥스퍼드대학 베일리얼칼리지 입학한 뒤로 PPE(철학, 정치학, 경제학)을
        공부함.

1944   징집되어 체코 제1기갑여단 사병으로서 참전함.

1946   베일리얼칼리지로 돌아옴.

1947   에든버러대학 도덕철학과 조교.

1949   런던정경대학(LSE) 사회학과 보조강사. 이후 1950년대에 모로코 아틀
        라스산맥에서 인류학 현장 연구를 시작하며, 후반기에는 겔너의 사유
        가 무르익는다.

1959   《언어와 사물》(Words and Things) 출간. 루드비히 비트겐슈타인 등의 언
        어철학을 통렬하게 비판함으로써 명성을 얻음.

1961   철학박사 학위 취득.

1962   런던정경대학 철학, 논리학, 과학적 탐구 방법 교수로 임용.

1964   《사유와 변화》(Thought and Change) 출간.

1969   《아틀라스산맥의 성자들》(Saints of the Atlas) 출간.

1974	《현대 사유와 정치학》(Contemporary Thought and Politics) 출간.
1983	대표 저작이 된 《민족과 민족주의》(Nations and Nationalism) 출간.
1984	케임브리지대학으로 옮겨 1993년까지 윌리엄 와이즈 사회인류학 교수.
1985	《정신분석운동》(The Psychoanalytic Movement) 출간.
1988	《쟁기, 칼, 책》 출간.
1993	퇴임 후 프라하로 돌아와 센트럴유러피언대학 민족주의연구센터를 맡음. 이후 연구를 지속하고 국제회의에 참가함.
1994	《자유의 조건》(Conditions of Liberty) 출간.
1995	11월 5일 프라하에서 심장마비로 세상을 떠남.

1995년 11월 5일 어니스트 겔너가 프라하에서 사망했다. 1984년에 교수로 부임한 이래 1993년 퇴임하기까지 몸담았던 케임브리지대학에서는 조기를 게양하여 그를 추모했다. 이런 예우는 그가 평생에 걸쳐 이룩한 업적을 미루어 짐작하게 해준다. 겔너는 민족주의 이론의 세계적인 권위자이고 우리에게는 《민족과 민족주의》(한반도국제대학원대학교, 2009)이라는 단 한 권의 책으로만 알려져 있다. 하지만 그는 광범위한 쟁점에 대해 논평할 수 있는 대중적인 지식인이었고 철학, 사회학, 인류학을 넘나들며 세계 유수의 대학에서 가르치고 연구하고 저술한 르네상스적 인간이었다. 나아가 합리주의를 옹호하며 좌파와 우파를 가리지 않고 맞서 싸운 전투적인 논객이기도 했다. 그가 사망하자 주요 언론은 그를 기리는 부고 기사를 실었다. 우리 독자들이 어니스트 겔너라는 학자와 그의 학문적 좌표를 더 잘 이해하는 데 도움이 되고자 한 부고 기사를 옮겨 본다. 당시 켄트대학 사회인류학 교수이자 사회과학대 학장이던 크리스 한(Chris Hann)의 글이 1995년 11월 8일 《인디펜던트》에 실렸다.

어니스트 겔너는 근대를 연구한 뛰어난 이론가였고 20세기 후반의 학자들 가운데에서도 보기 드문 사람이었다. 그는 특히 철학과 사회인류학을 비롯하여 다양한 연구 분야에 중요한 공헌을 했다. 시류의 정론들을 신랄하게 비판한 그는 철학과 사회인류학은 물론 그 밖에 어느 분야에서든 완전하게 받아들여지기 어려웠다. 그에게 제법 잘 어울리는 현상이었다. 그는 비판적 합리주의를 옹호하기 위해 혼자만의 싸움을 벌이는 걸 즐기는 것 같았다. 그는 관념론과 상대주의의 상승 추세에 맞서 계몽주의적 보편주의를 옹호했다.

1925년 12월 9일에 파리에서 태어난 겔너는 프라하에서 자라나며 영어문법학교에 다녔다. 유대인이었던 그의 부모님은 1939년에 식구들을 이끌고 영국으로 이주하기로 결정했다. 제2차 세계대전 말기에 겔너는 체코 군대에 입대하여 참전했고, 제대한 뒤 옥스퍼드대학에서 수학했다. PPE(철학, 정치학, 경제학을 가리킴―옮긴이) 수석을 한 뒤 1949년에 런던정경대학으로 갔다. 1962년에는 철학, 논리학, 과학적 탐구 방법 교수가 되었다. 이 시기에 겔너는 철학자들 사이에서 명성은 물론 악명이 자자했다. 《언어와 사물》(Words and Things)(1959)을 출간하여 옥스퍼드대학의 언어적 관념론을 신랄하게 비판한 뒤였다.

겔너는 늘 아이디어를 향한 열정을 잃지 않았고, 사회생활의 실제적이고 물질적인 제약에도 똑같이 큰 관심을 지니고 있었다. 1950년대에 그는 인류학을 발견했다. 더 정확하게는 두 차례의 세계대전 사이에 브로니슬라프 말리노프스키(Bronislaw Malinowski)에 의해 촉진된 실제적이고 경험적인 관찰 방법인 '참여 관찰'을 발견한 것이다. 말리노프스키는 중부 유럽 태생으로 런던정경대학 출신이었다. 겔너는 매우 흥미로운 학문인 인류학을 통해서 문화적·시간적 경계를 넘나들며 사회적 실재를 이해할 수 있었다. 40년이 넘는 세월 동안 겔너는 인류학에 엄청난 공헌을 했다. 개념적 비평을 도입한 친족의 분석에서부터 모로코 부족사회에서 국가 외부의 정치 질서를 이해하는 데 필요한 틀의 제시에 이르기까지[《아틀라스 산맥의 성자들》(Saints of the Atlas, 1969)], 소비에트 마르크스주의 인류학자들의 저서에 대한 호의적인 해설에서부터 서구 사회이론에서 뒤르켐과 베버의 맥을 훌륭하게 통합하는 데 이르기까지, 그리고 '인류 역사의 구조'에 대한 위대한 역작[《사유와 변화》(Thought and Change, 1964)]에서부터 민족과 민족주의에 대한 선구적 분석에 이르기까지[《민족과 민족주의》(Nations and Nationalism, 1983)] 그의 공헌은 지대하기만 하다.

그러나 몇 가지 모순이 그의 작업을 관통한다. 런던정경대학의 고전으로 널리 인정받는 모로코 연구 이외에, 그는 지역적이고 민족지학적인 연구 프로젝트를 수행한 것이 없었다. 그는 무엇보다도 현장에서 얻을 수 있는 생생한 경험적 데이터를 중시했고 많은 대학원 학생들에게도 그렇게 조언했다. 그러나 겔너 자신은 비교 연구와 이론화, 체계화에 몰두하곤 했다. 그는 어떤 면에서 말리노프스키의 인류학보다 제임스 프레이저 경의 인류학에 더 가까웠다. 그의 정치적 언행에서도 모순이 발견된다. 그는 공산주의를 깊이 증오했다. 아마도 이보다 더한 경멸은 또 다른 폐쇄적인 체제, 다시 말해 정신분석학이라는 교회를 향했을 것이다(《정신분석 운동》The Psychoanalytic Movement, 1985) 참조. 그러나 겔너는 보통 사람들이 공산주의 통치 아래의 안정을 중시하고 자신들의 체제를 신봉하고자 한다는 걸 이해했다. 그리고 그와 마찬가지로 이슬람 운동의 장점을 인식했다. 겔너의 사고방식을 유럽 중심주의라고 판단하는 사람들도 있지만, 그는 자신이 연구한 다른 문화들을 존중하고 존경했다. 한편 그는 근대 민족주의 운동의 맥락에서 민족지학자들을 비롯하여 지식인들에 의한 문화적 정체성의 날조를 망설임 없이 폭로했다. 그는 대처 수상 시절에 영국이 우파의 교리로 기울어지는 것에 거의 동조하지 않았다. 시민사회에 관한 저술[《자유의 조건》(Conditions of Liberty, 1994)]에서, 그는 유효한 국가가 시민들이 필요로 하는 사회보장을 제공하여 시장의 전횡으로부터 시민들을 보호해야 한다고 주장했다. 평생의 여정 곳곳에서 그는 페리 앤더슨(Perry Anderson), 톰 네언(Tom Nairn)을 비롯한 좌파 학자들과 논쟁을 벌였지만, 서구 마르크스주의에 대한 그의 전반적인 경멸은 확고했다.

그는 뛰어난 대중 강연자이자 논객이었다. 원고도 없이 천천히 강의를 진행하면서 간간이 통속극을 논평하는 재능 있는 교사이기도 했다. 내가 처음 그의 강연을 들은 건 1970년대 케임브리지대학 인류학과에서였다. 그때 겔너는 잭 구디의 초청에 응해서 '합리성'을 주제로 정기적으로 강의를 하고 있었다. 그는 인식의 대조적인 양식들에 관한 요점들을 칠판에 능숙하게 그림을 그려 요약했다. 그 '잠망경이 여럿 달린 잠수함' 그림은 세대가 바뀌도록 많은 학생들에게 지워지지 않는 이미지로 남았음이 분명하다. 이 논지를 펼친 책이 바로 《쟁기, 칼, 책》(1988)이다.

겔너의 영향력은 사회인류학을 훨씬 벗어나서까지 확산되었고, 어쩌면 다른 분야에서 더 컸다고 할 수 있다. 1950년대 옥스퍼드대학 철학자들을 겨냥한 그의 신랄한 비판은 1990년대에 와서 재현되었다. 뉴욕에서 활동한 팔레스타인 문학비평가 에드워드 사이드와 《타임스 리터러리 서플먼트》(The Times Literary Supplement)에서 격론을 벌인 것이다. 겔너에게 두 경우의 쟁점들은 본질적으로 동일한 것이었다. 겔너는 관념이 세계를 이끈다는 주장을 논박해야 한다고 절감했다. 세상을 떠나던 당시 그는 오리엔탈리즘을 주제로 한 중요한 학술회의를 계획하고 있었다.

겔너는 케임브리지대학에서 사회인류학 윌리엄 와이즈 교수로서 매우 성공적인 시절을 보냈다. 1993년에 은퇴하고 나서는 조지 소로스의 후원금으로 새로이 창설된, 센트럴유러피언대학 민족주의연구센터를 이끌었다. 그는 프라하로 다시 돌아와 살게 되어 무척 기뻐했다. 사회주의를 그토록 싫어하는 그였지만 지난날의 권력자들이 역사적인 도시 중심지를 매우 잘 보존했다는 걸 인정할 수밖에 없었다. 최근에 그는 한 가지만은 유감스럽다고 내게 말했다. 보헤미안 주민들 사이에서 효과적으로 '참여 관찰'을 하기 위해 필요한 어마어마한 양의 맥주를 도저히 다 들이킬 수가 없다는 얘기였다.

겔너는 칼 포퍼와 마찬가지로 영향력이 대단했지만 학파를 형성하지는 않았다. 하지만 유능하고 헌신적인 후학들이 모여들었다. 대학 행정의 일상적인 압력에 대처하는 일은 늘 쉽지만은 않았다. 특히 케임브리지대학의 구태의연한 행정 체계는 큰 부담을 주었고 어떤 면에서 실망스럽기도 했다. 교수 임용식 때 언어철학자 버나드 윌리엄스 앞에 무릎을 꿇어야 했던 모욕을 견딘 뒤에, 그는 킹스칼리지가 게마인샤프트라는 포착하기 힘든 의미를 알려 주기에는 너무 큰 곳임을 알아챘다.

그러나 그는 결국 잘 적응했고 고고학자들과 곧잘 협업했으며 논문과 책을 쏟아 냈다. 런던정경대학 시절에 그랬듯이, 그는 학생들뿐 아니라 교수들의 존경과 사랑을 한몸에 받았다. 하지만 그는 어리석은 사람들에게 관대하지 않았다. 방문객들이 찾아오면 때로는 무뚝뚝하게 심지어 아무 말도 없이 맞이했다. 하지만 겔너는 오만하게 굴지 않고, 멀쩡한 표정으로 유머를 던졌다. 만찬을 나누며 대화를 나눌 때는 짓궂은 보헤미안의 기질이 나타났고, '정치적 올바름'을 추구하는 시류에 도저히 맞춰 갈 수 없었다. 방문객의 이야기 가운데 중요한 내용만 정리하고는, 체스라

든가 영국 축구팀의 위기 같은 완전히 다른 주제로 말을 돌리곤 했다. 그는 자연을 사랑했다. 특히 산을 좋아했다. 지병 탓에 일찍이 등산을 할수 없게 되었지만 오랜 세월이 흐른 뒤에도 케임브리지에서 꾸준히 카누를 즐겼다. 그는 충만한 삶을 살았다. 너무도 충만한 나머지 노년에도 국제회의 스케줄에 매여 있었다. 하지만 여름철에는 이탈리아 북부 외진곳에서 가족들과 오붓하게 시간을 보냈다. 무척이나 다양한 저술의 상당부분이 여기서 쓰여졌다. 들리는 말로는 바로 지난여름만 해도 새 책 두권이 완성되었다고 한다.

*출처: 런던정경대학 홈페이지 겔너 페이지
(http://www.lse.ac.uk/researchAndExpertise/units/gellner/Bio.html)

여러 학문 분야에 걸쳐서 뛰어난 지적 능력을 갖추고 있던 겔너는아이러니하게도 어떤 분야에서도 환영받지 못했다. 겔너의 저술은 어느 한 분야에 국한되지 않고 여러 분야를 넘나들며 전개된다. 그래서인지 철학자들은 그를 뛰어난 사회학자라 평가하고 사회학자들은 그를 뛰어난 철학자로 평가했지만, 철학자들은 그를 뛰어난 철학자로인정하지 않고 사회학자들은 그를 뛰어난 사회학자로 인정하지 않았다. 합리주의를 옹호하기 위해 좌우를 막론하고 싸움을 건 겔너였기에 좌파나 우파 모두로부터 미움을 샀다. 그의 부모님은 유대인으로서 독일어를 사용하는 지식인이었고, 어린 겔너는 프라하에서 자라나며 영어문법학교를 다녔으며 히틀러가 패권을 쥐자 겔너의 가족들은 영국으로 이주했다. 겔너는 유대인이었지만 유대신앙을 갖지 않았다. 결국 그는 어떠한 학문 공동체에도, 종교나 민족, 언어 공동체에도 소속감을 갖기 어려웠다고 할 수 있다. 그가 자라난 체코를 비롯하여 유럽 전역의 정치 지형이 제2차 세계대전 전후로 급격히 변화하고 유럽 시민들에게 정체성 확인이 강요되었다. 이런 상황은 겔너로 하여금 정체성의 문제를, 더 나아가 민족주의를 깊이 고찰하게 했을 것이다.

1983년에 출간된 《민족과 민족주의》는 어니스트 겔너의 대표적 저술로 꼽힌다. 겔너에게 민족주의란 일차적으로 정치 단위와 민족 단위가 일치해야 한다는 정치 원리이다. 근대의 경제 변화는 이전의 변화와 달리 문화적 동질성을 요구하고, 바로 그 요구가 민족주의를 낳는다. 이처럼 겔너는 민족주의가 산업주의의 부산물이자 전제조건이라고 보았다. 민족주의와 산업주의 이 두 가지는 근대의 특징이고, 겔너는 평생토록 민족주의와 산업주의, 다시 말해 근대를 고찰해 왔다.

'근대'를 다룬 겔너의 첫 번째 책은 《사유와 변화》(1964)였다. 이 책은 사회 변화 과정과 역사적 전환, 그리고 민족주의를 논한다. 1988년에 출간된 《쟁기, 칼, 책》은 이 통찰의 연장선상에서 바라볼 수 있으며, 겔너의 황혼기에 쓰여졌으므로 그 발전이자 완결판이라 할 수도 있을 것이다. '인류 역사의 구조'라는 부제가 달린 《쟁기, 칼, 책》은 역사철학서로 분류할 수 있지만, 겔너의 저술이 흔히 그렇듯이 다양한 분야의 쟁점을 끌어들이고 예상을 벗어나는 서술 구조를 띠고 있다. 독창적인 사색과 치밀한 추론의 이면에는 사유와 주장, 비판과 반론을 업으로 삼아 쉼 없이 투쟁해 왔던 겔너의 삶이 묵묵히 버티고 있다. 이 책 곳곳에서 눈에 띄게 또 드러나지 않게 자리 잡고 있는 많은 표현들과 겔너의 요점들은 겔너가 평생을 두고 수많은 학자들과 벌여 온 논쟁의 맥락에서만 완전히 이해될 수 있다. 보수적 사상가 R. A. D. 그랜트가 《타임스 에듀케이셔널 서플리먼트》(The Times Educational

Supplement, 1988년 10월 14일자)에 쓴 서평에서 겔너의 이 노작을 칭찬하면서도 이 책이 일반 독자들을 위한 것이기보다는 학자들을 위한 것이라고 평가한 건 아마도 이런 맥락에서 비롯되었을 것이다.

《쟁기, 칼, 책》에서 겔너는 인류 역사를 3단계로 구분하고, 농업혁명과 산업혁명 두 번의 큰 도약을 거치며 생산과 억압과 인식이 어떻게 근본적인 변화를 이루어 왔는가를 펼쳐 보인다. 하지만 겔너가 이렇게 역사를 바라본 이유는 궁극적으로 근대를 이해하기 위한 것이었고, 그 근대를 살고 있는 오늘날의 우리에게 어떠한 선택권이 있는지, 역사는 앞으로 어떻게 펼쳐질 것인지를 정확히 전망하기 위한 것이었음을 알 수 있다.

반갑게도 존 홀(John A. Hall)이 쓴 평전 《어니스트 겔너》(Verso, 2010)가 몇 해 전에 출간되었다. 'An Intellectual Biography'라는 부제에서 짐작할 수 있듯이, 겔너의 사유와 연구, 그가 벌인 논쟁과 저술들을 중심으로 겔너의 삶을 정리한 평전이다. 8장 'The Shape of History' (pp. 244~274)는 특히 이 책 《쟁기, 칼, 책》에 관해 중점적으로 서술하고 있다. 다른 학자의 비평을 통해서 우리 독자들이 《쟁기, 칼, 책》을 더 잘 이해할 수 있기를 바라며 몇 부분을 떼어내 옮겨본다.

이 책은 장점도 있고 단점도 있다. 일부 요점은 《사유와 변화》(1964)에 비해 훨씬 명쾌하게 다시 진술되고 있지만, 민족주의에 대한 분석을 비롯한 여러 문제들은 사실 겉핥기로 지나간다. 인식적 성장에 대한 주장들은 근대 인식론을 재건한 《신앙의 합법화》(Legitimation of Belief, 1974)에서도 비롯된다. 그래서 이 책은 극도로 난해하고, 결국 별로 성공적인 책은 아니다. 겔너는 패트리샤 크론(Patricia Crone)의 《산업 이전 사회》 (Pre-Industrial Societies, Wiley-Blackwell, 1991)를 읽게 되었을 때 이 점을 인정했다. 그는 크론의 명쾌함이야말로 자신이 이루려던 것이라고 했다. 하지만 이 책의 특별한 중요성은 세 가지 참신한 요소들, 말하자면 새로운 카드들을 겔너의 지적인 카드에 도입한 데 있다. 각 요소들의 뿌리는 막스 베버에 맥이 닿아 있다.

이 책의 전제는 우리가 역사 속의 우리 위치에 대하여 명백히 설명할 수 있어야 한다는 것이다. …… 그는 인류 역사가 농경 이전, 농경 사회, 산업사회의 세 단계로 이루어져 있다고 말한다. 그리고 각 사회의 모습은 사회 권력의 세 가지 원천, 다시 말해 경제적, 정치적, 이데올로기적 원천과 관련지어 볼 때 가장 잘 이해할 수 있다고 말한다. 사회 권력의 자율적 특성을 인식하고 설명한 사람은 바로 베버였다.

둘째, 겔너는 일찍이 《사유와 변화》에서 두드러졌던 간극, 다시 말해 근대 세계의 기원에 대해 부족했던 설명의 틈을 메우고 있다. 겔너의 설명은 다시금 베버와 맥을 같이한다. 겔너는 단순 사회에서 복합사회로의 필연적인 진보를 주장하는 관점들에 가치를 두지 않고, '도토리가 참나무로 자라난다는' 식의 설명을 늘 거부한다. 겔너는 농경 사회에서 산업사회로의 이행을 설명할 때 그 우연적이고 우발적인 본성을 강조한다. 설명이 필요한 건 이행이 가능했다는 사실이다. ……

세 번째로 참신한 요소는 관념의 영역과 관계된다. 이 책에서 지적으로 가장 밀도가 높은 부분은 인식의 진화를 다룬 부분이다. 겔너는 과학의 기원을 인과적으로 설명하면서, 과학의 중요성을 주장했던 《사유와 변화》, 그리고 과학의 기능을 설명했던 《신앙의 합법화》를 보완하고 있다.(pp. 244~245)

주요 비판들은 '유럽 중심주의'에 퍼부어졌다. 이 비판의 한 줄기는 유럽의 자기만족, 다시 말해 역사적인 유럽의 성공이 일부 특별한 장점들 덕분이라는 믿음을 겨냥한다. 일부 학자들이 서구의 부상을 설명하는 방식도 마찬가지이다. 역사학자 앤서니 패그든(Anthony Pagden)의 최근 저서 《전쟁하는 세상》(Worlds at War, 살림, 2008)은 그 대표적인 사례이다. 그러나 이는 직접적인 의미든 완전한 의미든 그 어떤 의미로도 겔너에게 적용되지 않는다. 우선, 그는 하나의 기적이 '유럽에서' 일어났다고 말하지, '유럽의' 기적이 일어났다고 무비판적으로 주장하지 않을 만큼 신중했다. 둘째, 그의 설명은 주의 깊고도 제한적이다. 우발성이 강조되지만, 제약 또한 강조된다. 그는 그리스의 합리성이 일신론과 아무 관계가 없었음을 인정하며, 심지어 뉴턴을 비롯하여 17세기 후반 왕립아카데미 구성원들이 주술에 관심이 있었다는 사실까지 강조하기에 이른다. 더 나아가, 정치적 자유는 계획의 결과라기보다 우연의 결과로서 제시된다.(p. 268)

〔여기에서〕 두 가지 요점이 도출된다. 첫째, 보호주의 정책에서 그렇듯이 지정학과 자본주의는 서로 얽힐 수 있다는 게 분명하다. 그리고 머지않아 이것들은 오늘날의 세계 정치에 아마도 바람직하지 않은 형태의 동력을 빌려줄 수 있다. 둘째, 겔너의 역사철학은 사실상 유럽의 20세기 전쟁들의 원인을 논하지 않기 때문에 우리에게 지정학의 영향을 설명해주지 못한다. 억압의 힘을 억누르는 요소들 가운데 그가 설명을 놓친 불가결한 요소들이 있으며, 국제관계론은 그가 놓친 요소임이 분명하다.(pp. 273~274)

겔너는 통섭이라는 말을 떠올리게 하는 학자이다. 그는 폭넓은 관심사와 지식을 아우르는 학문적 태도를 늘 견지해 왔는데, 그 특징이 가장 뚜렷하게 드러난 책이 바로 《쟁기, 칼, 책》이라 할 수 있다.

상대주의에 맞서 보편주의와 이성을 옹호한 학자답게, 진리와 도덕의 절대적인 기준을 놓치지 않으려는 고군분투가 이 책에 여실히 드러난다. 겔너는 우리가 현재 갖고 있는 인식 구조와 인식 방법을 과거에 투사하는 태도가 저지르는 오류를 끊임없이 경계하고 비판하면서, 역사를 파악하는 올바른 눈(역사관)을 정립하기 위한 독창적이고도 심오한 통찰력을 제시한다. 그의 논리를 따라가면서도 '그것이 얼마나 가능한 것인가'라는 의문을 완전히 떨쳐 버릴 수 없는 어수룩한 독자이지만, 오류에 빠지지 않기 위한 그의 치열한 몸부림에는 저절로 고개가 숙여질 수밖에 없다.

관심의 상당 부분이 집중되어 있는 근대로의 이행을 설명할 때도 그는 무척 신중하다. 근대가 수많은 요소들의 결합과 우발성에서 비롯되었다고 주장하면서 무려 15가지의 가능한 요소들을 제시한다. "정확한 이행 경로를 우리가 정확히 알 수는 없다"는 단언 앞에 당혹스러움마저 느끼게 된다. 하지만 겔너는 역사의 변화와 발전에서 생산, 억압, 인식 가운데 그 어떤 요소도 결정적이지 않고, 세 요소가 특정 상황에서 다양한 비율로 결합되면서 역사의 방향이 달라지며, 그렇게 달라진 상황은 분명 다음에 찾아올 변화의 전제조건이 된다는 점을 설득하고 있다. 그의 말대로 사회질서란 그것을 낳은 기본 요소들로부터 생겨난 하나의 가능한 결과물일 뿐이다. 과거를, 현재를, 미래를 완벽하게 파악할 수 있는 이는 아무도 없겠지만, 겔너의 방법론을 깊이 이해하면 누구든 과거와 현재를 더욱 정교하게 바라보고 미래를 내다볼 수 있는 힘이 더 커질 것이다.

겔너는 과학적 합리주의, 자유주의 정치체, 산업 경제의 지지자로서 세계정세를 관찰하고 발언해 왔다. 그는 시민사회를 중시했고, 시민사회를 위협하는 정치권력이나 정치운동에 반대해 왔다. 《쟁기, 칼, 책》의 뒷부분에서 기반 구조가 거대해지고 대규모 자금이 투입되어야 하는 오늘날, 정치 영역은 더욱 중요해진다고 힘주어 말한다. 국가가 어떻게 조직되어야 하고 또 감시되어야 하는가, 그것이 문제라는 마지막 문장은 현실의 우리가 놓치지 말아야 할 중요한 과제를 명확히 그리고 의미심장하게 겨눈다.

여가가 생겨났으나 지위가 없는 계급의 불만을 억눌러야 할 필요성 때문에 중앙에서 강요하는 새로운 신앙이 부활하게 될 것인가? 새로운 세계를 낳았으나 그 세계가 완전히 발전하자 더 이상 필요하지 않은 도구적 합리성의 쇠퇴가 이를 촉진할 것인가? 똑같은 해법이 모든 곳에서 유행할 필요는 없다.

이 책 마지막 장에 나오는 이 문구는 나치 치하의 격동을 직접 겪은 학자가 황혼기에 파시즘의 부활 조짐을 감지하고 그 우려를 드러낸 것이다. 부디 그런 일이 다시 유행하지 않기를 간절히 바라는 늙은 학자의 깊은 마음이 전해져 오는 듯하다.

철학, 역사, 인류학, 사회학, 정치학을 가로지르는 미궁 같은 이 책 속에서 고통스럽게 헤맨 독자라면 반드시 길을 찾아나갈 실마리 하나를 쥐게 되리라 믿는다.

2013월 10월
옮긴이 이수영